国家哲学社会科学规划项目

本书受国家社会科学基金（项目号：14BYY002）和上海财经大学学术著

张达球 著

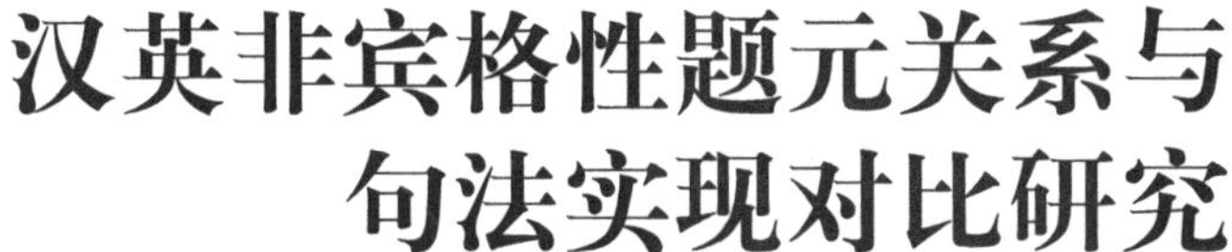

汉英非宾格性题元关系与句法实现对比研究

A Contrastive Study of Unaccusative Thematic Relations and Their Syntactic Realization Between Chinese and English

上海外语教育出版社
外教社 SHANGHAI FOREIGN LANGUAGE EDUCATION PRESS

图书在版编目(CIP)数据

汉英非宾格性题元关系与句法实现对比研究 / 张达球著. -- 上海：上海外语教育出版社，2024
国家哲学社会科学规划项目
ISBN 978-7-5446-7422-5

Ⅰ. ①汉… Ⅱ. ①张… Ⅲ. ①汉语—动词—对比研究—英语 Ⅳ. ①H146.2 ②H314.2

中国国家版本馆CIP数据核字(2023)第080661号

出版发行：**上海外语教育出版社**
（上海外国语大学内） 邮编：200083
电　　话：021-65425300（总机）
电子邮箱：bookinfo@sflep.com.cn
网　　址：http://www.sflep.com
责任编辑：杨　洋

印　　刷：上海新华印刷有限公司
开　　本：635×965　1/16　印张 22.25　字数 362 千字
版　　次：2024 年 5 月第 1 版　　2024 年 5 月第 1 次印刷

书　　号：ISBN 978-7-5446-7422-5
定　　价：70.00元

本版图书如有印装质量问题，可向本社调换
质量服务热线：4008-213-263

前言

2009年，笔者在博士论文的基础上出版了英文著作《英汉非宾格性对比研究》，在生成语法框架内对英汉非宾格结构表达进行了对比研究。该著主要聚焦英汉语中非及物动词的不同句法表征，对非及物动词的非宾格和非作格两个次类进行了甄别分析，试图在句法配置上对动词的非宾格性进行生成解释。鉴于汉语与英语在结构生成上的较大差异，该著提出了汉语动词在形态-句法界面的重要生成路径，并试图在这一界面对汉语多元复合词的词汇-句法表征进行分析阐释。该著还初步讨论了VV/AO/VA复合词的构词机理，尝试在词汇-句法框架下进行理论解释。对汉语复合词，如谓语动词"出汗"，谓语形容词"红脸"，复合名词"高山""流水""喷泉""裸体""舞女"等，该著初步认定为具有非宾格性复合词特征，并提出这些复合词在汉语构词形态上都同样经历了词汇-句法的合并生成过程；但当时因时间所限，且对理论框架、语料分类的掌握不够充分，未能展开分析。

有鉴于此，笔者近年来对这类复合词在形态-句法界面做了持续的跟踪研究，试图探寻汉语这类复合词表现出突出的形态-句法特征的根本动因。2014年本研究获得了国家社科基金立项支持，本著正是近年来相关研究的总结性成果。

本著成书过程中参考了同领域学者的研究，但又与其有所不同，主要表现在以下几个方面：第一，前后相关研究都肇始于非宾格假设,但对非宾格假设提出后四十多年以来的文献梳理发现,汉语研究中对非宾格和非作格研究在概念上出现了混同现象。因而,本著对这一概念背景进行了增补,主张在语言类型学上采用的施格、通格概念和句法上的作格、非宾格概念应加以严格区分,以免概念不清。第二,本著在探寻汉语词汇-句法本质特性时,明确提出要从汉语字本位观出发,才能从根本上发现汉语与英语的形态句法差异。第三,鉴于汉语词本位观存在突出的跨词类问题,字本位观与分布形态理论具有异曲同工之妙,因而本著吸收了学界关于分布形态理论的分析模型,就汉语复合构词的离合特性进行词汇-句法与句子-句法的对比分析,对显性非宾格结构和动补小句结构的题元关系及其句法实现机制进行阐释。第四,本著尝试把汉语中常见的受事主语结构、被动主语结构和中动结构等表征为类似非宾格性的结构,纳入类非宾格性句法中进行对照考察,对此类似是而非的结构表征也提出了拙见。

虽然汉语与印欧语言分属不同的语系,但在生成语言学框架内,不能因人类语言的词汇-句法结构在形态上存在差异而否定普遍语法的存在。本著正是在这一框架内为探寻汉语语言秘密所做的尝试。汉语基于字本位的书写形态,形成了复合构词这种特殊形态结构,进而使得复合词、短语结构和句子结构之间出现剪不断、理还乱的现象。究其根本原因,还是以往的研究大多基于词本位观而对字本位观重视不足。然而,字本位思想在构词上又缺乏系统的理论分析模型,因此本著尝试把字本位观与分布形态理论结合起来,对汉语词汇-句法在形态-句法界面进行跨语言、跨界面探讨。

总之,本著在前著的基础上,进一步系统考察了汉语非宾格性在词汇-句法层面的结构机理,认同汉语在语言类型上表现出明显的分裂施格性特征,因而属于典型的混合句法类型,这一突出特征通过词汇-句法和句子-句法二元化的结构方式实现。尽管如此,仍有诸多问题尚未得到满意的解释,还有待学界共同努力。本著不足之处,也静候方家批评斧正。

张达球

2023 年 11 月于上海

缩略语表

A (adjective)	形容词
A (argument)	论元
A (Agent)	施事
ADJ (adjective)	形容词
AH (Absolutive Hypothesis)	通格性假设
AP (adjective phrase)	形容词短语
Appl (applicative)	引元
APSC (Argument-per-Subevent Condition)	子事件论元条件
arb (arbitrary)	任意性
Asp (aspect)	体
C (complementizer)	句标词
CP (complementizer phrase)	句标词短语
DM (Distributed Morphology)	分布形态
DOR (Direct Object Restriction)	直接宾语限制
D-structure (deep structure)	底层结构
DP (determiner phrase)	限定短语
e (empty)	空成分
EC (empty category)	空语类
EF (Edge Feature)	边缘特征
EPP (Extended Projection Principle)	扩充投射原则

fluid-S/S-fluid (fluid-subject, subject-fluid) 主语流变
FP (function phrase) 功能短语
GB (Government and Binding Theory) 管约论
GC (Governing Category) 管辖语类
GCT (Generalized Control Theory) 扩充控制理论
I / INFL (inflection) 屈折标记(句法早期泛指时体中心语)
IP (inflectional phrase) 屈折体短语
L1 (Level 1) 第一层
LAD (Language Acquisition Device) 语言习得机制
LCS (Lexical Conceptual Structure) 词汇概念结构
LF (logic form) 逻辑式
M (middle verb) 中动语素
MDP (Minimum Distance Principle) 最短距离原则
MIT (Massachusetts Institute of Technology) 麻省理工学院
N (noun) 名词
NP (noun phrase) 名词短语
PAD (Principle of Argument Demotion) 论元降格原则
PAS (Preferred Argument Structure Constraint) 倾向性论元结构限制
PF (phonetic form) 语音式
P (preposition) 介词
P (Patient) 受事
PP (preposition phrase) 介词短语
PRO / pro 抽象代词(空主语)
QP (quantitative phrase) 数量短语
RH (Relational Hierarchy) 关系化层级
S_A (Agent Subject) 施事主语
SC (small clause) 小句
So (Agent Object) 施事宾语
SOV (Subject-Object-Verb) 主宾谓
S-structure (surface structure) 表层结构
Spec-CP (specifier-CP) 标志语-句标短语关系

Spec-TP（specifier-TP）	标志语-时间短语关系
Spec-vP（specifier-vP）	标志语-轻动词短语关系
SVO（Subject-Verb-Object）	主谓宾
t（trace）	语迹
T（tense）	时间标记
TP（tense phrase）	时态短语
UG（Universal Grammar）	普遍语法
UH（Unaccusative Hypothesis）	非宾格假设
UTAH（Uniformity of Theta-Assignment Hypothesis）	论元指派一致性假设
V（verb）	动词
v（light verb）	轻动词
VP（verb phrase）	动词短语
vP（light verb phrase）	轻动词短语
V-ERG（ergative verb）	施格动词
VR（verb-resultative）	动结式
XP（any type of phrase）	任意类型的短语

目 录

第1章 绪 论

第2章 非宾格性研究四十年回顾

第3章 非宾格性概念问题及其类型学意义

第4章 显性非宾格结构句法

第5章 动结式小句的非宾格性

第6章 类非宾格结构句法

第7章 形态-句法与非宾格性

第1章

绪　　论

对人类语言本质的探讨自亚里士多德时代开始，迄今已有2 500多年的历史，但对语言本质的认识还远不够清晰，对现有的关于人类语言习得机制（Language Acquisition Device, LAD）的假设也长期存在争论。亚里士多德认为，人类语言之所以能够区别于其他动物的语言，其根本原因在于人类语言不仅是感官机能的产物，还是思维的产物，这就从本质上区分了人类和低等动物（Qiu 2014）。人类具有更高层次的心智和思维能力，这种基于心智基础并以声音和符号表达意义的方式，比低等动物的语言系统具有更广泛而丰富的内涵。两千多年来，学界主要是从语言的社会功能属性层面，认识和探索人类语言的本质。20世纪50年代后期开始，以诺姆·乔姆斯基（Noam Chomsky）为主要代表的心智主义语言学家才真正从人类语言的心智基础出发，开始探索人类语言的本质，对人类语言的普遍语法（Universal Grammar, UG）进行大胆假设，以期探索人类大脑的语言机制（language faculty）。21世纪初，学者们又进一步借助现代科技手段，加大认知与神经科学对人类大脑的语言奥秘的探索力度；尤其是近十年来，人工智能的快速发展，从技术和语言应用方面促进了语言生成机制研究的全新突破。语言研究又开启了技术应用的新时代。

与亚里士多德不同的是，乔姆斯基从语言的本体结构入手，通过形式手段，寻找语言表达的普遍规则，从而探索人类大脑的语言官能及以此为介质的普遍语法。虽然亚里士多德与乔姆斯基对人类语言的认识论基础相同，但他们的方法却完全不同。亚里士多德强调语言的社会属性和多样性差异，英国哲学家和思想家约翰·洛克(John Lock)、弗朗西斯·培根(Francis Bacon)等在此思想基础上，发展了经验主义方法论，使得语言学者们对语言现象的观察大多立足于人类经验的后天习得；而乔姆斯基则继承了柏拉图的唯理主义方法论和笛卡尔的天赋观，基于心智哲学强调语言的先天属性和普遍语法特性。经验主义和理性主义这两种对立的哲学思想，成为当代语言学研究中不同方法论的基本出发点。

然而，近代语言研究表明，无论基于何种哲学思想和方法论，也无论研究侧重语言的哪个方面，信息和意义的表达都离不开结构形式，而结构形式又不能不受语义条件制约。因此，不同的语言理论只是各有侧重，不应相互排斥。对语言本质的探索，也必须借鉴不同理论的研究成果，共同推动语言研究的进步。随着对人类语言本体研究的不断深入，人类语言研究成果相互促进、相得益彰。进入21世纪以来，信息和科学技术的快速发展和应用，实验手段、语料库乃至大数据平台在语言研究中的广泛使用，加速了对人类语言心智领域的探索并推进了人工智能的发展。语言研究、心理科学和神经认知科学跨领域研究所取得的成果，以及人工智能技术上的进步，必然会为自然语言处理和机器翻译带来革命性的突破。这种突破无疑是基于人类对自身语言形式和意义本质的认识以及大数据对语料的无限支持。

尽管人工智能的发展在语言研究上侧重对语料库和大数据平台中语言使用频率的研究，但语言本体研究仍然是人类语言研究的基石，而语言本体研究的核心就是探索语言结构及其语义关系。语义的表达离不开语言结构形式。人类享有共同的认知基础，而不同语言之间在结构和意义的表达上有共性则是基于人类享有普遍语法及其对客观世界共有的认识所构建的百科知识系统。这种认知系统所储备的信息，在不同的地区和族群的不同社会文化之间所传承的表达形式不尽相同，从而形成表达方式或形式结构上的差异。这种形式结构受到社会文化的影响，表现为语音形态、词汇形态、句法结构和语用上的差异。这些形态、结构和语用上的差异构成了千差万别的人类语言种属的多样性。

但是，无论人类语言如何千差万别，其基于人类共同认识的语义基础和语言表达的核心结构是相同的，不同的是语音形态、词汇形态及句法结构的实现方式。这就是乔姆斯基提出“普遍原则与参数”（Chomsky 1981）和“最简方案”（Chomsky 1995）的基本思路。为了探索人类语言本体的最本质属性，寻求语言表达的经济性手段也就成为一种必然。自笛卡尔以来，大胆假设、严密论证的演绎手段已成为科学研究的基本方法。沿着这种思路，生成语言学家们假定人类认知系统内部存在一个庞大的心理词库（lexicon），为思想表达提供全部的语汇材料，包括日常使用的全部词汇以及隐形的功能成分。这些语汇都具有规定的形式特征，包括语义特征和语类特征。人类表达思想时，从读数集（numeration）中提取所需的语汇，纳入语言运算系统，按照语言推导程序，进行句法运算，所获得的结果分别进入语音式（phonetic form，PF）和逻辑式（logic form，LF），并通过输出前的拼读核查，最后呈现合法的语言表征形式，成为日常生活中听到和看到的句子结构。

为了更好地阐释在这种假设下人类语言是如何运算与操作的，生成语法设定了大量的语法规则和语义限制条件，以解释语言的语义与结构表达之间的关系。在这些关系中，最核心的是在句子结构内部的谓词与其论元（argument）之间的关系。探索这些谓词与其题元关系（thematic relation）的一种有效途径，就是从动词与其核心名词论元之间的关系出发，揭示动词和名词之间的句法-语义关系。比如，在人类主要的语言结构类型中，SVO 或 SOV 类主宾格语言是主流语言常见的语序类型，其语序差异必然有某种共性的基础结构。不同语言在表达相同意义的核心谓词及其论元选择上可能存在表征差异，所表达的语用意义也可能不尽相同，但必然有共性的信息（语义）基础。即使在同一语言内部，同一谓词所表达的意义也会因语境不同而可能有结构差异，更不用说人类语言还存在更复杂的跨语言类型现象。

谓词作为语言结构的核心语类，对其基本类型的认识已形成共识，即传统上分为及物和非及物两种类型，但在自然语言中，动词类型并非界限分明，及物动词与非及物动词在结构表征上的交错现象比比皆是，及物动词的宾语降格和非及物动词带“宾语”的现象也屡见不鲜。随着非宾格假设（Unaccusative Hypothesis，UH）（Perlmutter 1978）的提出，非及物动词又被分为非施格（unergative）[①]和非宾格（unaccusative）两个次类，前者即通

① “非施格”概念源于语言类型学中的施格（ergative）概念，汉语文献中的对译术语较多（参见下一章的讨论），本著主张采用“施格”取代文献中较多使用的“作格”表述。

常意义上的无宾语的动词,后者则指传统上被称为"不及物动词"的带"宾语"的动词。这样,动词就被进一步分为及物动词、非施格动词和非宾格动词三种子类型。即使细分如此,这三种谓词在句法和语义关系的表征上,依然会表现出错综复杂性。因此,对谓词及其题元关系的研究成为语言本体研究的基础和出发点,其中又以非宾格动词及其论元结构(argument structure)的关系这类非常规类型的句法-语义关系的研究最具挑战性。这是因为典型的及物动词和典型的非及物动词(即非施格动词)的题元关系较具规则性,也易于被母语和外语学习者领会和使用;而非宾格动词的句法和语义结构最反常规,结构性质上兼有及物动词和非施格动词的特性,但又具有不同于典型及物动词和非施格动词的结构和语义表征形式。因此,揭示非宾格动词的句法-语义关系及其独特性和复杂性,是跨语言研究的重要课题,也是对动词及其句法-语义关系研究的切入点和揭开语言中题元关系奥秘的重要手段。

一般而言,语言结构研究的最小单位是短语,但不同语言的词汇构造也可能表现出一定的句法特性。人类对生活中的行为事件或结果状态的认识和表达虽然通常会用短语甚至单个词语的形式,但对语言本体的认识和研究则总是以理想的结构形式作为研究对象。而语言研究又离不开语言结构单位最核心的语类,即谓词(动词、形容词)和名词成分。动词和名词的组配关系决定了人们思想表达的基本内容,或者说千姿百态的人类思想和日常行为事件的表达都需要借助动词和名词组配所形成的结构关系才能实现。一个核心的语言结构中,动词和名词之间的语义关系统称为题元关系,题元关系和句法实现之间相互依存、相互制约。因文化和思维不同,不同语言可能出现动名组配序列上的不同,从而令相同的语义生成不同的结构表征。正是基于对人类语言的这种核心题元关系的结构考察,本著将参照英语相关结构,探讨现代汉语中非宾格结构题元关系及其句法实现机制,同时适当就英语相关结构的题元关系和句法实现机制进行对比讨论。

虽然对非宾格性问题的探讨由来已久,但非宾格假设提出四十多年来,不同语言中相关问题的研究仍然仁者见仁、智者见智,这足以说明该问题的复杂性。因此,本著第二章将就四十多年来的非宾格性研究进行综述,以反映此领域的研究概貌,然后分章就非宾格性的不同结构表征形式逐一分析讨论。就语言的普遍性而言,本著最关注以下几个问题:

(一)在语言类型上,有很多语言具有跨类型特征,即主宾格语言和施通格语言交织共存,这一现象被看作分裂施格性(split ergativity)现象。如何甄别一种语言多大程度上表现出施格性和宾格性？这一跨语言类型的语言现象又应如何解释？第三章将对此问题进行详细梳理和讨论。

（二）动词及物性与非及物性的传统划分是基于动词是否在结构上带有宾语。这也是主宾格语言与施通格语言在词类特性上的共性。但是自然语言中,无论何种语言类型,动词之间很多都可以进行结构转换,但也有一些不可以转换。那么动结式结构之间的转换条件是什么？为何一些及物动词和非施格动词可以进行非宾格结构转换,而另外一些又不可以？这一问题在第四至六章中将有详细分析讨论。

（三）词库中动词分类的原则是什么？词库里是否有非宾格类动词的全部规定性？如果词库规定了所有语汇的全部特性,那么词库对于学习者而言负担过重;如果没有规定所有特性,那么动词跨类问题应该如何解释？这涉及词汇理论、形态理论及其词汇衍生运算机制,这一问题将在第七章中讨论。

就汉语而言,本著最关注的问题有:

（一）汉语句法文献中存在“非宾格性”和“施格性”[①]两个并行术语,这两个术语是一回事吗？为何存在不同语言类型中指称相同的术语？如何在汉语中理解这一语言研究现象？本著将在第三章中对此进行讨论。

（二）如果在句法研究中把施格性与非宾格性当作一回事,那么,汉语中的非宾格性是如何表达的,其句法结构又是如何实现的？汉语中的非宾格结构表征有哪些？结构中的非宾格性表达的判定标准是什么？非宾格动词和非宾格结构是一回事吗？第四至六章将通过汉英不同的结构表征形式,详细分析汉语中动词的题元关系如何获得非宾格结构实现。非宾格结构实现涉及动词及其论元(或非论元)之间的多种语序问题,而语序被认为是汉语区别于其他诸多语言的参数特征之一,在非宾格性句法实现中起重要作用。这种结构内部成分的语序允准条件是什么？非宾格结构表征在汉语和英语之间存在哪些异同？其差异性如何解释？第四至六章中将对这些问题进行详细的讨论。

（三）汉语非宾格性研究对语言普遍性原则和参数假设理论有哪些贡献？这一问题将在本著的第七章和总结中阐述。

---

① 不同于文献中普遍使用的术语译称“作格性”,本著采用“施格性”译称与其对应的角色“施事”相匹配。

本著探讨的汉语非宾格性问题所涉及的动词句法结构不但语义错综复杂,而且在形式结构上也具有多元性,既涉及表层结构,又涉及底层结构。为此,本著提出两个基本观点。第一,虽然就形式结构而言,汉语的被动结构、中动结构和狭义受事主语结构在底层和表层都与非宾格结构相关,在事件结构语义上都具有类似性,即都只有内论元而无外论元,其主动词都因被动意义而表征为非宾格结构,但这些结构并不具有典型的非宾格性质,本著称之为"类非宾格结构"。也就是说,在非宾格结构表征上,汉语可以被分为典型的非宾格结构和类非宾格结构。第二,从动词的赋格能力上看,汉语存在跨词类和跨结构上的非宾格性特征,但跨词类和多种形式的非宾格结构之间明显存在差异。比如,不同类型的动词都可能表征为非宾格结构,但动词本身并不具有非宾格性质;或者有些结构看似非宾格结构,即非及物动词带有名词成分,或表示被动语义的受事主语结构,但该结构中的动词也不具有非宾格性质。这也许正是汉语施格和非宾格出现混同的原因。有鉴于此,本著把非宾格动词和非宾格结构区分开来。也就是说,非宾格动词一般都可以表征为非宾格结构,而反之则不一定,即非宾格结构不一定都由非宾格动词表征,类非宾格结构中的动词不是典型的非宾格动词。

Perlmutter(1978)和 Levin & Rappaport Hovav(1995)等都主张语义决定句法结构。Levin & Rappaport Hovav(1995)通过语义连接规则,试图统一解释非宾格动词的句法-语义关系,但实际上非宾格性也只有两个共性核心语义特征,即有界性(telicity)和非施为性(non-agentivity)。Chierchia(2004)在试图对非宾格动词进行统一的语义解释时,认为使成化(词汇化或非词汇化手段)构成有界性,从而使得及物性使成结构和非施格性动补结构都具有某种非宾格性表征。Levin & Rappaport Hovav (2005)则认为这混淆了使成化和有界性的概念,她们认为,荷兰语助动词选择上的差异及有界性语义特征都不能保证非宾格性的实现,也就是说,界性特征作为非宾格性语义的一个必要条件,在不同语言中由不同的词汇化方式来实现(参见 van Hout 2004; Borer 2005)。

线性化表征的印欧语言尚且在非宾格性问题上缺乏判断标准,通常被认为是一种黏着性表意语言的汉语,在这一问题上恐怕就更难确定形式标准了。也就是说,汉语的语义表达在形式结构上有较高的自由度。本著认为,汉语非宾格结构的动词及其论元成分之间存在多元选择组配的题元关系,这不仅可以看作汉语在结构和语义之间自由度较高的一个有力证明,也可以看作非宾格结构表达和句法实现的关键所在。弄清动词及其论元和非论元之间的题元关系是本著的出发点。

针对以上问题,本著第三章将首先对“非宾格性”进行概念界定和梳理,尤其是对学界存在的诸多概念混同现象加以厘清。比如,最普遍的混同现象是把非宾格性和作格性等同起来,作格性又称“施格性”,而文献中的“施格”与“作格”在类型学与句法研究中完全不同,因此出现了较为普遍的概念混同现象。

第四章主要讨论汉语中存现结构与保留宾语结构(包括“领主属宾结构”)的句法和语义关系。本著把这两者归为显性非宾格结构表征类型,重点关注这两类结构中单体(simplex)谓词的题元关系,探索存现和消失类动词在存现结构和领主属宾结构中的非宾格性句法配置及其句法实现机制。这类结构在汉英之间具有很多共性,同时也存在一定的结构差异。汉语内部不同及物性的动词类型及其非宾格结构表征问题也将在本章一并作出解释。所涉及的存现动词及其相关存现结构和保留宾语结构中,单体谓词包括“来、去、出(现)、(发)生、死、长、化、跑、走、丢、掉、建、倒、塌”等。由于存现结构中的动词与领主属宾结构中的动词多有交叉重叠,故本章把两类典型的非宾格结构表征纳入统一框架内进行讨论,试图以不同的结构表征阐释相同的非宾格性实现机理。

第五章探讨汉语动结式复合谓词的题元关系及其结果性子句中的非宾格性句法实现机制。本章主要以动结式复合谓词的双事件结构为考察对象,对起动-使成(inchoative-causative)转换结构、动补结构、致使与非致使“把”字句的非宾格结构及其句法实现机制进行讨论。在重点分析动结式非宾格性双事件结构的同时,也结合第四章所讨论的单体存现性谓词的句法表征,对非宾格性动结式复合谓词的结果小句进行对照剖析。本著之所以把汉语中的单体(结果意义)谓词和动结式复合谓词中的结果性谓词分开讨论,是因为这两者之间既存在共性也有差异性,这样能更好地解释汉语的语言事实。单体结果性谓词不但与存现结构、保留宾语结构相容,而且几乎与动结式复合谓词中的结果谓词重合,都能表达出非宾格性,只是两者的结构实现方式有所不同。不仅如此,汉语的单体结果性谓词与英语同类性质的谓词也具有较大相似性;而在动结式复合结构的表征方式上,汉英之间则存在较大差异。汉语动结式复合结构中既包括宾语指向的动补性题元关系,也包括主语指向的描述性题元关系,而英语动结式复合结构一般需要遵循直接宾语限制(Direct Object Restriction, DOR)条件,即主要用于宾语指向的题元关系之中。汉语动结式谓词包括“打碎、打赢、打死、吃饱、吃腻、喝醉、醉倒、唱哭、哭肿、笑疯、下赢、踢进”等,而英语表达这种动结式意义的谓词可能为单体谓词,也可能为复合动词短语。

第六章讨论被动结构、中动结构及受事主语结构与非宾格性的异同。学界有把被动结构、中动结构和受事主语结构视同为非宾格结构的观点,但在其定性上又存在一定的分歧。同时,由于非宾格结构表达中有单体谓词和复合谓词的不同形态,这三种结构也都会有结构表达上的差异。本著认为,这些结构的确具有一些共性。表面上看,被动结构和受事主语结构都表达结果性状态,符合非宾格结构意义特征;从结构表征上看,这三类结构都以受事或客事成分作为句子的主语,且在一些学者看来,其动词都失去赋格能力;语义上它们也都能表达被动意义,因而在一定程度上呈现出类似非宾格性的特征。本著认为,汉语中的这三类结构除了受事(或客事)成分前置,语义上有被动意义等共性之外,还有一个共性就是语用上的话题性质,因此纳入本章统一讨论。但这些可能只是假象,因为三者之间也明显存在一些差异,表现为:被动结构突出受事的受影响意义,中动结构表达的是一种惯常性状,而受事主语结构则通常表达完结性。再者,如果对照英语会发现,两种语言在被动结构、中动结构及狭义受事宾语结构上是否都表现出非宾格性可能还存在疑问。本著认为,这三种结构都属于广义上的受事主语句,但是,除了起动式受事主语结构,其他及物动词构成的这三类广义受事主语句在句法-语义界面都不具有典型的非宾格性,只是类似非宾格结构,所以本著称之为“类非宾格结构”。

第七章在汉语非宾格性的形态-句法界面,基于词汇-句法理论和分布形态(Distributed Morphology, DM)理论框架,对汉语的非宾格性词汇形态特征进行描述。本著试图证明,汉语在词汇-句法界面也可能表征出非宾格性。汉语中没有明显的类似印欧语言那样的词汇形态标记,因此文献中关于非宾格性形态表征方面的讨论极少(参见张达球 2009)。实际上,本著认为汉语形态层面同样有明显的非宾格性特征,只不过不是以黏着词缀的固定形态呈现,而是以词汇合并方式表征出来的。最典型的有$VN_{TH/EXP}$离合词,其中 N 的题元角色不是受事而是客事(Theme)或者历事(Experiencer)成分,如“烦人/烦死人、流血/流很多血、流汗/流很多汗、来/生气”等等。

需要指出的是,从汉语的形态上看,第五章中的动结式复合词也是汉语中一种突出的词汇化形态特征(Li Y-H. A. 1990; Yip 2000),其中的非宾格性是通过结果小句的论元配置表征出来的；而第六章涉及的一部分$VN_{TH/EXP}$离合词，本身在其词汇内部结构中的论元配置上也是一种非宾格性表征形式。也就是说，储存于词库中的词是以复合词的形态进入读数集的（潘海华、叶狂 2015），或者说汉语的复合词在进入句法推导前，就经历了词汇–句法过程（张达球 2009）。然而，$VN_{TH/EXP}$离合词的句法推导过程不同于动结式（verb-resultative，VR）复合词，因此本著分开讨论这两类复合词的句法–语义及其非宾格性问题。本著主张，动词的题元关系是决定论元配置的首要前提，无论是动结式复合谓词，还是动名式（离合式）复合谓词，其基本的论元结构配置中都必然存在某种题元关系，而这种论元配置就可能具有非宾格性表征。只不过在动结式复合谓词中，非宾格性是由客事或受事论元与结果谓词在小句中表征出来的，而在动名式（离合性）复合谓词中，非宾格性则是直接在词汇–句法层面表征出来的。

因此，第七章主要是对这类动名离合词的语义和语类性质进行句法解读，认为这类复合动词表面上是词库的成品，具有规定的词汇特征，实质上是句法前操作通过词汇–句法生成的产物。如果这种离合词也是一种词汇化的结果，储存在词库中就必然遵循词库的规定性。本著认为，汉语的这类离合词在词汇–句法操作过程中，由动词的语义选择决定了其题元关系，从而形成了该类复合动词的独特词汇类型。在词项参与句法推导的过程中，由于汉语是以词根合并形式参与词汇形态的构建，而词汇–句法是介于词汇合并与句法推导之间的中间操作，可以参与汉语词汇结构–短语结构–句子结构不同阶段的句法推导，使汉语基础句法–语义系统呈现出有别于其他语言的生成能力。本章重点比较离合同源结构观点和词汇–句法生成机制，以此来说明汉语非宾格性离合词的性质和词汇–句法衍生过程。

第八章是全著总结。本著主要参照英语，就汉语题元关系下的非宾格性句法进行全面梳理，在对已有文献研究成果进行梳理的基础上，提出汉英语言类型上的参数差异，尤其是在结构表征方式、词汇化模式和不同层面非宾格性句法实现机制上的差异。在词汇化模式上，本著认为汉语独特的字本位特性决定了汉语词汇化方式具有高度的合并能力，从而在词汇–句法和句子–句法平行机制内以字为基本形态单位，短语结构和句子结构的推导基于形态分布理论，以单体词根间的合并为主要形式，进而参与词汇–句法和句子–句法推导。

在句法推导过程中，汉语与英语一样需要遵循抽象功能中心语投射原则。不同的是，汉语句法操作过程并不必完全依赖特征核查，而是基于题元关系进行成分管辖关系核查。在汉语的成分管辖关系中,中心语和依存项之间依赖抽象功能成分和语义自洽机制,最终完成语义解读和结构允准。

总而言之,一种语言内部的非宾格性问题纷繁复杂,跨语言之间则更是难题。本著尝试对汉语非宾格性问题在形态-句法-语义多元界面进行探讨,以期回答前面提出的问题,不足之处期待方家批评指正。

第2章

非宾格性研究四十年回顾[①]

非宾格假设(Perlmutter 1978)提出以前,传统语法对动词及物性与非及物性的区分,在语言内部和语言之间都面临诸多难以解决的问题。虽然类型学家提出了施通格(ergative-absolutive)和主宾格(nominative-accusative)语言类型的划分,但语言事实并非泾渭分明。比如,在典型的施格性语言中,及物动词的主语带施格标记,宾语带通格标记,及物动词的宾语与一些非及物动词的主语有相同的格标记;而在典型的主宾格语言中,虽然名词成分缺乏施格性语言的格标记,但一些非及物动词也会出现主宾语错位现象。基于动词和名词在结构中的此种句法表现,Perlmutter(1978)提出了"非宾格假设",认为语言中存在两类不同性质的非及物动词:一类为非施格动词,其主语与及物动词的主语位置相同;另一类为非宾格动词[②],其主语与及物动词的宾语位置相同。"非宾格"属于句法学范畴,而"施格"则是类型学概念,这种

---

① 本章由张达球、郭鸿杰(2021)略作修改而来,目的是对过去四十多年来的相关研究进行概述,同时对该领域可能的研究方向加以展望。

② 根据非宾格假设,非宾格动词与非施格动词的唯一论元在句子中的基础结构位置如下:

(i) a. _ VP NP

b. NP VP

跨语言类型的句法特征表现出明显的混合语法性。非宾格假设由 Burzio (1986)等引入生成语法，几十年来成为持续的研究热点①。这些早期的非宾格性研究聚焦非宾格动词的形式标准、语义特征、题元关系、论元结构及转换生成机制等，不仅为后续相关研究确定了方向，还为句法理论的发展提供了关键的切入点和重要内容。随着语言研究手段和方法的不断进步，二语习得与加工研究、认知神经与病理语言学研究也对非宾格假设不断进行验证。但是，在当今信息技术条件下，基于语料库和大数据的机器学习模型的相关研究尚未见先例。我们相信，人工智能的发展必然会促进基于人工智能神经网络深度学习模式的相关语言研究，因此这一领域还有广泛的探索空间。

2.1 非宾格假设的理论发展

非宾格假设涉及诸多语言理论问题，包括非宾格动词的分类标准、名词的赋格机制、题元关系、结构表征及实现机制等，在过去四十多年中一直都是理论语言学研究的热点和难点，也正是对这些问题的探索大大推动了生成语法理论的发展。

首先，基于 20 世纪 60 年代在关系语法框架下研究非及物动词与名词关系的题元理论(Gruber 1965)，非宾格假设于 20 世纪 70 年代后期提出。到 20 世纪 80 年代初，生成语法形成了以管约论(Government and Binding Theory，简称 GB 理论)为主体内容的句法理论(Chomsky 1981)。在这一框架下，Burzio(1986)提出的 Burzio 准则(Burzio's Generalization)成为甄别非及物动词题元关系的核心标准。其次，为解决跨语言研究中主语显现和脱落(Pro-drop)的参数差异，Chomsky(1981)提出了扩充投射原则(Extended Projection Principle，简称 EPP 原则)，这与非宾格性存现结构密切相关。但是，随着 VP -壳(VP-Shell)理论(Larson 1988)的提出，Burzio

① Perlmutter(1978)基于类型学的"施格"和"宾格"概念，在非宾格假设中首次使用了"非施格"和"非宾格"术语，直接导致 Burzio 和 Pesetsky(1982)等混用了 ergative 和 unaccusative 两个名称。汉语语言学界也沿袭了这一混同概念，把 ergative 译为"作格动词""施格动词"等(参见金立鑫、王红卫 2014)。本著把非宾格假设中的 unaccusative 和 unergative 两个术语分别译为"非宾格动词"和"非施格动词"，所参考的文献则按原文献名称引用。

准则受到了挑战。根据 VP -壳理论,题元角色不再必须出现在特定位置,主宾语的不对称也不再表现为 VP -指示语(specifier)和补足语(complement)之间的不对称,区别非施格动词和非宾格动词的指示语-补足语二元对立的分布格局被打破,使得非施格动词和非宾格动词难以在结构配置上得到清晰刻画。此外,在 VP -壳理论的基础上,轻动词(light verb)理论(Chomsky 1995; Kratzer 1996)借助功能中心语 v 或 Voice 来区分非宾格动词和非施格动词的主语,主张非宾格动词的唯一论元在 VP 内仍然由动词统制,而非施格动词的唯一论元由轻动词 v 引入。最后,动词短语内主语假设(VP-Internal Subject Hypothesis)的提出(Koopman & Sportiche 1991)也使得论元移位的性质发生了变化。这些理论的提出都大大推动了对非宾格性的研究。

虽然学界都认为词汇、语义和句法之间存在互为依存的关系,但词汇主义观、语义观和句法观在非宾格性问题上存在明显分歧。比如,词汇-句法配置题元理论(Configurational Theta Theory)就认为非宾格性取决于不同语类(A、V、P)的谓词与论元的合并,从而形成不同的配置关系(Hale & Keyser 1993);体界面理论(Aspectual Theory)(Tenny 1994; Levin & Rappaport Hovav 1995)则认为,通过特定句法配置进行语义表达的观点不能清晰地区分句法和词汇语义,句法和词汇语义的区分需要通过词汇表达的事件和体意义来实现。本节将根据句法理论,在句法-语义界面的解释和词汇-语义关系上对非宾格性的研究进行评述。

2.1.1 非宾格性的句法-语义界面

非宾格假设最初提出的依据是施格性语言的格形态及其动词与名词的语法关系,认为一些非及物动词的唯一名词成分的格与及物动词宾语的结构位置具有关联性。事实上,非宾格性在跨语言时的确存在一定的语义共性,包括事件结构意义、体结构意义、动词的施为性和时间的有界性等语义特征,但这种跨语言类型上的语义共性和句法表征上的差异正是跨类型的混合语法现象导致的结果,进而使得语言中的句法-语义关系错综复杂,汉语尤其如此(下面 2.1.3 节讨论)。早在管约理论的框架下,基于动词与名词的子语类化(subcategorization)关系,论元结构理论就试图在词汇-语义界面对非宾格性的句法-语义关系进行解析,或在词汇-句法界面对非宾格结构的句法-语义性质作出解释。无论是论元结构理论、事件结构理论、体界面理论,抑或是形式标准,都不能单独解释非及物动词的异质性结构特征。实际上,在非宾格性问题上,形态、句法、语义,甚至语用等因素都在起作用。

纵观生成语法的基本思路,非宾格研究的重要理论基础包括词库理论、论元结构理论、句法推导与实现机制等几个核心思想。其中,论元结构理论在句法-语义界面为解释动词的句法-语义关系提供了重要理论依据。非宾格假设中的句法-语义关系成为句法理论发展的重要切入点,而且生成语法在探索语言普遍原则的同时也在寻找跨语言间的参数差异,从而推动了语言理论的发展。因此,非宾格性相关课题的研究彰显出独特的理论价值。

2.1.2 非宾格性的词汇-语义关系

四十多年来,非宾格性研究集大成者当数 Levin & Rappaport Hovav(1995),其主要贡献在于对显性和隐性非宾格结构的分析。基于论元指派一致性假设(Uniformity of Theta-Assignment Hypothesis, UTAH)(Baker 1988)和体界面假设(Aspectual Hypothesis)(Tenny 1992, 1994),Levin 和 Rappaport Hovav 提出了多个语义和句法间的连接规则和 DOR 条件,用于区分非宾格动词和非施格动词,并对不同动词类型进行了语义分解。她们主张通过连接规则、语义特性和句法表征在词汇概念结构和论元结构之间及论元结构和句法结构之间建立联系。正是论元结构和句法结构之间的关联性使非及物动词的唯一论元可能投射到不同的句法位置。

连接规则的核心是词汇-语义理论,该理论在词汇语义和事件模板关联的基础上对谓词进行分解。由于词汇概念结构层含有不同动词最为独特的语义内容,因此其词汇-语义结构把动词的意义分解为语义变量和原始谓词(primitive)。当词汇语义投射到论元结构层时,非宾格动词和非施格动词的论元位置与内外论元的连接已经确立,从而区分了这两种不同类型的非及物动词。这一主张否定了 VP-内主语假设,认为词根表达的是动词本体类型上的核心意义(如结果状态、事物、物质、方所、方式等),事件模板反映的则是简单事件或复杂事件,表达式如(1):

(1) a. [x ACT <MANNER>]

b. [[x ACT <MANNER>] CAUSE [BECOME [y <RESULT-STATE>]]]

这种表达式涵盖非施格类、使成及物类和非宾格类三种不同的动词事件结构。但是,由于词汇主义观所主张的词库规定性无法提供跨词类清单,及物动词、非宾格动词和非施格动词的跨类现象就难以得到可信的解释。因此,词汇-语义理论认为,非宾格动词和非施格动词之间构成的只能是类典型之间的连续统,句法表征由词汇语义决定。

2.1.3 汉语非宾格性研究

非宾格现象在早期的汉语相关研究中一直被看作一种非及物动词带宾语的现象。汉语中的这种语言现象涉及典型的存现结构、动补结构、保留宾语结构等。早在20世纪50年代,汉语学界就有相关语言现象的讨论,如"把"字句与施格性(Frei 1957)、"王冕死了父亲"类结构(徐重人 1956)等;80年代,学界对处所名词变换句式(朱德熙 1980)和"打胜""打败"类动补式复合结构(吕叔湘 1987)的热烈讨论实际上也都与非宾格性相关;90年代,汉语学界对领主属宾结构的讨论(郭继懋 1990)一时也成为热点。这一时期,海派学者也开始把非宾格假设正式引入汉语界(Huang 1987, 1997;顾阳 1997;杨素英 1999;徐杰 1999 等)。直到90年代末,非宾格性的汉语相关研究才真正与西方接轨并活跃起来,进入21世纪后更是出现了非宾格和作格的并行研究,研究成果蔚为大观。

但是,对汉语非宾格性或作格性的句法研究存在诸多分歧。首先,在汉语动词的类型特征上,就有汉语全部动结式都是作格性(沈阳、Sybesma 2012)与不需要区分作格和非作格动词(刘探宙 2009)这两类对立的观点①。不过大部分学者认为汉语具有非宾格性表现,但不具有类典型性,而是表现为混合句法特征(金立鑫、王红卫 2014;叶狂、潘海华 2017)。其次,在格问题上,有完全赋格、不需要赋格和直接赋格等不同观点(Li Y. F. 1990;胡建华 2007;潘海华、韩景泉 2008;韩景泉 2016 等)。再次,在句法允

① Deal(2015)把汉语归为典型的通格类型语言,这与一般认为的作格类型正好相反。

准条件上，有功能范畴假设分析、局域性与显著性交互作用解释、移位特征核查的论元允准分析等看法（熊仲儒 2006；胡建华 2007；马志刚 2010a，2010b 等）。最后，在句首名词的句法性质上，有主语观（沈家煊 2006；黄正德 2007）、话题观（Pan & Hu 2008）和话题兼主语观（梅德明、韩巍峰 2010 等）等观点。此外，在界面问题上，有句法-语义界面、语义-语用界面和语用、韵律及文化关联（王文斌等 2009）等观点①，还有对题元角色、限定效应（definiteness effect）、数量语义、处所意义、结果状态变化、运动方向、动词自主性、益损意义等多元语义限制及作格化的解释等。这些理论探索都为语言理论的发展作出了汉语特有的贡献。

在生成语法对普遍原则和参数的探索过程中，非宾格性都是无法回避的问题。纵观四十多年来中外学者对非宾格性理论的探索，虽然在诸多方面还存在一些分歧，但对这类句法现象的研究更多的还是基本共识。非宾格假设不仅在语言理论领域取得了广泛的共识，在语言应用研究领域对它的检验同样获得了普遍的实证支持。

2.2 非宾格性的习得、加工与认知神经研究

非宾格性在儿童母语发展、二语习得与加工、心理语言学以及认知神经与病理语言学等实证领域也引起了学者们的广泛关注（参见 Alexiadou et al. 2004；王鑫等 2020）。用不同手段对非宾格假设进行实证检验获得的诸多发现为语言理论提供了实证依据。

2.2.1 儿童母语发展研究

在儿童母语发展研究中，不同母语学者做了大量实验，获得了诸多有益的发现。比如，有学者根据论元结构理论对希伯来语儿童的非宾格可学性进行了研究，不仅发现句法及论元的解读独立于动词词项信息，儿童有关论元

① 由于相关文献过多，恕不一一列出。

结构和事件结构投射的知识独立于词汇知识，还发现儿童阶段虽已完成了论元结构方面的知识，但到成人阶段仍会出现动词使用不当的现象（Borer 2004）。Randall et al.（2004）通过事件参与者的生命性（animacy）、动词是否具有界性和界性特征，对荷兰语和德语儿童的母语发展进行句子结构实验。这些结果都支持动词的非宾格性由语义因素决定的观点。此外，Vernice & Guasti（2015）通过观察主语-动词语序中非宾格结构主语的限定性特性，对儿童语言发展进行了实证研究，发现主语为限定和非限定性名词短语时，儿童倾向于把主语置于动词前后不同的位置。这表明儿童对非宾格和非作格动词能做不同的处理。遗憾的是，汉语学者几乎未涉及儿童母语发展的非宾格性研究，这可能与研究者的语言知识结构和理论兴趣有关。

2.2.2 二语习得与加工研究

非宾格假设的二语习得与加工研究的主要对象是以英语为外语或二语的学习者，也有少量以汉语为外语的学习者。比如，Oshita（2001）发现日本不同水平的英语学习者在习得非宾格结构时呈现 U 型特征，因此提出非宾格陷阱假设（Unaccusative Trap Hypothesis）。通过动补结构实验，Park & Lakshmanan（2007）认为，韩国的英语学习者能够区分两类非及物动词，但不能区分可转换类非宾格动词和非施格动词。中国的英语学习者虽然也基本能够区分两类非及物动词及其句法结构，但判断的准确率与二语水平相关，而且可能存在被动泛化性错误或受汉语母语迁移的影响（李素枝 2010；张达球、乔晓妹 2013 等）。

关于英语母语者在第二语言的非宾格性习得方面的研究也有不同的发现。比如，在西班牙语学习者中，高级二语学习者在非宾格结构的习得上没有明显差别（Montrul 2005）；而在汉语学习者中，汉语水平的高低与区分两类非及物动词的能力正相关（其他有关汉语二语习得的相关研究，可参考 Zhao 2006）。此外，国外还有大量心理语言学实验对非宾格动词的母语和二语习得进行研究，所得结果也都证明非宾格动词比非施格动词的理解和产出过程更为复杂（Momma et al. 2018）。

从已有的儿童母语发展以及成人母语者和二语者对非宾格性习得的实验来看，无论是认知水平尚低的儿童，还是认知水平较高的成人学习者，在非宾格动词和非施格动词的区分能力上具有较高的一致性。但是，在非宾格性的二语习得与加工中,可能存在受二语水平和母语负迁移影响产生的差异。这在某种意义上支持人类语言存在语言机制和普遍语法的假设。这些基于神经生物学的心智主义假设,在现代医疗技术条件下也获得了神经病理语言学的证据。

2.2.3 非宾格性的认知神经语言学研究

通过对母语、二语习得的心理实验研究,非宾格假设的合理性基本得到验证。在神经病理语言学领域,语言功能区与语言感知能力之间的关系也得到了有效检验。早期病理观察(Kegl 1995; Lee & Thompson 2004)发现,脑损伤的受试对非宾格动词的产出比非施格动词的产出更困难一些,但研究结果缺乏一致性。失语症病人在辨认功能成分上表现出较大困难,且在非宾格动词结构中表现得更为明显。布洛卡区(Broca)失语症患者对句法依存项(如 wh-疑问句)的理解存在同样困难。因此,有学者提出词汇延迟激活假设(Delayed Lexical Activation Hypothesis)(Sullivan et al. 2017),认为在正常语速的句法加工中,词汇摄取过慢会导致布洛卡区失语症患者句法理解透支,但他们可以利用非宾格动词的延迟激活,展示出与正常受试在句子依存连接上的相似性。病理实验基本证明,失语症患者对非宾格动词和及物动词的神经加工高度相似,但与非施格动词存在较大差异(Agnew et al. 2014; Sullivan et al. 2017)。虽然针对跨语言非宾格假设进行检验的神经病理语言实验研究起步较晚,但近年来越来越引起学界重视。初步研究(Froud 2006; Agnew et al. 2014)发现,受试在对非宾格结构的反应上存在异常,而这种异常可能源自词汇层面或是由句法功能项引起。但无论是理解还是产出实验,认知神经语言学对非宾格假设的合理性都提供了初步的病理语言学证据。中国学者的研究几乎未涉及该领域,这可能与跨学科研究不足有关。

2.3 非宾格性研究的遗留问题及研究新领域

如前所述,非宾格性研究对句法理论具有重要贡献,实证研究也提供了支持性证据。但是,在因个体语言跨类型特征而形成的混合语法中,非宾格性句法现象加剧了个体语法的复杂性。因此,非宾格性研究依然存在诸多问题,有待理论和实证的进一步探究。同时,有关儿童母语发展的相关研究及病理语言学的研究也都有必要进行跨学科探索。此外,借助语料库对相关句法的研究,在信息技术和大数据条件下,探索机器如何基于人工智能神经网络进行深度学习并对非宾格性的相关复杂句法进行计算,也是一个值得尝试的领域。

2.3.1 理论遗留问题及应对主张

非宾格性研究在理论上遗留的一些问题可归纳为以下几个方面。一是词库、动词论元结构及题元关系。词库理论假定进入运算所需词汇的全部规定性特征,但在庞杂的词汇特性和跨词类问题上显然存在诸多难以回答的问题,同时词语跨类现象也增加了词库信息量和学习者的记忆负担,因此受到词汇-句法配置理论、分布式形态学理论的挑战。词汇-句法配置理论和分布式形态学理论都试图在词汇和句法关系上建立一个不同于词汇主义理论的设想,但两者的出发点不同,因而也不能在跨语言时完全解决词汇和句法关系问题。二是非宾格动词的分类标准。由于存在跨语言差异,非宾格动词在形式标准上也就天然缺乏统一性,因而把两类非及物动词看成一个连续统成为一种可接受的折中观点。三是名词的格及其允准机制。类型学的本原概念"通格"虽然对应句法学上的"非宾格"成分,但"非宾格"不是格标签,"部分格"也只是语义关联概念。学界不仅对"格"的有无莫衷一是,对赋格机制的看法也是见仁见智。四是句法实现与推导机制。作为生成语法的技术性操作手段,句法推导具有广泛的接受性。根据最简方案,所有句法推导都是基于特定功能短语的最大投射,分语段自内而外进行进阶式推演。虽然句法学者认同跨语言差异主要表现在有无形式特征、语序、形态合并和附加语合并方向及技术操作等方面,但汉语学者对这些差异大多持排斥态度,认为生成语法理论和操作手段不只是方法论问题,还关乎语法体系的民族性问题。本著认为,语言中的参数差异是一种民族性特征,但研究方法本身并无民族性,生成语法合理的语言理论和方法应该更有效地为汉语语法理论所借鉴。

2.3.2 汉语非宾格性研究的拓展空间

对汉语非宾格性的研究，在理论和二语习得领域已经取得了丰硕成果，在其他研究领域也进行了一些有益探索。比如，在形态-句法方面，黄正德(2007)提出三元非宾格结构的观点；张达球(2009)对汉语离合词非宾格性进行了词汇-句法探索；王文斌等(2009)对作格性语义-句法界面进行了研究；金立鑫、王红卫(2014)从类型学上考察了汉语动词的施格性和通格性，提出汉语动词的四分系统，明确把通格动词与非及物动词分离出来。关于汉语词汇结构、句法结构及混合语法类型(叶狂、潘海华 2017)等方面的非宾格(作格)性研究也有较大探索空间。此外，在汉语母语和二语习得及认知加工方面虽有初步探索，但尚未有较大影响，尤其是儿童母语发展的相关研究较少；认知神经领域也鲜有相关研究，神经病理语言学方面的非宾格性研究基本还是空白。语言学者很有必要与临床和语言康复机构携手合作，开展跨学科的神经病理语言学研究，从而使汉语相关研究对语言学理论作出更大贡献。此外，全球每年超过千万的二语学习者在学习汉语，因此加强汉语二语习得研究不仅能提升对外汉语教学效果及汉语的传播力，还有助于争取二语习得研究中的国际话语权。

2.3.3 信息技术背景下的研究新领域

四十多年来，生成语言学不断地完善理论建构和句法操作的便捷性，为语料库语言学研究奠定了基础，尤其是基于词汇和句法规则的语料标注为语料库语言学的句法研究提供了广阔空间。在新的信息技术条件下，随着新软件、信息平台和操作工具的开发应用，技术手段不断丰富，大数据建设更为句法研究提供了全新的研究空间。随着人工智能和自然语言处理技术的迅猛发展，对普遍原则进行智能化应用本该顺理成章，但跨语言参数纷繁复杂，对语言的智能化处理仍然困难重重。早期基于语法规则的机器学习也基本被人工智能的神经网络系统通过大数据概率计算所取代。但是，由于非宾格结构表达异于常规结构，其跨语言类型的句法特征过于复杂，基于神经网络算法的非宾格结构句法深度学习模式是如何进行的，文献所及还未见先例。因此，未来的相关研究除了更好地利用基于自建语料库的相关研究外，还需尝试对机器学习进行相关研究。人工智能神经网络深度学习模式在很大程度上应该不同于人类语言习得和认知加工模式，相关问题值得深入探索。

2.4 本章小结

本章基于人类跨语言类型所形成的混合性句法特性以及由此导致的语言复杂性，认为非宾格性问题正是这种跨语言类型研究的焦点所在，同时也是语言学理论研究的重要出发点、二语加工和认知神经语言学研究的突破口、大数据时代探索机器学习的观察点。虽然四十多年来关于非宾格假设的研究在理论和实证领域都取得了丰硕成果，但仍遗留了不少理论问题，同时也有更多实证研究领域等待拓展。非宾格性在跨语言上具有相同的语义特性，但又有不同的结构表征和实现机制，这些差异由动词的句法-语义关系及词汇-语义特征来决定。生成语言学探索的语言普遍原则与参数差异，对语言学理论、语言习得和加工及认知神经病理等领域都产生了持久影响。非宾格性存在于自然语言中，有其独特性，中外学者对其进行的跨语言研究具有重大的理论意义和应用价值。该问题在汉语儿童母语发展、汉语二语习得与加工领域都值得深入探讨。这不仅可以为语言学理论的发展贡献汉语丰富的语料和智慧，还可以在国际交流中逐步改变汉语研究相对薄弱的局面，扩大汉语在国际学界的话语权和影响力。更为重要的是，在语料库语言学、认知神经与病理语言学、人工智能与自然语言处理等跨学科领域，随着智能化和 5G 技术的广泛应用，大数据时代为语言研究提供了机器学习不尽的语料，相关语言研究可以顺势而为，汉语的相关语言研究或许也可以领先于世界。

第3章

非宾格性概念问题及其类型学意义

3.1 几个概念问题

如绪论中所谈及，无论在国内还是国外，非宾格性研究都涉及一些被混淆的概念，包括施格（或称"作格"）、通格、非宾格、非施格等，其中最容易混淆的是"施格性（ergativity）"和"非宾格性（unaccusativity）"概念。"非宾格性"概念是相对于主格-宾格（Nominative-Accusative）语言类型的"宾格"概念而来的。在主宾格类型的语言中，及物动词所带的论元成分有明显的宾格标记，如罗曼语中的西班牙语、法语和意大利语等，日耳曼语中英语的主语和宾语为代词时也是如此。Perlmutter（1978）在关系语法框架内，提出了非宾格假设，并杜撰了"非宾格"和"非施格"这两个非及物动词类型概念。"非施格"名称源于施格-通格（Ergative-Absolutive）语言类型中的"施格"概念。虽然语言类型学家根据语言的突出特性，把人类语言分为主格-宾格和施格-通格两种不同类型，但实际上，各语言类型之间并非泾渭分明，单纯的施格性语言并不存在。语言中往往以某一类型更为突出，而同时兼有另一类型的诸多特征。这种现象被称为“分裂施格性”（Dixon 1994）。根据这种不同语言类型的分裂性特征，语言类型学家认为语言中存在宾格性语言到施格性语言的连续统（Bobaljik 1993 等）。

事实上，类型学家（Dixon 1979, 1994 等）提出的“施格”概念，原本是针对巴斯克语（Basque）与爱斯基摩语（Eskimo）等典型的施格性形态标记的语言中及物动词的主语和非及物动词的主语具有不同的格标记的现象。及物动词的主语带有施格标记，而非及物动词的主语带有通格标记。这不同于主宾格语言（如日耳曼语、日语等），主宾格语言中及物动词和非及物动词主语具有相同的格标记。但是，在施通格语言中，及物动词和部分非及物动词（主要是宾语省略类及物动词）的主语被特殊标记为“施格”，另外还有一部分非及物动词的主语被标记为通格。学界将这种及物动词主语带有施格形态标记，非及物动词的主语与及物动词的宾语带有相同通格标记的语言归为施格性语言。如果在同一语言内部，不同动词的主语成分有不同句法性质，这种语言现象被称为“主语分裂”（subject-split）。在施格性语言中，及物动词的主语为施格标记，非及物动词的主语与及物动词的宾语具有相同的通格标记（或无标记），但也可能与及物动词的主语（S_A）具有同样的施格标记（或无标记）。在施格性语言中，施格动词的主语常带有施格标记，而非及物动词的主语则通常没有施格标记。一些非及物动词虽然没有施格标记，但却具有施为特性。因此，如果有非及物动词带有施格标记，则可能是因为其具有及物性特征。这样，在语言之间或同一语言内部，句法主语位置成分相同，但这一成分却具有不同的句法性质。这就是一种主语分裂表现，也属于分裂施格特征（Bobaljik 1993; Dixon 1994 等）。

正是根据这种类型学上的差异，Perlmutter（1978）在关系语法中专门针对非及物动词的不同句法表现，提出了非宾格假设。他基于非及物动词所带的单一论元在句子结构中所处的不同基础位置，把非及物动词再分为非宾格性和非施格性两个子类。“非宾格”动词指不能为宾语成分指派宾格的动词，而“非施格”动词指不带具有施格标记的主语名词成分的动词[①]。那么什么是语言的施格性特征？什么又是非施格性特征？这涉及

① 实际上在有的施格性语言中，存在逆动态（antipassive）类动词（叶狂、潘海华 2012），即及物动词的非及物化现象，这时的主语名词可能带有施格标记。也有人认为这时的非及物动词虽带有施格标记，但仍然是及物性特征的一种表现（Bobaljik 1993）。

语言类型中施通格形态系统和主宾格语言类型中的结构系统问题。

文献中常有把句法上的施格性视同为非宾格性的情况,对初学者可能有一定的误导。实际上,句法研究中主宾格语言的非宾格性对应于施格性语言中的通格性,而不同于类型学上及物动词主语成分的“施格”形态概念。类型学上的“施格”指及物动词主语名词在形态和句法上的施格性,这两个概念具有本质上的差别,因此本著采用“非宾格性”来讨论句法上的施格性问题。“施格性”是语言类型学提出的概念,主要具有形态-句法依据,而非宾格性完全是句法概念。施格性语言中,施格性立足于及物动词及其施格标记的主语和通格性宾语;宾格性语言中,不但使成类及物动词的宾语与起动类非及物动词的主语具有相同的句法位置,两者在结构上具有转换关系,而且非及物动词之间也有非施格结构向非宾格结构转换的现象(如“大班哭了两个小孩”)。这种结构转换现象,可以看作一种主语流变(S-fluid)现象,但反过来说主语流变结构是非宾格结构则不一定成立,因为汉语中的及物动词也可表现为主宾语的自由转换(如“十个人吃一锅饭/一锅饭吃十个人”)。就非宾格结构唯一论元成分的句法属性而言,非宾格性名词成分可视为类似施格性语言中的“通格”成分,而绝不是其对应的“施格”。学界在这一领域多存在概念混用问题。

这种类型学上的“施格”概念在诸多句法文献中被移用,已成为一个固化的术语。这不只是在汉语语言学界因翻译的缘故,还源于国际语言学界对 ergativity 的移用。Sinclair 等(1987)基于 COBUILD 语料库编撰的《柯林斯英语词典》(CCELD)对施格类动词专门标注了 V-ERG。黄长著等译斯托克(1981[1972])编著的词典时,就把 ergative 译为“作格”,于是中国学者大多使用“作格”这一术语。也有极少数学者把 ergative 译为“通格”(如徐烈炯 1995;谢应光 1998 等)、“唯动格”(如周光亚 1988;石毓智 2000 等)或者“施格”(如刘晓林 2006,2007;江荻 2007;陆丙甫 2009;刘蓉 2009;刘晓林、王文斌 2010;罗天华 2011;金立鑫、王红卫 2014 等)。

学界把 ergative 译作“施格”是很有道理的,因为在施格性语言中,及物动词和部分非及物动词(即逆动类动词,见 Dixon 1994;叶狂、潘海华 2017)的主语都具有这种施格形态标记,而及物动词的宾语和部分非及物动词的主语则有通格形态标记。所谓“通格”成分(也称为“通语”,见金立鑫、王红卫 2014),是那些既可出现在一些及物动词的宾语位置,又可以出现在其非及物动词用法的主语位置且格标记相同(有的语言无格标记形态)的名词成分,因此也被称为“通格”名词。这类动词在非宾格假设中表现为起动-使成结构转换类型，在存现结构中表现为非宾格和非施格转换类型。起动-使成结构转换实际上是非宾格动词与使成及物动词之间的转换。使成及物动词和部分非及物动词这两类动词是进行非宾格转换的两种典型动词。Dixon（1994）认为这样定义有过泛的嫌疑，因为有些及物动词的主语成分不局限于有生命的施事，可以是工具、材料、外力等，但都可以生成非及物结构，如“The wind/key/card/John opened the door—The door opened.”。因此，在这个意义上，非宾格动词与“通格”动词同质性最高，而不是像多数汉语文献那样将非宾格动词等同于“施格”动词。

句法学上的“施格（作格）”与“非宾格”概念的混同，源于20世纪80年代初西方语言学界把语言类型学引入句法研究时的误用，如MIT早期的句法学博士论文（Burzio 1981，1986；Pesetsky 1982）。由此，汉语语言学界沿用这一并行的术语，使得该类问题的句法研究中出现了多个概念混同的现象。根据Dixon（1994），ergative（“施格”）这一概念最早源于Halliday（1967：44ff），而更早还可以追溯到ergativity在句法结构中的定性。Lyons（1968）的教材对“施格”概念的使用也极大地推动了它的广泛传播。实际上，Halliday和Lyons的ergative概念最初指“使成”概念，句子结构反映的是起动-使成结构转换关系。Lyons（1968：352）的例子如下：

（1）a. The stone moved.
　　b. John moved the stone.

该教材解释说，（1a）中非及物动词的主语转换为（1b）中同一及物动词的宾语，这种句法关系称为施格性。正是基于这一结构转换关系，Perlmutter（1978）提出了非宾格假设，认为非宾格动词的唯一名词成分的原始位置与及物动词的宾语位置相同。在（1a）中，主语成分实际由宾语位置移位而来，因此S=O；而在及物动词结构（1b）中，施为性名词成分作为行为动词的施事被投射到主语位置，是为施为性主语（Agent，A），因此S=A（Dixon 1979，1994）。这表明及物动词结构可能是由非及物动词核心结构通过扩充投射转换而来①。针对相同的语言现象，Crystal（1991：

① 从施为性的语义特征而言，我们认为把ergative译为“施格”更为贴切，与其角色名称“施事”意义相称。文献中一般用的“作格”很容易在语言类型、格形态和施格性分裂句法中引起混同（参见金立鑫、王红卫2014；叶狂、潘海华2017）。

124－125）也有举例如下：

（2） a. The window broke.
b. The man broke the window.

Crystal（1991）完全继承了 Lyons（1968）的观点，认为（2b）中及物动词的主语是使成类施为性主语。尽管如此，Dixon（1994：19）却根据不同语言类型，认为在主宾格语言中并没有人把使成类施事主语当作施格标记的主语（A），而只能是（S）。因此，他认为英语是典型的主宾格语言。Dixon（1994）用同属于主宾格语言的土耳其语作为证明，例子如下：

（3） a. Otobűs （S） harekitetti
'The bus started.'
b. Şőfor （A） otobűs-ű（O） harekit et-tir-di
'The driver （A） started the bus （O）.'

像（3b）中的施事主语，在土耳其语中的使成性标记为-tir-，宾语标记为-ű，因此属于典型的主宾格类型。如果认为这类使成动词的施事主语为“施格”，宾语为“通格”，那是极为混乱的。Dixon（1994）的例子很清楚地表明，施通格标记的类型概念只针对施通格语言，不能与主宾格类型概念混为一谈。他认为，主宾格语言中，带有明显使成标记的施事主语不能称为“施格”性主语而应是施事主语（Agent Subject，称为 S_A）。尽管句法性质相同，但概念上还是必须有类型学上的明确分类，这正是施格分裂现象在主语形态上的表现，也导致了名词成分的混合句法特性（叶狂、潘海华 2017）。

由于主宾格语言并非都有主宾语的格形态标记，因此，一般名词作为使成类动词的主语或者宾语都是无标记的。比如，英语中只有代词主宾语才有格标记，实体名词也没有此类标记，但主宾语的句法性质可以通过在动词前后的语序来确定。因此，Dixon 认为在明显的使成性词汇语义上用“施格性”概念，既混淆是非也是不可接受的。术语“施格性”是针对施格形态标记的语言（如巴斯克语、爱斯基摩语、高加索语、南美洲印第安语、澳大利亚土语、波利尼西亚语、缅藏语等）而界定的概念。

3.2 概念混淆之源

术语“施格”在句法研究中的使用最早源于 Lyons(1968),后来在 MIT 学者 Burzio(1981)、Pesetsky(1982)的博士论文中沿用,使得该术语成为权威概念而被固定下来。但该术语原本是语言类型学中的概念,被引入句法研究后出现了概念上的混同,以讹传讹,沿用至今。因此,非宾格假设中的核心概念“非宾格”,现在看来应该是非及物动词的主语与及物动词宾语具有同类句法性质的“通格”现象(金立鑫、王红卫 2014),如:

(4) a. The window opened.

b. John opened the window.

Burzio(1981)和 Pesetsky(1982)都把(4)中可进行结构转换关系的这类动词看作具有施格性。而在 Dixon (1994)看来,(4b)中的主语名词成分不能看作施格成分,因为它不是施格性语言,其及物动词的主语没有施格性语言中施格标记的形态特征,因此应看作施事主语成分。他认为,施格和施事主语 S_A 是分别属于施通格语言和主宾格语言这两个不同系统的对应概念,不能等同混用;在他看来,主宾格系统中还存在施事宾语(Agent Object,称为 So),这一成分在施格性类型语言中的标记为“通格”。这也进一步说明,所谓句法上的“施格(作格)”原本对应的概念是类型学中的“通格”,在形态标记上的宾语“通格”是与使成动词的主语“施格”相对而存在的。如果这种使成动词结构是由无施事的起动结构转换而来,那么这种句法关系被看作“施格句法”(ergative syntax),成为现在普遍误用的源头。好在句法上的术语“施格性”与“非宾格性”的混用及并行现象并没有导致研究上的混淆,也算各得其所,殊途同归。

在汉语语言学界,ergativity 这一术语在句法结构的指称上与类型学上的 ergative 概念有混同性,在汉语中也有多种译法,给读者带来不便;汉学界大多数使用“施格”的译名,但极少数学者,如谢应光(1998)沿用徐烈炯(1995)把 ergative 译作“通格”,只是这与类型学上通用的“通格”概念不完全是一回事。因为在 ergative 类型的语言中,作为及物动词主语形态标记的“施格”与作为及物动词宾语形态标记的“通格”是相对立的。但至少非宾格假设中的非宾格成分的确类同于类型学上的“通格”成分，而完全不同于“施格”成分。

此外，还需要说明的是，“通格”成分不仅出现在起动-使成转换结构中，也出现在起动-非施格结构的转换类型中，如英语和汉语的存现结构，见(5)和(6)：

(5) a. There just passed the night.①

b. The night just passed.

(6) a. 家里来了一位客人。

b. (有)一位客人来我家了。

存现结构中的客事名词成分，既可以保留在动词的宾语位置，也可以提升到句子的主语位置。这种结构中动词的唯一论元成分，在施格性语言中具有通格标记。如果这类动词结构也通常被认为具有“施格性”，这就矛盾了。虽然句法上的 ergativity 隐含的是一种句法转换关系，类型学上的 ergative 只是使成性及物动词主语的形态格标记，但学界习惯于把这类成对的非及物性-及物性转换动词称为“施格动词”(ergative verb)，这是有问题的。按此逻辑，把 ergative 等同于“通格”范畴肯定也是站不住脚的。“通格”概念是类型学上针对及物动词的宾语的格标记而出现的，施格性语言的非及物动词的主语也同样体现出施格标记。施格性语言中的这类非及物动词，通常类同于 Perlmutter(1978)非宾格假设中的“非宾格”动词，与及物动词的宾语具有相同的句法属性。也就是说，在施格性语言中，施格性有两种表征方式：一种是及物动词和部分非及物动词的主语直接带有施格标记，这是形态表征方式，称为“形态施格”；另一种是部分非及物动词的主语与部分及物动词的宾语在结构转换(类似句法上的起动-使成结构转换，或存现-非施格结构转换)中，带有相同的通格标记，这是句法结构表征方式，称为“句法施格”。这种跨类型的结构表征相同的句法关系，在句法学界称为“施格性”，而实际表达的是句法上的“非宾格性”。因此，为了区分形态施格和句法施格，我们主张沿用“非宾格”概念，因为在主

① 为了更接近语感和便于理解，本著所引例句，除特别标明来源外，英语示例来自语料库(iweb Corpus)(https://corpus.byu.edu/iweb，访问日期：2022 年 11 月)，汉语示例则主要来自参考文献，因较多且广泛使用，恕不一一列出来源。少数引例为笔者自编。

宾格语言研究中，虽然学界流行使用“施格”概念，但不会出现施格形态。

语言类型学中使用的“施格”概念，被句法学界用来针对主宾格语言的非宾格性研究，这就要求把形态“施格”概念和句法结构关系严格地区分开来。主语和宾语成分在及物性和非及物性句子结构及在不同语言类型的形态上具有不同标记（或无标记）系统，这一点正是区分施格-通格语言和主格-宾格语言两类系统的主要特征。在句法结构上，学者把非及物动词分为非宾格动词（unaccusative verb）和非施格动词（unergative verb），其中非宾格动词完全不同于类型学研究中的“施格”性动词。施格性语言中，对动词及其结构只做及物和非及物之分，没有施格和非施格动词之分，施格和通格的形态标记也只是在及物动词的主语和宾语名词上体现出来。在施格性语言中，施格性一定是由及物动词的主语体现出来的；而在主宾格语言的句法结构中，所谓的施格性则是由非宾格动词或结构在句法上实现的。施格性语言中的施格形态体现在及物动词的主语上，并且宾语带有通格标记；而句法研究中的施格性则由于非宾格动词不能指派外论元角色，也就不能通过为其后名词成分指派宾格（Burzio 准则）来实现。可见在结构表现上，跨类型的“施格性”概念之间的差异是极大的。

在句法研究中，对能够进行起动-使成结构转换和进行存现-非施格结构转换的动词，一般都将其归为非宾格动词，其唯一论元成分（非宾格假设认为其基础位置是宾语位置）类同于施格性语言中的通语（金立鑫、王红卫 2014）。句法学把能进入这类通格结构转换的动词称为“施格（作格）动词”，把该类结构称为“施格（作格）结构”。

类型学家提出的施格性，在关系语法中被假定为非宾格现象（Perlmutter 1978）。在该假设中，与“非宾格”对立的概念是“非施格”。“非施格”概念又该如何解读呢？这同样源于施格类型系统的概念。Perlmutter（1978）在其假设中借用了两个交叉类型系统的概念，并杜撰了这两个术语。Perlmutter 基于部分非及物动词的主语与及物动词的宾语具有相同的句法位置，而另一部分非及物动词的主语与及物动词的主语具有相同的句法位置，提出非及物动词存在两个不同的次类。前一类非及物动词，虽然其唯一名词成分与及物动词的宾语成分具有相同的句法位置，但它们无法给其唯一名词成分赋宾格，因此被称为“非宾格动词”；后一类非及物动词之所以称为“非施格动词”，是因为它们具有不带施格标记的主语或不能进行起动-使成结构转换。非施格动词对施格性语言而言，即主语不带施格标记的非及物动词结构。因为在施格性语言中的主语，要么带施格标记，要么带通格标记；

一部分非及物动词的主语可能带施格标记，也可能带通格标记，带施格标记时具有及物性质，而带通格标记时则一定是非及物性质。对于主宾格语言类型而言，非施格动词就是典型的非及物动词，即带有主语但不带宾语的动词。

在一些施格性语言中，有的非及物动词也可能带有施格标记（当然这被解释为具有及物动词性质）。而即使在主宾格类型的语言中，非施格动词的唯一论元名词成分做主语，虽然没有主格标记，但很多情况下都具有施为性意义，带有施事语义角色。因此，非施格动词实际上指的是典型的非及物动词，不同于带宾语的及物动词，非施格动词没有宾语。

Perlmutter（1978）在关系语法框架内提出的非宾格假设，经过 Burzio（1981，1986）和 Belletti（1988）等对意大利语、Pesetsky（1982）对俄语的验证，在生成语法管约论（Chomsky 1981）的理论框架下进行了深入的探讨，在学界引起了广泛的影响。他们认为，该假设中非宾格动词的唯一论元成分原本位于该动词的直接宾语位置，但无法在该位置上获得格位。因此，为了满足格鉴别（case filter）或者 EPP 原则（Chomsky 1981），动后名词成分必须从宾语位置移位到句子主语位置。事实上，并非所有的起动结构都可以进行这种结构转换或宾语移位操作，非宾格动词的主语也不是在所有语言中都通过宾语移位来实现。传统上典型的非及物动词（非施格动词），其唯一论元的基础位置就是动词的主语位置，即与及物动词的主语具有相同的格标记（如英语中的主语代词）。非宾格假设把带有这类（无）标记主语的非及物动词归为非施格动词。相对应地，非宾格假设中所谓的"非宾格"类动词，其唯一论元的基础位置在动词后的宾语位置，应该类同于施格性语言中的"通格"成分，而不是"施格"成分。

不同语言类型之间，形态施格和句法施格是不应该混淆的。生成语言学中的施格结构关系，应该被称为"非宾格"结构。用"施格（作格）"术语不但会引起概念混淆，而且与语言事实也存在偏差。Dixon（1994：20）就举例说明了术语 ergative 在语义蕴含上存在的问题：

（7）a. The woollens washed well.
b. Mary washed the woollens well.

Halliday（1967）曾把这类成对转换结构也纳入施格性关系。但 Dixon 认为在（7a）中，wash 类动词构式意义的解读不只局限于隐现的施事，客体

的质地、工具、方式、辅助材料等都可能表达其意义,如(7a)就可以表达羊毛本身的品质好洗。其他意义可以表达如(8):

(8) a. The woollens washed well with Softly (一种洗衣机品牌).
b. The woollens washed well in the Hoovermatic (一种洗衣液).

当及物动词有明确的外论元时,其语义上通常是一种外力,典型体现为具有生命性的施事角色。但及物动词也可以有非生命意义的成分充当外论元,同样可表达外力意义,如(9):

(9) a. Mary washed the woollens well.
b. The Hoovermatic washed the woollens well.
c. Softly washed the woollens well.

因此,Dixon 把(7b)中这种由及物动词的宾语(O)转换为(7a)和(8)中非及物动词的主语(S)的结构关系视为施格性关系,我们认为这同样是误导性的。其一,不是只有及物动词的宾语才可以提升为非及物动词的主语,只要像(8)那样有状语、否定副词、情态动词或强势语(如英语的加强动词 do)等成分参与结构表达,就能实现这种结构表征。其中只有当动词的体特征表达为惯常性意义时,这类结构才是中动结构(见第六章的讨论)。其二,像(7a/b)类的主宾语自由变换结构属于主语流变结构,动词没有表现为非宾格性,即使宾语提升到主语位置,其动词的及物性也没有改变。虽然不少学者确信非宾格动词为非及物动词的一个子类,因为不带宾语,所以及物性消失;但是像(9b/c)类结构,即使没有典型的生命属性的施事,工具和材料成分也充当的是施为外力,原本的受事宾语仍然保留在原来宾语的位置上。这时,动词没有改变其及物性特性,因此这种及物性结构的主语就应该是 Agent 属性(S_A),不同于纯粹非施格类动词的主语(S),也不同于非宾格结构的主语(S_O)。因此,Dixon(1994)主张,所谓的"句法施格性"只针对主语(S)与宾语(O)为同一性质的结构,而不适用于及物性主语(A)结构。也就是说,句法施格不涉及及物动词主语的形态标记,只涉及主语与宾语性质相同的施格(非宾格)性结构。因此,像(7)类结构中的非使成类及物动词的宾语前置只是主语流变的一种表现形式。

基于 Dixon(1994)的观察,本著将句子结构分为施为性主语(S_A)结构类型(及物性结构)、非施格性主语(S)结构类型和非宾格性主语(S_O)结构类型,分别示例如下:

(10) a. John broke the window.
b. Mary washed the woollens.
(11) a. The girl cried.
b. The boy laughed.
(12) a. The window broke.
b. The woollens washed well.

在英语里,这三类结构分别典型地表征及物结构(施为性结构)、非施格结构和非宾格结构。由于句法文献普遍用"施格性"指非宾格结构特性的句法关系,因此有必要对照一下这两者在类型学和句法学之间的不同。

3.3 非宾格性与施格性的异同

根据上节的梳理,类型学意义上的施格性主要表现为及物动词主语的形态标记,而句法上的施格性则主要指非及物动词的一种句法特性,表现为此类动词的宾语位置上带有一个名词成分,但又无法为其指派宾格,因此这类非及物动词在句法上被称为"非宾格动词"。类型学认为,一种语言不可能在施通格和主宾格类型上有清晰的界限,而通常表现为一种混合类型。为了区分句法上的施格和宾格特性,Dixon(1994)把及物动词的主语标记为 S_A 类,非及物动词的主语分为两个子类:非施格动词的主语标记为 S,非宾格结构的主语标记为 S_O。句法施格只涉及非宾格结构,即 S_O 类结构。下面先看看真正施格性语言的结构类型,以便与主宾格语言的相关结构进行对照。

语言类型学家们通常把欧洲西南部西班牙和法国边界地区的巴斯克语、白令海峡地区的爱斯基摩语看作典型的施通格语言,主要是因为其非及物动词的主语与及物动词的宾语具有相同的通格形态标记,及物动词的主语则有突出的施格标记。这不同于典型的主宾格语言,如印欧语系中的日耳曼语(英语、德语等)、罗曼语(拉丁语、意大利语、法语等)。在主宾格语言中,除了代词外,非及物动词,无论是非施格性的还是非宾格性的,其主语与及物动词的主语都同格(无标记)。

类型学上的施格性语言,除了巴斯克语和爱斯基摩语外,还有高加索语、南美玛雅语、美索不达米亚语、库尔德语、部分伊朗语、藏语、澳大利亚土语等。尽管这些语言都被称为施格性语言,但并非都属于相同的施通格标记系统,如澳大利亚土语中的 Dyirbal 语就没有通格标记,但有三种形态格,即非及物格、施格和宾格(参见 Dixon 1994;金立鑫、王红卫 2014 等)。这说明该语言并非纯粹的施通格类型,也存在施通格类型中表现出主宾格类型特征的混合语法现象(Dixon 1994;叶狂、潘海华 2017)。

自 20 世纪 60 至 70 年代学者发现施格性语言特性(Halliday 1967; Lyons 1968; Chvany 1975),到 Perlmutter(1978)提出非宾格假设,80 年代初非宾格假设开始进入生成语法框架,此后在近半个世纪的争论中,施格-通格和主格-宾格语言类型的划分也并非泾渭分明,这就是 Dixon(1994)等所称的"分裂施格现象"。因此,像典型主宾格语言的英语,也存在跨语言类型的混合句法特征,只不过这种特征不是以形态而是以句法施格表征出来而已。半个多世纪以来,无论是(非)宾格性还是(非)施格性研究,在不同类型的语言中都取得了可喜的成果。但是,对语言的非宾格性(施格性)问题的研究,还有诸多疑问等待进一步解答。在句法学的非宾格性研究中引入类型学的施格性概念,但句法学中的非宾格性又不同于类型学中的施格性,而是对应于其通格性,那么,这种跨类型的语言现象到底该如何纳入一个统一框架进行解释?如果把这一现象纳入分裂施格性进行分析,那又如何进行句法学上的嫁接?回答这些疑问对语言中非宾格性问题的研究具有重要意义。

3.3.1 分裂施格性

类型学文献中对施格现象的讨论主要涉及"分裂施格""形态施格"和"句法施格"三个概念。也有人把施格性延伸到篇章层面(参见曾立英 2007),但因其超越了本体范畴,本著不予讨论。下面重点讨论分裂施格现象及其结构表现。

3.3.1.1 什么是分裂施格性

首先,什么是分裂施格?分裂施格与句法上的非宾格性有何关系?

在一种施格性语言中，一些主宾语名词成分表现出施格-通格类型特征，而另一些主宾语名词成分又表现出主格-宾格类型特征，这种双重形态和结构特征就是分裂施格。该现象的提出是基于如何看待施格性语言中及物和非及物动词主宾语名词的形态特征，进而确定动词系统在类型上的归属。换句话说，动词的语言类型性质要通过动词的主宾语名词成分的格标记来确定；更具体地说，是要看动词的主语的形态标记是与及物动词的主语名词还是宾语名词性质相同来判定动词的结构特征和语言的类型特征。

非及物动词的主宾语成分在句中的表现是判别不同动词类型的结构特征的依据，一般可能表征出三种不同的形态标记或结构特征：第一种是带有施格形态标记，则该动词一定具有及物动词的结构属性；第二种是带有通格标记，则该动词一定具有非及物动词的句法属性；第三种是动词的主语成分没有任何形态标记，则该动词可能是施格性的，也可能是通格性的。在施格性语言中，第三种情形是可能存在的，只不过数量较少（Dixon 1994），但这种情形在主宾格语言中就非常普遍。当动词的主宾语无法根据形态标记进行功能定性时，就只能依赖动词的结构特性来识别，因此在施格性语言中存在分裂施格性。同样的语言现象在主宾格语言中也存在，即在主宾格语言中，动词的主语有时是动词的施事，有时则是动词的受事或客事宾语。正因如此，现代句法研究中才出现了非宾格性（施格性）问题研究的难题和“施格”与“非宾格”概念上的并行使用。由于句法学上的施格性和非宾格性都与非及物动词的句法属性有关，因此，这种跨语言类型的非及物动词句法关系被称为“句法施格”，是分裂施格现象在主宾格语言中的具体表现形式。

施格性的研究难点在于，要明确一种语言是具有施通格特性、主宾格特性，还是两者兼而有之的双重特性，既是学界忽视的问题，也是概念和论述混同的始作俑者。目前所知，真正属于施格性突出类型的语言只占世界语言的四分之一（Dixon 1994：2）。世界上大多数语言属于主宾格突出类型，但同时又多少具有施格性语言类型的表征。也就是说，世界上大多数语言兼有施格性和主宾格两种语言类型特征，因此也可以称为“施通格-主宾格混合性语言”。

3.3.1.2 影响分裂施格性的因素

Dixon（1979：79）在谈及分裂施格的动因时，认为有三种因素在起作用：（一）主要动词的语义性质，不同类型的动词具有施为性上不同的语义特征；（二）主要名词短语的语义性质，包括生命性和客体性意义上的不同；（三）句子的时体特性，通常表达结果性或持续性状态意义的结构会表征为施通格性质。DeLancey（1981）认为存在三种分裂施格模式：情态层级分裂（empathy hierarchy split）、体分裂（aspectual split）和动态模式（active pattern）（参见曾立英 2007）。

持类似观点的学者还有认知语言学派的代表人物 Langacker（1987：398）。他也认为，有一种分裂施格性表现为句内的施格形态标记，这种形态标记通常与过去时或完成体等时体特征相关联。生成语义学派代表人物 van Valin（1990）也认为，施格性的主要语义特征是及物动词所表达的"意志性"和事件的"完结性"。根据体结构和论元位置之间的关系，Grimshaw（1990：44）认为，句法施格（非宾格性）中动词的体特性决定其唯一论元为内部论元，即其基础位置在宾语位置，而不是主语位置。Croft（2002）也认为，句法施格性突出地表现为因动词的人称和生命性上的有无而出现分裂现象。也就是说，带有人称或具有生命性主语的动词为及物动词，该成分在施格性语言中带有施格形态标记，而在主宾格语言中则是非施格或非宾格动词。

3.3.2 形态施格性

Dixon（1979，1994）根据非及物动词结构的主语（S）、及物动词结构的施为性主语（A）和及物动词的受事宾语（O）三者之间的关系提出并区分了形态施格性（morphological ergativity）和句法施格性（syntactic ergativity）两种施格表征系统。他用 A、S 和 O 来分别标注主要句法成分主语和宾语之间的关系，将传统上主语和宾语的格标记分别称为"形态施格"和"形态宾格"（即"通格"）。Dixon（1994）根据中枢名词（pivot）主语和宾语，即 S 与 A 或 S 与 O 之间的属性转换类形式标准来判断句法施格性：主语 S 为 A 时，动词为及物性，其主语成分带有施格标记；S 为 O 时，动词为非及物性，其主语成分带有通格标记，这时在主宾格语言中，相对应的就是及物动词结构和非宾格结构[①]。形态施格与句法

① 这时还有一种非及物动词结构表征形式，即在施格性语言中的一类及物动词在其底层结构中带有补足成分而表现为施格性特征，因为在施格性语言中并没有非施格动词类型；而只是在句法研究中，学者们才把动词的非施格类型与非宾格类型明显地区分开来。非施格动词的这一不同表现在汉语中也存在，可能表现为典型的非施格动词句法，也可能表现为非宾格动词句法（详见下一章的讨论）。

施格的区别在于,非及物动词结构中的主语在形态标记上类同于及物动词句的主语还是宾语。这将“施格”概念范畴由“形态”领域扩展到“句法”领域,并以句中缺省主语的性质以及反身代词的指称对象等为依据来观察某种语言表现出的施格性或宾格性。

施格性的主要表征形式可以来自形态,也可以来自句法,前者称为“形态施格”,后者称为“句法施格”。主宾格语言中的非宾格性,在施格性语言中也同样可能表现出来,这就是句法施格的表现。一般来说,施格性语言中,通格是无标记的,施格是有标记的。因此,有的施格性语言有施通格形态(如巴斯克语),有的施格性语言中有施格形态,却没有通格形态(如高加索地区的 Abkhaz 语及大多数玛雅语)(参见 Dixon 1994;金立鑫、王红卫 2014)。

非宾格性语言现象在不同语言中有不同程度的表现。施格性语言较少表现出句法性施格特征,最突出的句法施格表现被称为“主语分裂”或“主语流变”(Dixon 1994;叶狂、潘海华 2017);而主宾格语言因没有施格形态标记系统,所以施格性就只能由句法结构表征出来。句法施格性在施通格和主宾格之间具有连续统特性。因其出现在句子间的关系中,句法施格性也常称作“句间施格性”(inter-clausal ergativity),其表现形式包括:(一)词序变化,即施格性语言的通格成分位于动词前,而施格成分显现时居动词后(类似英语的被动结构);(二)句子核心成分(主语、宾语)是否可以进行关系化;(三)从属化决定主从结构的层级关系;(四)可以出现跨句指代(switch reference)与省略,如(13):

(13) a. Father returned and Mother saw him.
b. Father returned and [PRO] saw mother.

Deal(2015)认为施格性涉及三种结构特征:(一)施格性表现为及物动词的主语在一些语法规则上不同于非及物动词的主语;(二)通格性表现为及物动词的宾语在一些语法规则上等同于非及物动词的主语;(三)论元结构特性上,施格性动词的主语在一些语法规则上不同于非施格动词和及物动词的主语。不同语言在这三方面结构特性的相互关系上所表现出的施格性和通格性如表 3.1 所示:

表 3.1 施通格语言类型对照(Deal 2015)

是否通格	施 格 性	非施格性
通格性	Warlpiri 语	汉 语
非通格性	Nez Perce 语	拉丁语

有鉴于此,施格性至少在三个方面表现出跨语言类型差异:(一) 形态上的差异;(二) 句法上的差异;(三) 语域(scope)模式上的差异。施格性语言与宾格性语言之间的一个重要差别是有无形态格标记。即使在施格性语言内部,也有形态上的差异。Marantz(2000[1991])把形态格分为几个层级,见(14);而 Bobaljik(2008)在此基础上,又进一步提出形态一致层级,见(15):

(14) 默认格<无标记格<依存格<词汇格/旁格①

(15) 无标记格<依存格<词汇格/旁格

因此,在形态上,名词有无格标记取决于其与动词或介词的结构关系。就施格性语言来说,及物动词的主语一般都有施格标记,宾语有通格标记,而通格是默认格,因此可能在一些施格性语言中没有标识。与施格性及物动词的主语不同,在宾格性语言中,及物动词的主语格一般为默认格,因此可能在一些宾格性语言中没有标识,或者主宾语(除代词作主宾格外)都没有标识。

施格性语言的类型学特点从形态上看非常易于辨识与理解,但从句法上判断施格性(或通格性、非宾格性)就比较复杂。下面重点看施格性在句法上的跨语言类型差异。

3.3.3 句法施格性

在句法施格性框架下有两种视角:一种是把施格性看作非宾格性,这种句法施格性是一种句法上的后置结构(adpositional structure)关系;而另一种则把施格性看作纯粹的格关系。前者主要是从结构语序看句法施格性,即客事名词成分通常

① 无标记格通常对环境敏感,依存格指宾格和施格。

在表层结构的动词主语位置，实际上原本位于动词的宾语位置，这类结构典型地表征为存现结构；至于后者，则纯粹基于格理论，聚焦非宾格性名词成分的格问题。关于非宾格名词成分，一种观点认为，结构中的唯一名词成分在非原位(ex situ)时，必须由功能中心语 T 赋格；另一种观点认为，该成分在原位(in situ)时由小 v 赋格；还有一种观点认为，该成分在原位时由小 v 赋格，而在非原位时由 T 赋格，即结构中的唯一名词成分在 Spec-vP 原位时由 v 指派格值，而在非原位时则由动词后基础位置通过显性移位到 Spec-TP 位置，由 T 指派格值。这一观点虽然为大多数学者所接受，但也存在一些问题，如这一赋值的格到底是什么格？有主张认为是部分格，部分格(Belletti 1988)是个语义概念，为学者们所质疑。本著主张维持其本源概念，认为非宾格名词成分仍然是通格，只不过是没有形态标识的通格而已。

多数理论认为，句法施格性中的唯一名词成分是在原位获得格指派，即在 vP 的标志语位置上获得赋格(Ndayiragije 2006；Woolford 2006；Aissen 2010；Coon 2010；Coon & Preminger 2012；Mahajan 2012 等)。在有些主语脱落的语言中，部分占据 vP 标志语位置的名词成分缺失，但根据格理论，无主语成分接受赋格时，需要提升宾语成分到主语位置，以便实现格赋值。而这在技术操作上，会面临一些困难：(一) 在一些语言中，主语位置上的成分与施事角色关联，但有的语言中并非如此；(二) 如果在 vP 的标志语位置上赋格，这又是主语的标记位置，显然与主格冲突；(三) 在有的语言中，vP 标志语位置上无显性成分，这时是否有必要指派主格也是一个问题。因此，格关系成为句法施格性研究的难点之一。为了弄清句法施格性的这两种表征形式，下面进一步讨论其形态和句法证据。

3.4 施格性的句法证据

施格性句法研究除了格标记上的形态证据，还有动词主谓一致关系上的句法证据，以及与动词主语类型和时体特征相关的句法证据。在主谓一致的形态特征上，施通格类型的动词通常表现出动词主谓一致性特征(如

Salish 语中的 Halkomelem 语)。在主谓控制关系上,施格性语言中的及物动词的第三人称主语控制一种特别的动词词缀,表明施事与谓词的一致性关系,而非及物动词的主语和及物动词的宾语没有这类一致性关系(Bobaljik 1993 等)。但这也并不是绝对的,与这种情况相反的语言也有,如亚马逊地区语言(Gildea & Alves 2010)和 Tsez 语(Polinsky & Potsdam 2001)。可以说,从形态上看,施格标记和主谓一致关系与动词的句法结构特性密切相关。反过来也可以说,在施格性语言中,句法施格性暗示形态施格,所有非论元移位或控制动词类语言在格或者主谓一致上都表现出形态施格性特征(Dixon 1994: 172)。

句法施格性表现在动词的结构表征上,主语名词兼有施格性和通格性,而非只有施格性。及物动词的主语表现不同于非及物动词的主语和及物动词的宾语。在施格性语言中,及物动词主语一般都有施格标记,动词都被边界化或拥有语序自由(Trask 1979; Mahajan 1994, 1997)。如果主语是通过宾语位置变换而来的名词成分,那么它就不是及物动词的主语(Marantz 2000[1991]),而是通格标记的主语;动词句法上的施格性,要么由形态格标记证明,要么由主谓一致表征,施格性语言中的主谓一致关系和格标记系统存在互补分布现象(Deal 2015)。

3.4.1 施格性问题上的分歧

类型学上的施格通常被看作对传统定义上及物动词的主语进行的形态标记,但 Bittner & Hale (1996)认为,存在两种基于传统定义的及物动词的施格性语言:一种及物动词带直接宾语,但主语不一定有施格标记;另一种及物动词,带有直接宾语是必要条件,但不是充分条件①,只有将宾语移到 VP 外,主语才获得施格。Woolford(2015)认为 Niuean 语、Dyirbal 语和 Nez Perce 语等语言都是移动宾语的施格性语言。他认为,没有哪种语言的施格性只由通常意义上的及物动词管辖,典型的施格性语言只有主谓一致性表现出的施格性。这在很大程度上不同于对形态施格和句法施格的传统分析。基于 Dixon(1994)和叶狂、潘海华(2017)等人的研究,本著认为类型学上的施格仍然是以形态标记为主要手段,句法施格所表征的宾语

① 按 Hale & Keyser(1993)的观点,任何带有外论元的动词都算作及物动词。

移位实际上是一种主语S在A和O之间选择的结果。也就是说,当主语由O充当时,句法施格表现为通格性特征,这时的施格性是为了避免违反局域条件,宾语不得已移动来实现的。

Baker(2014)在考察Shipibo语时,提出一种简单的关于施格标记的依存格理论。他假定施格被指派给句内两个NP的较高位置者,VP不同于句子语域(clausal domain)的拼读域(spell-out domain),这是为了成分统制关系而进行施格指派,而这种成分统制关系已经存在于VP中,在CP中也不会改变。这种关于施格标记的理论适用于非宾格动词(有施格主语)的引元(applicative),而不能对双宾及物动词、相互宾语动词、二元体验者动词的情形作出解释。此外,他还证明格指派是如何与重构相互作用来解释选择性施格结构。除了以上一些关于施格研究分歧的讨论,不同学派之间还存在对施格现象的不同看法。

功能学派的Langacker(1991)、Lemmens(1998)、影山太郎(2001)等认知语言学家认为,任何一种语言都可能是主格-宾格或施格-通格两种模式的混合类型(Langacker 1991：381),只是不同语言中这两种模式混合的程度不尽相同,通常一种模式占主要地位,而另一种模式则居次要地位。这和Dixon(1994)等的分裂施格的观点一致。因此说某种语言属于某种语言类型,并不是绝对意义上的定性。

不同类型语言所表现出的句法施格特性,在一定程度上表现为该语言非任意性句法系统的一种选择,可以是主宾格系统和施通格系统不同程度上的选择性混合表达。所谓"选择性施格表达",是指除形态施格、句法施格外,在分析施格结构和非及物结构的语法关系时,根据语义或语用因素,所分析出的施格性程度上的差异,即所谓的连续统。这样,不仅在一种语言内部出现混合施格性,在语言之间也必然存在语言类型从施格性语言到宾格性语言的连续统。一种语言在该连续统上,或多或少表现出不同程度的施格性。

3.4.2 关于施格性的"格"

关于施格性语言的格,必须弄清形态上的"施格"和句法上的"施格性"之间的差异。形态上的施格只表现在及物动词的主语上,而句法上的施格性则表现在宾语成分上,形态标记为通格。文献中所说的句法"施格"不是格，而是一种非及物动词及其论元的一种句法特性。关于施格，必须解决三个问题：（一）施格性语言和宾格性语言之间的差异问题；（二）施格性语言间的差异问题；（三）对于句法施格性的格及其相关成分的限制问题。其中（二）属于类型学上的问题，不在本著的重点讨论范围内，故略去。下面重点讨论（一）和（三）。

3.4.3 关系化层级与通格性假设

施格性语言和宾格性语言在句法施格性上的表现似乎仍然不够清晰。为此，Gordon & Hendrick（2005）曾就这两种类型之间的区分标准提出看法，从表面形态和深层语义构成上来鉴别句法施格性。关于这方面的研究，Manning（1994）有较全面的综述。他认为，施格性语言大多表现出分裂施格性，即在一些语境中表现出施格性，而在另外一些语境中又表现出宾格性（参见 Dixon 1994）。反过来看，宾格性语言则缺少施格特性。这也就引起了关于宾格性语言和施格性语言之间渊源的讨论。有人认为，在历史上施格性语言可能是从宾格性语言中分化出来的（参见 Trask 1979；Anderson 1976；Garrett 1990）。

Manning（1994）还认为，功能语言学界在施格性语言和宾格性语言的划分上存在分歧。比如，Fox（1987：864）认为施格性是语言非常自然的现象，在关系化结构中很常见，因此她以语言的关系化能力为参照，提出了通格性假设（Absolutive Hypothesis，AH）：

> 任何语言，只要有关系化策略，就一定能至少对 S 和 P 进行关系化。①

该假设认为，关系化和施格性语言在通过性意义上具有相同的模型，即非及物动词的主语和及物动词的宾语都有通格标记，因此易于关系化。也就是说，一部分非及物动词表现出通格性，这类通格性动词的主语和及物动词的宾语具有相同的通格标记。这一观点与 Keenan & Comrie（1977）提出的关系化层级（Relational Hierarchy，RH）相悖。他们假设，语

① S 指非及物动词的主语，P 指及物动词的受事宾语。

法中的关系层级为以下序列:

subject < object < oblique

RH 表明,如果一个节点上的成分可以进行关系化,则其左边的节点都可以进行关系化,句子的核心名词成分之间存在传统层级上的显著性关系。Keenan & Comrie(1977)的 RH 是针对宾格性语言提出来的,主语包括及物和非及物动词的主语;而 AH 中的核心名词主要关涉的是主语名词 S 和受事宾语名词 P 之间的层级关系,因此两个层级假设所涉及的语法关系不同。

Du Bois(1987)也提出施格性语言具有倾向性论元结构限制(Preferred Argument Structure Constraint,PAS)。Du Bois 认为,口语中对信息包装具有施格倾向性,而这与说话者个体的认知有关。汉语研究似乎也支持这一观点,口语化表达中施格性结构更常见(Chao 1968)。PAS 认为,已知信息通常作为语篇的主语(或话题)最先提出,因而语篇的新信息容易出现在非及物动词的主语和及物动词的宾语位置,而不是在及物动词的主语位置,这些新信息表达的位置正是在施通格语言中的通格位置。根据 PAS,受事成分 P 和非及物动词的主语 S 与及物动词的施事 A 相比,其语义确定性较弱。

至于关系化与施格性之间的关系,Gordon & Hendrick(2005)对三个英语语料库(The Brown Corpus[Kučěra & Francis 1967];The Switchboard Corpus[Godfrey, Holliman & McDaniel 1992];The CHILDES Corpus[MacWhinney 2000])中不同关系子句的使用频率进行了统计,并按句标词 that 进行检索,发现 772 个关系子句;然后确定了信度标准,对 AH 和 RH 进行检验。AH 的检验结果显示:三个语料库中关系子句的及物动词主语 A、非及物动词主语 S 和及物动词受事宾语 P 提取的频率不一致,但也有部分相同情形。然而 RH 的关系层级中主语、动宾和介词宾语的提取频率依次减少,说明 RH 具有跨语言的适用性。由此,他们认为 RH 比 AH 更具合理性,也就是说,RH 比 AH 更可靠。

无论句法施格性结构中的核心名词成分具有怎样的层级性特征,结构表征总是会根据动词的语义表达呈现出变化。当结构需要突出新信息表达时,宾语位置上的成分就会获得突显,因而这一成分就会出现主语流变性变化,即表现出所谓的类型学上的通格性特征。该类型特征在句法上具有较多分歧,下面就这一特性加以讨论。

3.4.4 非宾格成分的通格特征

非及物动词宾语位置上成分的格问题一直是个难题。既然非宾格假设把非及物动词后的名词成分定性为"非宾格",即不是宾格,那么它是什么格呢? Belletti(1988)认为是固有的部分格,有更多学者认为是主格,但都否定是施格。金立鑫、王红卫(2014)认为至少有一部分非及物动词后名词成分是通格,但通格作为施格性语言中及物动词宾语成分和非及物动词主语的固有特性,与主宾格语言中的非宾格成分具有很大的相似性。

句法学上的施格性(即非宾格性)的一个难点是非宾格成分的格问题。作为非宾格动词唯一论元的非宾格成分一般都被认为是主格。根据Müller(2009)的观点,结构格与小 v 和 T 两个位置关联。当小 v 在其参与一致(Agree)之前必须合并(Merge),这样小 v 与其标志语位置的 DP 一致,并在 vP 层赋主格。但一般而言,学者基本认同句子的主语成分是在 TP 层进行合并与一致操作,这样,宾语 DP 应该是由上层中心语 T 赋格。合并操作即吸引 DP 到标志语位置,而一致操作即赋格。如果还有 CP 层,同样的合并操作再持续,产生非论元移位。主语位置的提升是因为其在小 v 的标志语位置获得格位。若提升到 TP 的标志语位置,则已提升的宾语 DP 就无法获得格位,因此这时主语的进一步提升是禁止的。在一些语言中,DP 成分可能因为语用的需要(而非格要求)进一步提升到 Spec-CP 位置。这一情形在下一章汉语的相关分析中将得到说明。

就汉语而言,石定栩(Shi 1990)认为宾语到主语的位置变化是话题化,而不是非论元移位①,这时主语位置上的成分就不是从宾语位置提升而来,而是其原有基础位置上的成分。也有学者认为,如果宾语成分作为话题是基础生成,这时话题成分只能由轻动词允准(Lin 2001)。Lin (2001)又认为汉语句首成分是主语,不是话题,主语自然是由轻动词赋主格。潘海华、韩景泉(2005,2008)则同意非宾格结构的句首成分是话题,主语位置为空位,空位上继承的主格通过传递给动词后的名词成分而获得主格赋格。与这些学者不同,金立鑫、王红卫(2014)从类型学角度认为,汉语这类所谓"句法施格性"实际上是一种通格性表征,因此他们把汉语动

① 话题化也是一种非论元移位,但不是为了格。

词系统分为及物、非及物、施格和通格四类,将通格动词表征的结构中的名词成分称为"通语",在话题位置上投射的成分则为话题通语。这在一定意义上就汉语的非宾格性与类型学上的通格性所具有的共性特征做了较好的注解。但是,我们认为,无论如何看待句法施格性上的动词及其名词成分的句法性质,其关键都离不开动词和名词成分的题元关系,也就是句法-语义关系。因此,下面简要讨论一下非宾格动词的句法-语义性质。

3.5 非宾格动词的句法-语义性质

自 Perlmutter(1978) 在 Fillmore(1968) 的关系语法框架下,提出非宾格假设,并通过 Burzio (1986)把该假设引入生成语法以来,生成语言学界(如 Belletti 1988;Levin & Rappaport Hovav 1988,1989, 1995;Rappaport Hovav & Levin 1998;黄正德 1990;顾阳 1997;杨素英 1999)在非及物动词的分类上就基本达成了共识,认为非及物动词存在两个次类:非施格动词和非宾格动词。

根据生成语义学的观点(Levin & Rappaport Hovav 1988,1995),非施格动词还可以再分两类:(一)自主性的(volitional)动作动词,如 work、play、speak、talk、smile、grin、frown 等;(二)非自主性的(involuntary)身体功能类动词,如 cough、sneeze、vomit、sleep、cry、weep 等。

但是,无论如何分类,不同语言的非宾格性表达一定存在语义上的共性和动词类型上的差异。Rosen(1984)就曾指出,一种语言中的动词所表达的非宾格性意义,在另一种语言中不一定同样如此。为了从表象和本质上探索非宾格性表征方式,Levin & Rappaport Hovav(1995)根据词汇形态和句法功能项的不同,提出两种非宾格类型的诊断式(diagnostics):一种是类似于意大利语中显性词缀 ne-的显性非宾格(surface unaccusativity)诊断式,另一种是类似于助动词选择的隐性非宾格(deep unaccusativity)诊断式。英语的隐性非宾格诊断式是动补式结构(resultative construction)。

她们由此认为,英语表层非宾格形式也有两类表征①:一种是 There-

① 由于不同类型的动词几乎都可以进入处所倒置结构,因此 Levin & Rappaport Hovav(1995)认为这个诊断式不是真正意义上的非宾格动词诊断式,汉语动结式复合结构中这种情况尤其明显。

插入结构，另一种是处所倒置(locative inversion)结构。两种表征分别如(16a)(16b)所示：

(16) a. There appeared a ship on the horizon.
b. Into the room came a man.

不同语言在非宾格动词类型及其家族内部存在细微差异，但在语义上，非宾格动词典型地表明状态变化(如 break、melt)或方向运动(如 come、go)，而非施格动词除施为性行为动词(如 work、think)外，则典型地表明运动方式(如 walk、run)或身体功能活动(如 cough、cry)。显然，动词的形态和句法结构表征必然受到意义，尤其是论元选择方式即题元关系的影响。不仅如此，题元关系还可能受到信息表达方式，即语用方面的影响，而任何语义和结构关系最终都是要通过语音形式表征出来的，因此还要受到音韵条件的制约。这样，语言表达就受到不同模块界面关系的影响。其中，句法-语义关系是最核心的关系，语言的结构表征总会受到一定的语义条件限制。一般研究认为，非宾格性的 VP[V NP]结构在多个层面上表现出不同的特性：(一) 词库-句法界面对 VS 主谓倒装结构的词汇-语义特征及其与句法结构特征之间的相互作用进行解释；(二) 句法-语篇界面对动词前和动词后名词成分的语篇地位(话题与焦点)及其与句子结构的相互作用进行解释；(三) 句法-音系界面对动词后名词成分处于重音域上("heaviness" scale)的句法或语音特性进行解释。下面分述说明。

3.5.1 非宾格动词对词库的挑战

生成语法早期提出的词库理论认为，语言中的全部词汇的规定性构成语义的词库。词库对语类及其语法特征都有明确的规定，如动词有不同的词类，因而就有不同的论元结构，反映在句法中也就有不同的投射。及物动词选择两个论元，分别投射到主语和宾语位置；非及物动词只能选择一个论元，可能投射到主语位置，也可能投射到宾语位置。但是，哪些非及物动词把唯一的论元投射到什么位置，这一点存在不确定性，需要根据句法才能进行甄别。Perlmutter(1978) 提出的非宾格假设把非及物动词再分为非施格和非宾格两类。在句法结构上，非施格动词带有外论元，但没有内论元;而非宾格动词则相反,带有内论元却没有外论元。这在句法投射上则反映为非施格动词选择论元并投射到主语位置,而非宾格动词选择唯一论元投射到宾语位置。语义上,非施格动词(speak、cry、cough、sweat、jump、run、dance、work、play 等)典型地表达由施事掌控的行为事件关系,而非宾格动词(arrive、blossom、appear、exist、deteriorate、come 等)只带有客事自主控制或受隐性外因控制的事件关系(Theme 或 Patient)。非宾格假设对非及物动词的这一再分,挑战了施格传统意义上认为非及物动词具有的词库规定性。虽然非及物动词只选择一个论元,并且投射到主语位置,但实际上,根据非宾格假设,不仅不是所有非及物动词把唯一论元成分投射到主语位置,还有部分非及物动词可能选择超过一个论元投射到不同于及物动词的结构位置上。

Levin & Rappaport Hovav (1995)在非宾格假设基础上,根据语义类型,把非宾格动词进一步分为状态变化类动词(melt、break、open、rust、grow 等)和存现类动词(arrive、arise、exist、emerge 等)。但是,非施格动词和非宾格动词之间的差异是否存在语义和句法上的相关性,不同的理论框架有不同的解释。生成语法认为,非宾格和非施格动词的唯一论元名词的基础结构位置不同。受事或客事是内论元,只能占据动词的补足语位置,而施事是外论元,必然占据功能中心语的标志语位置。在动词短语内部主语假设(Koopman & Sportiche 1991)提出后,外论元被认为是在 VP 的标志语位置基础上生成的。

与英语不同,西班牙语和意大利语等罗曼语言的主语不受非及物动词的词汇-句法分类限制,可以自由倒置(Mendikoetxea 2006)。汉语在语序上与罗曼语相似,也不像英语一样受到严格限制,因此区分非及物动词的唯一论元在 VP 内的基础位置就非常重要。如果这一假设合理的话,那么传统词库就无法对这类非及物动词作出切合实际的规定。

3.5.2 句法-语篇界面对非宾格性的解释

除了动词语义类型本身对非宾格动词的句法表现具有决定性作用外,语篇信息有时也发挥重要作用。学界有观点认为,信息结构概念,如话题与焦点,在零主语语言中的主语位置发挥关键作用,把动后主语通常看作(表征或信息)焦点,即新信息(Vallduví 1990; Picallo

1998; Zubizarreta 1998,1999; Belletti 2001, 2004; Domínguez 2004; Lozano 2006;Hu & Pan 2007; 潘海华、韩景泉 2008;潘海华、安丰存 2012 等)。

一般来说,非宾格性的英语存现结构和处所倒置结构也通常被解释为表征焦点(Bolinger 1977; Bresnan 1994)。Bresnan(1994)认为,处所倒置结构的动后名词成分由动前的介词引入场景,且被看作新的语篇实体。Birner(1994, 1995)则认为所有主谓倒置结构中的语篇功能是把相对不熟悉的信息链接到先前更为熟悉的语境中。汉语学界则认为,句法-语篇界面要求新信息符合句末重心原则,即新信息位于句末位置(Hu & Pan 2007;陆烁、潘海华 2014 等)。

3.5.3 句法-语用界面对非宾格性的解释

英语作为一种线性语言,其结构顺序的变化受操作影响,经过句法推导后改变音系层面的实词顺序,但不改变意义。当名词短语移动时,如果移动方向是后置,则可以减少加工的负担,因为其中包括新信息,这符合语篇的句末重心原则(Biber & Conrad 1999: 11 - 13)。韵律原则也要求复杂成分置于句末,以便减轻加工负担。部分汉语话题化结构和句末焦点结构就是为了满足该界面原则而进行的操作,如存现结构、保留宾语结构、“把”字结构,甚至包括离合同源宾语删略操作等(潘海华、韩景泉 2005, 2008;潘海华、叶狂 2015 等),在句法-语用界面对非宾格性提供有效解释。

汉语和英语这两类不同语言,在句法-语用界面似乎都可以进行焦点解释,并且都具有一定的合理性。这时需要注意的是:信息焦点是通过焦点短语投射实现,而不是直接通过焦点成分右向移位操作实现,否则就与句法操作的基本路径是左向移位的原则相左。

3.6 汉语的非宾格性研究

施格性研究发端于印欧语言,虽然汉语学界直到 20 世纪 80 年代后期才开始有关于施格问题的研究，但早在20世纪50年代，汉语语法学界就曾对相关句式结构的性质与特征展开过讨论，如邢公畹（1955），Frei（1957），徐重人（1956），肃父（1956），Li & Yip（1979），吕叔湘（1987），李钻娘（1987），郭继懋（1990）等。海派汉语学者们自90年代初开始了大量的相关研究，如黄正德（1990），Zhou（1990），徐烈炯（1995），顾阳（1996），徐烈炯、沈阳（1998），杨素英（1999），徐杰（1999，2001），韩景泉（2000，2001，2019），唐玉柱（2001），何元建、王玲玲（2002），朱晓农（2003），邓思颖（2004），吕云生（2005），曾立英、杨小卫（2005），潘海华、韩景泉（2005，2008），曾立英（2007），张达球（2009），王鑫等（2020），等等。这些研究对汉语施格（非宾格）问题进行过深入探讨。

相对于印欧语言，汉语的非宾格性因缺乏形态标记，只部分类似日耳曼语（如英语）；而在语序自由度上，又部分类似罗曼语（如意大利语、西班牙语等）。由于汉英语中的施格性都没有形态标记，传统上认为汉英语都属于主宾格类型的语言。英语有主宾格形态，但并不突出，而汉语则没有任何格形态特征，完全靠语序和统领关系来表达主宾格或施通格（非宾格）特征。英语的句子结构有相对固定的词序，而汉语句子结构相对自由，在主语空位和语序上比较类似罗曼语。

鉴于汉语缺乏形态标记系统，Zhou（1990：44）认为汉语只能从句法和语义来鉴别施格性。他区分了汉语中的四类施格动词：（一）呈现动词、气象动词和体验类动词；（二）处所倒置式结构；（三）“打破类”动结式动词；（四）隐性施格动词。其中，隐性施格动词的施事主语占据内部论元位置，即结构宾语位置，而受事宾语占据外部论元位置，即结构主语位置。

黄正德（1990）受吕叔湘（1987）的影响，认为汉语及物动词存在“受格”（unaccusative）动词（如“打败”）和“施格”（ergative）动词（如“打胜”）两类；汉语的非及物动词中也包含这两类不同的动词，如“来”和“哭”分别就是“受格”动词和“非施格”动词。黄正德把受格（即非宾格）动词和施格动词区分开而不是等同起来的做法是正确的，这可能是汉语相关研究中少有的没有把施格和非宾格视为同一概念的成果。但是，“哭”类动词作为典型的非施格动词，是否在汉语中表现出施格性，需要看语境条件。

几十年来，对汉语作格性（非宾格性）问题的研究，侧重从句法施格性视角来研究汉语某些动词的特点及其结构描写。曾立英（2007）在探讨语言类型学的意义时，提出这些问题：汉语如果具有施格性特征，那么在什么程度上，以及在哪些具体结构上表现出施格性特征？汉语的句法在哪些方面按“主格-宾格”系统起作用，又在哪些方面按“施格-通格”系统起作用？但汉语学界对于什么是施格动词，施格动词的界定标准是什么，施格动词是否等同于非宾格动词，非宾格动词的题元关系及其如何在句法中实现等方面的研究还远远不够充分，而这些正是本著试图回答的问题。

3.6.1 本研究的内容和方法

本著主要参照英语，同时也部分地参照施格性语言，重点探讨汉语非宾格性的句法-语义关系及其论元结构的实现机制。汉语动词与非宾格性的关联因素中，除了动词的语义外，还有其与论元选择所构成的题元关系，以及句法结构选择方式，甚至还包括语用因素。在结构上，与汉语非宾格性相关的表征形式包括：（一）存现结构，即动词的存现意义及处所语义素；（二）保留宾语结构，即动词的状态变化意义及领主属宾关系或整体部分关系[①]；（三）动结式复合谓语结构和“把”字结构，即结果状态变化与其逻辑主语论元构成的小句配置；（四）与以上结构相关的被动结构、中动结构和狭义上的受事宾语结构；（五）$VN_{TH/EXP}$复合谓词的词汇-句法结构。

在语义上，非宾格性句法实现所需要具备的条件限制包括：

（一）完结性意义可能由“了”辅助实现；持续性状态意义，如行为活动的状态化，由体标记词“着”辅助实现；客体在空间的存在状态，可能由存现轻动词允准以及话题化实现；行为结果引起状态变化，如动补结构、“把”字结构与被动结构、中动结构及狭义受事主语结构等由话题化和句末焦点化实现。

（二）论元名词的定指与非定指意义，如存现动词的唯一论元的非定指性意义与动词非宾格性特征必须相容。

（三）汉语动词的题元关系在表层可能会出现跨形态（单体形态或复合形态）、跨词类（不同及物性）交错现象，表现为不同的非宾格性表征，如：

（17）a. 这瓶酒喝醉了老王。

b. 王冕死了父亲。

① 话题化与焦点化结构中，旧信息引入的是话题，而新信息作为焦点通过语用手段使得非施格动词出现非宾格（施格）化（孙天琦、潘海华 2012）。

在形态上，非宾格性与句法和形态密切相关。字母语言的词缀形态大多通过加缀方式标记，汉语与此不同，最突出的形态特征是自由词素的合并(compounding)。这一形态和句法之间的界限模糊不清，但在动结式和动名式复合词($VN_{TH/EXP}$)中也存在非宾格性配置，大量复合词的词汇化经历了句法过程，我们称之为"词汇-句法"过程。汉语中与非宾格性相关的复合形态有：动结式复合(如"打破、击沉、震塌"等)和动名式复合(如"流血、累人、生气"等)。前一类的非宾格性研究比较充分(沈阳、Sybesma 2012 等)，但后一类复合词类型的非宾格性研究还没有引起足够重视，张达球(2009)提出了相关词汇-句法类型，但也没有详细展开分析讨论。为此，本著将进一步就汉语中的这一词汇-句法实现机制展开分析。

鉴于本研究的主要内容都是围绕形态、语义和句法结构进行，因此采取的依然是传统上的定性研究方法，在生成语法的最简方案框架下，通过对前人研究成果中相关结构的描写和比较对照，重点对汉语语言内部和汉英之间不同结构表征进行解释。

3.6.2 本研究的意义

在汉语学界，很早就有学者关注施格(非宾格)现象，如吕叔湘(1942)就从"打赢"和"打败"的结构中，发现不同动词词组与名词的组配会产生完全相反的语义关系，相关研究还有 Huang(2006)，黄正德(2007)，沈家煊(2004，2006)，Sybesma、沈阳(2006)，沈阳、Sybesma(2012)等。这些不同组配及其语义关系都取决于动词及其论元名词之间的题元关系。在"中国队打赢了日本队"中，赢的是主语指称对象，不是宾语指称对象；而在"中国队打败了日本队"中，败的并不是主语指称对象，反而是宾语指称对象。这种完全相反的语义关系不仅在动结式复合结构中表现出来，在单体谓词结构中同样也会表现出来，如"中国队赢了日本队""中国队败了日本队"。这种有趣的动词结构和语义关系引起了汉语学界长期的争论，其中就涉及了动词的非宾格性问题(或称"施格性问题")。除及物性动补复合动词与名词存在指称上的不同外，汉语中还有一种现象，学界称之为"非及物动词带宾语现象"或"保留宾语现象"(如：王冕七岁上死了父亲)。这一类动词属于传统分类中的非及物动词，但动词在语义上对其后的名词成分并没有施为性影响。这种动词和名词构成独特的组配关系，也被看作一种典型的非宾格现象。

几十年来,基于汉语的语言事实,针对句法作格性(非宾格性)问题已经有了广泛深入的研究,并取得了丰硕的成果。但是现有的研究多侧重语言现象描写,对问题的解释相对较少,而且各种描写和解释众说纷纭。一些有关语言普遍原则的重大理论问题还没有得到深入分析,如:

(一)词库与词类问题。汉语中单体字为自由语素且数量丰富,使得复合词成为词汇的主要形态,这对汉语词库中词汇的规定性提出了较大挑战。最主要的挑战在于复合词不是词的原始形态,而是经过句法前的词汇-句法操作衍生而来。文献对于这一问题几乎没有涉及,而本著将在形态-句法界面探讨汉语的词汇化及其非宾格性。我们认为,汉语复合词的词汇特性不是由词库规定的,词库对词性的规定缺乏心理现实性。汉语不仅动词的句法特性必须经过结构推导才能确认和最终表征出来,而且跨词类特征明显,这也需要作出解释,本著支持分布形态理论和词汇-句法理论对汉语中复合词及其句法生成的解释。

(二)及物动词、非施格动词和非宾格动词在非宾格结构表征上的共性和差异性。汉语中的非宾格性不只涉及非宾格动词,其他动词类型都可以在特定结构和语义适恰条件下表征出非宾格性。这是非常有趣而又复杂的语言现象,需要进一步探索。Rappaport Hovav(2016)指出,动词词汇分解有两条路径:一条是事件结构,另一条是论元结构。事件结构理论认为,基于同一词根且具有相同意义的句法编码句子,其事件描写揭示了不同句子结构之间的蕴含关系及论元选择上的限制,如:

(18) a. The soup is cool.
b. The soup cooled.
c. The chef cooled the soup.

这些示例中,不同的句法结构表征源于相同的词根(cool)及其结构表征意义共有的子结构(soup BE cool),都包含着 CAUSE、BECOME、BE 等原位词。该类不同句子之间存在着语义蕴含关系(McCawley 1968; Lakoff 1970)。

论元结构理论认为,动词(词根)与其主宾语之间存在亲疏关系。一般认为宾语与动词的关系更近,所以是内论元;而主语不在 VP 内,因此只能是动词的外论元,其题元角色由功能语类指派(Marantz 1984; Kratzer 1996)。

事件结构和论元结构两种思路相互借鉴融合,形成了另一种折中的观点,即认为外论元由功能语类引入,功能成分与原谓词具有类似结构(Borer 2005; Pylkkänen 2008; Ramchand 2008 等)。比如,引入外论元的功能语类 Voice,表达的是与原位动词 DO 或致使意义的原位词 CAUSE 的类似解释;同样,功能语类 V 表达的是与原位词 BECOME 或 BE 类似的解释。

(三)汉语在语言类型上表现出何种语言类型特征。虽然在非宾格动词的唯一论元上,其非宾格成分的赋格问题存在长期的争论,到底是什么格类型也众说纷纭,部分格、主格、宾格、通格等看法共存。本著认为,汉语诸多结构的非宾格成分明显具有主格特性,因而汉语在类型特征上偏施格性语言。

为了证明汉语在主宾格-施通格类型的连续统上偏向施格性语言的观点,后面各章节将从不同的结构入手,分别进行讨论。在各章的讨论中,我们对句法施格性统一采用"非宾格"概念进行描写和分析,以区别于类型学上的施格性或句法学上的作格性概念。由于汉语存现结构、领主属宾结构、受事主语结构(包括被动结构和中动结构)等表达的非宾格性都是一种话题化实现方式,因此,这些结构的句首成分能为汉语是话题突出的语言类型这一判断提供支持。

3.7 本章小结

本章从术语概念出发,指出中外学界普遍存在 ergativity 和 unaccusativity 之间的概念交织,以及由此引发的因 ergativity 的多种汉译名称而产生的术语混同问题。因非宾格假设的提出,与非宾格性相关的多个概念加剧了这种混同性。就这种混同背后的根本原因,本著认为是语言中存在的跨语言特性使然。在几乎所有语言中,施通格语言和主宾格语言两种类型特性共存,只是在这两种类型的语言构成两极的连续统上,不同语言所处的位置存在差异。西方文献施格性和非宾格性在研究对象上有明确的分野,即施格性研究的是类型特征,而非宾格性研究的则主要是句法性质。与此不同的是,在我国学界,无论是研究施格(作格)性还是非宾格性,绝大多数都聚焦于句法问题,只有少数是关于类型学问题。这可能是由汉语学界与外语学界具有的国内外文献资源不同所致,汉语学界多用术语“施格性(作格性)”,而外语学界则多用术语“非宾格性”来讨论相关问题。

本章除梳理概念上的一些模糊内容外,还对分裂施格性做了简单介绍。术语概念上的混同现象本身佐证了人类语言中分裂施格性的普遍性:在从主宾格到施通格跨语言类型的连续统上,不同语言只是分裂施格性的方式和程度不同。我们认为在该连续统上,汉语偏向通格(非宾格)性一端,因为我们有足够的证据表明汉语通格(非宾格)性比较突出,即表现出较高的通格性特征(后面几章将具体讨论)。分裂施格性在句法上表现出的分裂主语就有不同的句法性质,从而引发关于非宾格成分的“格”身份的疑问,而这又自然与施格性语言中的通格成分相关联。因此,本著虽然采用非宾格性概念,但其与句法施格性(作格)和通格性不能混淆。就语言类型而言,非宾格性兼有跨语言类型特征;而就句法性质而言,非宾格性与通格性相关。

主宾格语言的判断并不是依靠形态,而是在词汇-句法、句法-语义和句法-语用这些界面对不同类型动词的句法性质加以考察。非宾格性问题不仅在印欧语系中被广泛深入地研究,在汉语中也同样得到了重视,但还有诸多争端需要进一步梳理澄清。下面各章将分别从汉语的显性和隐性非宾格性的角度探讨这一语言特性,并对其进行解释。对汉语这种独特语言中的非宾格性进行研究,其成果将对语言普遍原则与参数理论作出独特的贡献。

第4章

显性非宾格结构句法

第三章对非宾格性概念进行了梳理,就汉语界大量文献把非宾格性等同于作格性进行研究的现象,指出其存在概念混同性,而这种混同性的根本原因是跨语言的混合句法特性(参见叶狂、潘海华 2017)。

在主宾格语言中,这种混合句法性没有表现出相关的形态特征,但在句法上存在施格性结构表征,这就是句法文献中所谓的"施格(作格)性",在诸多主宾格语言的句法研究中突出地表现为非宾格性句法特性。这种非宾格性可能表现为原本不能带有名词性成分的非及物动词非常规地带有类宾语的内论元成分,而这个内论元成分可能在动词后宾语位置或在动词前句首位置上实现结构表征。这种结构表征形式对应的是施通格语言中的非及物性通格结构,而不是及物性施格结构,因此也就不是句法文献中所谓的"施格(作格)现象",而应视为一种非宾格(通格)现象。从结构上看,非宾格性问题主要考察的是在非及物动词类型中动词底层结构的论元配置,重点研究其动词的句法-语义关系和句法结构的实现机制。

一般来说,语言中非及物动词的宾语位置上带有名词成分的结构被称作"显性非宾格结构"(Levin & Rappaport Hovav 1995)。汉语有两种较为典型的显性非宾格性表征方式：存现结构和领主属宾结构。在这两类结构中，跨类型的动词表现出诸多非宾格性共性特征，因此本章把这两类结构纳入统一框架进行讨论。讨论的主要问题包括：（一）能进入这两类结构的动词类型及其结构表征方式；（二）这两类结构中动后名词成分的句法性质、赋格问题及限定效应；（三）这两类结构句首名词成分的句法地位。这三个方面的问题都与两类结构中动词及其语义甚至语用密切相关。也就是说，这两类结构中动词与名词成分之间的题元关系影响其结构表征及句法实现；如果动词与名词之间无直接语义关系，也可能在语用驱动下获得句法实现。

关于这两种结构中的动词类型和句法性质，学界的研究浩如烟海，观点也莫衷一是。不过跨语言来看，如果动词能够表达典型的存在、出现、消失或结果、状态变化等意义，那这类动词就有可能与这两类结构都相容。这一点上，汉语和英语存在共性，如(1)和(3)：

(1) a. 有鬼。
　　b. 家里来人了。
　　c. 二班还缺两个人。
(2) a. 她家丢了大儿子。
　　b. 王冕死了父亲。
　　c. 那场大火幸亏来了消防队。
(3) a. There arrived a few guests.
　　b. There passed the bus.
　　c. There in the lake sank the boat.

这些结构都因其动词表达的是客体的存在、出现或消失等状态或结果性变化的事件意义而被看作汉英语中较为典型的非宾格性的结构表征。但这些结构中的动词与其前后名词成分之间的题元关系又不尽相同，因而必然存在语义和句法性质上的细微差别。有鉴于此，我们需要对显性非宾格结构相关问题作出回答：

第一，生成语言学的格理论(Chomsky 1981, 1995)认为，任何结构中的名词成分都必须通过格鉴别。就非宾格结构中的名词成分而言，既然非宾格动词是一种非及物动词，而非及物动词失去了指派宾格的能力，那么动词后宾语位置上的名词成分是否有格？有格的话，是什么格？格如何获得？若这个名词成分无格的话，又如何得到允准？因此关于名词的格问题，必须给予回答。

第二，非宾格结构中的名词成分有指称意义上的限定效应问题。在非宾格结构中，内论元一般表达无定指称意义，但跨语言中也有限定指称的实例（如[3b][3c]）；汉语动词后宾语位置上表达指称意义的名词成分，可能是非限定名词短语（如[1c]），也可能是光杆名词（如[1a][1b]），还有可能是限定短语（如[2a][2b]）。不同成分有何共性和差异性，也需要进行描写和分析。

第三，存现结构句首名词成分的句法性质问题，包括主语脱落现象、主语与话题之争等。关于句首名词成分的句法性质问题一直争论不断。由于汉语非宾格结构中有客事论元前置的表征形式，这就涉及前置的名词成分的两个问题：其一，句首名词成分是基础生成还是移位而来？其二，该成分是主语还是话题？学界在这两个问题上存在不同的观点：一种是功能观，该观点从功能出发，不管该成分的来源及其句法性质，认为汉语是话题突出性语言，句子的主语成分都可看作话题（Chao 1968；Chafe 1976；Li & Thompson 1981 等）；另一种观点则认为，汉语中多数情况下主语和话题各自独立（丁声树、吕叔湘等 1961；Shi 2000；Pan & Hu 2008；Tsai 2015）；还有一种观点认为，汉语的主语与话题为同一句法单位（马志刚、章宜华 2010），或通语与话题为同一句法单位，称为“话题通语”（金立鑫、王红卫 2014）等。

本章重点考察汉语存现结构和领主属宾结构中非宾格性题元关系及其结构实现机制。为了较为全面地对汉语存现结构中非宾格性问题进行探讨，4.1 节界定了存现结构和领主属宾结构，突出两类结构的共性特征；4.2 节重点讨论非宾格性存现结构的句法与语义；4.3 节重点讨论非宾格性领主属宾结构的句法与语义；4.4 节统一解释这两种结构的生成机制，最后是本章小结。

4.1 非宾格性存现结构和领主属宾结构的界定

在本节将要讨论的非宾格性存现结构和领主属宾结构中，无论是动词后名词成分，还是句首名词成分，其句法性质都不能回避。不同动词之间的句法表现都必然与其所带的论元成分及其题元关系相关，而且跨语言时可能存在一般原则和参数差异。对一般原则需要进行理论概括，对汉语不同结构中句法表现出的差异，同样需要提出限制条件和解释。本节试图在对文献中的不同观点进行评述的基础上，对这些问题进行尝试性回答。

4.1.1 非宾格性存现结构特征

语言中表达存现意义的方式很相似，都表达空间客体的存在或消失，其共同的语义模板可以表达为[$_{BE}$[NP PP]]。顾阳(1997)在讨论存现结构的非宾格性突出特征时指出，如果动词的基本语义素含有处所意义，该处所题元角色可以与客体倒置，动词在进行句法投射时，含处所意义的题元角色被指派给一个域外论元，最终成为句法表层的主语，而含客体意义的论旨角色被指派给域内论元，最终成为句法层面上的宾语。对应地，英语中最典型的表达存现结构的方式是用 There-be/do 结构，而汉语中则典型地使用“有”字结构，如：

(4) a. There is a book on the desk.
    b. There hangs a picture on the wall.
(5) a. 有人。
    b. 桌上有一本书。
    c. 墙上挂着一幅画。

从这里可以看出，存现结构中的动词类型，除了典型地表静态存在意义的动词([4a][5a][5b])外，英汉语中还有由空间放置类行为动词表达实体的空间存在意义。英语中常由放置性动词通过存现结构或处所倒置结构来表达存现意义，汉语也有用处所主语句表达存现结构[①]。在英语中放置性动词和存现结构之间的转换，可以被看作存现动词跨类转换的结构证据(如[6])，但英语中这类放置性动词也并非都可以进行非宾格结构转

① 文献中所谓的“处所主语”这一概念并不准确。英语中表达地点意义的通常是介词短语，介词短语做主语(Bresnan 1989)不为大多数学者所接受，比较合理的说法是处所倒置结构(Levin & Rappaport Hovav 1995)。虽然汉语中也存在处所名词做主语和话题的分歧，但不妨暂时仍然称之为“处所主语”。

换(如[7])。hang、stick 类表达空间存在的动词可以转换为存现结构,而 put、paste、spray 等表达空间行为的动词则不可转换为存现结构。这就意味着存现结构表达的是空间存在或持续的结果状态意义,而不是空间放置意义,其动作与结果具有分离性,动作和结果之间有使成语义关系。这类动词不能非施格化(如[7b]),不能进入存现结构(如[7c]),也不能进入处所倒置结构(如[7d])。

(6) a. John hung a picture on the wall.
    b. A picture hangs on the wall.
    c. There hangs a picture on the wall.
    d. On the wall hangs a picture.
(7) a. Jack put a book on the desk.
    b. * A book put on the desk.
    c. * There put a book on the desk.
    d. * On the desk put a book.

根据 Huang(1987),汉语的典型存现结构可以用表达式描述如(8):

(8) (NP) $VP_{有}$ NP (XP)
    a. 有人。
    b. 有一个人很喜欢你。
(9) a. 桌上有一本书。
    b. 桌上有一本书很有趣。

这里的(8a)和(9a)是汉语中典型的存现句,表达的是客体存在,而无主句(8b)和处所主语句(9b)表达的是命题意义。

汉语存现结构是显性非宾格结构(杨素英 1999;梅德明、韩巍峰 2010;潘海华、韩景泉 2005 等)。以存现结构的语义特征作为出发点,可以概括出不同类型的存现结构,包括例(8)这种无主句结构变体。此外,就意义来说,传统上认为存现结构不仅表达客体的存在和出现(如[10]),还包括表达客体消失的这类动词(如[11]):

(10) a. 床上躺着一个人。

b. 墙上挂着几幅画。

c. 班里来了个新同学。

(11) a. 监狱里跑了一个犯人。

b. 村里丢了几只羊。

c. 他家(里)死了一只猫。

汉语例子(8)—(11)中的结构都被看作典型的存现结构,除了表达空间姿态的“躺、挂”外,出现类方向运动类动词“来”和消失类动词“跑、丢、死”等也都被纳入非宾格性存现结构。但就不同类型的动词而言,表达空间行为的“跑、走”类动词和表达空间姿态的“躺”类动词不同于“挂”类动词,“挂”原本是典型的施为性空间放置类及物动词,隐含施事行为导致客体空间状态变化的事件结构意义。因此,这类及物动词结构可以通过句法手段(如体标记词)表达使成性结果状态变化意义,放置行为“挂”也就变成了使成结果变化的某种状态意义。这类及物动词还有“放、贴、糊、粘”等,后文有专门讨论。

但是比较之下,我们发现同样意义的英语放置性行为动词在进行结果状态转换时,非宾格性 There-be/do 存现结构出现了分歧(如[6][7]),而汉语的存现结构则相对宽容,可以接纳更多具有空间配置意义类的动词。汉语存现结构为何有更大的包容性?需要给出回答(详见 4.2 节的分析)。

顾阳(1997)这样界定存现结构:其核心语义是一个表示处所意义的名词成分和表明客体存在的空间意义成分,由“有、躺、挂”等典型表达空间存在的动词把客体和处所连接起来。但是,她并没有说明“挂”类及物动词是如何转换为典型的存在动词的,也没有说明为何这类存现动词具有非宾格性质。本著认为,引起这种动词及其结构转换的主要原因是,句法层面引入了体标记词,使得动词和名词之间的论元配置和题元关系发生了变化,从而导致结构实现上的差异。

关于汉语存现动词的句法和语义关系,存在诸多悬而未决的问题。顾阳(1997)认为只要动词带有处所语义素和表达着落点成分,就可以进入存现结构。但也有人提出,不少有同样语义素的动词不能进入存现结构,如:

(12) a. 小明在厨房喝牛奶。

b. * 厨房里喝着牛奶。

(13) a. 弟弟在床上脱袜子。
b. ？床上脱着一只袜子。

(14) a. 叔叔在院子里修车。
b. ＊院子里修着车。

事实上,这些及物动词的处所成分,并非客体的终结点意义而是行为动作发生的场所,因此不能被看作动词核心论元而只能是附加语,也就不能进行存现结构转换。一些非及物性运动类动词可能也带有一个处所名词成分,而这个处所名词成分也不是核心论元,只是附加语;但这类表达运动方式类的动词,像“滚、跳”等则可以进入存现结构,如:

(15) a. 小强在路上滚铁环。
b. 路上滚着铁环。

(16) a. 女子组在运动场上跳绳。
b. 运动场上跳着女子组。

由此,顾阳(1997)认为存现结构动词可以分为动态和静态两种意义类型。显然,(15)和(16)属于动态类存现事件结构。我们认为,这类运动类动词之间也有不同。(15)是使成及物类运动事件,而(16)则是非施格类行为事件。这两类动词的客事主语都可以位于动词后位置,参与存现结构表达。这种动态和静态存现结构可以从下例对比中看出明显差异:

(17) a. 边防战士在山上架着炮。
b. 山上架着炮。

陆俭明(2004)也对此类及物动词的存现非及物性结构转换有过研究,其动态存现结构示例如下:

(18) a. 工人们在修观景台。
b. 后院在修观景台。

在这些动词中,即使有些能由及物性结构向非及物性存现结构转换,但其所谓的“存现结构”只是句首带有处所成分,VP 内部的动宾结构配置

并没有改变,因此不是非宾格结构配置,不属于本著探讨的范畴。只有(17b)这类静态存现动词结构存在两种解读,如:

(19) a. 山上架着炮。(山上正在进行的架炮行为)

b. 山上架着炮。(山上已经有炮一直架着的状态)

同一动词在相同的结构里存在着歧义。但事实上,(19)的两个结构因动词及物性及意义差别而完全不同。(19a)是及物动词,只是施事成分隐藏,体标记词"着"表达的是行为动词的进行体意义,内论元是受事宾语;而(19b)则是非宾格结构,表明客体论元的持续性存在状态。这类同一动词的不同结构和语义也并非都具有这种对立性,如:

(20) a. 台上唱着大戏。(台上正进行的唱戏行为)

b. *台上唱着大戏。(台上已经有戏一直唱着的状态)

因此,我们认为非宾格性存现结构包括:(一)典型地表达存在、出现、消失等结果状态类意义的非及物动词(如"站、躺、坐、来、去、死、跑、掉"等);(二)表达结果性存在状态的及物动词(如"挂、架、粘、贴"等);(三)持续性运动方式类非及物动词(如"爬、滚、走、游、跳"等)。而这些动词结构的句首成分通常是表达处所意义的成分,动词的客体通常位于动词后面。当这种存现结构进行结构转换时,动后名词成分可以充当句子的主语,处所名词成分可以充当动词的补足语或附加语。这就对传统运动类动词的分类提出了挑战,不仅动词词类扩充了,存现结构的意义也增容了。因此,我们对存现结构的界定,应该既包括存现意义类动词,也包括存现类结构意义。这种结构意义,同样满足典型存现语义素,只不过其存在状态是由体标记词"着"来表达。

汉语中还有一类结构,它并没有存现结构那样明显的处所成分结构特征,但却表达类似的语义关系,本著称之为"事件存现结构",其典型句式如:

(21) a. 那场大火幸亏来了消防队。

b. 这些湿衣服多亏出了太阳。

c. 这次感冒幸得出了很多汗。

这类结构在文献中多有讨论,但主要都围绕话题的相关性条件展开(Chao 1968; Chafe 1976; Li & Thompson 1981; Xu & Langedanon 1985; Her 1991; Chen 1996; Pan & Hu 2008 等)。由于存现类动词大多可以进入该类结构,表达事件发生的条件和结果,因此纳入存现结构一并分析,其与处所主语句的异同将在后文进一步讨论。

4.1.2 非宾格性领主属宾结构特征

汉语中除了最典型的存现动词表征为非宾格结构外,还有一种领主属宾结构(郭继懋 1990)也被认为具有非宾格性特征。这类结构的突出特点表现为非及物动词通常带有两个名词性论元成分,两个论元成分之间具有领属关系,其中领有成分通常居句首位置,而所属成分则留在动词后的内论元位置,如(22):

(22) a. 张三死了父亲。
b. 李四断了一只胳膊。
c. 仓库倒了一面墙。

这种领属成分分裂结构可以分析为领属短语结构句,如(23):

(23) a. 张三的父亲死了。
b. 李四的一只胳膊断了。
c. 仓库的一面墙倒了。

广义上看,这类动词及其结构表达的都是客体消失或受损的意义,动词所带的两个名词性成分明显具有领属关系或整体-部分关系,因此学界称这类结构为"领主属宾结构"(郭继懋 1990)或"保留宾语结构"(徐杰 1999)[①]。尽管在结构和非宾格性意义的表达上,领主属宾结构与

① 由于句子结构上的"宾语"和语义上的"宾语"有较大差异,文献中把这类结构称为"领主属宾"或"保留宾语"等,显然都不科学,因为这些结构中的所谓"宾语"根本就不是传统意义上的宾语,"主语"也不是真正的主语,但为了方便讨论,本著仍然采用"领主属宾结构"这一说法。

存现结构有很多共性，但是在不同动词之间的句法实现上也存在差异。比如，常见的破损类型的动词，如“倒、塌、掉、沉、烂、瘸、断、破、缺、少”等进入存现结构，其可接受性上就可能出现差异。（24）中的两个论元名词之间也有整体和部分的关系，可以如（22）和（23）一样进行所有格短语转换。但如果换成其他破损类动词，如“破、缺”，则发现“破”不可以，而“缺”又可以进行这类所有格结构转换，如例（25）和（26）：

（24）a. 公路塌了半边路基。
　　　b. 公路的半边路基塌了。
（25）a. 衣服破了一个洞。
　　　b. *衣服的一个洞破了。
（26）a. 桌子缺了一个角。
　　　b. 桌子的一个角缺了。

同一类型的动词在结构意义上存在差异，这种不对称现象如何解释呢？也就是说，破损类动词独立做谓语时，其基础结构是合法的，可以直接实现为非宾格结构表征，但为何名词成分所有格化后，该结构存在可接受性差异？如果我们试着给（25b）换一个动词，把谓词“破”改为“补”，则题元关系又变了，非宾格性基础结构可以实现为合法句子，论元移位后也变成可接受的结构了，如（27）：

（27）a. 衣服补了一个洞。
　　　b. 衣服的一个洞补（好）了。

从这里可以看出，就论元结构而言，“破洞”和“补洞”在内论元选择上一致，都带有一个论元成分。它们的差别在于动词的语义，即施为性和结果性语义上的不同，同时动词对具有所属或整体-部分关系的两个论元成分之间的题元关系不同，对隐含施事的语义也有不同的要求。动词“补”隐含施事核心论元，而“破”则只有客事核心论元，其固有的角色成分在结构表征中可以隐现。由于“破”的典型意义是表明结果性状态变化，因此只能做非宾格而不能是非施格动词性谓语。

4.2 非宾格性存现结构的句法-语义关系

上节对较为典型的非宾格性存现结构、事件存现结构和领主属宾结构进行了基本描述，可以发现：这三类结构的动词有表达存在、出现和消失等结果状态变化上的差异，结构表征也有所不同。最大的不同在于存现结构表达的是客体的空间存在或呈现姿态，句首成分必须表达空间意义或处所意义。即使这类结构的主语位置是空语类（无主句），也可以从语境中补出其所指的意义成分。事件存现结构表达的是某一事件发生的因果关系。领主属宾结构表达的是两个名词性论元之间的领属关系或整体-部分关系，动词表达领属论元之间的结果状态变化。本节将对这三类结构进行题元关系分析。

4.2.1 存现结构的动词类型

前面提到，在典型的存现结构中，汉语表达某个客体在特定处所出现、存在、消失等结果状态意义的动词，不仅有非及物动词（典型的非宾格动词），还有表示结果状态变化的及物动词和表示无界性运动方式的运动方式类动词，分别如（28a）（28b）（28c）。

（28）a. 家里来了客人。
　　　b. 海里沉了一艘船。
　　　c. 地上爬着一只乌龟。

这三类动词分别是典型的非宾格动词、使成结果状态变化动词和非施格性运动方式动词，表达出现、消失和运动方式意义。（28a）属于方向运动类动词表达出现或消失意义；（28b）类动词实际上是由使成复合动词（如“击沉”“撞沉”）所表达的结果状态变化意义实现的；而（28c）作为典型的运动方式类动词，通常只能实现为非施格结构，但在汉语中却可以进入存现结构，表达客体正在进行的动作。因此，这三类动词都可以认定为非宾格结构（Levin & Rappaport Hovav 1995）。但是，汉语中不只有这三类动词能进入同样类型的存现结构。（29）类结构中的及物和非施格动词也同样可以表达某种事件的存现意义：

(29) a. 台上唱着大戏。
b. 小班上哭了两个孩子。

这两类动词分别是及物动词和非施格行为动词，本身并不表达存现或消失等结果变化意义。理论上来说，它们与典型的非宾格性非及物动词属于完全不同的类型，但在汉语中却也能进入句首成分表达的处所意义结构。汉语中如(29a)(29b)的表达，似乎不是很常见，但这两类结构却都具有可接受性。(29a)隐含了及物动词的施事，表达正在发生的事件；(29b)则是因为含有典型的非施格类动词"哭"，这类动词在英语中通常不能进行主谓倒置，但在汉语里可以对动作的主语进行焦点化，表达特定处所发生的事件意义，因而能够进入主谓倒置的存现结构。虽然(29)中的两类动词都能进入主谓倒置结构，但它们并不能都看作非宾格动词。(29b)可以看作非宾格结构，因为其动作的客事论元位于动词后面，不像(29a)中的动词是及物动词，本身带有固有宾语成分。但是，也不是所有及物动词都不能表达为非宾格结构。实际上，如果及物动词表达的是客体在空间的存在姿态，如"挂"这类动词，就可以实现非宾格结构表征：

(30) a. 墙上挂着一幅画。
b. 黑板上写着一行字。

这类及物动词的施事受抑制时，动词投射为存现结构，表达客体的空间存在姿态意义，因而是非宾格结构类型。不过需要指出的是，像(30)中的这类动词，表示持续状态的体标记词"着"在实现非宾格性语义表达中起着决定性作用。如果体标记词换为表达完成意义的体词"了"，则动词并不具有非宾格性语义。因为完成体"了"表达的是动作的完结，不表示存在状态，而且动作的施事成分可以顺利补出，隐含动作的主动性和施为性。与此不同的是，持续体标记词"着"抑制动作的施事，凸显客体的存在状态。因此，体标记词在表达汉语的动词结构类型时存在语义差异。这一方面的详细讨论，还可以参见潘海华(Pan 1996)。

同样作为及物动词的"吃"类动词不能进入存现结构，但可以进入主宾语位置自由变换结构，如：

（31）a. 十个人吃一锅饭。
b. 一锅饭吃十个人。

（31b）类结构看似与非宾格结构完全相同，实际上其句首成分也不是处所意义，而是动词的受事成分。虽然受事成分话题化，弱化了动词的及物性，但施为性结构意义并没有改变。该结构表达的语义也不是动词的结果或状态变化意义，而是一种事件类型描述。因此（31）中的两种结构变化只能看作一种主语流变结构，而不是非宾格结构（参见 Dixon 1994；叶狂、潘海华 2017）。

可以看出，汉语处所主语结构中的句首成分是表示处所意义的名词成分；与此不同的是，英语处所倒置结构中的句首成分通常是介词短语，一般不能做主语。虽然英语中同样有不同类型的动词进入处所倒置结构，但动词也不都是非宾格性质。这就是为何处所倒置不能认定为非宾格结构诊断式的原因（Levin & Rappaport Hovav 1995）。不同于汉语的另外一点是，英语中的及物动词可以进入处所倒置结构（如［32a］），而非施格动词（如［32b］）一般就不能进入处所倒置结构，如：

（32）a. On top of the hill erected a canon.
b. * In the room screamed a woman.

我们通过比较可以发现，（32b）的动词类型等同于（29b）的汉语动词类型，却不能进入处所倒置结构。因此，在非施格动词进入处所倒置结构的问题上，汉英语存在明显差异。那么，到底如何确定汉英语中非宾格动词和非施格动词在处所倒置（或存现结构）中的差异？我们认为，首先要排除及物类动词的存现结构类型，因为这类动词的施为性和及物性与非宾格性的根本属性相悖，那么剩下的问题就主要表现为主语的唯一论元成分和非及物动词之间的语义关系。非及物动词中的不同类型在两种语言的存现结构中表现不同。汉语中的非施格类动词能进入存现结构，而英语中的非施格动词则不能；即使非施格动词能进入存现结构，也并非都具有非宾格性语义性质。汉英语中的及物动词都可能进入处所倒置结构或处所主语结构，但都不能就此被认定为非宾格结构表达。为此，我们提出满足汉语存现结构中非宾格性表达的条件如下：

（33）在处所居首结构中，动词带有客事内论元，但无法为其指派宾格；动词及其唯一论元之间有表达某种结果或持续性状态的题元关系，其句首的处所成分可以与客事论元或附加语进行位置转换时，该类动词可以表现为非宾格性。

根据这一条件，（29a）和（31b）都不是非宾格结构，只能分别看作及物结构和主语流变结构。虽然刘探宙（2009）把（29b）看作非施格动词带宾语现象，但本著主张这类非施格动词已经通过语义焦点化手段，在结果上实现了施格化。

在英语例子（32b）中，句首的处所成分与附加成分和客事成分都不能进行位置转换，至于英语中的部分及物动词（如 erect）能否看作具有非宾格性质，也可以通过（33）得到检验，如（34）：

（34）a. On top of the hill is erected a canon.
b. There is a canon erected on top of the hill.
c. * A canon erected on top of the hill.

（34a）（34b）很好地表现为存现结构意义，然而客事论元和句首处所短语成分虽然能自由转换，却必须依靠介词短语前置形成处所倒置结构，（见[34a]），或需要形式填充词 There 参与，形成 There be 存现结构（见[34b]）。而（34c）之所以不合法，是因为 erect 不具非宾格性质，因此即使其宾语进行移位也无法得到允准。但通常被视为及物动词的 hang 类动词则完全可以进行处所倒置和宾语前置这样的自由转换，如（35）：

（35）a. There hangs a picture on the wall.
b. On the wall hangs a picture.
c. A picture hangs on the wall.

通过比较可以看出，（34c）和（35c）宾语前置时，动词语义存在一定的差别。英语及物动词 erect 不能转化为非宾格动词，因为其具有明显的施为性和主动性意义。因此，当其表达结果状态意义时，需要进行被动化才能实现。及物动词 hang 可以非宾格化，它本身包含空间姿态性结果状态意义，因此表达结果状态意义时无须被动化就可以实现。类似这样的空间姿态类及物动词在汉语中则较少受到限制,如"立、架、挂、写、刻、画"等也同样都可以表征为非宾格结构,因为其在施事受到抑制时,凸显出结果状态意义,可以实现为存现结构或受事前置结构。

存现动词之所以表现出明显的非宾格性特征,是因为无论动词的类型是及物还是非及物,其动词语义具有共性,都表达某种存在、消失或结果状态变化意义。在结构表征上,动词后位置上总带有一个客事论元成分,但施事或外力缺损时,主动词本身不能为该论元赋宾格。

比较汉英两种语言可以看出,虽然能表达出现、消失或结果状态变化意义的动词类型很多,但是,由于词汇语义及其表征方式存在跨语言差异,哪些动词能够实现为非宾格结构也就存在跨语言差异。就共性而言,汉英语中存现动词都包括空间位置类动词,如"站、坐、蹲、躺"等和方向运动类动词,如"来、去、进、出"等。这些非及物动词要么表达的是状态(姿态),要么表达的是定向运动的终点结果,因此都可以实现为非宾格结构。但在运动方式类非及物动词,如"走、跑、滚、飞、游、爬、跳"等中,和情绪表达方式类非及物动词,如"哭、笑"等中,汉语和英语就有所不同。英语中运动方式类和情绪表达方式类非及物动词不能实现为非宾格性表征(详细动词类型分类,参照 Levin & Rappaport Hovav 1995),而汉语中的这两类词在一定语境下则表征为存现结构,表现出类非宾格性。本著把这种非及物动词结构定性为类非宾格结构,但其表达的不是典型的结果变化意义而是动作的持续状态构式意义。当然在这类非及物动词的非宾格性问题上,学界还存在分歧(参见刘探宙 2009;孙天琦、潘海华 2012 等)。

汉英存现动词及其结构具有动词类型上的多种结构共性,同时也存在动词语义与结构相容性上的差异。这种差异主要源于动词的词汇语义,以及题元关系和存现结构配置上的不同等因素。下面具体讨论非宾格性存现结构动词的不同题元关系及其结构表征。

4.2.2 非宾格性存现动词的句法-语义特性

前面提到 Levin & Rappaport Hovav(1995)的研究,她们认为英语中的存现结构并非可靠的非宾格结构诊断式,因为英语中表达存现意义的结构包括两种类型:一种是形式填充词 There 引导的结构,另一种是介词短语引导的所谓处所倒置结构。不仅表达存现意义的非宾格动词可以进入这两类结构，一些及物动词也能进入这两类结构，如(34)和(35)，但非施格动词不能进入处所倒置性存现结构，如(32b)。英语中如(34)和(35)中的这类动词所表达的结构意义，如果没有实现为某个客体在空间的存在或结果状态的变化意义，就不能进入存现结构，而且表达空间或处所意义的成分通常必须位于句首。即使能进入存现结构，不同动词的题元关系也可能影响句法实现的可接受性。

在汉语中同样如此，尽管不同类型的动词都可以与存现结构相容，但也不是所有能进入存现结构的动词都具有非宾格性。只有满足一定句法-语义条件的动词进入存现结构后才具有非宾格性特征。施为性意义突出的单体动词一般不能进入存现结构，因为其不能表达存现或消失等结果变化意义。要想表达此类事件意义，通常需要选择表达结果状态变化意义的动词，如(24)—(26)；或者需要引入动结式复合谓词，才能实现非宾格性存现或结果状态变化意义。另外，汉语中情绪表达方式类的非及物动词和持续运动的方式类动词可以进入存现结构配置，表达类非宾格性构式意义。

根据非宾格性存现动词的句法和语义特征，存现结构主要表达的是客体的空间存在(包括空间姿态类动词)、消失或结果状态变化意义，而存现结构的突出结构和语义特征就是处所短语的可识别性。Li Y-H. A. (1990)认为汉语存现动词可以分为三种类型：一种表存在(presence)意义，如“有、站、坐、躺、挂、放”等；另一种表出现(appearance)意义，如“来、到、起、下、进、出”等；还有一种表消失(disappearance)意义，如“去、死、跑、逃、过”等。汉语中的这些动词作为典型的非宾格动词只带“直接宾语”，但不能给其“直接宾语”指派宾格，且不能给(处所)主语成分指派题元角色。这就是Burzio准则的核心内容(Burzio 1986：29)。根据动词非宾格性的这一特性，存现结构的句首成分在汉英语中存在较大差异，汉语通常为表处所意义的名词成分，而英语通常为形式填充成分There。不仅如此，这一句首成分在两种语言中的句法性质也存在较大差异。一般认为汉语的存现结构句首成分所充当的功能存在主语和话题上的分歧，而英语的句首成分There充当的是形式主语功能(见后面4.2.3节具体讨论)。Lin (2001, 2008)认为汉语存现结构的句首处所成分是主语，并列出了汉语存现结构的四种处所主语类型，如(36a)(36b)(36c)(36d)：

(36) a. 典型处所主语

b. 存在处所主语

c. 出现处所主语
d. 施事处所主语

这些存现结构主语分类分别对应如下的例子：

(37) a. 街上站着一个警察。
b. 我们村里沉了两艘船。
c. 这个湖里找到过一个大宝藏。
d. 张三的手里握着一把手枪。

根据本著先前对存现动词及其结构的初步定义(见[33]),非宾格动词和结果变化类及物动词可以进入存现结构,使得存现结构具有非宾格性意义;而施为性及物动词即使能进入处所倒置结构,也不具有非宾格性。但像“立”“架”“挂”类及物动词进入存现结构后,动词已经失去了及物性而非宾格化了。与此类似,Lin(2001, 2008)的非及物和及物动词例子(37),虽然也都可以进入他所界定的广义存现结构,但我们认为,这种定性只能部分地支持这一类型动词的存现语义结构表征,其中只有(37a)(37b)是非宾格性存现结构,而(37c)(37d)中的动词都是传统意义上的及物动词,不同于“立”“架”“挂”类动词表征的非宾格性存现结构。“找”和“握”类及物动词的句法-语义特性决定了其题元关系中施为性的存在,即使施事受抑制,变成了例句中的处所成分,(37c)也只是一个话题性及物结构,而(37d)具有隐含存现构式意义。因为这两种动词都带有明确的子语类关系,所以不属于非宾格结构表征,本著不做重点讨论。此外,前面提及英语中非施格性非及物动词一般不能进入处所倒置结构,但汉语中典型的非施格性非及物动词(如情绪表达方式类、运动方式类动词)有时却可以进入存现结构,如(38)所示(刘探宙 2009):

(38) a. 大班哭了一个孩子,小班哭了好几个。
b. 大泳池游大人,小泳池游小孩。

这种结构在书面语中可能并不多见,但在口语中则较为常见。虽然英语中 cry、laugh、swim 等动词是典型的非施格动词且通常与存现结构不相容(Levin & Rappaport Hovav 1995),但汉语此类动词却可以进入存现结构[①]。前面提到,汉语中使成结果性动词("沉、破、塌"等),非使成性(单体行为性)及物动词(如"唱[戏]、握[枪]、找[东西]"等),非宾格动词("来、到、生、出"等),非施格动词("哭、笑、走、跑"等)都能进入存现结构,但要确定这些动词是否具有非宾格性特征,光看结构还不够,还需看动词的语义和题元关系及动词对其内论元成分是否具有赋格能力。像(38)中的动词都是典型的非施格动词,都不能带宾语内论元,但事实上却在宾语位置上带有行为者(客事)论元,这种论元无法直接从动词那里获得格指派,这就使该类动词具备了非宾格性句法特征,所以前面我们就将其定性为类非宾格结构。具体地说,汉语非宾格性存现结构的句法和语义特征,包括以下几个方面:(一)动词表达存现、消失等空间存在状态、结果变化意义或持续状态意义;(二)句首位置为空语类、领有者或处所成分;(三)动词后宾语位置上的名词成分不是动词的子语类化成分,而是客事论元,该论元成分无法从动词那里获得格赋值。

就施为性及物动词而言,单体施为性及物动词一般不能进入非宾格性存现结构,但是使成性结果变化或持续状态类动词和动结式复合及物动词可能表现出非宾格性,因为不同的施为性动词在题元关系结构上存在差异。表施为性的单体及物动词,像"推、拉、找、握"等就不能表达非宾格性,如:

(39) a. 张三推了一车书到教室里。
b. 教室里(推)来了一车书。
c. 一车书推*(进)了教室。

(40) a. 游行队伍拉着一条横幅。
b. 街上拉着一条横幅。
c. 一条横幅拉*(到)了街上。

汉语中的"推""拉"作为典型的单体及物动词,具有突出的施为性意义,但也能进入处所倒置结构,如(39b)和(40b),此时动词也必须表达某种结果变化或持续状态的事件意义。如果(39b)中表达结果事件的谓词只用"来"和完成体标记词"了",那么"来了"也可以实现为存现结构,可以

① 尽管(38)类中的句首处所成分有时并没有带方位名词,但我们仍然认定其为处所名词成分,是存现结构的重要语义素成分。

表达某种施为性动词如“推”引发的结果意义，因而也就具有非宾格性；(40b)中的及物动词“拉”和表示持续状态意义的体标记词“着”共同实现存现结构表达，也同样具有非宾格性。这时可以用前面的句法-语义特性来解释，即“来”“拉”表示的都是客体的存在或出现，可以与结果变化和状态持续性意义相容。但是，如果像(39b)出现复合谓词“推来”，其结构也同样为合法句，同样表达存现的事件结构意义。不过，由于其表达的复合事件结构中，施为性事件谓词“推”表达隐含的施事角色及其突出的主动性意义，这与非宾格性存现结构所要突出的客事论元的结果状态语义相悖。只有当施为性谓词“推”隐现，突出结果事件谓词“来”，该结构才可以表征为非宾格性质，这便是一种使成性复合谓词结构转换为非宾格结构的句法-语义条件(关于动结式复合谓词的非宾格性，见第5.4.3节详述)。

与(39a)(39b)中的单体施为性动词和动结式复合动词不同，(40a)(40b)都是同一动词“拉”。尽管“拉”是典型的及物动词，但由于其在两种结构配置中的题元关系不同，意义也存在明显差别。(40a)中有施事论元，突出的是施为性事件结构；而(40b)中施事隐现，典型地表达客体的存在性持续状态，因此是非宾格性存现结构。(39)和(40)这两类非宾格结构可以对比如(41)：

(41) a. 教室里来了一车书。
b. 街上拉着一条横幅。

因此，在存现结构是否可以作为非宾格性诊断式的问题上，Levin & Rappaport Hovav(1995)基于对英语的观察，认为存现结构不是可靠的非宾格结构诊断式。这也适用于汉语的基本语言事实，即汉英语中，都有存现非宾格结构表达，但并不是所有能进入存现结构的动词及其结构都具有非宾格性。如前所述，英语中有处所介词短语倒置现象，这类非施格动词可以看作广义上的存现结构，但像这样能进入广义存现结构的非施格动词并不都具有非宾格性。汉语的情形有所不同，部分非施格动词能够进入存现结构，还能表征非宾格性。也有部分及物动词同样能进入这类存现结构，却不具有非宾格性。因此，判断存现结构中的动词是否具有非宾格性，需要考察以下标准：

(42) a. 存现动词表达的题元关系必须满足某种客体的空间存在意义；

b. 存现动词表达某种客体的存在、出现或结果变化性状态的事件意义；

c. 存现结构中动词的体特征表现出状态的持续性或事件的完结性意义。

为了更好地阐明这些限制性条件，下面从动词的题元关系和体意义两个方面分别加以分析。

4.2.2.1 非宾格性存现动词的题元关系

关于汉语存现动词及其结构的讨论由来已久，一直是学界传统上的热点。具体研究话题包括“有”字句、“是”字句、非及物动词和及物动词存现句、静态存现句、动态存现句等等。早期研究如范方莲（1963）、朱德熙（1982）、宋玉柱（1982a，1982b）、李临定（1986）、聂文龙（1989）等，基本上是对这类结构的功能和语义进行描写，直到 Huang（1987）、Tan（1991）、Gu（1992）等开始对汉语存现动词进行句法理论上的分析和解释。

一般认为，存现结构中动词的意义决定了其必须包含事件发生的处所语义成分。但就这一关键性处所成分，大多学者持有主语或话题的不同看法，但并没有论证为何是主语或话题。只有从 Gu（1992）开始，才对此作出解释，认为汉语存现句的主语是由动词的语义特征决定的。Lin（2001）在句法框架下对主语进行了轻动词句法解释。但对存现结构，光凭动词的语义特征就选择处所名词短语做主语或用轻动词句法来解释句首成分还远远不够，因为汉语中能进入存现结构的动词包括及物和非及物所有类型，但又不是所有能进入存现结构的动词及其结构都具有非宾格性，这就使问题复杂化了。比如，一些原本的及物动词所表现出的非宾格性是怎样实现的？为何有些能够进入存现结构的动词具有非宾格性，而有些则没有？在如何甄别存现结构的非宾格性问题上，我们认为必须全面考察动词的题元关系，不同类型的动词所承载的题元关系对非宾格性的结构表征和句法实现具有决定性意义。

存现结构中的关键成分是处所语义成分，而在非宾格性存现结构中，除该语义成分外，动词还典型地要选择一个客事论元才能构成存现结构题元关系的基本配置。在通常情况下，英汉两种语言的存现结构配置中，表达客体的题元角色在句法结构中的位置应该高于表达处所意义的成分（介词短语），如（43）和（44）：

(43) a. John put a book on the desk.
b. There is a book on the desk.
c. On the desk is a book.
d. The book is on the desk.

(44) a. 我放了一本书在桌上。
b. 桌上有一本书。
c. 书在桌上。

根据我们的认知经验,描述客体的空间存在一般遵循客体优先于空间表达的规律,这在英语里表现更为明显(如[43]),但其中也有处所倒置类的主题化表达(如[43c])。同样,在汉语表达中,也有空间先于客体的表述(如[44b]),这也是通过语用信息焦点化手段形成的话题化。因此,除了特别的语用目的外,一般而言,存现结构的题元关系配置都遵循客事成分先于处所成分表达的原则。这一层级关系也符合 Baker(1988)的题元角色指派一致性假设,即题元角色与句法深层结构中的成分之间存在一致的对应关系。根据题元层级(Thematic Hierarchy),动词的题元角色自高到低遵循"主>宾>介宾"的次序(参见顾阳 1994;汤廷池、张淑敏 1996 等)。也就是说,如果存现结构的句首出现处所成分,原本是最底层的介词短语要成为句首成分,就必然要经历一个从题元层级低于客体位置到高于客体位置的移动过程。这就使得一部分有主体成分参与的存现动词结构从三元结构(如[43a][44a])转变为二元结构(如[43c][44b])。但汉英语存现结构的表征存在一定的差异。就类型特征而言,英语属于主语突出(subject prominent)性语言,而汉语属于话题突出(topic prominent)性语言,这一差异在存现结构中表现也很明显。在语用目的下,当处所名词成分需要从最低位置前置到句首成分时,英语直接把处所介词短语前置,而汉语则把处所名词成分置于句首。另一种存现结构表征,就是保留处所短语成分在底层原位,但英语主语不能脱落,因此就需要引入形式填充词 There 充当句子的主语;汉语的主语可以脱落,因此主语缺损时,存现结构语义仍然完整。

既然汉英语之间存在这种结构表征差异,那么自然就留下两个问题:为何汉语可以主语脱落,而英语不可以?为何英语处所前置时必须是介词短语整体前置,而汉语处所短语前置时,只是名词性成分前置而不需要介词前置?这两个问题将在 4.2.3 节中专门进行分析。

可以看出，存现结构的句法实现有时为了语用目的并不遵循题元层级假设，那么非宾格性存现结构又是如何实现的呢？

国内学者和海派学者对存现动词及其结构的研究有着不同的路径。海派学者们遵循的是生成语法的传统，潘海华（Pan 1996）、顾阳（1996）等在之前学者讨论的基础上，开始研究汉语存现句中动词题元关系和论元结构的转换过程。他们认为，汉语及物动词从三元及物结构到二元存现结构的转换（如“张三挂了一幅画在墙上”到“墙上挂了一幅画”），表面上是由原本充当动词补足语的介词短语转变为处所名词主语结构（参见 Li Y-H. A. 1990）；但实际上，这种结构转换不仅改变了动词的句子结构成分和论元结构，还改变了动词的子语类化属性和动词的题元机中的角色成分，仅剩下了客体和处所这两个角色。当动词进行句法层面投射时，处所名词成分就会被投射到主语位置，这类似于英语的处所倒置结构（Bresnan & Kanerva 1989；Bresnan 1990）。虽然英语的处所倒置结构与汉语的处所名词主语的情形并不完全相同，但是在顾阳（1996）看来，用 Levin & Rappaport Hovav（1995）的模式（即把前置的介词短语成分看作句子的主语），也可以认为汉语的处所题元角色与客体倒置，使得处所成分被指派给域外论元，看似成为句法层面上的主语，而客体成分则被指派给域内论元，看似成为句法层面上的宾语。根据这一定义，存现动词似乎就形成了统一的句法-语义关系模板，但这一题元关系模板是否就能确定汉语非宾格动词的诊断标准呢？恐怕未必，因为有些带有处所语义成分的动词结构与存现结构并不相容，如：

（45） a. 去年小渔村里沉了两条船。

b. 今年村里生了三个二胎。

这些结构中，原本由及物动词指派题元角色，遵从内外论元秩序，表面上看是把客事论元投射到动词的内论元位置，而把处所论元投射到动词的外论元位置。但仔细观察，我们会发现（45a）中的处所成分并不是动词选择的外论元，因为“小渔村里”并不是沉船发生的处所，而是表示客事论元的归属地。同样，（45b）中的处所也只是客事发生的户口归属地，可能并非“生二胎”的确切处所。

顾阳（1997）也认为，并非与处所有关系的动词都能进入存现结构。有大量的动词表面看来似乎与处所有关，但实际上却不能与存现结构相

容,更多的例子如:

(46) a. 小明在床上脱袜子。
 b. 弟弟在厨房里喝牛奶。
 c. 叔叔在院子里修车。
(47) a. *床上脱着一只袜子[①]。
 b. *厨房里喝着一杯牛奶。
 c. *院子里修着一辆车。

在顾阳(1997)所列出的这些句子中,(47)都是不可接受的结构,因为(46)中动词前面的处所成分表示的是动作发生的场所,而不是行为结果的落脚点,所以不能表达(47)所要表达的存现结构意义。这说明在汉语中,当介词短语作为附加语表明活动进行的场所时,通常位于动词之前;当表达活动导致的结果场所时,则通常位于动词之后。处所成分在动词前后位置上的差别,也表明其有不同的结构功能和意义(相关文献可以参见朱德熙 1982; Tang 1990; Li Y-H. A. 1990;顾阳 1997;韩景泉 2000, 2001;潘海华、韩景泉 2005 等)。

如上文所提及,汉语中能进入存现结构的及物动词较为普遍。根据顾阳(1997),汉语中处所、客体空间存在等语义素决定事件表达可以进入存现结构。她对及物动词如"吊、贴、刻、种、装、钉、晾、堆、停、搁、铺、盖、罩"等也做了研究,认为这些动词中有些表达的处所意义不像放置类动词能带三元成分(如"放、挂"类动词)那么强烈,因此表达处所意义的短语成分通常可以隐现,如(48):

(48) a. 大伙在种树。
 b. 木工在铺木板。
(49) a. 大伙把树种在山坡上。
 b. 木工把木板铺在地上。

---

① 汉语中类似"脱"类的及物动词,当句首处所成分表明行为动作产生某种客体存在的终结点时,句子完全可以接受。产生这种语义差异的根本原因在于动词"脱"与持续体标记词"着"一起表达的是持续性意义还是终结性意义。如果表达的是持续性意义,动词具有较强的施为性意义,这时句子不可接受;如果表达的是结果性意义,则动词表达的是存在状态意义,这时句子完全可以接受。

顾阳(1997)认为,像(48)类不带处所介词短语的句子表示一般的行为,而带有处所介词短语的句子(49)除了表示行为,更重要的是表示该行为导致的客体落脚点。由此可见,表示处所的介词短语不一定要在句子中明确表示出来,却也能隐含空间处所意义,因此这些动词都可以充当存现句的动词。语用上为了突出处所信息,句子的存现结构特征也就更为突出。比如,为了突出处所信息,"挂"类及物动词的存现结构不仅可以通过介词短语引介显现出来,还可以置于句首凸显信息,如(50):

(50) a. 墙上挂着名画。
b. 门外吊着两个大红灯笼。
c. 大门口装着崭新的电子门铃。
d. 孩子的身上盖着一条毛毯。
e. 山坡上铺着木板道。

像这类及物动词,还有"写、印、画、漆、镶、绣"等,均隐含处所意义。当这些动词明示施事角色,而不显现处所意义成分时,它们都是及物性行为动词;而当表示处所的介词短语显现时,这些动词往往表示行为产生的结果。比较下面的例子:

(51) a. 小张把字写在了黑板上。
b. 漆工把油漆涂在家具上。
c. 妈妈把花绣在鞋上。

有了处所意义,这些动词实现存现结构也就很自然了,如:

(52) a. 黑板上写了一行字。
b. 家具涂了油漆。
c. 鞋上绣了花。

这些常见的存现结构,似乎看起来都具有非宾格性。但由于其动词的题元关系明确表达的是施受关系,也就是动词能为宾语赋宾格,所以我们认为(52)类句子并不是非宾格动词结构。因此,我们认为动词的题元关系与句法实现之间还需要考虑格指派能力问题(关于格问题,4.4.4 节会有进一步的讨论)。

除对及物动词进行存现结构讨论外,顾阳(1997)也提及了汉语中一些非及物动词构成的非存现结构可以经过非宾格化处理生成非宾格性存现结构,其前提是这类动词都需要与表示处所意义的介词短语共现。这类非及物动词即我们前面归纳的空间姿态类动词,如"站、靠、坐、蹲、住"等。这些典型的非及物动词同样都具有一个表示处所的语义素,动词语义表达某种空间存在的姿态,自然能在方位词引导的存现句中表现出非宾格性,如:

(53) a. 门口站着两个人。 a'. 两个人站在门口。
b. 墙角靠着一把椅子。 b'. 一把椅子靠着墙角。
c. 台上坐着一些代表。 c'. 一些代表坐在台上。
d. 老王家楼上住着好几个外国人。 d'. 好几个外国人住在老王家楼上。

不同于之前所讨论的及物动词,这些非及物动词能对其客事论元进行题元标记,但无法对其赋格,因此它们所表达的存现结构就属于非宾格结构。但是,需要注意的是,也并不是所有的非及物动词都可以与处所意义相容,如:

(54) a. 孩子在门口哭。
b. *孩子哭在门口。
c. ? 门口哭着一个孩子。

(55) a. 小学生在操场上玩。
b. *小学生玩在操场上。
c. ? 操场上玩着一群学生。

处所成分在存现结构中为必要语义素,非宾格性存现结构对处所意义同样有特定的要求。聂文龙(1989)在宋玉柱(1982a)讨论的基础上,进一步观察到有些存现句的句首处所名词短语在一般情况下的确与非存现句的句首名词成分具有对应关系,如:

(56) a. *一只蜜蜂飞在屋子里。

b. 一只蜜蜂在屋子里飞着。

c. 屋子里飞着一只蜜蜂。

(57) a. ＊一个小火柴盒滚在院里。

b. 一个小火柴盒在院中滚着。

c. 院里滚着个小火柴盒。

聂文龙(1989)认为,这些结构中存在可接受性差异,是因为像“飞、滚”这类典型的非及物性运动方式类动词,从本质上说属于动态动词,表示运动方式意义,这时动词加上持续体标记词“着”表达一种持续的动态,而不是动作的结果或者一种静态的持续状态,因此存现句有动态和静态之分。我们认为,这类运动方式类动词,在表达特定场所的持续性运动状态意义时,能满足非宾格性存现结构实现的句法和语义条件,因而(56c)和(57c)这种表达持续性状态的非施格动词受存现结构轻动词允准(Lin 2001),也是显性非宾格性存现结构的表征形式。典型的非宾格结构表达结果性状态变化意义,但这种结构表达持续性运动方式状态意义时,如果也是一种非宾格性表达,那么类似于中动结构通过附加语手段表达惯常性状态意义(详见第6.3节讨论)。

总之,本节讨论存现动词的题元关系问题,认为非宾格性存现动词仅有一个论元,其语义为非施事性客体。这是人类语言中的普遍规则,只是在形式结构表征上可能存在差异。比如,英语中的存现结构必须有 There-作为形式成分插入,而汉语中这一成分则可以缺损,这是一种跨语言的参数差异。综观我们所列的汉语动词类型及其示例,不难发现,表示动作结果或持续状态的名词短语事实上都可以用客体来概括,而所谓“客体”,无非指存在、移动或变化了的人和实体。另外,这些具有客体意义的名词成分,大多为无定意义,即所谓经过存在量化(existential quantification)的名词成分,在语义上完全符合存现句的语义要求。汉语中除了表达最典型存在意义的动词“有”和表达空间姿态意义的非宾格动词外,大量的存现动词是从相应的及物动词或部分非施格动词衍生而来的。像“哭”“游”“笑”“爬”类典型的非施格动词,虽然能够进入存现结构(如[38]),但表征的是一种类非宾格结构,语义和结构上需要受到一定的限制。“哭”“笑”类表达情绪的非施格动词需要通过语义对比的焦点才能对结构进行允准,而“游”“爬”类则只有通过持续体标记词“着”表达运动方式意义才能实现存现结构允准。这些存现结构看似类非宾格结构,但如何判断其是否具有非宾格性呢？实际上，除了上面的语义条件外，体意义在其中也起着重要作用。

4.2.2.2 非宾格性存现结构的体特征

在存现结构中，无论是及物动词还是非及物动词，除了动词的题元关系影响非宾格性句法结构表征外，动词的体(aspectuality)特性对结构意义也有重要影响。如上节提及，体标记词"着"表达的是一种持续状态，因而也可以与非宾格性意义相容。汉语中最典型的体标记词包括"着、了、过"，对非宾格性意义的表达都起重要作用，这三个体标记词也就可能与非宾格结构相容。

潘海华(Pan 1996)通过对存现结构中持续体标记词"着"和完成体标记词"了"的考察，认为汉语中并不是所有进入处所倒置结构的动词都具有非宾格性，一些非被动性及物动词进入处所倒置结构是形态操作，由形态标记词"着"删除施事角色，满足处所倒置条件，可以实现非宾格化；而"了"则属于被动式省略，被动化的实现与英语处所倒置结构类似。他特别考察了及物动词及其与体标记词"着"和"了"在非宾格性存现结构表征上的差异，如：

(58) a. 桌子上放着很多书。
　　 b. 桌子上放了很多书。
(59) a. *桌子上被小王放着很多书。
　　 b. 桌子上被小王放了很多书。

(58)这类句子中，体标记词"着""了"很自然地进入了存现结构。但潘海华(Pan 1996)认为，(59a)的不可接受性表明含"着"的被动结构与施事不相容，说明动词"放"已非宾格化，这跟前面提到的及物动词"挂"类性质相同。对此本著部分认同。本著持不同看法的是，(59a)的可接受性并无问题，被动词后的体标记词"着"表明动词完成后的当前状态。被动结构只是对主动结构中施事成分的降格操作，主动性和施为性被弱化，结果性或状态性被凸显，因而被动结构中施事的显现与否并不影响非宾格性意义的表达。潘海华只认为(59b)中的施事可以通过"被"引导出来，这显然有点费解。他认为(59)中两个句子的动词是经过不同的构词手段得来的，但又没有说明这两种构词手段在技术上的具体区别，而且他的这种分析仅局限于一部分所谓的放置类动词(placement verb)。本著认为,类似(59a)的还有"挂、涂、画、写、刻"等空间呈现类动词。这些动词都隐含着空间处所和客体存在意义,而表达持续状态和结果状态意义的体标记词都与其相容,因此无论主动还是被动存现结构都能表征这类及物动词的非宾格性。

在被动结构和非宾格结构与体标记词"了"和"着"的相容性问题上,潘海华(Pan 1996)认为"了"只能衍生被动存现结构,"着"则衍生非宾格性存现结构。顾阳(1996)对此提出了不同看法,认为当施事隐藏时,被动存现结构带"着"是没有问题的,这是词汇语义表达的结果,如:

(60) a. 桌子上被约翰放满了书。
　　 b. 桌上被人放着几本旧书。
(61) a. 墙上被约翰刻了很多字。
　　 b. 墙上被人挂着几幅画。
(62) a. 黑板上写着(了)几个大字。
　　 b. 名片上印着(了)三个电话号码。

本著对此持相同的看法。Lin(2008)也认为,表存现意义的及物动词有持续和进行状态意义,可以与进行体标记词"着"共现,不能与完成体标记"了""过"共现,如(63a)(63b)就不表达存现意义:

(63) a. 张三手里拿过一把枪。
　　 b. 张三拿了一把枪。
　　 c. 张三手里拿着一把枪。

Lin(2008)是在对存现和发生(EXIST/OCCUR)类动词进行细分时做此陈述的,他试图用轻动词理论对此进行统一解释。他认为这两类及物动词不能跟表示持续意义的进行体标记词共现,因此像"挂""握""晾""晒"等带有施事主语且同时表达存现意义的及物动词只能是个独立的类,但他并没有对这一独立的类进行专门解释。本著认为,在这一原本为及物动词的类中,典型地表达受事或客体的空中状态动词,如"挂、晾、晒"等,其独特性表现为非宾格性特征,这类及物-存现转换类动词通过抑制施事使其及物性意义转换为非宾格性意义,如:

(64) a. 墙上挂着董其昌的画。
　　 b. 阳台上晾着几件衣服。
　　 c. 公路上晒着很多麦子。
　　 d. 桌上放着一摞故事书。

我们认为,这类空间放置类动词可以进行及物和非宾格性转换,一个重要的依据是其及物动词的受事名词可以通过结构转换成为客事名词并具有典型的施通格句法特征,因而这类动词成分具有典型的非宾格特征。也就是说,该名词成分可以进行主宾语位置自由转换。这类主宾语成分可以在主宾语位置上自由转换的结构属于金立鑫、王红卫(2014)所说的施通格结构类型,如:

(65) a. 董其昌的画挂在了墙上。
　　 b. 那几件衣服晾在了阳台上。
　　 c. 很多麦子(都)晒在了公路上。
　　 d. 一摞故事书放在了桌上。

这些结构中的动词具有被动意义,但汉语中不需要被动标记就可以实现被动意义的表达,这是典型的通格特性。值得注意的是,这种及物动词与能够进入处所名词话题结构中的另一类及物动词的表现不完全相同,如:

(66) a. 礼堂里(学生们)正唱着校歌。
　　 b. 客厅里(客人们)正喝着酒。

这类动宾式及物动词一般被看作离合词(郭锐 2002; Lin 2008)。通常把(64)(65)(66)类结构也纳入存现结构,因为它们都有及物性句法表现和持续性体貌特征。但一个重要差别是,当施事受到抑制时,(66)中的受事宾语成分却不能进行客事主语转换,也就是说,这类及物动词不能与非宾格结构相容,如:

(67) a. *校歌正唱在礼堂里。
　　 b. *酒正喝在客厅里。

之所以不可接受,一个原因是处所成分并不是非宾格结构中典型的补足语成分,而是附加语。也就是说,附加语的典型功能是修饰行为动词,而补足语的典型功能是说明客事的终结点。即使处所成分可以由补足语变为附加语,下面结构的可接受性也还是有问题,如:

(68) a. *校歌正在礼堂里唱着。
b. ?酒正在客厅里喝着。

可以看出,无论及物动词是被动还是主动形态,与持续体共现时也不一定能实现为存现结构表征。动词词汇语义与体意义需要遵循相容性原则,其中包括动词语义与体标记词的对应性和交叉性兼容现象。汉语实例似乎表明,只要词汇语义与体结构具有相容性,词汇-句法结构就能获得实现,这种相容性在非宾格动词上表现最为明显。对非宾格动词而言,语法机制通过对施事进行抑制,动词就不再投射该施事题元角色了。这时,非宾格动词投射词汇-句法结构,就通常以一元动词的形式出现,即动词仅有客体这一题元角色。语义上同样受到限制,及物动词和非及物动词表现在存现结构上的语义共性,源于动词表达持续状态或完成状态意义上的共性,从而决定是否与体标记"着""了"相容,因而存在这两类体标记的非宾格结构。及物动词和非及物动词的非宾格结构表征的不同之处则在于,及物动词抑制施事角色后,动词后表征的受事论元变成客事论元实现为存现结构,而非及物动词原本只有一个论元,要么实现为施事论元,要么实现为客事论元。不同类型的及物动词,其语义和题元关系在非宾格结构上具有不同的表征。动作致使客体空间留存类及物动词与非宾格结构自然相容;非及物性空间姿态类动词也都自然地表征为非宾格结构;体标记词"着""了"对非宾格性表达较为敏感,分别表达持续或结果变化状态意义,因而在非宾格结构实现中起重要作用,如:

(69) a. 台上坐着主席团。
b. 前排座位已经坐了人。
(70) a. 门口站着一个人。
b. 门口站满了人。
(71) a. 前边走着一个人。
b. 前边走了一个人。

(72) a. 水里漂着一块木头。

b. 村子里来了三个人。

我们认为,汉语的体标记"着""了"与存现结构中动词的兼容性表现为三种情形:(一)这种兼容性取决于动词的词汇语义,当动词词汇基本语义表达无界性(untelicity)行为时,与表示持续体意义的"着"自然相容;当词汇基本语义表达有界性(telicity)的目标或终结性结果时,与体标记"了"自然相容。(二)汉语中除了在这两种典型情况外,还会出现体标记和界性意义交错匹配的现象。这时需要借助词汇或句法手段才能实现体标记词与结构的相容。比如,(69b)和(70b)中的"了"与持续状态意义动词"坐""站"相容的条件是客事名词的语义限定和动词的时间性相匹配,虽然体标记词表明动作的完成性,但因为动词本身的词汇意义具有无界限蕴含,因此这种词汇意义与体语义存在交叉现象并不矛盾。(三)次谓词对主谓词的界性补充,如(70b)中的结果谓词"满"对主动词"站"的持续意义在语义上进行有界化,使得完成体标记词"了"与之匹配更为自然。其他非及物类动词与体标记词"着""了"的相容性分析与此同理。

通过上面的观察,潘海华(Pan 1996)认为一部分带持续体标记"着"和带完成体标记"了"的存现结构,其共性在于两种体标记结构具有对应关系,不同之处在于两者的构词来源不同。尽管他没有具体阐明构词来源如何不同,但我们估计与上面的分析类似。因为论元结构理论(Jackendoff 1983, 1987, 1990; Levin & Rappaport Hovav 1989, 1995; Zubizarreta 1982, 1987等)认为,词汇层与句法层之间存在一个词汇概念结构(Lexical Conceptual Structure, LCS)层。Levin & Rappaport Hovav(1995)进一步指出,词库和句法层之间还有两个层面:一个是表达词汇概念结构的词汇语义表达层,称为词汇-语义结构;另一个称为词汇-句法结构,即论元结构。词汇从词库到句法层面要先经过词汇-语义结构层,再经过词汇-句法结构层。一些词汇经过这两个层面时,可能衍变为新的词汇,如非宾格动词、中间动词等等(参见顾阳 1997)。根据Levin & Rappaport Hovav(1995),通过词汇-句法结构层衍生的非宾格动词和被动词存在一些相似之处,两者都在原来及物动词的基础上抑制了施事者题元角色;两者的不同之处则表现为非宾格动词是在词汇-语义结构层形成的,而被动动词是在词汇-句法结构层形成的。也许正是基于这一假设,潘海华(Pan 1996)认为汉语不同的体标记词在存现结构中具有不同的句法表现,而这与不同的词汇构词来源相关。

4.2.3 存现结构句首成分的句法性质

汉语存现结构还有一个复杂的问题就是句首成分的句法性质问题,该问题一直悬而未决,有必要进一步加以讨论。一般认为,汉语存现结构的句首成分有无主句和处所主语句两种情形,英语对应的则是 There-be/do 结构和处所倒置结构。对于这一句首成分的句法性质,也有三种观点:主语观、话题观和话题兼主语观。无论是哪种观点,汉语存现句句首的缺损成分,实际上都是动词的处所语义素没有以可见成分表征出来,但可以依据语境补出。英语存现句在本质上说也是句首成分缺损,只是插入了形式填充词 There 临时发挥句法作用。至于为何存在语言上的类型差异,句法学认为是为了满足特征核查的需要(下面 4.4.1 节还有进一步讨论)。

非宾格假设在区分非宾格动词结构和非施格动词结构时,对两者主语位置上的成分做了区分:非宾格动词的基础句法结构中主语为空位,动词的唯一论元的基础位置在动词后的宾语位置上;而在非施格动词的基础结构中,动词的唯一论元位于动词左侧的主语位置上。两者的区别通常用下面的表达式表示:

(73) a. $_{VP}$[_V NP](非宾格动词)
b. $_{VP}$[NP V](非施格动词)

这对表达式,用具体句子结构可以举例如下:

(74) a. [$_{TP}$ arrive a man] (* Arrived a man)
b. [$_{TP}$ a man [$_{VP}$ arrive t]] (A man arrived)
c. [$_{TP}$ There [$_{VP}$ arrive a man]] (There arrived a man)

(75) a. [$_{TP}$ pro 来人] (来人了)
b. [$_{TP}$人来] (人来了)
c. [$_{TP}$有人来] (有人来了)

从这里的示例能够很清楚地看出来,汉英语中的动词"arrive/来"具有相同的底层结构——在基础的核心结构中,该类动词的唯一论元都是在动词的内论元位置,即宾语位置上,如(74a)和(75a)。但在句法上,这个名词性论元并不是动词的宾语成分,因为非及物动词"arrive/来"没有能力给名词成分指派结构格(即不像及物动词带宾语那样可以给宾语成分直接指派宾格),因此其后面的名词成分不是真正的宾语。而根据生成语法的格理论,句法中所有显性名词成分必须通过格鉴别,同时还要满足 EPP 原则。英语中像(74a)类结构,因动词无法给其所带的名词成分指派格,该名词无法通过格鉴别,就必须让其移动到能够被指派主格的位置(如[74b]),或通过插入形式填充词 There 的方式(如[74c]),再由其与动后名词形成的语链传递主格,实现格赋值(Chomsky 1981, 1986;潘海华、韩景泉 2005)。因此,英语非宾格性存现结构有两种方法实现主句投射,如(74b)和(74c)。

但汉语的情形则不同,这突出地表现为汉语可以允许动词实现无主句结构,也称主语脱落现象,无须像英语那样必须插入形式填充词充当主语成分,汉语中的该成分则可以空缺(用 pro 标识)(如[75a])。但是,汉语的确也有和英语类似的"有"字存现结构表征,对应英语的 There 插入结构(如[75c])。也就是说,汉语中有(75a)和(75c)两种表征形式来表达和英语一样的存现意义。但是,英语的 There 插入结构和汉语的"有"字句有较大的不同。汉语的"有"是存在谓词,其后的补足语成分是个命题子句("人来了"),这样构成的结构,其主语位置仍然是空位;而英语的 There 是纯粹的形式填充词插入主语位置以满足 EPP 原则,其后虽然也是个命题子句,但主谓成分必须倒置。无论哪种结构表征,汉语主语都可以是空位,这是否就意味着汉语无须满足 EPP 原则?我们认为不是的。汉语同样遵循语言的普遍原则,只是实现该原则的手段不同而已。汉语中在主语位置可以脱落的成分包括地点、时间和天气等自然现象,这些成分遵循经济原则,根据语境可以省略,即为 pro 成分。在英语中,这些时空概念都必须借助形式填充词 There/It 作为形式主语来表达。这是句首成分在跨语言结构表征上的差异。英语中的 There 存现结构和汉语的无主句都具有非宾格性质(如[74][75]),汉语的天气句也具有非宾格性,但英语中的天气句却不是。汉语其他无主句结构也不一定都具有非宾格性[①]。这说明在存

---

① 汉语中常常省略主语,如问答句中的人称代词主语:

(i) a. —(你)去北京吗?
　　—(我)去。
　b. —请问,(您)想吃什么?
　　—来一碗牛肉面。

现结构和无主句结构问题上，不仅汉英之间存在跨语言的差异，就是在汉语内部无主句类结构中也存在非宾格性差异，如无主句中也只有部分具有非宾格性，还有些无主句不具有非宾格性。除了天气句，汉语无主句还有其他发生类结构，在语义上都属于存现结构类型，示例如下：

(76) a. 下雨了。
　　b. 起风了。
　　c. 发生了地震。
　　d. 着火了。

这类天气句和发生类句式表达的都是出现、发生类意义，包括积极和消极（灾害）事件的发生，而由于灾害发生时话语情境的突发性和紧迫性，说话者常常采用省略主语的经济策略，从而形成非宾格结构，因而主语缺损成为非宾格结构的典型表征方式之一。汉语中最典型的存现结构"有"字句也通常在语境明了的情形下表征为无主句，如(77)：

(77) a. 有人！
　　b. 有鬼！
　　c. (有)危险！

汉语无主句的普遍使用，一方面体现了语言的经济原则，句法结构上预留了主语空位，为非宾格动词后的宾语成分赋格提供了条件（潘海华、韩景泉 2005，2008）。英语中也同样会用经济手段表达类似的情形，通常在危险警示、灾难紧急救助等情境采用简洁的语言形式。另一方面，就结构类型而言，汉语属于主语脱落、话题突出性语言，而英语却是主语突出性语言。因此，在句首成分的句法性质上，两种语言之间存在参数差异。可以说，汉语不但贯彻了结构经济性原则，而且存现结构和领主属宾结构的非宾格性的表现形式在某种意义上是在句法-语用界面实现的。

根据汉语无主句使用的普遍性、其结构的语用经济性和存现结构在句法-语义（语用）上表现出的非宾格性特征，我们似乎可以得出这样的结论：非宾格结构是语言中一种典型的经济性语用表达方式，其核心信息包括客体成分，其事件结构内容表达的是客体的存现或结果状态变化意义。

其他信息都是次要的、可以隐现的，但也可以根据需要，依赖语境提取①。

4.2.3.1 存现结构句首成分的来源及句法地位

前面的文献中提到，主宾格语言传统上都把存现结构的句首成分看作主语。按照转换生成语法理论，句子结构的表征不一定是原始基础结构，表层结构都是基础结构通过句法推导转换生成而来的。那么，存现结构的句首成分到底是如何生成的呢？句法功能上除了做主语，还有话题功能作用。那么，在句法上做话题和做主语又如何区别呢？这里重点讨论句首成分的来源及其句法性质，关于这一成分是主语还是话题，在 4.4.1 节做进一步分析论证。

上节我们谈到汉英存现结构的句首成分上的差异，现在具体来看看这种差异到底是如何形成的。先看英语存现结构，其句首成分不能是空位，因此有两种来源：一是插入形式填充词 There；另一种方式是处所短语（通常是表示处所意义的介词短语）倒置。Li Y-H. A.（1990）也沿袭英语的处所倒置结构观点，认为汉语处所主语结构中的句首成分也是由动后介词短语倒置而来。但是，汉语不同于英语，句首处所成分中不带介词。如果汉语句首成分也像英语一样由动词后处所短语倒置而来，那么处所短语中的介词就必须删除；而英文的处所介词短语倒置时，介词没有删除。按照生成语法理论，句子结构推导过程中，不能增加或删除可见成分。文献中似乎没有讨论汉语处所成分倒置对介词如何删除。因此，汉语存现结构的句首处所名词成分的来源，到底是倒置而来，还是原本就在句首，在学界引起了持久的讨论。传统语法认为存现句的句首成分是倒置而来，这在句法理论上是解释不通的；那么就只能持与此相反的观点，认为其句首成分是基础生成而来。本著在句法理论框架下，赞同基础生成观点。此外，该句首成分在句法性质上到底是主语还是话题，也是悬而未决的问题。句法研究不仅不能回避该成分的来源和句法性质，还必须解释其合理性。

关于汉语存现结构句首处所名词成分的句法性质问题，Lin（2001）认为是主语，并用轻动词理论进行了解释。他认为，存现结构是由两个轻动

---

① 尽管生成语法与认知和功能语法在学理上存在一定的差异，但对语言现象的讨论不同于理论内部的阐释。因此，不同理论之间不可避免地都有相互借鉴，这一点在本著的绪论中就做了说明。生成句法侧重形式表达和解释，除了结构形式描述外，语义就是通过题元结构模块加以阐释；语义和形式仍然无法解释的部分，可能涉及语用内容，这时也就有诸多学者借用认知和信息功能概念来补充解释句法现象。就目前而言，没有哪一种理论能够解释所有的语言现象。

词 EXIST/OCCUR 来允准处所主语。最典型的存在动词为“有”，最典型的发生类动词为“发生”。但如果把该处所名词成分看作主语加以解释，则不能回避格的问题，而他并未对此作出解释。他把存现动词细分为存现和发生两种不同的类型，并把两者统一起来进行了轻动词句法分析。这似乎也存在一些问题。

Lin（2001，2008）给出的典型存现 EXIST 类动词及其结构如：

（78）a. 墙上挂着一幅画。
　　　b. 山上盖了一排小木屋。

而典型的事件发生 OCCUR 类动词（如［79a］），与存现类事件（如［79b］）不同：

（79）a. 我们村里沉了两艘船。
　　　b. 海底沉了两艘船。

Lin（2001，2008）之所以把（79）中两个句子的动词分别判断为发生类动词和存现类动词，是因为像（79a）类事件中，事件场所与句首处所意义是分离的，而存现结构中的事件场所与句首处所是同一性的。他对这两类轻动词的差别做了特别说明：

其一，发生 OCCUR 类动词的主语可以是时间名词，而存现 EXIST 类则不可，如：

（80）a. *昨天盖了一排小木屋。
　　　b. 去年盖了一排小木屋。

时间副词与事件发生具有必然关联，但是我们发现，Lin（2001）界定（80a）不合法，并不只是因为此类结构表达的是事件发生，还因为动词受句子命题意义上的限制——盖房子不可能在一天内完成。若假定孩子在玩搭房子的积木游戏，那么（80a）仍然是合法的无主句，但这时表达的是事件的发生意义，而不是存现意义。

其二，发生 OCCUR 类的主语可以是零语音形式，而存现 EXIST 类则不可以。我们认为，这一区别并不成立，因为汉语中典型表示存现意义的

"有"字句通常是无主句,如:

(81) a. 有小偷!
　　 b. 有人!

此外,我们还发现,在区分汉语的发生 OCCUR 类动词和存现 EXIST 类动词时,时间成分的有无具有重要参照意义,如文献中最常用的例子(82):

(82) a. 王冕七岁上死了父亲。
　　 b. 小明掉了两颗门牙。

Lin(2008)把这两类结构分别看作发生类和存现类,因为(82a)中有事件发生的时间附加语"七岁上"。但是他把其句首成分"王冕"看作处所成分,因为他把 EXIST 类与 OCCUR 类视为类似结构,这恐怕过于勉强了。我们认为(82)中的两类句式结构在非宾格结构上具有同一性,其在存现结构上可以纳入统一解释,而且这两类结构中的动词在语义上都有领属关系。传统上,(82a)的句首成分被看作受害者或经历者,而它和(82b)的动词则都可以看作消失性意义的动词,都无法为其后面的客事论元指派宾格。我们认为 Lin(2008)把(82)的句首成分统一归为处所主语是没有说服力的,因为发生类事件结构的主语除了表达处所意义,还可以是体验者或时间、工具、材料等意义成分,它们不可都被视为处所,因此受影响者或经历者也就没有理由被视为处所了。既然是事件,就可能有不同的客事成分,而汉语作为话题突出类型的语言,句首成分通常被解读为话题是比较可信的。

Lin(2001,2008)的广义处所概念过于宽泛,除了汉语存在类和发生类动词所带的处所主语,还包括施事主语,因为其可以把施事主语转换为处所短语做主语(如:握——手里握,骑——屁股下骑,骂——嘴里骂,饿——肚子里饿,写——手底下写,等),如(63c)重复为(83b):

(83) a. 张三拿着一把枪。
　　 b. 张三手里拿着一把枪。

他把(83a)这类施事主语和(83b)这类处所主语都归为存现结构,并且认为(83a)隐含(83b)的语义关系。尽管这两者存在语义蕴含关系,但在表征上施事主语句(83a)与处所主语句(83b)还是有一定的差别。(83b)中的显性方位名词"里"表明存现意义。因此,施事主语句和处所主语句不应该纳入存现结构统一处理。即使(83b)为存现句,那么也存在动词前两个名词成分("张三手里")的句法身份问题,即它们是话题和主语还是隐含属格的名词短语。我们认为,(83)类及物动词即使作为存现结构解读,也没有非宾格性特征。

汉语中这种处所名词"手里"与施事主语"张三"共现,可以解读为隐藏了所有格标记("的")的短语结构成分,这时可以认为它是处所主语,也可以解读为它和"张三"是两个具有领属关系的名词短语成分。如果是后者,则说明处所名词("手里")可能是主语而不会是话题。将(83)类动词结构归为施事主语的存现类型的做法(Lin 2008)恐怕有些勉强。如果把(83)纳入存现句类型,显然与早期顾阳(1997)的观点相冲突。

总之,存现结构的句首成分不仅涉及动词的不同类型,还涉及句首成分的句法性质。就及物动词类型而言,需要看处所语义素是否是动词语义的必要成分,句首成分是否具有典型的处所意义,否则不宜都纳入存现结构中。更重要的是,并非能进入存现结构的动词都具有非宾格性特征。动词的非宾格性必须满足其句法–语义条件:结构上动词不能给客事论元指派格位,语义上不能是施事,而应该是客事,整个结构表达某种持续状态或变化结果意义。生成句法不仅描写句子的结构形式,更重视解释结构的实现。任何一个句子都由动词的题元结构通过句法投射而来,其中功能成分作为中心语参与句法合并推导全过程,其整体结构意义由题元关系实现。

4.2.3.2 空主语存现结构

关于存现结构无主句的特性,有几点需要特别说明。其一,无论是天气句,还是存现句,当有空成分出现时,时空名词通常可以补充进入句首位置。至于这个成分是结构推导而来还是基础生成,学者们见仁见智。Li Y-H. A.(1990)认为,出现在天气句和存现句句首位置的时间名词或处所名词,都是通过 Spec-vP 到 Spec-TP 提升而来的。她举例说明基础结构名词短语移位如下:

(84) a. 那个人$_i$[在床上 t_i 躺着]。

b. 那个人$_i$[从他家 t_i 来了]。

Li Y-H. A.(1990)认为,“那个人”和语迹 t 形成语链,格位由功能中心语指派给链首,题元角色由动词指派给链尾的语迹,生成结构(84)。但当基础结构 VP 中动词的主语成分选择右移到动词后面时,主句 TP 的主语为空位 e,如(85)所示:

(85) a. e[在床上 t_i 躺着一个人$_i$]。
    b. e[从他家 t_i 来了一个人$_i$]。

为解决主语空位现象,可以把处所成分左移至主语位置,介词隐现;动词的主语成分右移到动词后面,生成结构如(86):

(86) a. [床上 t_i 躺着一个人$_i$]。
    b. [他家 t_i 来了一个人$_i$]。

按 Li Y-H. A.(1990)的模式,处所名词主语是通过这样的三步式推导而来的。但是,这种推导模式存在一些问题:首先,如(86)中的处所成分原本为介词短语做附加语,位于主语和动词之间(如[84]),以满足 VP 内动词右向指派题元角色。这是因为汉语是 SVO 型语言,名词在动词的右侧,角色指派遵循右向操作原则。其次,论元名词右移,又不符合生成句法左向合并提升移位操作的原则;而且,附加语通常参与 VP 合并,(85)中的介词短语不是移动,而是合并,因为移动就只能由名词短语实现。再次,介词短语在操作过程中如何隐藏了介词并让其所剩下的名词短语移位,动机是什么也不得而知,并且句法推导中不应该无缘无故地减少结构中的显性成分,介词隐藏的理据是什么并不清楚。最后,如果动词可以指派格,为何需要介词短语移位?这些都是遗留的问题,需要解答。

Li Y-H. A.(1990)用同样的观点解释天气动词句,这类天气动词句有以下句法特征:首先,时间名词多出现在主语位置,而且是通过子句主语向主句主语提升而来。其次,动后不允许两个名词成分,如:

(87) a. *下雨很久了。
    b. 下雨下很久了。

(88) a. 下了很久的雨。

b. 下了一天的雨。

我们认为,(87)中的天气动词“下雨”是一种所谓的离合词,其词汇化程度的高低,决定其后是否可以再带上其他的名词成分,合时可以生成(87)类结构,离时则可以生成(88)类结构。按照语感,(87a)也并非不可接受。这类天气动词与存现动词在非宾格性上具有同类句法特性,动词后名词可以从主语位置获得格位,时间名词和处所名词就不能进入句子主语位置成为主语成分,而应该进入话题位置作为话题,话题成分对格则没有要求。前面说汉语没有形式填充词,因此存现句无法形成动词前后两个名词成分之间的语链,也就无法通过语链传递格位。那么,像下面典型的非宾格结构中,空主语到底如何与动词后名词成分建立句法关系呢?

(89) a. 来了客人。
b. 沉船了。

这类无主句就是主语空位,有几个问题需要澄清:(一)如果汉语存在无主句,这是否就违背了 EPP 原则?(二)没有语链,对语法意味着什么?对限定效应(Safir 1985)有何启示?(三)没有空形式填充词,是否有别的原则允准天气类结构和存现结构?

对这些问题的探讨,本著分析如下:

首先是无主句如何满足 EPP 原则的问题。汉语类似(89)的表层结构中没有句首主语成分,但是该位置可以补出处所或时间名词成分。这说明,汉语的无主句实际上是指句首存在一个空位,有空位存在就说明有成分可以填充。英语里用形式填充词 There/It 充当形式成分。同样,Li Y-H. A.(1990)主张这类存现结构和天气结构存在空填充词,其实际可以是处所或时间名词短语。Huang(1987)则认为,这类无主句受空话题约束,是空话题句。无论是天气句还是存现句,都具有非宾格性质,汉语处所和时间名词隐现是为了满足经济原则而删除了冗余成分。空主语的存在说明汉语并不违背 EPP 原则。

其次,汉语无主句无形式填充词,意味着不存在通过形式填充词进行的语链传递格,但潘海华、韩景泉(2008)认为,空主语也可以通过空成分从功能中心语 T 继承格位,因此汉语的非宾格动词后的名词成分同样可以直接在 Spec-TP 位置获得格。

正是因为英语存现句的形式填充词 There 与非限定名词短语之间形成的语链，使得英语存现结构有明显的限定效应，否则违背约束原则 C[①]，如：

(90) a. There is a man in the garden.
b. * There is the man in the garden.

Li Y-H. A.(1990)认为，汉语虽然没有语链，但存现句和天气句同样也有限定效应。因此，限定效应并非因形式填充词而受到约束。我们认为，限定效应是由存现动词的语义限制决定的，因为信息焦点往往以非限定意义形式出现(参见潘海华、韩景泉 2008; Pan & Hu 2008)。

再次，汉语没有形式填充词，存现句是如何实现的呢？我们赞同马志刚(2010b)的观点，认为生成语法主张的特征理论可以对汉英存现结构差别作出解释，边缘特征(Edge Feature，简称 EF 特征)可以允准空话题句。在形式主语的有无这一问题上，英语和汉语都遵循句法结构的普遍原则，参数上的不同表现是英语中的 EPP 特征为强特征，EF 特征为弱特征；而汉语则相反，EF 特征为强特征，EPP 特征为弱特征(4.4.2 节将对此做进一步分析)。

4.3 领主属宾结构的非宾格性

一个非及物动词所带的有领属语义关系的名词短语在句子中分别被投射到动词的主语和宾语位置，郭继懋(1990)最早把该结构称为领主属宾结构，并对此类结构做了功能成分描写，但并未对该类非及物性一元动词为何能带宾语作出解释。袁毓林(1994，1996)、周国光(1995)等在配价语法框架下，对此类结构进行了分析，但对为何一价动词能带二价名词的二元结构成分也没有给出回答。沈阳(2001)针对这种领主属宾结构，提

① 约束原则(Binding Principle)(Chomsky 1995)中对反身代词(A)、人称代词(B)和普通名词(C)在句子中的照应和指称关系进行了规定：反身代词在局域内受到约束；人称代词在局域内自由，可以进行长距离照应；普通名词则完全自由。

出领属短语 NP 分裂移位三原则，试图解决动词分类问题。

生成语法对此类结构的分析则聚焦在领有名词成分的来源和所属名词的格问题上，但也存在不同的观点。一类观点主张领有名词提升说（徐杰 1999，2001；韩景泉 2000，2001）；另一类观点主张轻动词 v 允准外论元说（Huang 1997；Lin 2001；朱行帆 2005 等）；还有一类观点则主张领有名词为基础生成的悬垂话题的观点（潘海华、韩景泉 2005，2008），他们认为 TP 的主语位置上是个空成分 e，这样在表层看起来主语与话题是同一成分，但实际上主语和话题分别占有不同的句法位置。持这种主语与话题同一观的还有马志刚、章宜华（2010）等。那么，就汉语中这类特殊领主属宾结构而言，到底如何处理其句法结构特性成为另一大难点。我们主张句首成分的话题观，认为动后非宾格成分通过成分统制关系获得主格赋值。下面进行详细分析。

4.3.1 领主属宾结构表征

汉语中存在一种表示所属关系的成分被动词分离开来，领有成分被投射到句首主语位置，而属格部分则保留在动词的宾语位置的结构。文献中称之为领主属宾结构（郭继懋 1990），常见的句子如：

（91）a. 王冕的父亲死了。

b. 王冕死了父亲。

（92）a. 仓库的一面墙倒了。

b. 仓库倒了一面墙。

（93）a. 桌子的一条腿断了。

b. 桌子断了一条腿。

这类结构的典型特征是，动词可以选择一个所有格名词短语作为唯一的论元，也可选择领属成分，分别投射两个论元，即非宾格动词的核心论元成分留在原位的同时，允许句首位置投射其表示领有意义的名词成分，而两个论元之间保持领属关系。

潘海华、韩景泉（2008）把被动句（如［94b］）纳入领主属宾结构一起讨论，认为这两类结构都是保留宾语结构（徐杰 1999），都具有非宾格性特征,因此试图对其作出统一解释。

(94) a. 张三死了父亲。
　　b. 张三被杀了父亲。

虽然被动结构就动词的语义而言具有非宾格性特征,但本章只关注保留宾语结构(如[91b][92b][93b])类领主属宾结构,被动结构留待第六章再讨论。就存现结构和领主属宾结构而言,不少学者也试图进行同质化处理(范方莲 1963;李钻娘 1987;沈家煊 2006;刘晓林 2007;邓云华、石毓智 2007;潘海华、韩景泉 2008 等),也有学者主张异质性分析(郭继懋 1990);马志刚(2012)则用引元结构理论(Applicative Approach)对这两类结构进行了统一句法解释(见下节讨论)。本著认为,存现结构和领主属宾结构具有相同的非宾格性句法-语义特征,因此可以进行句法-语义界面的统一解释。为了更好地说明此观点,下面专门讨论领主属宾结构的句法-语义关系,以便与前面的存现结构进行对照。

4.3.2 领主属宾结构的句法-语义关系

领主属宾结构除了最常见的例子([91b][92b][93b][94b]),还有类似的句子,如(95a)和(96a):

(95) a. 衣服破了一个洞。
　　b. *衣服的一个洞破了。
(96) a. 马路塌了一段路基。
　　b. 马路的一段路基塌了。

乍一看,这类领主属宾结构的动词似乎都带有破损类消极意义,部分动词类型类同于存现动词中的消失类动词,如“死、掉、丢、跑(逃跑)”等。有趣的是,一般的领主属宾结构都可以直接进行单一所有格论元的结构转换,但我们却发现(95b)的可接受性受到怀疑。仔细观察,我们认为动词的两个论元之间的语义关系影响了该结构的合法性。也就是说,领主属宾结构中的两个论元必须有领属关系,但(95b)中的两个论元之间不具备这种内在的领属关系，即“洞”本质上不是衣服的固有物，而是外力作用造成的结果，因此(95b)不合法。除了这些破损类消极意义的动词外，还有许多表示积极意义的动词也同样可以进入这种领属结构，而且一般都是合法句，如：

(97) a. 宝宝长了两颗门牙。
b. 小河涨了水。
(98) a. 树苗出了新芽。
b. 果树开了白花。

从这些例子可以看出，能进入领主属宾结构的动词多具有呈现意义，因而具有典型的非宾格结构特征。这些动词都表达客事的结果变化意义，就其动词论元结构而言，结构表征可以因词汇化程度的不同出现一定的变化，如(97)和(98)结构可以分别表达为(99)和(100)：

(99) a. 宝宝长牙了。
b. 小河涨水了。
(100) a. 树苗出芽了。
b. 果树开花了。

这类具有可分离的词汇特性的动词，学界通常称为离合词(见第7.4节专门讨论)。一方面，这些动词具有词汇内部的可分离特性；另一方面，在句法表征上，领主属宾结构不仅在动词的非宾格性上与存现结构相同，还可以直接转换为存现结构，为这两类结构进行统一解释提供可靠的前提，如：

(101) a. 宝宝(嘴里)长牙了。
b. 小河(里)涨水了。
(102) a. 树苗(上)出芽了。
b. 果树(上)开花了。

有鉴于此，不但领主属宾类名词性短语投射可分(如[99][100])可合(如[101][102])，而且在领主成分居首时，其后一般都可以加上方位名词。这时的非宾格性领主句和存现句的句首成分完全一样，因此把这两类结构统一处理就顺理成章了。

4.3.3 句首成分的句法性质

潘海华、韩景泉(2005)在讨论存现结构和保留宾语结构时,对下面经典例子的句首名词成分的句法性质进行了详细分析。

(103) a. 王冕死了父亲。
　　b. 李四掉了两个门牙。

按存现结构和领主属宾结构的传统分析,句首名词成分的来源有两种观点:一是从动词后移动而来(Li Y-H. A. 1990),二是原位生成而来(潘海华、韩景泉 2005, 2008)。潘海华、韩景泉(2005)对移位说表示质疑。他们认为,如果句首成分是从动词后面移位来的,首先就必须说明移位的动因。Li Y-H. A.(1990)认为,汉语的任何动词都可以对其后名词成分赋格,如果是这样,(103)中非宾格动词后面的名词就可以在原位上获得格位。这样一来就无须名词移位,因为转换生成语法认为,成分移动的唯一动因就是通过格或特征核查;如果不是为了寻求赋格或核查格特征,那么就没有移动的足够动机。在潘海华、韩景泉(2005)看来,领主成分不是移位到句首位置,而是被动词投射到句首位置,其动因在于形成一个话题,这是语用动机使然。

一般而言,当句子结构中的语序发生变化时,新旧信息的结构成分所传递的结构意义往往有所不同,因而表达的信息功能也就不同。就句子的结构意义来说,通常汉语的句首成分,无论是话题成分还是句子主语成分,一般都为有定成分;在句末的名词成分,通常为无定名词,表达存在的量。就语义信息来看,句首成分作为有定指称,表达的是已知信息,而句末的非限定名词成分则常常表达未知信息。在语言编码过程中,通常是通过已知信息推导出未知信息,从已知到未知构成了一个无标记的信息流向过程。潘海华、韩景泉(2005)称之为认知意义上的顺序象似性,符合认知过程的自然规律。

按照这一认知模式和信息流向模式,组织句子结构时,已知信息的有定成分往往被置于句首位置,充当句子的话题,而句子的其余部分则构成话题陈述的对象。虽然都位于句首位置,但话题不同于主语。话题是语用概念,而主语是句法概念。不过在某些情况下,表层结构中的主语与话题看起来似乎重合了，即体现为一个成分；但就句法位置和推导原则看，两者不可能是同一成分：句子的主语是论元位置，而话题是非论元位置。但是，也有观点认为，在许多语言中，话题常常是无标记结构中的主语，这样的话题可称为无标记话题。有学者（如赵元任 1968）就认为，汉语的主语就是话题，是一种无标记话题。有时话题与主语的区别很明显，这时话题便会带上某种标记，比如说作为一个独立的成分单位置于句首，这就是一种有标记话题。

比较（103）中的两个句子，可以对两者是如何生成的进行甄别。学界存在一种看法，即把带有表领有意义修饰语的有定名词短语，如"王冕的父亲""李四的两颗门牙"等，视为一个语义单位，其在底层结构中与动词构成非宾格性配置，如（104）：

（104）a. 死了王冕的父亲。
　　　b. 掉了李四的两颗门牙。

在句法结构中，（104）只是底层的基础结构形式，没有完成句法推导，因此是不完整的结构，句首信息存在空缺，结构上表现为句首空位。由于有定名词短语一般应与已知信息联系在一起，通常位于句首做话题，即把整个"领有+隶属"名词短语显性移位到动词前的空位上，可以派生出（105）类结构。

（105）a. 王冕的父亲死了。
　　　b. 李四的两颗门牙掉了。

在潘海华、韩景泉（2005）看来，像这样领属短语整体上作为结构的句首成分，有定名词短语在移位之前已通过传递获得主格。移位之后，名词短语的句法结构特征并没有改变，所带有的格特征依然为主格，继续充当句子的结构主语。因此，移位不会造成名词短语的重复赋格。但是，名词短语的话语地位因移位发生了改变，句首名词成分已经成为了话语的主题。他们认为，这时移位后的名词短语有了主语与话题双重身份，既是结构主语，又是话语主题。但是，像"死""掉"类非宾格动词，其底层结构宾语上的名词成分在移位前（如[104]）又是如何获得主格的呢？潘海华、韩景泉（2008）认为是通过空主语位置上的主格传递到动后名词短语，然后通过焦点化后置于 Spec-TP 位置,从而获得主格。至于(104)中有定名词短语位于动词之后似乎违背了限定效应,这又应该如何解释是个难点问题,后面再分析。这里我们需要注意的是,汉语的结构中限定名词短语位于动词后面并非特例,如:

(106) a. 谁掉了那个钱包?

b. 敌人毁了所有的桥梁。

潘海华、韩景泉(2005)认为,“那个钱包”“所有的桥梁”等限定名词短语在语义上属于开放性结构,允许在原有的基础上继续向外层扩展,如“小马的那个钱包”“该地区的所有(的)桥梁”;而像“王冕的父亲”“李四的两颗门牙”“张三的一个钱包”这类表领有隶属关系的名词短语属于封闭式结构,也就是说其结构意义已经饱和,很难再有向外层扩展的余地。可见,它们是两种不同语义类型的名词性短语成分。这种语义差别反过来又对句子的结构产生影响。一般而言,一个意思相对完整的句子,能使听者/读者得到相对的信息量。在一定的语境中,说者和听者双方都了解已知的信息,这种已知信息就可以充当句子的话题,所以可以缺损。在语境明确的前提下,只要有足够的信息,所缺的话题就可以补出。当语境不够明确时,话题缺损可能造成句子语义模糊不清、表达的意思不完整。只要能补出话题,就说明其语义是可以缺损的。与此相反,语义饱和无须也无法补出话题,因此在潘海华、韩景泉(2005)看来,下面的结构就自然为非法结构。

(107) a. *王冕死了王冕的父亲。

b. *李四掉了李四的两颗门牙。

基础结构(104)除了可以通过领属名词短语整体移位,生成(105)类结构外,还可以把领属短语分裂开来。这时对领有成分的基础位置就有不同的观点:一种观点认为是领有短语成分进行了提升移位操作;另一种观点则认为动词对领属短语进行分离投射把领有成分投射到句首位置,而把所属成分投射到动词宾语位置。这两种方式看似都能生成(103)类结构。但是,学界在领主属宾结构的生成上仍然见仁见智,除了在句首成分来源上存在分歧之外,对句首成分的句法性质的看法也有分歧。学界一般认为，句首位置上领有名词短语的句法功能都是主语（徐杰 1999；韩景泉 2000；Tan 1991；Pan 1998；潘海华 1997 等）。其中，徐杰因主张保留宾语为固有的部分格，认为包含领有成分的整个名词短语与部分格不相容，提升领有成分在于为保留的宾语部分接受部分格提供条件，同时，领有成分移入空主语位置可以获得主格。韩景泉（2001）反对部分格的解释，但他赞同领有成分移入空主语位置是为了获取主格，领有名词短语可以通过语链将所获得的主格传递给保留在动词之后的名词短语。但是，潘海华、韩景泉（2005）认为，用领有名词短语移位分析来解释领主属宾结构的句首名词短语的生成并不可取，依据是 Ross（1967）认为领有名词短语的移位违反左向分支条件（Left Branch Condition）的更早的观点。无论包含领有成分的名词短语原本是位于主语位置还是宾语位置，英语都不接受任何形式的领有名词短语移位，如：

（108） a. * Whose$_i$ was [t_i father] very rich?
　　　b. * Whose [$_i$,] did you see [t_i father]?
　　　c. * John [$_i$,] [t_i father] was very rich.
　　　d. * John [$_i$,] I saw [t_i father].

Huang（1984）也认为，处于主语位置的领属名词短语允许其中的领有成分移出，而处于宾语位置的领属名词短语则不允许领有成分移位。

（109） a. 张三 i，[$_{NP}$ t_i 爸爸] 很有钱。
　　　b. [$_{NP}$ [$_{TP}$ [$_{NP}$ t_i 爸爸] 很有钱的] 那个学生$_i$] 来了。
（110） a. * 张三$_i$，我看见 [$_{NP}$ t_i 爸爸] 了。
　　　b. * [$_{NP}$ [$_{TP}$ 我看见 [$_{NP}$ t_i 爸爸] 的] 那个学生$_i$] 来了。

但是，潘海华、韩景泉（2005）并不认同这种差异。他们认为，（103）中的句首成分“王冕”“李四”不是通过移位生成的主语，而是基础生成的话题。因为领有名词成分在领属名词短语中原本有所有格，不可能再因为格的原因而发生移位，这样会造成重复赋格而违背格理论，而且从一个所有格位置到一个主格位置的移位，在两个不同的格之间也会形成矛盾。

句法移位理论在这里不能自圆其说，于是有学者（Tan 1991；Pan 1998；潘海华 1997，2018 等）试图采用词汇操作规则对此进行解释，他们认为句首名词短语是以动词的论元身份直接被投射到主语位置上的。但这里又有了新问题,原本作为一元谓词的非宾格动词怎么又可以带一个以上的论元呢?他们的一种解释是,存在着一条词汇操作规则,允许往动词的论元结构中添加一个"受害者"的论旨角色,称为"受害者插入规则"(Maleficiary Role Insertion)。这样就可以解释为什么这类动词可以有主语和宾语两个论元,因为通过词汇规则改变了谓词原有的论元结构。英语中被动化、形容词动词化等都是典型的例子。

(111) a. John broke the window.→The window was broken.
b. The knife was sharp.→Bill sharpened the knife.

潘海华、韩景泉(2005)认为,这类被动化和形容词动词化代表着两种不同方向的词汇操作过程。英语被动化因有动词的过去分词形态词缀-en,施事论元被抑制;而形容词动词化则正好相反,当形容词加缀-en时,形容词不仅实现动词化,同时还给施事论元增容,增容的论元与动词形成使成语义关系。这种论元增容,不同于领有结构。比如,(103)中看似句首增加了领有成分,但其只与隶属名词建立直接关系,与动词之间根本不存在直接的语义关系。因此这两类论元增容的情况完全不同,领有名词短语不受动词的独立支配:(103a)中死的是"父亲"而不是"王冕",(103b)中掉的是"两颗门牙"而不是"李四"。尽管两者在语义上存在领属关系,但与动词无直接语义关系的领有成分不能看作动词的论元,否则论元的界定标准就不复存在。这就是为何潘海华、韩景泉(2005)把领属结构中句首的领有成分排除在动词的论元之外。正因如此,他们认为句首领属名词成分不是主语而是话题,并且这类话题不是靠移位得来,而是在原位基础生成的(base-generated)。本著支持这一观点对领主属宾结构的解释。

他们同时还认为,这时候主语与话题看似位于同一个结构位置,话题与主语表层结构上是重叠的。但事实上,既然句首领有成分是话题,那么其就只能在话题位置上,句子主语的结构位置是一个空位,句首名词短语位于句标词短语投射的指示语位置,而不是时态短语投射的指示语位置。也就是说,在句法推导上,主语与话题的位置并不同一,句法上所生成的是一个有标记话题,只是因为主语空位才看不出它与话题线性位置上的差别,使得话题貌似结构的主语。

（112） a. [CP 王冕[TP e[VP 死了父亲]]]。

b. [CP 李四[TP e[VP 掉了两颗门牙]]]。

这样的话题结构应该归为所谓的汉语式话题结构。Chafe（1976）、Li & Thompson（1976）等就认为，汉语式话题与述语（comment）部分中的动词没有直接的语义选择关系，述语中也不存在任何与话题直接相关联的结构位置，这使得话题在结构上无依存，而潘海华、韩景泉（2005，2008）和Pan & Hu（2008）等把这类话题称为“悬垂式话题”（dangling topics）。他们认为，在这种悬垂式话题结构中，虽然述语部分的结构成分具有多元性，但是语义并不自足，属于语义开放性谓语，其中所包含的语义空位相当于一个变量（variable）。句首位置上的领主成分作为话题，正是因为语义变量的存在才得以允准（Pan & Hu 2002），而且这种在原位基础生成的话题不会改变动词的论元结构。话题与述语之间靠语义建立联系，但是两者之间具体的语义关系必须依靠具体的结构才能确定。例如，在领属结构中，作为话题的领属成分与动词后面宾语位置上的隶属名词成分之间的语义关系为固有的领属关系；在存现结构中，话题成分与动词后面名词成分的语义关系则为客体与其存在或脱离的处所或空间关系。潘海华、韩景泉（2008）认为汉语中存在两类话题结构：一类是原位基础生成的悬垂话题，另一类是通过名词成分移位生成的话题。汉语中，话题可以依靠该位置上的句法空位（syntactic gap）或复指代词（resumptive pronoun）来允准，而英语就只能靠成分移位生成话题结构。汉英语的这种差别可以归结为不同的语言类型差异。在Li & Thompson（1976）看来，汉英语类型差异就是英语为主语突出性语言，而汉语为话题突出性语言。后面还有更多这种类型差异的特征分析对此。

4.4 存现结构和领主属宾结构的非宾格性统一解释

前面提到，存现结构和领主属宾结构有诸多共性，文献中在试图作出统一解释的同时，也仍有诸多悬而未决的问题。其中，句首成分的句法性质便是一大难题，包括上面谈到的主语与话题之争。长期以来，除了传统功能语法对主语和话题的讨论外（Chao 1968；Chafe 1976；Li & Thompson

1981)，徐烈炯、刘丹青(1998)，石毓智(2000)，徐烈炯(2002)，徐杰(2004)，刘丹青(2008)等也试图从认知或生成视角对主语与话题进行研究。石毓智(2000)试图区分有标记和无标记话题，认为汉语的主语在语义层面是无标记话题，而通常讨论的结构性话题则是有标记话题。徐列炯、刘丹青(1998)，徐杰(2004：104)，刘丹青(2008：217)，Pan & Hu (2008)则试图从句法层面突出话题成分的独立性，使其从语义层面分离开来，他们认为主语与话题在语义蕴涵、句法结构和信息处理方面都具有独立性。对存现结构和领主属宾结构的句首成分，争论的焦点除了主语与话题上的句法性质问题，还有格赋值和允准条件问题。本节对此进行分析。

4.4.1 句首成分的话题解释

4.2.3 节和 4.3.3 节分别讨论了存现结构和领主属宾结构句首成分的句法性质，学界对其有三种不同的看法：主语观、话题观、话题兼主语观。根据潘海华、韩景泉(2005)对存现结构和保留宾语结构中的领属结构的分析，本著认为这两类结构的句首成分是话题而不是主语。

首先，我们需要证明为何存现结构和领主属宾结构的句首成分不是主语。英语表达存现意义的结构，除了 There-结构外，还有处所倒置结构。一般认为，There-在存现结构中是形式主语；而对处所倒置结构的句首介词短语成分，则有不同的看法，有认为是主语或话题，但基本上都还是看作附加语，主语位于 VP 内部，其依据是 VP-内部主语假设(VP-Internal Subject Hypothesis)(参见 Coopmans 1989；Bresnan & Kanerva 1989；Bresnan 1994；Levin & Rappaport Hovav 1995 等)。英语中这类结构以存现动词为主，也有其他类型的动词，但及物动词一般不能进入存现结构，如(113)和(114)：

(113) a. On top of the hill stands a tower.
b. On the wall hangs a picture.

(114) a. Archeologists recovered sacrificial burials from this trench.
b. *From this trench recovered archeologists sacrificial burials.
c. *From this trench recovered sacrificial burials archeologists.
(Levin & Rappaport Hovav 1995：223)

英语中非及物动词可以进入处所倒置结构,表示行为的及物动词不可以进入处所倒置结构,而表明结果状态或空间姿态(如 hang, stick 等)的及物动词可以进入处所倒置结构(如[113b])并表现出非宾格性特征,不过这类及物性-非及物性转换很有限。

与英语不同,汉语的及物动词很大一部分可以进入存现结构,其中不少表现出非宾格性特征,这是汉英语之间动词句法性特征的重要区别之一。汉语中表示空间存在的定位类及物动词(verb of placement)(如:"放、写、睡、种"等),其句首的处所名词短语是由句末倒置而来还是基础生成的,学界对此一直存在分歧。

(115) a. 张三放了一本书在桌上。
　　　b. 桌上放着/了一本书。
(116) a. 张三写了几个大字在墙上。
　　　b. 墙上写着/了几个大字。

按照潘海华(Pan 1996)关于存现结构的体特征解释,(115b)和(116b)就是典型的非宾格性存现结构。他将存现结构的句首成分定义为主语,其重要依据来自主宾语成分的自由变换特性,如(117)。Huang (1982)认为(117)中的复合动词没有外论元,只有两个内论元,这两个内论元都可以自由变换为主语,如:

(117) a. 蜜蜂飞满了花园。
　　　b. 花园飞满了蜜蜂。

这种基于功能的句法观恐怕不能令人信服。所谓的主语,其根本的句法性质是表示行为或状态的主体,必然与谓词有紧密的语义关系,在结构上也都位于句首。但按语言类型看,句首表处所意义的成分不一定都是主语。比如,(117a)中的内论元为名词成分,但(117b)中的同一名词在句首时并不是主语,因为可以通过加入方位名词"里"成为处所成分,我们认为存现结构句首的处所名词都是话题。处所成分在谓词的事件结构中的基本功能,不是事件的主体或客体成分而是补足语或附加语功能,因此不应将其看作主语或者宾语。汉语中普遍存在处所名词居首或位于非及物动词宾语位置的结构,因此有观点认为处所名词可以做主语或宾语。但是,

我们认为这实际上只是一种表象,如:

(118) a. 家里来了客人。
b. 我住学校。
c. 平时吃食堂。

这些示例表明,汉语中的及物或非及物动词,似乎都可以带处所名词或时间名词做主语或宾语。但是,事实并非如此。我们无法仅凭结构中的位置对句子成分进行定性。(118)中的谓词“来”和“住”都是典型的非及物动词,其表达行为的主体必然是“客人”和“我”。(118a)中的“家里”只是“客人”来的目的地,(118b)中的“学校”也是行为发生的场所,可以补出介词“在”。补出介词后的介词短语,在动词前后分别做附加语和补足语。因此,在语义上“学校”只能是住的场所,在结构上并不能定性为动词的宾语,像(118c)中的“食堂”显然无法解读为“吃”的宾语。词序的变化只是因为结构上的经济原则和语用上的因素。汉语主宾语位置上的时间和处所成分通常不需要介词标记,(118c)就是典型的例子。英语中也有类似的情形,如:

(119) a. John works (for) 8 hours a day, while Mary only (for) 5 hours a day.
b. Jack left home for 10 years.
(120) a. They walked the Appalachian Trail two years ago.
b. The old survived the winter hard.

英语的时间短语和处所词在语义信息自足时也通常省略其介词,因此不能因为介词不出现就忽视其存在。一般动词的处所短语通常为补足语或者是附加语。即使是补足语,也不一定就是核心内论元。

动词的题元关系受动词本身语义选择限制。就非宾格动词而言,其与存现结构和领主属宾结构具有较高的相容性,该类句型中动词后的名词通常为无定数量名词成分(如[121])。

(121) a. 他家死了一只猫。
b. 小明掉了两颗门牙。

这两个动词都是消失性非宾格动词，为领主属宾结构。前面讨论过，这类结构在非宾格性上与(118a)类存现结构具有同一性，因为非宾格动词本质上只有一个论元，且对宾语位置上的成分典型地要求具有指称上的无定性，所以文献中把它们进行统一结构处理。

然而，对句首成分的要求则不同。马志刚(2010a,2010b)认为，存现结构中的句首成分如果是一般名词，而且后面可以添加方位词“里”，那么就表达事件发生的处所；而同样是普通名词，当其与动词后的名词形成领属关系时，就不能在句首名词后加上方位词。但我们认为，这一区分并不是可靠的形式标准。因为除了前面(101)和(102)那样的句子外，还有下面的句子(如[122])，表明具有同样语法性质的名词都可以加上方位词，表达处所意义。马志刚的实例中提到方位名词具有隐现上的自由度，正说明这种结构类型的模糊性和复杂性，如：

(122) a. 他家(里)来了几位客人。
　　　b. 小树(上)断了一根树枝。

如果像(122)那样，句首名词加上方位词变成处所意义的名词，那么其主语的性质就更没有保障。既然无法证明其主语性质，那就需要证明汉语存现结构和领主属宾结构的句首成分是话题。

汉语是话题突出的语言类型(Li & Thompson 1981 等)，能作为主语的句首成分也基本上可以看作话题(Chao 1968; Chafe 1976)。但从语言形态上看，汉语的一些话题并没有标记，不像有话题标记的语言那样话题、焦点、主语都具有各自的形态标记，如日语中的话题标记 wa 和主语标记 ga (Watanabe 2001)，马来语中的焦点标记 kah(徐杰 1999)等(参见马志刚 2010a,2010b)。匈牙利语也有自己的话题标记(徐烈炯 2002)。在这些语言中，如果没有话题成分，作为客事的名词成分就位于动词之后，这一点和汉语中典型的非宾格性天气句和存现句基本相同，如(123)：

(123) a. 下雨了！
　　　b. 来人了。
　　　c. 有鬼！

实际上，英语也有话题结构，只不过与汉语一样，没有话题标记。英语中最典型的话题结构是处所介词短语倒置结构(Coopmans 1989)(如[124])。当然也有人认为,英语中的句首处所介词短语是主语(Bresnan 1989),这恐怕很难令人信服。

(124) a. In the distance appeared the towers and spires of a town which greatly resembled Oxford.

b. On the third floor worked two young women called Maryanne Thomson and Ava Brent, who ran the audio library and print room.

(Levin & Rappaport Hovav 1995: 218 – 224).

英语处所介词短语在句首不能作为主语,一个很突出的理由是其介词无法删除;而汉语的处所成分在句首时,往往没有介词,这就为其被看作主语提供了句法基础。但是,又因为主张汉语是话题突出类型的语言,自然也就有诸多学者(Chao 1968; Chafe 1976;朱德熙 1982;霍凯特 1986 等)认为汉语的主语均具有话题性质。

汉语学界关于话题和主语的争论早已有之。传统观点认为,汉语的主语就是话题,汉语的话题和主语往往一致(赵元任 1968: 69;朱德熙 1982;霍凯特 1986 等)。根据这类观点,话题和主语在结构上是同一个成分,主语就是语用功能上的话题。即使在形式语法的理论框架内讨论汉语的主语与话题问题,也有学者持类似的观点。比如,马志刚、章宜华(2010)根据生成语法的移位特征分析,也认为汉语领主属宾结构中的句首成分既是主语又是话题。本节对存现结构和领主属宾结构的句首成分来源及其话题的性质进行统一分析。

4.4.1.1 句首成分的来源问题

关于存现结构和领主属宾结构的句首成分,必须弄清其来源,即该句首成分是基础生成的,还是移位而来的。上节提到,汉语的领主属宾结构中,位于句首的领有成分应被视为话题而不是主语,并且是基础生成而非移位而来的。这是汉语的语言结构类型和信息表达方式决定的。作为话题的成分通常在句首位置,因而汉语中句首成分可能是谓词的核心论元,也可能不是谓词的核心论元,而是语义上的附加成分,甚至只是与谓词没有语义关联的成分。文献中常用的示例如:

(125) a. 饭吃过了。

b. 家里来了客人。

c. 王冕死了父亲。

d. 这场大火幸亏来了消防队。

这几类结构中,(125a)是论元移位性话题,(125b)(125c)(125d)是基础生成的话题(潘海华、韩景泉 2005,2008)。移位性话题不难理解,是通过句法移位生成而来,学界传统上也有受事主语句的说法。但根据生成语法的普遍原则,我们认定此类结构为移位性话题结构,受事宾语移位到非论元位置成为话题,而不是基础生成的。至于基础生成的话题,根据动词前后的名词成分之间不同的语义关系,也有两种情况:一种如(125b)(125c),两个名词成分之间分别存在客事与处所目标和领属关系;而另一种如(125d),悬垂式话题和动词的主语之间存在语义空位,正是这一语义空位作为语义变量,才能允准这类的结构(潘海华、韩景泉 2005,2008)。尽管潘海华、韩景泉(2005)认为,(125c)的句首成分也是悬垂式话题,但这种话题与(125d)的话题成分之间,和话题与动词及其主语成分之间还是存在一定的区别。比如,动词的论元结构关系不同。不同于(125a),(125b)中的动词与句首成分之间存在运动目标/目的地的语义关联,(125c)(125d)的动词与句首成分之间却没有语义上的必然关系;但从动词的两个名词成分之间的关系看,(125c)(125d)之间明显不同。(125c)这种结构中的两个名词成分之间存在典型的领属关系。(125d)结构中的两个名词成分之间,虽然存在语义关联(大火——消防队),但也存在语义空缺。直接语义是"消防队灭大火",但就表层意义而言,我们认为(125d)出现信息缺损,而缺损的信息可以补全如下:

(126) a. 幸亏来了消防队,否则这场大火会造成更大的损失。

b. 如果不是来了消防队,这场大火就会造成更大的损失。

由此,我们不难理解,"幸亏"引导的是否定假设条件分句,意思等同于"如果不……就……",因此整个主句的谓语部分缺损(潘海华、韩景泉 2008)。这种句子结构上的成分缺损,直接导致语义上的空位。陆烁、潘海华(2014: 22)提出的针对领主话题结构的最可能解读项条件,适用于(125d)类悬垂话题结构的缺损语义解读。然而,这类悬垂式话题与其述题中的名词成分之间是施受语义关系，但这种关系不是通过其实义动词选择，而是缺损了该谓词且通过假设条件附加语对缺损的核心谓词的语义进行解读。

4.4.1.2 主语与话题之争

汉语中的主语与话题之争由来已久，句首名词成分的句法地位如何确定一直都是个难题。依据 Trask(1995)对主语基本特征的描述，主语成分是一个独立的实体，在句子结构的线性顺序和结构层次上都是句首位置上最容易辨识的成分，可以进行关系化和焦点化。按照这一界定，汉语中存现结构和领主属宾结构的句子，如"我来了客人""王冕死了父亲"中的"我"和"王冕"都符合结构主语的原型描述，"我"和"王冕"都代表独立存在的实体，不但可以被关系化，而且可以通过提问和强调成为问句或者分裂句中的焦点成分，如(潘海华、韩景泉 2008)：

(127) a. 谁来了客人？/谁死了父亲？
　　　b. 来了客人的是我。/死了父亲的正是王冕。

实际上，汉语的主语并不完全同于英语等其他语言的主语。汉语的主语和话题都有突出的定指意义倾向，而英语中只有话题成分有这一倾向，主语则不一定。像(127)中的句首代词和领有名词都是定指成分，这就同时符合汉语中主语和话题定指的普遍特性要求。因此，句首成分是主语还是话题一直难有定论。一些语言学家在这一问题上持同质性的看法，认为汉语的主语和话题具有同一性(Chao 1968; Chafe 1976; 朱德熙 1982;霍凯特 1986;石定栩 1999;范晓 2007;马志刚、章宜华 2010 等)；有的学者则把汉语的主语和话题清晰地分离开来，认为汉语是话题突出的语言，这一观点以 Li & Thompson (1981)为代表；而更多的当代学者们则走折中路线，认为汉语主语和话题的类型学特性需要根据具体的句子结构而定①。一般而言，判断一个句首成分是否是话题最恰当的方式是话题-述题的表

① 马志刚(2010a,2010b)认为有定性是主语和话题的无标记语义特征(即汉语主语的有定性趋势和汉语话题必为有定成分)，本质上与二者在词库中就具有的语类性质(DP 而非 QP)一致。刘丹青(2008: 218)也认为，汉语的主语有时候确实并非话题。比如，用来回答下面的问题：
(i) A：谁走了？B：小张走了！
　"小张"只能是主语或语用焦点，不是话题，因为不能有下面的问答：
(ii) A：谁走了？B：＊小张么，走了。

达范式，但述题部分往往由完整、独立的主谓结构组成①（潘文国 2006：80；徐烈炯、刘丹青 2003）。但实际上，在具体句子结构表征中，对这一观点还是存在较大分歧。比如，关于存现结构和领主属宾结构就有不同的观点，潘海华、韩景泉（2005）认为这类结构是话题句且主语为空位，而马志刚（2010a，2010b）则认为是主语句。马志刚从汉语领主句的内部构造判定，认为像领主句的句首成分“王冕”的语义特征（定指的历事）、语法特征（具有完整特征的有生名词）、结构距离（离探针 T 最近）、语用功效（可对话题加以说明）等因素，决定着它必须承担主语的句法功能。由此，马志刚（2010a，2010b）认为，领有名词成分兼具话题和主语功能是汉语领主句内部构造的典型特征。如果这样的话，两种功能（话题和主语）的重合可能性就应该存在。这时，根据句法理论，话题位于主谓结构之外，其结构位置必须高于主语。这对汉语中所谓的内部话题句提出了挑战（如：张三作业做完了）。

基于最简方案的观点（Chomsky 2007a，2007b），马志刚（2010b）对英语 There-be 存现句和汉语领主句进行了比较分析，认为话题和主语在任何语言中都存在结构位置上的差异。不同于潘海华、韩景泉（2008），他坚持认为话题和主语都是移位而来的，且移动的动因和操作机理基本相同，都是由移位性特征 EPP 触发论元移位形成主语，移位性特征 EF 触发非论元移位形成话题。由于英语是主语优先型语言，而汉语是话题优先型语言，按类型学特征，英语和汉语之间的语言类型差别可以归为功能语类 T 和 C 的移位性特征在必选性和可选性上的差异。这是汉英语类型特征上显著差别的另一表现，也是在主语和话题上的重要参数特征。

虽然无标记话题和主语很难有明确的界线，因为二者在语义上通常都表达有定，语类性质通常也都是 DP，句法位置通常也都在句首。即使汉语的主语与有标记话题很容易区分开来，从句法角度看还有遗留问题需要解释，如(128)：

（128） a. [$_{CP}$[$_{TP}$小张正在自己的房间里复习功课]]。

b. [$_{CP}$小张（呢），[$_{TP}$正在自己的房间里复习功课]]。

（128a）中的“小张”位于 Spec-TP 的主语位置，因此是主语。依据约

① 汉语中，“鸡[e]吃了”这类句子也是话题句（王力 1985；李金满 2006），主谓结构作为述题部分并不完整，但这种受事宾语前置式话题不同于领主类话题。领主句话题的述题部分不应该缺乏主语，否则就达不到对陈述对象予以说明的目的。

束原则 A,"自己"必须在 TP 范围内得到约束,否则句子不合法。如果"小张"是话题,那它必然要处于 Spec-CP 位置,按理就不能对位于 TP 范围内的"自己"进行约束;但(128b)作为有标记的话题句,"自己"不在 TP 局域内却同样受话题成分约束,且也是个合法的句子。这样看来,无论是有标记还是无标记话题句,同一成分既可以是话题,又可以是主语。那么,对此到底应该如何解释呢?

Kiss(1995)认为,话题优先语言与非话题优先语言的区别在于,前者用不同的结构表现主题判断和一般判断,即话题句和非话题句的信息结构不同。但实际上,话题突出的汉语和主语突出的英语中的命题结构都是由"主语+谓语动词"构成,即"NP+V+(XP)",相同的结构在两种语言中还是无法区分话题句和非话题句。徐烈炯(2002: 401)根据 Kiss 的观点认为,英语中句子可以是主题判断(话题句),也可以是一般判断(非话题句),分别如(129a)和(129b):

(129) a. [$_{CP}$Fido[$_{TP}$ is chewing a bone]].
　　　b. [$_{CP}$[$_{TP}$ A dog came into the room]].

用所谓的主题判断和一般判断来进行英语的主题和主语认定,这恐怕不容易被学界所接受。如果英语的类型学特征(即主语优先)意味着 Spec-TP 必须得到主语名词填充的话,上述作为主题判断的话题句中是否还有主语呢?也就是说,把(129a)中的主语位置看作空位、句首成分看作话题,这不仅在句法上不符合生成语法的推导;在语义上,对话题加以说明的述题就不是完整的主谓结构,这有违话题的传统定义,即由完整的主谓结构对陈述对象加以说明(徐烈炯、刘丹青 1998;聂仁发、宋静静 2008)。由此,徐烈炯(2002: 402)主张把"NP+V+(XP)"这种句型在汉语中也视为表达主题判断的话题句,那这是否又意味着汉语作为话题优先类型的语言,在 Spec-TP 上不必具有主语成分呢?理论上来看,汉语中这一假设是完全可行的,但是(128b)和(129a)这类话题结构无法在句法范畴内获得解释,也许只能求助于超语言手段,如语调和停顿。

但在"NP+V+(XP)"结构中,句首唯一的名词成分到底是话题还是主语?马志刚、章宜华(2010)在 Kiss(1995)和徐烈炯(2002: 403)的基础上,明确主题判断先要确定一个对象,然后对这一对象进行评价和讨论。但同时他们也主张,主题判断包含不止一个认知行为,因而属于多重判断。实施主题判断必须符合话题-述题这一序列的表达方式,也就是需要完整的主谓结构对所陈述的对象加以评述，这时就多采用话题句。而实施一般判断则不需要明确的陈述对象，只需对某一事件或状态进行描写和表述即可传递相关信息，这属于单一认知行为和简单判断。而且，一般判断通常是对所描述的内容做出简单的肯定或否定陈述，语义上通常是表述存在和出现或消失意义的存现句，而不是话题句。马志刚、章宜华的这一结论，本著认为并不具合理性，因为如果只是通过简单判断和复杂判断来甄别主语句和话题句，未免有失公允。前文分析了存现句具有典型的话题性质，本著认为存现结构的句首成分是话题而不是主语。如果按马志刚、章宜华的简单判断，认为存现句为一般判断句而非话题句，这与潘海华、韩景泉（2005，2008）的观点也正好相反。本著认为，判断只是陈述表达意义的结构方式，不是句法意义上鉴别话题和主语功能的决定因素。

更早，Li & Thompson（1976）也试图在功能语法框架内给话题建立独立的句法地位，从而把汉语和英语分别归为话题优先语言和主语优先语言。他们反对赵元任（Chao 1968）在语义和句法两个层面上讨论话题和主语的观点。徐烈炯（2002）参照 Kiss（1995）提出汉语属于话题概念结构化的语言观，以结构判断形式探讨主题和主语功能，这一观点说服力不强。徐杰（2004：102－104）在总结前人的基础上，提出三种观点：（一）汉语只有话题陈述结构，而英语只有主谓结构；（二）同一个语法单位在句法层面是主语，在语用层面就是话题；（三）话题和主语具有各自独立的句法结构位置，这一观点同样具有模糊性。一方面，他从句法和语用的不同平面看句子成分，把句首成分同时看作主语和话题；另一方面，他又主张话题和主语各自有独立的句法结构位置。本著赞同句法和话题有不同的句法位置的观点，但同时认为话题是个句法单位，语义上与语用信息链接。不同句法位置表达不同语用意义，无须把句法与语用对立起来。由此，传统上被视为在语用层面上涉及信息的话题概念在汉语中已经语法化了，在句法层面应该具有和主语平行并列的结构位置。本著还认为，话题句本身就是描述事件或状态，可以是一般判断（如[129]）或复杂判断（如前面的[125d]所示），汉语和英语都具有仅描述事件或状态的典型句型“（XP）+V+NP”，如（130）：

（130） a. 外面下雨了！

b. 家里来客人了。

汉语这种存现结构，与英语同样意义的结构对应，可以看出这类汉语句子的句首名词成分不是主语,因为英语对应的结构都添加上了形式填充词 It 或 There 做主语(如[131])。既然汉语这类结构的句首成分不是主语,那就只能是话题。

(131) a. It is raining.

b. There is a dog in the room.

通过对形式填充词功能的观察,马志刚(2010a,2010b)认为,英语中形式填充词的使用是为了满足功能语类 T 的 EPP 特征,只能做主语,不能做话题,因为形式填充词不指称任何具体的语义内容,而汉语的存现结构都采用客体名词居于动词后的典型非宾格结构来表征(如[130])。他通过比较汉英语存现结构,把汉语的存现结构纳入主语类型,而把领主属宾结构纳入话题类型,这与潘海华、韩景泉(2005, 2008)相反。本著同意潘海华、韩景泉的观点,认为存现结构同样是话题结构,不是主语结构。下面对此做进一步讨论。

4.4.2 话题成分的句法性质

一般认为,存现结构和领主属宾结构的句首成分之所以存在是主语还是话题的纷争,主要是因为话题有两种类型:一种为无标记话题,一种为有标记话题。当句首成分是无标记话题时,其形态与句子主语具有同一性,这时很容易被看作主语;而当句首是有标记话题时,则完全不同于主语。因此本节讨论的话题,主要是无标记话题,也就是说,在无标记情况下,如何确定存现结构和领主属宾结构的句首成分不是主语,而是话题。

要弄清这两类结构句首成分的性质,除了要确定这些结构句首成分的来源,还要看句首成分的语义特性。英语句首成分可以是无定名词,而汉语句首成分通常是有定名词,尤其是作为话题的成分只能是定指名词①。

① 徐烈炯(2002: 403)提出,在无法判断句首唯一的名词词组到底是话题还是主语时,能不能认为有定名词词组占 NP1 作为话题,无定名词词组占 NP2 作为主语?其依据是英语中做主语的名词词组表面上看来都在同一个位置,但有定词组与无定词组应该画在树形图的不同层次(Diesing, 1992)。马志刚、章宜华(2010)认为,做主语的名词成分通常都是有定的,即便是范继淹(1985)所收集的大量无定 NP 主语句中的主语名词表面上表现为 QP,但实际上是具有隐性限定语的 DP。比如,"一位医生告诉我"中的"一位医生"的内部结构为[$_{DP}$[D][$_{QP}$一位医生]]。本著认为,这类以 QP 形式呈现的所谓 DP 短语,在汉语中无法承担作为话题的功能。

再者就是看句首成分的句法性质。尽管有的学者认为话题在语义上是个语用概念，但本著认为，既然在结构中有具体的位置，就说明其具有句法性质，不可能回避其句法特性。因为，无论可见与否，句法成分都有其确定的结构位置。而话题成分到底是句法属性还是语用属性，学界一直存在分歧。本节将通过功能中心语的 EF 特征来论证对话题的句法属性。

马志刚(2010a,2010b)把存现结构和领主属宾结构分别看作主语结构和话题结构，并试图通过句法移位特征对移位性话题进行解释。他认为句法移位而来的话题是 EF 特征核查的结果。根据 Chomsky(1999,2001)，句法结构的生成需要通过句法推导完成，而句法推导又主要是由功能中心语 v、T 和 C 等核查移位性特征来驱动的，其中句首成分的功能中心语 T 和 C 分别带有 EPP 特征和 EF 特征。句法理论认为通过核查这些移动性特征，就能辨明句首成分是主语还是话题。

马志刚(2010a,2010b)基于生成语法的观点，对存现结构和领主属宾结构进行汉英比较研究。他认为，汉英语的类型学差异源于功能语类上的移位性特征。英语属于主语突出性语言，而汉语属于话题突出性语言。英语主语的优先性源于功能语类 T 上 EPP 特征的必选性，因此必须先把主格名词置于 VP 之外的论元位置(Spec-TP)；而汉语话题的优先性则源于功能语类 C 上 EF 特征的必选性，因此先要把任何可做话题的有定成分移动到 VP 之外的非论元位置(Spec-CP)。EF 特征对于英语的功能语类 C 来说具有可选性，而 EPP 特征对于汉语的功能语类 T 来说具有可选性。他基于形式语法关于不同探针可以同时探测的主张，认为汉语领主句内部构造的常态是“显性话题+隐性主语”，属于多重判断，而英语存现句表达的认知行为单一，只能是隶属于简单判断的显性主语句。这就说明，汉语存在主语兼话题的结构特性。这一看法与潘海华、韩景泉(2005)相仿。

根据 Chomsky(2001)，功能中心语 C 和 T 可以按任意先后顺序对句法成分进行探测，也可以同时并行探测，但在具体情况下，只有某些选项能够推导出合法句。而主语和话题成分在句法推导中，必然受到 C 和 T 的探测。一般来说，中心语 T 优先探测到主语成分，而中心语 C 则优先探测到话题成分，而当 C 和 T 同时并行探测时，就可能进行“主语+话题”这种结构推导，而形成“显性话题+隐性主语”的领主句(马志刚 2010a,2010b)。上述推导表明，C 和 T 移位性特征(EF 特征和 EPP 特征)的有无实际上决定着领有名词和 There 到底是话题还是主语。从逻辑组合来看，二者的有无可以形成四种组配。

Li & Thompson(1981)曾提出,汉语句子中话题和主语有三种组配形式:只有话题没有主语;只有主语没有话题;既没有话题也没有主语。同样地,马志刚(2010a,2010b)根据移位性特征,把英语存现句式的内部构造按组合类型示例如下:

(132) a. *[+EF,+EPP]

[$_{CP}$There[$_{TP}$There[$_{VP}$ there appeared three guests]]].(话题+主语)

b. *[+EF, -EPP]

[$_{CP}$There[$_{TP}$ e[$_{VP}$ appeared three guests]]].(话题)

c. [-EF,+EPP]

[CP[TP There[VP there appeared three guests]]].(主语)

d. *[-EF, -EPP]

[CP[TP[VP e appeared three guests]]].(无话题、无主语)

相比较而言,汉语领主句必为"显性话题+隐性主语"句,移位性特征组合可以描述如下:

(133) a. [+EF,+EPP]

[$_{CP}$王冕话题[$_{TP}$王冕主语[$_{VP}$王冕死了父亲]]]。(话题+主语)

b. [+EF, -EPP]

[$_{CP}$王冕话题[$_{TP}$主语[$_{VP}$王冕死了父亲]]]。(话题句)

c. *[-EF,+EPP]

[$_{CP}$[$_{TP}$王冕主语[$_{VP}$王冕死了父亲]]]。(主语句)

d. *[-EF, -EPP]

[$_{CP}$[$_{TP}$主语[$_{VP}$王冕死了父亲]]]。(无话题、无主语)

根据最简方案,因为英语中无法接受无主结构,所以必须要有论元成分移动或形式填充成分插入主语位置以便通过格鉴别式,由此提出了EPP原则。后来Chomsky(1999,2001)则进一步主张,主格赋值仅仅与T的一致性特征和可解读特征(如T)相关。因此,马志刚认为上述四种组配中处于最高结构位置上的成分"王冕"都可以在Spec-VP位置上获得主格赋值①。这样产生的结果就是下面的句子，可能具有上述四种不同的内部构造（如［134］）：

（134）a. 学校里来了几位客人。

b. 王冕死了父亲。

在马志刚看来，依据汉语陈述句功能语类 C 上的 EF 特征为必选的假设，（133c）（133d）是不成立的，因为合并在 Spec-VP 位置的“王冕”尚未获得格赋值，属于活跃的目标，特征完整且生命度高，是 EF 探针理想的目标，必然会在其触发下移位到 Spec-CP 形成话题句。从语用层面看，话题是组织信息结构中的中心和出发点，述题部分只是一个简单判定，用来描述话题后形成一个双重判定句（马志刚 2010a）。根据郭继懋（1990：26－27），像领主属宾这类结构中重点描述的是话题成分的经历而非述题描述的事件。因此，汉语的存现结构和领主属宾结构都是话题结构的表述方式，事件描述是对话题的陈述（陆俭明 2003：246－248）。

英语和汉语都不是形态发达的语言类型，其结构中的话题和主语都缺乏形态标记，因此，词序成为重要的形式标记，这一点汉语表现得尤为突出。两种语言中的基本句型的词序都是［NP V（XP）］（陆俭明，2003），所以仅凭词序，还是无法鉴别句首的 NP 到底是话题还是主语。有鉴于此，不同学者试图在语序之外寻求判断依据。徐烈炯（2002：403）认为必须先把汉语动词短语和句子的内部结构弄清楚；徐杰（2004）则主张句子主语应该通过语法结构（具有上下位关系）来定义，即主语指的是跟句子 S 有母女（mother-daughter）关系的成分。根据最简方案，句子结构都被认为是 CP 结构（Radford 2004，2009），而对主语的定义主要是根据其句法位置进行。主语的结构关系是位于 Spec-TP 位置的成分与 TP 之间的母女关系（即 Spec-TP 位置），而话题成分则是一种非论元成分，位于 Spec-CP 位置，高于主语位置。据此，马志刚（2010a，2010b）认为，既然话题概念已经在句法推导中结构化且具有确定的独立于主语的句法位置，话题也可以通过语

① 对于两类特征（T 的一致性特征和 T、C 的移位性特征）的探测顺序，根据 Chomsky 的主张，一致操作和格赋值必定优先于移位操作，因此，马志刚、章宜华（2010）认为，移位到 Spec-TP 做主语的“王冕”与移位到 Spec-CP 做话题的“王冕”都在移位前得到主格赋值。马志刚由此解释了作为话题成分的“王冕”为何不能被介词“关于”引入（＊关于王冕，死了父亲），因为“关于”是宾格指派成分，而“王冕”已经得到主格赋值，不能再被介词引入，否则会引发格位冲突，导致语音部分无法提供恰当的语音拼读。

法结构来定义,因而定义话题的结构关系是 Spec-CP 位置的成分与 CP 之间的母女关系。如果由此对结构化的话题和主语在句法位置上加以鉴别,则很容易解释汉语中包括存现句和领主句在内的各种结构的句法、语义和语用属性。这样的话,石定栩(1999: 2)就认为同一个成分可以既是话题又是主语。这是因为汉英两种语言中的及物动词结构和非及物结构缺乏一致性的分析模型,所以在主语和话题上还是可能存在较大差异性。

一般而言,在组织结构信息时,任何语言都应该能够形成话题句和非话题句,因为两者所表达的语义和语用信息不同,而且不同语言可能会采用不同的句法结构来表达这两种不同的结构意义。但是,主语突出和话题突出的类型学特征也是相对而言的。石定栩(1999: 26)指出,主语突出性语言和话题突出性语言类型的差别,也只是一个相对标准,不同的自然语言都处在这两种类型构成的连续统上的某个位置,或者说都是某种程度上的一种混合类型。

马志刚(2010a,2010b)认为汉语和英语呈现出的类型学特征与功能语类 C 和 T 的特征组合差异有关。他是从句法结构而不是传统的功能出发,认为汉英语在主语与话题类型上的差异并非汉语话题用得多、英语主语用得多形成的区别,而是因为句法上由功能语类的移位性特征(EPP 特征和 EF 特征)及其必选性和可选性之间的差异。英语的主语优先性特点,源于功能语类 T 上 EPP 特征的必选性,因此必须首先把主格名词置于 VP 外的论元位置(Spec-TP 位置)充当主语,EF 特征对于英语的功能语类 C 来说具有可选性,所以话题性并不突出;而汉语的话题优先性特点,则源于功能语类 C 上 EF 特征的必选性,因此首先要把任何可做话题的有定成分移动到 VP 外的非论元位置(Spec-CP 位置)充当话题,EPP 特征对于汉语的功能语类 T 来说具有可选性,所以汉语的主语可以脱落。

鉴于以上不同的观点,本著同意潘海华、韩景泉(2005,2008)的看法,认为汉语中存现结构和领属结构的句首成分只能是话题而不是主语,这一观点与马志刚的特征类型分析并不矛盾,反而功能中心语 C 和 T 的特征分析为此提供了句法证据。与此相关,句法在进行语段推导的过程中,功能中心语不仅通过不同的特征对功能成分 T 和 C 有不同的标记,而且还涉及功能成分特征之间的传递作用。这是最简方案理论上不断修正的结果,由原来功能中心 T 和核心动词 V 具有的特征,升级为功能中心语 C 和 T 之间的特征假设,为话题的 EF 特征解释提供了句法证据。

4.4.3 引元理论对话题结构的解释

上一节分析了马志刚(2010a, 2010b)的移位性特征理论，以此来解释汉语作为话题突出性语言与英语为主语性的语言在存现结构和领属结构上的不同，并通过句法推导和特征传递次序来说明话题成分的句法属性。但还有一些问题仍然不够明了，比如汉语中方位名词有时可以隐现，这时句首的处所名词和领有名词之间的界限不够明晰。无论是存现结构还是领主属宾结构，也无论句首名词是否可以加上方位词，它们都不是介词短语，因此都可以看作动词的论元。这样一来，新问题又出现了：非宾格动词是如何允准第二个论元进入原本的一元结构的？马志刚(2012)以汉语的体标记词"了"作为考察对象，认为其具有引元语素的功能，能够给不及物动词的论元结构引入新成员，使之成为双论元句式，从而进一步为汉语话题结构提供了句法证据。这一视角具有一定的洞见，也具有一定的解释力，因此本节对此专门进行讨论。

虽然汉语学界早就意识到动词后的体标记词"了"在结构中具有重要地位，文献中已有广泛而深入的研究(李钻娘 1987；郭继懋 1990；Pan & Lee 2004 等)，但学界对其作为词缀形态的语素性质似乎没有引起足够重视。马志刚(2012)把存现结构和领主属宾结构中的"了"看作引元语素，并认为其功能是给单论元的非宾格动词引入新成分使其成为双论元结构。

王奇(2006)也讨论过将引元结构理论用于汉语相关研究，只是他认为汉语中只有低位引元结构，而程杰(2008)沿袭了 Baker(1988)关于英语没有低位引元结构的观点，也认为汉语没有低位引元结构。与这两种对立的观点不同，马志刚(2012)则认为汉语既有高位也有低位引元结构，其依据就是汉语存现结构和领主属宾结构中动词后的"了"作为引元语素，同时可以适用于高位引元和低位引元结构。他认为体标记词"了"的功能，是为了给汉语非宾格动词的论元结构增容，汉语的存现结构和领主属宾结构与引元结构基本上一致。那么，如何证明体标记词"了"作为引元语素，对这两种结构有不同的引介功能呢？汉语体标记词"了"作为功能项，主要是表达完成体事件意义。马志刚(2012)试图用体功能项来进行句法结构分析，对此，本著加以借鉴并纳入显性非宾格性体系当中，下面具体分析。

4.4.3.1 引元结构理论

所谓"引元结构",指的是某个动词带有引元语素(applicative morphemes),该语素能够引入新的论元,为原有的论元结构增容(Bresnan & Moshi 1990: 149-151)。如果某种动词被某种语素附着后,可以使先前只能用旁格形式表达的成分进入动词的核心论元结构,这时该语素就称为引元语素(Marantz 1993: 117-119)。不过,Abels(2003: 34)指出,由引元语素引入的新论元,其语义角色比较有限,一般只能是地点(LOCATION)、工具(INSTRUMENT)等;基于 Chichewa 语,Baker(1988: 230)则认为只有工具语义关系才能引入新论元(转引自马志刚[2012])。如果的确如此,汉语的处所名词被引入动词的核心论元问题不大,但领有者论元要被引入核心角色可能是一个问题。

但是,马志刚(2012)认为汉语领属结构可以在广义存现结构框架下适用引元结构理论。在 Marantz(1984)最早提出的结构关系中,引元短语投射 Appl P 位于 vP 和 VP 之间;Pylkkänen(2002)则据此提出,引元与VP、引元与基元之间的结构和语义关系并不完全相同,因而她区分了高位引元结构和低位引元结构。马志刚(2012)正是基于这一高、低位引元结构观来分析汉语存现和领主属宾结构,他的看法具有一定的说服力。他认为,在汉语中,实现这一引元句法功能的不是动词的具有附着语素功能的体标记词"了"。下面就汉语的引元语素"了"的功能进行分析。

4.4.3.2 引元结构对汉语"V 了"的句法分析

汉语中含有"V 了"的存现句一直以来都是研究的热点(范方莲 1963;李钻娘 1987;聂文龙 1989 等),在存现结构和领主属宾结构的两类句式中由"V 了"表达完结性意义,文献中的经典例子如(135):

(135) a. 家里来了一位客人。
　　　b. 王冕死了父亲。

对这两类结构的考察,石毓智(2007)从历时语言学视角把汉语领主句纳入广义的存现句;同样,传统语法研究(范方莲 1963;李钻娘 1987)和认知语言研究(沈家煊 2006;刘晓林 2007 等)也都基本把汉语领主句纳入存现句范围进行研究。据此,(135)中的两类句型在广义上可归于同类框架中的结构,而且文献中都把这两类结构视为一种非宾格结构表征。只是这类动词不同于典型的一元非宾格结构，通常带有两个论元。对于汉语非宾格句中为何可以带有两个论元，必须要作出解释。另外，虽然两类结构框架相同，但句首成分又完全不同，一个为处所成分，另一个为普通名词，如何解释这一现象也是不可回避的问题。

事实上，诸多学者都在注意到两者共性的同时，也对其差异性进行过解释（郭继懋 1990；潘海华、韩景泉 2008；马志刚 2012）。鉴于存现句的句首成分通常为处所名词短语成分，而领主句的主语一般是人或其他领有者成分，且不少情况下，存现句和领主句的句首成分兼具处所意义和普遍名词意义，似乎难以区分；因此，文献中有把这两类结构看作广义存现结构（石毓智 2007）或者话题结构（潘海华、韩景泉 2008；陆烁、潘海华 2014 等）。类似的结构还有如（136）：

（136）a. 动物园跑了一只狗熊。
　　　b. 行李房倒了一面墙。

郭继懋（1990：24）把（136a）和（136b）都看作领主句。马志刚（2012）则把（136a）和（136b）分别看作存现句和领主句，因为他认为存现句可以在句首名词后加上方位名词"里"，而领主结构的句首名词后如果添加相同的方位词，则语义会降低可接受度，如（137b）：

（137）a. 动物园里跑了一只狗熊。
　　　b. ？行李房里倒了一面墙。

为了对这两类句子结构的类型差异提供解释，马志刚（2012）从句法层面对这两类结构的体标记词"了"入手进行了考证。他基于引元结构（Pylkkänen 2002；Cuervo 2003）理论，认为（135a）中的"了"是高位引元语素，其功能是给"V+补语"这一事件引入方所类修饰性成分，而（135b）中的"了"是低位引元语素，其功用是为隶属者成分引入领有者，构成领属关系。

马志刚从体标记词的功能出发，把含有"V 了"的存现句和领主句纳入统一解释。虽然这两类结构具有诸多共性，可以纳入相同的结构框架，但其内部的句法结构并不相同。本著认为，这类结构的类型的确界限模糊，如果从广义上把领主属宾结构纳入存现结构框架，则是从语义上进行考量,而语义标准本身就是模糊的。马志刚这里的形式标准,是用方位词"里"来区分不同结构,更具说服力。但是这一分析也有缺陷,如下面相同的动词和结构,加方位词与否并没有什么结构上的区别,只有语用上的差异:

(138) a. 张三家来了几位客人。
b. 张三家里来了几位客人。

(139) a. 小岗村里死了两头牛。
b. 小岗村死了两头牛。

这两类句子中,句首名词后加上方位名词表示存现意义,不加则表示领属意义。因此,马志刚(2012)基于引元结构理论,提出存现结构隶属于高位引元结构,而领主属宾结构属于低位引元结构的观点。本著认为,高位和低位引元分析属于纯句法结构分析。这两类结构之间的异同,关键不在于结构区别,而在于动词的语义类型,即动词语义模板中要求投射一个处所或领主成分时,就决定了其句法结构配置及其句法推导模式。从这个意义上说,区分结构不是本质要求,动词语义和语用才是结构投射的真正决定因素。这样看来,句法结构分析仍然受制于语义和语用目的,这在一定程度上说明,句法与语义和语用之间互为依存。句法手段只是探索语言本质的一种手段而已,无法脱离语义和语用而独立存在,这是人类语言的共性决定的。语用视角用来解决在句法、语义层面之外的信息意义,如:在存现结构和领主属宾结构等中,句首成分并不是结构意义上的主语,也不是动词语义上的施事,因此无法在句法结构和语义上进行解释,这时学者们通常求助于语用视角,将其解释为话题。这是交际中为了凸显信息而采用的一种语用策略,这类策略还有采用句末焦点化形式、信息对比形式等。这些语用手段已作为短语投射 XP,被广泛纳入形式句法的推导之中。

4.4.4 动后名词的限定效应与格赋值

存现结构和领主属宾结构的共性,不仅表现在结构上,还表现在动词前后名词的句法性质上。这两类结构无论以什么方式实现句法表征,都面临一个共同的难题,那就是句法投射引入两个论元后,如何解释这两个论元的不同句法特性。前面就句首名词的句法性质及主语与话题之争进行了分析,对动后名词成分的句法性质同样需要作出解释,名词的格问题也需要得到明确的定性。

非宾格结构无论是以一元方式还是二元方式实现结构表征,都不能回避名词成分的指称意义和格问题。一般认为,非宾格动词典型地带有一个非定指的名词性短语,如果动词后的名词性成分是有定名词,则结构一般不能被接受。这就是名词的限定效应,非宾格动词通常受此限定效应限制。此外,根据生成语法,句子结构中的可见名词都必须获得格位,而非宾格动词又天生无法给其所带的唯一论元赋格,那么这就成为一个难题。本节先分析非宾格结构中的名词限定效应问题,再探讨格问题。

4.4.4.1 名词的限定效应

Huang(1987)认为,汉语的存现结构也同其他语言一样,核心名词的语义上都存在限定效应,即动词后的名词成分一般不能为定指名词。因此,下面(140a)的结构可能需要依赖特定的语境才能获得解读,否则不合法。

(140) a. ? 家里来了那个人/张三。
b. 那个人/张三来了。

除了语境信息可以帮助结构进行语义解读外,Hu & Pan(2007)还认为,如果句子引入焦点算子(如"还"),则句子就不受限定效应限制,比如:

(141) a. 桌上还(就)有那本书。
b. 桌上还有那本书(也)很有趣。

可见,在汉语中,特定语境或焦点算子可以帮助化解名词限定效应问题。虽然动词的题元关系与事件结构模板具有同一性,存现动词的句法投射基本遵循其事件结构框架,但存现动词之间论元成分的语义也可能受语用(语境)影响。一般认为,汉英语中典型存现句的共性表现为动词都具有非宾格性,动词后宾语位置上的成分为无定名词成分。不符合这些条件,句子就可能不成立,如:

(142) a. ＊门口哭了这个孩子。
　　b. 小班哭了两个孩子。
(143) a. ＊他家死了那只猫。
　　b. 他家死了一只猫。

动词"哭"一般被认为是典型的非施格动词,即使句首有处所名词成分,也不能表达存现意义,而是描述事件发生,因此也只有在特定语境下,这种结构才容易被接受。这类结构的解读一般是话题先入为主,然后才是焦点新信息,而新信息往往具有不确定性,这在存现结构中表现突出,如(143b)。典型非宾格动词"死"后的论元成分一般为不定指,但是在特定语境下也会有定指名词出现在表消失性意义的领有结构和存现结构中,如:

(144) a. 王冕死了父亲。
　　b. ＊王冕死了一个亲人。

这个领主属宾结构作为典型非宾格结构受到学界广泛关注,但其动后名词的定指意义却一直没有得到很好的解释。本著认为,如果在话题结构中,对比焦点可以形成很好的语境,使得非常规的结构获得允准,那么对比焦点也可能突破动词后限定效应的限制,获得允准,如:

(145) a. 王冕七岁时死了父亲,十岁时又死了母亲,从此成为一名孤儿。
　　b. 小明三岁时丢了那只心爱的玩具车,上小学时又丢了第一部手机。

前面提到,领属结构可以看作广义上的存现结构,但是反过来,就存现结构的构式意义而言,动词本身都具有空间实体间的存在关系,因此也可以看作具有领有意义,如:

(146) a. 他有一些书。
　　b. 老人在床上躺着。
　　c. 小李在墙上挂了好几幅画。

这些结构一般都被看作存现结构,但其结构意义都内包了一个领属关系意义。英语中也有相同的用法,如:

(147) a. The table has a book on it.
b. There is a book on the table.

(147a)(147b)两例中意义基本等值。汉语“有”(如[146a])通常被看作典型的存现结构,(146b)(146c)也分别表示“床上有个老人”和“墙上有几幅画”这样的实体存在关系。虽然在(146b)中,“老人”是定指;但转为存现句时,非定指比定指更常见、更具典型性,如(148c)和(148d):

(148) a. 老人在床上躺着。
b. 老人躺在床上。
c. 床上躺着一位老人。
d. ? 床上躺着(那个)老人。

动词“躺”“挂”通常被分别看作非宾格动词和及物动词。非宾格动词可以进行附加语和补足语之间的转换(如[148a][148b]),还可以进行主宾语位置上成分的转换(即话题与客事之间的转换)(如[148b][148c])。而汉语的一些及物类动词既可以进行起动(非宾格)结构转换,也可以进行“把”字结构转换,如(149)和(150):

(149) a. 小李在墙上挂了好几幅画。
b. 小李把那几幅画挂在了墙上。
c. 墙上挂着/了几幅画。
(150) a. 老王在石头上刻了一些字。
b. 老王把一些字刻在石头上。
c. 石头上刻着/了一些字。

可以看出,汉语的一些及物动词不同于英语,当其行为的结果导致某种客体的空间存在时,这些及物动词可以进入存现结构,表达客体的空间存在意义。但这时,及物动词的宾语仍然从动词那里获得宾格,因此,即使与存现结构相容,这类结构也并不是典型意义上的非宾格结构。这类结构不仅可以补出施事论元,还可以进行主宾语位置上成分的自由变换。金立鑫、王红卫(2014)把(149c)和(150c)类由及物动词转换为非及物性用法的结构称为"施格结构",施格结构不同于非及物性通格结构,而且受事自由移动的前提是施事不出现。但这类及物动词的施事总是可以补出,而且受事同样可以出现在句首,只是受事和施事占据的不是同一句法位置,如:

(151) a. 那几幅画(小李)挂在了墙上。
b. 那些字(老王)刻在了石头上。

像(151)这样能补出施事,使得施格性及物动词实现为二元结构,就说明其存现结构形式并不是纯粹意义上的存在,而是表达有行为参与者的事件发生意义,其体标记词"了"是对事件的完成性描述,"着"则是对状态进行描述,施事成分不能进入这种施格性结构(Pan 1996)(如 * 墙上小李挂着画; * 石头上老王刻着字)。本著认为,即使有施事参与的句法结构,在带有持续体标记词"着"时,同样可以有结果状态的意义解读(如:桌上小王放着几本书;床上宝宝摆着很多玩具)。施事的有无在语义上表现为即景性描述和完结性状态上的细微差别。本著把没有施事参与的存现结构称为"典型完结性状态存现结构"(如[148a]),而将有施事参与者的存现结构称为"即景性结果状态存现结构"。这样,及物动词参与构成的存现结构都可以看作结果存现结构(如[149c]和[150c])。但是,只要有施事参与,无论是完结性还是即景性状态存现结构,它们都不具有非宾格性。

4.4.4.2 动后名词的格

前面已提及,人类语言中,施通格语言和主宾格语言有不同的名词格系统。施通格类型的语言有明确的施格和通格形态标记;主宾格类型的语言也有一些有主宾格形态标记,但像英语的主宾格只是在代词的第一、第三人称上有所体现,其他名词成分没有形态标记。因此,在主宾格语言中,名词成分主要是通过相对固定的结构位置来确定其格位类型。一个句子结构通常有三种主要格位类型,即主格(nominative)、宾格(accusative)和旁格(oblique)。主格通常在动词前主语位置,由时态功能中心语 T 指派;宾格通常在动词后面,由及物动词直接指派;旁格在介词后面,通过介词指派。这些格位置都是相对固定的结构位置,因此称为"结构格"。

根据 Chomsky(1981),句法中可见的名词性成分必须获得格赋值才能进入语音式获得最终拼读。而根据非宾格假设(Perlmutter 1978; Burzio 1986),非宾格动词的唯一名词成分无法从其动词那里获得宾格。为了通过格鉴别,传统上认为非宾格性的名词论元通过语链传递而获得主格(Chomsky 1981, 1986; Den Besten 1985; Safir 1985; Burzio 1986; Vikner 1995); Belletti(1988)则因为其动后名词成分具有限定效应,认为这类非宾格动词获得固有的部分格;Eguzkitza & Kaiser(1999)则认为非宾格动词后名词成分既不是传递而来的主格,也不是部分格,而是同被动结构一样通过提升到外论元位置获得主格,潘海华、韩景泉(2008)也持类似的观点;也有人认为动词后 NP 受 V 管辖,由 V 直接赋主格(Pollock 1983)。像汉语这类无形式主语的语言,又是以何种机制赋格呢? Li Y-H. A.(1990)认为汉语这类动词同及物动词一样直接赋宾格,而胡建华(2010)则认为汉语无格,非宾格结构主语由语义信息凸显机制允准。因此,非宾格结构名词的格问题是又一个悬而未决的问题。

按照学界的主流观点,汉语非宾格动后名词在基础位置上获得主格,类似英语存现结构的赋格机制。但是,日耳曼语中的德语有两种形式填充词: 一种为非论元;一种为(准)论元(Cardinaletti 1990)。德语中非论元形式填充词的插入位置为 Spec-CP。不同语言中名词成分的赋格位置可能不同。非宾格动词后主语成分的赋格,可以通过 NP 右向移动与 VP 嫁接(如法语和瑞士的 Rhaeto-Romance 语等),或者左向移动提升到外论元位置,在 Spec-AgrSP 形成一致关系,从而获得格指派;而像西班牙、葡萄牙、意大利等罗曼语则允许主语脱落,但又缺乏形式填充词,动后 NP 通过 VP 嫁接形成统制关系,因而获得 T 的格赋值(潘海华、韩景泉 2008)。

因为非宾格动词既不能指派题元角色给外论元主语,也不能指派格位给内论元宾语,所以当外论元隐现时,其宾语需要移动到主语位置,或者保留在宾语位置。这时有两种可能: 一是当外论元位置被某个成分占据时,内论元需要与其形式填充词构成语链,或外论元为空位时,空位上的格传递给内论元使其获得格位;二是非宾格动词的内论元获得固有部分格(Belletti 1988),但“部分格”概念是否属于语义格仍存在争议。

如果存现动词都是非宾格动词,那么就对汉语动词都能赋格的观点提出了挑战。如果汉语是通过移位,即非宾格动词后 NP 提升到句首来获得格位,这说明非宾格结构的句首有空位,而这一空位可以允许不同意义的成分进入,如方位名词和领有名词:

(152) a. 家里来了客人。

b. 张三来了客人。

根据传统的格理论,处所名词在动词前通常需要一个格指派成分,而当方位名词在句首时,不需要这类格指派成分也可获得允准。这时,这个句首成分就不一定是为了格赋值而移位,而是为了话题化。如果(152)类结构中的方位名词获得主格,那动词后名词就无法获得主格。如果句首成分后还有一个隐形成分,动后名词则可以通过其传递主格。Li Y-H. A.(1990)为此提供的解释是:(一)当动词前后的名词成分之间没有语链关系时,非宾格动词能指派格位。(二)非宾格动词选择性赋格,即有处所名词主语时非宾格动词为其后名词赋格,没有处所名词主语时通过语链赋主格。我们认为(一)与非宾格假设相悖,并不可取,(二)则出现了主观随意性问题。虽然潘海华、韩景泉(2005,2008)也认为主语为空语类时通过空语类传递主格,或通过与VP嫁接,直接赋格;但是,如Li Y-H. A.(1990)所及,汉语中有的结构(如[153c])里动词后可能带有两个NP,除客体名词外,另一个时间名词短语也需要通过格鉴别,其手段是通过动词复制才能使这一时间名词成分获得允准。这说明无论是否存在形态标记,可见名词都必须通过格鉴别。

(153) a. *床上躺了很久一个人。

b. *床上躺了一个人很久。

c. 床上躺了一个人躺了很久。

Li Y-H. A.(1990)认为,汉语非宾格动词能直接赋格,只是不能题元标记主语名词,这与Burzio准则相悖,更不符合非宾格假设。与她不同的是,Lin(2001)回避了格问题,而是用轻动词句法理论解释存现句的句首处所成分是由轻动词允准;胡建华(2010)则认为,汉语无须格鉴别,而是通过信息凸显理论解释相关问题。但问题是,句法理论要求可见名词成分必须通过格鉴别式检验,回避格问题似乎并不是解决问题的办法。

Li Y-H. A.(1990)认为,汉语非宾格动词虽然不能指派外论元主语的题元角色,却能指派宾语的格位。她认为这是由于汉语缺乏形式填充词。主格成分一般有两种途径获取格位:直接在主语位置由INFL(T)指派主格或由语链传递主格。如果名词成分在动词后，要想获得主格，则必须有形式填充词进入主语位置，才能实现传递。汉语没有形式填充词这种语类，无法通过语链传递主格，因此只能由非宾格动词直接给其后的名词赋格。但到底是赋主格还是宾格呢？她认为，汉语格指派与题元指派不相关，又因为非宾格动词不能指派固有格，指派的只能是宾格。与此观点不同，潘海华、韩景泉（2005）提出，如果将被动句、存现动词句、非使役动词句统称为“非宾格动词句”，会面临一个共同的理论问题，即动词后的名词性成分必须获得主格赋值。但是，由于非宾格动词没有能力给其宾语位置上的成分赋格，而汉语中非宾格动词后名词成分却仍滞留在动词宾语位置且都合法，这并不违反格鉴别式。同样的问题在英语的相应结构中就不合法，动词后宾语位置上的名词成分必须进行显性句法移位，移到表层主语位置上才能被接受。

按照 Li Y-H. A.（1990）的假设，当动词没有外论元投射时，如果规定所有动词都能赋格，任何动词的补足语名词都能获得格指派，那么也就没有必要对及物和非及物、非宾格和非施格进行分类。再说，汉语没有作为形式填充词的空语类，这可能与汉语的主谓之间缺少一致关系有关（参见 Huang 1987）。那么，汉语的主谓一致关系是通过何种方式建立的呢？蔡维天（Tsai 2015）认为，汉语只有管辖关系。也就是说，汉语结构允准只需要依赖管辖关系，无须通过格鉴别式。汉语没有一致性问题，语义关系只能通过管辖关系进行解读。正是汉语的这些特点，使得一些学者认为汉语的所有动词都能赋格。

由此可见，虽然学者们主张汉语动词有不同的赋格方式，但基本形成了一个共识：非宾格动词后名词成分获得的应该是主格而不是宾格，Belletti（1988）所主张的部分格只是意义格而不是结构格，未能被多数学者接受。多数学者认为非宾格动词获得的是主格，但至于是如何获得的，学界有不同的看法。像英语那样通过句法移位是给名词赋格的一种必然手段，汉语的情形并不完全相同，但语言共性表明，通过格鉴别是句法推导的重要手段之一（Chomsky 1995）。

徐杰（1999，2001）在论及汉语相关结构中动后名词短语的格位时，援引 Belletti（1981）的“部分格”（partitive case）概念进行解释，马志刚（2012）也赞同“部分格”观点。徐杰根据部分格观，认为下面句式中的“两颗门牙”与“一个钱包”获得的正是部分格，其理由是 Burzio 准则认为非宾格动词不能指派宾格，但并没有规定它不能指派部分格。

(154) a. 张三掉了两颗门牙。
　　　b. 李四被偷了一个钱包。

表面上看,"部分格"似乎解决了动后名词短语的格问题。但是,正如潘海华、韩景泉(2008)指出的那样,部分格解释会带来如下新的问题。其一,汉语与其他语言在部分格问题上的差别无法得到解释。其二,出现在动词后面的名词成分并非只表"部分"意义,部分格所反映的是无定语义。也就是说,部分格的名词必须是无定指的意义成分,语义上表示一个集合中的无定量的实体,即该实体集中的某部分而非全部(顾阳 1997;潘海华、韩景泉 2008)。换言之,有定名词短语和全称量化名词短语都不能进行"部分格"解读,而且有定名词短语和全称量化名词短语也并非完全被排除在动词后的位置外(潘海华、韩景泉 2008),如:

(155) a. 掉了那个钱包(之后,小马变得小心谨慎了)。
　　　b. 被毁了所有的桥梁(,该地区的交通运输相当困难)。

其三,有时论元名词短语出现在动词的前面,这应该是名词短语显性句法移位的结果,如:

(156) a. 两颗门牙掉了。
　　　b. 一个钱包被偷了。

与此相关的问题是,如果名词短语可以在动词之后获得部分格,那么它为何还要移位到主语位置上?移位的动因究竟是什么?如果是为了格,这样的操作就会导致名词成分的重复赋格。更何况显性移位是有代价的操作,必须有操作的动因,否则有违普遍语法的经济原则(Chomsky 1995)。

潘海华、韩景泉(2008)在格理论框架下,对部分格提出质疑并提供了充分的理由。首先,在汉语的领主属宾结构中,领有名词短语本身是带有所有格的。有格就说明领有名词缺乏移位的动因,这时移位必然导致重复赋格。其次,部分格并不能很好地解释动词宾语的赋格问题。为维护非宾格动词性质和格理论原则的普遍性,潘海华、韩景泉(2008)明确了汉语非宾格动词的本质属性,同时对以上问题作出了不同的解释:

(一) 汉语非宾格动词与英语一样,不具备给深层逻辑宾语指派或者核查宾格的能力,这是非宾格动词的基本性质所决定的;(二) 保留在动词后的逻辑宾语成分,之所以不会违反格鉴别式,是因为它在该位置上已经获得了主格。他们的核心观点是:汉语非宾格动词的论元在动词前后有两个位置可以获取或核查主格。为了核查动后名词的格,TP 功能中心语 T 先移动到 TP 标志语位置获得主格;然后再因为语用目的,后置与 TP 嫁接生成一个句末焦点。他们由此对汉语的保留宾语结构进行了统一解释。

尽管潘海华、韩景泉(2005,2008)解决了保留宾语结构中非宾格动词后名词成分的赋格问题,但仍未解释汉英语之间的不同表现。英语同类结构中的名词短语必须做显性句法移位才能获得主格。他们认为,这与汉英两种语言的句首成分在形式特征上有强弱程度的差异有关。这一点可以从上节中对马志刚(2012)关于移动特征的分析获得有力支持,这里不再赘述。

4.5 本章小结

本章就汉语存现结构和领主属宾(保留宾语)结构的句法-语义问题,分别梳理了前人对两类结构的相关解释,并就动词的一元结构和二元结构中名词成分之间的关系及其格位等共性句法问题和这两类非宾格结构的句法实现进行了分析讨论。综合来看,文献中对汉语存现结构和领主属宾结构的生成有以下几种观点:

(一) 空间概念突出功能中心语 LOCUS 允准非宾格性句法实现;

(二) 话题突出语言中,句首处所名词结构通过 EXIST/OCCUR 类功能中心语和领属结构中话题化允准非宾格性句法实现;

(三) 引元结构语素"了"帮助实现存现结构和领主属宾结构的不同投射。

本章主要探讨的是典型的存现结构和领主属宾结构中的非宾格性句法实现问题,包括存在、出现、消失类单体动词,如"挂、来、死、沉"等。这些动词可能带有一元或二元名词成分,动词的非宾格性相同,但其结构类型不同[1]。及物性"挂"类动词进行非及物性转换,非及物动词带有名词成分,非及物动词带有二元成分等都可以实现非宾格结构表征。这就是为何除了典型的非宾格动词外,汉语中的一些运动方式类动词"游、飞、爬"和及物动词"写、画、绣、刻"等同其他典型的存现动词一样,在特定结构中也都表现出非宾格性(隋娜、王广成 2009;张达球 2009)。非宾格结构的语义,受事件谓词 EXIST/OCCUR 的影响,表达的是事件结果变化或持续状态意义。

潘海华、韩景泉(2005)认为,汉语显性非宾格现象,除了存现句,还表现在非使役句(即起动句式)和被动句(第六章专门论述)之中。这些结构的共同特点是动词无外论元,其唯一的受事或客体内论元,不但具有宾语的结构性质,而且表现形式也与及物动词的宾语相同。因为此类动词又具有非宾格性质,所以不能给动词后面的名词论元指派宾格。动词之后的论元名词虽然无法从动词那里获得宾格,但可以将空主语位置的主格特征继承过来。潘海华、韩景泉(2005)通过对存现句及非使役动词句等显性非宾格结构的分析,提出位于存现结构和领主结构的句首名词性成分为基础生成的话题,该话题成分对其后小句中的动词与领主及其所有格定语起制约与管辖作用,整个结构的生成过程中不发生移位。在有显性名词短语移位的结构中,英语的名词短语移位是为了核查 EPP 强特征,而汉语的名词短语移位则是为了生成一个无标记话题,即通过话题化完成非宾格实现。马志刚(2010a,2010b)对此类问题持不同的观点,认为存现结构和领主属宾结构的句首名词成分都是通过移位特征核查获得实现。汉英语存现结构和领主属宾结构的句首成分不同,分别是为了核查 EPP 强特征和 EF 强特征,从而对存现结构和领主属宾结构进行非宾格性统一解释。

对于汉语显性非宾格性实现这一问题,在比较马志刚(2010a,2010b,2012)和潘海华、韩景泉(2005, 2008)的基础上,本著认为,汉语存现结构和领主属宾结构的句首成分是基础生成的话题,这一句法性质是不容置疑的。本著同时也认为,句法位置上的成分,其基础生成也需要通过句法推导,通过特征核查与删除才能实现结构表征。因此,在推导方式上,本著认同马志刚(2012)主张的存现结构和领主属宾结构引元操作上的不同句法

① 这类所说的及物动词,主要指空间姿态类动词,通过非及物性转换后,及物动词的施事隐现,句首通常由处所名词成分取代,构成存现结构。这不同于文献中另一种形式的话题结构(也被称为受事主语句),及物动词施事成分隐现,而把受事成分移位进入句首位置。这类结构没有存现意义。

推导,同意汉语中存在由体标记词“了”触发的不同引元操作结构,但认为这种不同操作不是不同结构差别所致,而是由动词的语义引发的差异。当动词表达的是题元角色之间的空间存现意义时,进行上位引元操作;而当动词的题元角色之间存在领属关系意义时,则进行下位引元操作。存现结构的动词语义中,包含轻动词中心语 LOCUS 的处所语义特征;领属结构的动词语义中,包含轻动词 HAVE 的拥有义特征。

存现结构和领主结构之所以具有各自的结构特征,关键是其结构中分别有 LOCUS 和 HAVE 的轻动词语义特征。动词的这一语义差别表现为结构类型上的差别,但句法推导与生成仍具有共性。

存现结构的非宾格实现,除了通过移位特征核查、引元结构推导(马志刚 2010a,2010b, 2012)和话题化分析(潘海华、韩景泉 2005, 2008)外,还有一种允准分析,就是功能中心语 LOCUS 允准分析(Mei 2002; Lin 2008)。他们认为,不同语言可能选择时态或处所作为句子的中心语,从而表现出参数差异,并提出用 LOCUS 表示时间(temporal locus)或处所(spatial locus),且两者存在强弱之分。英语属于时间强、空间弱的语言类型,汉语则相反,属于空间强、时间弱的语言类型。因此,汉语中的空间处所在结构中起重要作用。比如,当一个命题被质疑时,人们喜欢用“哪里”来辩护,如:

a. 他吃了一个汉堡。　——我哪里吃了?
b. 他很有钱。　——他哪里很有钱?
c. 我在家里看书。　——你哪里是在家里看书啊?

这种反诘句中的“哪里”不表示真正意义上的处所,如果表示处所意义,必须用介词“在”才能进行提问和回答。有鉴于此,Lin(2008)假定汉语中的 LocusP 取代 TP,由 Locus 与从 Spec-vP 移动到 Spec-LocusP 的主语核查处所意义。如果有时间状语出现,则必须在“哪里”左侧。这里的问题是:即使用处所中心语来允准时间状语,为何处所中心语不能高于时间状语?他认为,汉语的 IP 可分离为 TENSE/LOCUS 两种,前者统领后者,因此处所中心语不能高于时间中心语,否则就不能构成统领关系。就像英语的 IP 可分离为 TENSE/NEG 等,这种情况下时间状语由 TP 允准。就存现结构而言,本著不完全赞同汉语中由 LocusP 取代时间 TenseP 的观点,语义上不能因为有“哪里”对事件进行反问就在语法上把时间和空间等同

起来。就存现结构而言,前面的例子"家里/王冕来了客人"就可以用如下表达式表达:

a. 家里/王冕来了客人。

b. [$_{CP}$家里/王冕 LOCUS[$_{TP}$ TENSE 了[$_{VP}$来[客人 V 来]]]]。

再看领主属宾结构的情形,如:

a. 王冕死了父亲。

b. [$_{CP}$王冕 HAVE 了[$_{VP}$死[父亲 V 死]]]。

可以看出,存现结构和领主属宾结构的轻动词是在 TP 局域外的 CP 域,通常称为域外成分,而话题结构中的域外成分不同于主语结构的域外成分。域外的话题成分是基础生成的,不是通过 TP 内移位而来,因此是个独立成分而不是移位成分,这种话题成分与 TP 域内的成分没有成分统制关系。正因如此,潘海华、韩景泉(2005,2008)把这类话题归类为"悬垂话题"。

本章对存现结构和领主属宾结构进行了全面的分析,对这类动词的句法性质、一元结构和二元结构中的名词成分的句法地位、来源、格位,以及结构的生成解释等做了全面分析与讨论。其中,重点根据潘海华、韩景泉(2005,2008)的话题化分析,对两类结构的句首成分进行了讨论。同时根据马志刚(2010a,2010b,2012)的移位特征分析,对句首成分的句法性质进行了讨论。

自范方莲(1963: 386)指出汉语中除了"着"标记的存现句外,还有"了"标记的存现句后,语言学家们已经对相关的现象进行了深入探讨,但在语义表达和句法生成机制两方面始终未能对"V 了"存现句和领主句给出明晰准确的定义并阐明其区别。马志刚(2012)基于高位和低位两种引元结构对存现结构和领主属宾结构进行了分析,认为用引元分析可以为汉语显性非宾格结构提供统一解释,从而对汉语"V 了"的词汇-句法功能提供了一个崭新的视角。

引元理论分析看似很有说服力,但把体标记词"了"看作类词缀的语素来证明两类结构的高低引元结构差别,其理论框架的合理性还有待跨结构的进一步验证。一般来说,动词的引元结构在形态丰富的语言中,词缀触发高低位引元投射，但汉语作为词汇形态贫乏的语言类型，体标记是否具有这种词汇功能恐怕还是个疑问。如果完成体标记可以实现此功能的话，那是否意味着在其他结构中，即使体标记不同，也可以实现同样的功能呢？如果答案是肯定的，那说明体标记词"了"就不可能是触发引元投射的词素成分。试比较下面的句子：

a. 墙上挂着一幅画。
b. 张三正饿着肚子。

按照马志刚（2012）的观点，非完成体标记词"着"同样可以实现完成体标记词"了"的功能。因此，本著认为，汉语的体标记词本身只是句法功能词，不具备词缀的形态句法功能性质。据此，本著主张汉语存现结构和领主属宾结构的允准，分别是通过动词语义选择的轻动词功能中心语LOCUS 和 HAVE 在 TP 和 CP 的最大投射内进行句法合并操作，来执行EPP 特征和 EF 特征的强弱检验，最终删除移位特征，完成句法实现。

第5章 动结式小句的非宾格性

语言中的动结式结构一般是由一个动词与形容词复合而成,表达的是复杂事件意义,语义上包含一个行为事件和一个结果事件,其中结果事件具有典型的非宾格性特征。对这类复杂事件结构的研究,在语言理论上具有重要意义。这不仅能揭示词汇语义的本质特性,还能为揭示其句法和语义之间的题元关系提供重要视角。不同语言关于动结式结构及其非宾格性的句法研究非常广泛深入,但跨语言的研究并不多(Washio 1997; Huang 2006 等)。近年来,这种跨语言研究的视野趋于扩大,为探索语言之间的共性和差异性做出了有益的尝试。

一种语言中,表达某种有界意义的结果事件是典型的非宾格结构语义特征之一,而表达结果事件又有多种方式,不同语言之间这类结构的实现机制也不尽相同。一般来说,汉英两种语言中都存在两种表征方式:一是用单一谓词直陈结果的方式而抑制导致该结果的致因成分,这时可以对结果状态进行简单描述,这种结构称为起动结构[①];另一种则是

① 在汉英语中,起动结构往往可以与使成性结构形成结构转换关系。但哪个结构是基础结构,学界对此存在一些分歧。一种观点认为,起动结构是基础结构,使成转换是通过起动结构引入致使论元使成化(causativization)的结果;另一种相反的观点认为,使成结构是基础结构,起动结构是通过抑制外论元去使成化(decausativization)的结果。

显现致因成分及其所产生的结果，最典型的表达构式就是动结式(resultative)复合谓词结构。这种结构一般包括两个子事件，一个表达行为，另一个表达结果，其构式意义就是表达某种行为事件以及该行为引发的某种结果事件。这种由两个子事件构成的复杂事件结构与由单一事件表达的起动结构之间通常可以进行结构转换。在很多语言学者看来，这种结构转换关系中的哪种结构更具基础结构地位一直存在争议；也有观点认为，这两种结构之间不存在转换关系，它们各自是独立结构(Cuervo 2015)。本著主张单一性结果事件结构为基础性结构，复杂事件结构由单一事件结构通过引入致因外论元扩充投射而来，即把基础性的结果事件结构扩充为使成(causative)事件后，生成复杂的使成性结果事件结构。

汉语中的单一性结果事件表达的非宾格性，与存现、消失类中表达结果变化意义的事件意义有较大的共性，在第四章的存现结构和领主属宾结构中有部分涉及。非宾格动词"死、倒、塌"等就是典型地表达消失性结果变化意义，都是用来表达某种结果的事件。凡是具有某种结果意义的动词，都可以与行为动词一起表达某种复合事件，而汉语中无论是单一结果事件还是复杂性使成结果事件，都可以通过显性使成化"把"字结构，实现为动结式事件结构语义。"把"字结构传统上被看作处置式表达(王力 1985)，但在生成语法中，"把"被看作显性轻动词，目的是使动词的受事成分获得格赋值(Huang 2006)。本章对比英语中的动结式结构，重点对汉语动结式结构和"把"字结构进行非宾格统一分析，以便探讨非宾格性结果事件的句法实现机制。

5.1 动结式结构定义

语言中为了表达某种行为及其导致的结果，通常会使用两种方式：一种不需要说明施为者或致因，直接表达结果事件，这种表达通常是单一事件，文献中称为"非使役结构"(anticausative)或者"起动结构"；另一种则表明施为者或致因，同时表达行为事件及其产生的结果事件，是一种复杂事件表达，文献中称为"使成结构"。单一事件通常以存现或领主结构表征，上一章已有较多讨论，如下面(1a)和(2a)中的名词成分在表层结构中是主语，在语义上却是受行为影响的对象，因此语义上的结果谓词是主语指向，是典型的起动式非宾格结构，其表层结构的主语被认为是从底层结构中的宾语位置移动而来的（Perlmutter 1978；Burzio 1986）。本章主要关注的是使成性复杂事件结构（分别如[1b]和[2b]）。关于动结式结构，英语和汉语中还存在另外两种表征类型需要甄别：一种为宾语指向（如[3a]和[4a]），另一种为主语指向（如[3b]和[4b]）。可以看出，并不是所有宾语指向的动补式谓词都是动结意义，也不是所有动补式关系都是宾语指向性。因此，关于动补结构结果谓词的语义指向问题，英语和汉语存在明显差别。比如，在英语例子(3)中，无论是(3a)的宾语指向，还是(3b)的主语指向，结果补语成分都不是行为动词的直接结果；而汉语例子(4a)则同时表现出宾语和主语指向的歧义性，(4b)没有带宾语时只有主语指向，但结果意义和行为动词之间却又明显存在使成关系。

(1) a. The vase broke into pieces.
    b. Jack broke the vase into pieces.
(2) a. 花瓶碎了。
    b. 小猫打碎了花瓶。
(3) a. Jane ate the meat raw.
    b. The pilgrim followed the star into Bethlehem.
(4) a. 张三骑累了马。
    b. 张三骑累了。

英语中像(3)这类补足语结构被称为"描述性谓语"（depictive predicate）结构，而汉语中相对应的结构，可能是描述性谓语，也可能是结果谓词或附加语（adjunct），如(5)：

(5) a. 他生吃肉。
    b. 朝圣者跟着星光进了圣城。

可以看出，对应英语例(3)的汉语句子可以表达为(5)，其中(5a)中的"生吃"就是一种表达方式的"附加语+动词"的单一事件结构，而(3a)中的raw则是宾语指向的次谓词，其与主谓词eat之间不是因果关系而是方式关系。因此，该结构不是动结式，而是描述性谓语结构，两个谓词之间的语义关系类同于汉语的偏正式复合动词,如“生吃”。这类复合谓词还有“白吃”“慢跑”“俯冲”等。汉语中这类结果谓词用作附加语修饰主动词构成偏正式单一事件谓词的用法,如:

(6) a. 张三刷白了地板。
    b. 张三白刷了地板。

韩语的复合谓词“刷白”中,次谓词为宾语指向的结果意义(因粉刷使得地板变白);但如果是偏正式复合动词,则是主语指向,表达行为导致结果受损意义。同样的复合谓词(如[6]),在汉语里宾语指向意义时与韩语相同(如[6a]),但汉语偏正式单一谓词“白刷”的语序与韩语完全不同(如[6b])。虽然“白刷了地板”中的“白”也是主语指向,但已不再是次谓词,而是修饰性副词,为附加成分,意指原意图无效或被破坏了。因此,(6b)不是动补结构,而是描述性谓语结构的一种表征形式。汉语的描述性谓语结构不同于英语(如[3a])。(3b)中两个谓词的意义都是主语指向,而且两个事件之间也看似是动结式结构关系,但仔细分析就会发现介词短语 into Bethlehem 不是动词 follow 导致的结果,而是行为预定的终点目标,即通过 follow the star 的方式到达这个终点目标,是主谓词的一种补足成分。因此,(3b)可以转换为下面的结构表征:

(7) The pilgrim went into Bethlehem by following the star.

与此对应的汉语例子(5b)则是连续动词(serial verbs)结构,汉语中相同意义的结构变化与英语表现出较大差异。

此外,汉语还有可能出现语义指向和结构表征上的歧义现象,如:

(8) a. 我吃饱了。
    b. 我吃饱了饭。
    c. 我吃饱了肚子。

汉语中的一些及物动词可以带有受事宾语(如[8b]),也可以省略受事宾语(如[8a]),还可以带有非选择性宾语(如[8c])。(8a)中由两个动词构成的是动结式复合谓词,其事件意义都为主语指向,因为主谓词隐藏了受事宾语[①]。(8b)中主谓词带有显性宾语,次谓词虽然与主谓词构成复合谓词,其语义仍然为主语指向,这并未遵循DOR条件。虽然文献中有学者认为次谓词是宾语指向,形成"饭饱"的逻辑主谓关系,本著认为这只是表象。同样的情况在(8c)中也有出现,复合谓词后带的是宾语"肚子",主谓词的固有宾语"饭"隐现了,因此两个谓词分别指向主语和非选择性宾语,形成"我吃(饭)→肚子饱"的子事件关系,而大主语"我"和小主语"肚子"之间存在自然领属关系,所以子事件"肚子饱"蕴含了"我饱"的命题意义。可以说,(8b)中的两个子事件有同一个逻辑主语,形成"我吃饭→我饱"的双事件关系;而(8c)中的复合谓词构成二元结构,形成"我吃(饭)→肚子饱"的使成复杂事件关系。在(8b)中,底层"饭饱"这类配置与百科知识不合,但(8c)中底层的"肚子饱"无疑是合乎逻辑的一种非宾格性配置。这种事件关系蕴含着命题意义"我的肚子饱了"。这类似前一章领主属宾结构"王冕死了父亲"中的命题意义"王冕的父亲死了",这种"领主属宾"结构是典型的非宾格性表达。因此,像(8c)这种二元指向的次谓词,语义上也是领属同指关系。这是本章需要重点讨论的非宾格结构的表征形式之一。这种动结式复合事件结构中的两个论元成分之间的关系,不同于(2)中"打碎"的动结式复合事件结构中的两个论元之间的关系。"吃饱肚子"中的受事宾语隐现,动宾之间为非选择性题元关系,而"打碎花瓶"为施事和受事关系,动宾之间为典型的子语类化结构关系。因此,本章重点讨论如(8)类动结式复杂事件结构关系及其非宾格性实现机制。

从以上的实例可以看出,汉英动结式复合谓词结构中,次谓词语义的宾语指向和主语指向并不完全取决于局域内的题元关系,汉语中及物动词的非选择性宾语可以参与动结式逻辑结构配置。"吃"类典型及物动词有显性宾语、隐性宾语和非选择性宾语等情形(如[8]中的"吃饱""吃饱饭""吃饱肚子");除了及物动词存在非选择性配置外,汉语中非及物动词也有同样的非选择性配置,如非施格动词"哭"和非宾格动词"冻"也同样有动结式复合结构"哭哑""冻死":

(9) a. 张三哭[哑了嗓子]。
　　b. 湖里冻[死了鱼]。

---

① 虽然可以说"我已经酒足饭饱了",但这应看作"我已经把酒喝足了,把饭吃饱了"的经济说法,而不应该认为是次谓词语义的宾语指向关系。

汉语中的(9a)这类非施格性动结式结构,类似于及物性动结式次谓词结构“吃饱肚子”,都包含复合事件结构。其中结果性次谓词的事件结构具有相同特性,复合谓词的两个论元之间具有领属关系,且结果谓词与其补足语在局域内形成“嗓子哑”的题元关系;(9b)则类同于通格(非宾格)动词,其结果性次谓词在表层结构中,与动词后补足语成分构成题元关系“鱼死”。但是,(9)中的次谓词构成的题元关系,在结构表征上都是[非及物动词+论元名词]类配置结构,其与主动词构成的复合谓词结构语义,同于单体存现事件结构和领主属宾结构意义,主动词的出现只是表明导致结果事件的方式。因此,无论主动词是何种类型的动词,其结果谓词所表达的事件都是非宾格性配置。这样,非宾格性在动结式结果谓词的结构表征中就有以下几种情形,其主动词类型包括及物动词、非施格动词和非宾格动词:

(10) a. 吃饱肚子[肚子饱]。
　　 b. 打碎了花瓶[花瓶碎]。
(11) a. 哭哑嗓子[嗓子哑]。
　　 b. 冻死了鱼[鱼死]。

这些动结式复合结构中,主动词有及物动词(如[10])和非及物动词(如[11])两类。及物动词复合结构中有子语类化(如“打花瓶”)结构和非子语类化(如“吃肚子”)结构,非及物动词中又有非施格动词“哭”类自主行为动词和非宾格动词“冻”类由外因致使某种结果两类。也就是说,汉语动结式中的非宾格性,有及物动词、非施格动词和非宾格动词三类主动词参与的复合事件结构,其中的次谓词小句配置完成非宾格结构的实现。这似乎表明汉语中的所有动结式复合动词类型都可以表征为非宾格性,其中的次谓词结构配置可以实现单体结果意义的非宾格结构。正因如此,沈阳、Sybesma(2012)认为汉语中所有动结意义的动词都表现出作格(非宾格)性。

5.2 直接宾语限制(DOR)条件

动词的非宾格属性在句法和语义上都有明确的定义,即动词在句法上无法给其宾语位置上的成分赋宾格，语义上表达持续状态或结果变化意义。不同的动词甚至相同意义的动词，在跨语言上可能有不同的非宾格性表达方式。其中，在词汇层面上，汉英动结式复合结构就都包含了非宾格性底层小句核心结构①。那么，在动结式复合谓词结构中，如何才能确定其小句结构的非宾格性语义关系呢？Simpson（1983）及 Levin & Rappaport Hovav（1995）就认为，动结式结构中的非宾格性表达，在结构上需要遵循直接宾语限制（DOR）条件。

（12）直接宾语限制条件：

动结式结构中，表达结果意义的成分是宾语而不是主语的谓语。

这种限制条件表明，在典型动结式复合谓词结构中，次谓词不能与句子主语形成指涉关系。但事实上，如上节所提到的，我们发现汉英语的复合谓词中都存在主谓词和次谓词之间并没有使成性因果关系的情况。也就是说，在复合事件结构中，并不是所有的次谓词都与宾语构成指涉关系，也会出现次谓词与主语构成指涉关系的情形。这时表达结果意义的次谓词并不遵循 DOR 条件，而可能形成描述性谓语结构（如[3]）。此外，还有一种情况不能构成动结式结构关系，即结果谓词不能与介词宾语构成指涉关系（Levin & Rappaport Hovav 1995：41），如：

（13）a. The farmer loaded the wagon full with hay.

b. * The farmer loaded hay onto the wagon full.

（Williams 1980：204）

（14）a. The silversmith pounded the metal flat.

b. * The silversmith pounded on the metal flat.

（13）在结构语义上类同于（1a），但在结构表征上却有所不同。（1a）中的结果状态用 broken 和 into pieces 进行不同程度语义的表达，而（13a）

① 英语中的动结式事件意义有两种形式表达，一种是单一起动性动词（如 break、sink、melt、open、close 等），往往隐含着导致这一结果事件的某种致因成分，这类单体动词可以进行起动-使成结构转换；另一种则是由动词和介词短语或形容词构成的复合事件结构（如 break … into pieces，blow … off，hammer … flat 等）。相对应地，现代汉语中较少出现前一种类型的动结式单体动词类型（古代汉语中比较常见，如“破[局]”“毁[约]”“沉[船]”“化[雪]”等），而通常需要有行为动词与这类表达结果事件意义的动词复合，构成动结式复合动词。

则表达的是结果 wagon full,但明示了方式,即用什么方式把货车装满的——用干草 with hay。也就是说,英语中无论是补充表达结果状态还是补充说明实现结果状态的方式,都是一种语义的补充,在结构形式上根据动词的结果意义不同而有差异。(1a)中的使成及物动词 break 本身就含有结果意义,因此不需要另外的结果谓词,补充了介词短语只是对结果意义的明示;(13a)中的及物动词只表达行为意义,无使成结果意义,必须增加结果谓词 full 才能表达动结式语义,且都表达的是宾语指向意义,因而能满足 DOR 条件。

Simpson(1983)在 Williams(1981)的基础上,最早提出动补结构宾语语义上的限制原则。与此相关但并不违背该原则的是,在表达起动意义的单一结果谓词和动结式复合谓词结构中,逻辑宾语提升时,宾语位置上的成分移位到主语位置,动结式结果谓词也就转变成非宾格动词的主语指向,如:

(15) a. The river froze solid.
b. The snow melted into liquid.
c. The toast burned black.
d. The pitcher smashed into pieces.

这些句子中的动词都是非宾格动词,其主语与次谓词之间构成语义指涉关系,因此并不违背 DOR 条件。但该原则同时也规定,结果谓词不能与非施格动词的主语形成指涉关系。如果需要表达非施格动词主语指向的语义关系,就必须通过反身代词宾语或非选择性宾语结构才能实现,如:

(16) a. Mary sang herself hoarse.(玛丽哭哑了嗓子。)
b. The woman cried her eyes blind.(那个女人哭瞎了眼睛。)

这类非施格动词通过增补反身代词宾语或非选择性宾语成分实现复合事件结构,从而满足了 DOR 条件。因为如果不增补这种宾语成分,句子就不合法;反过来,如果只有这种宾语成分,而没有结果补足语成分,句子也不合法(Levin & Rappaport Hovav 1995),如:

(17) a. * Mary sang herself.
b. * Mary sang hoarse.
(18) a. * The woman cried her eyes.
b. * The woman cried blind.

因此，非施格动词的动结式结构也同样满足 DOR 条件，使其具有较强的结构限制作用。

(16)(17)(18)这种增补宾语所形成的动补结构并非动词本身意义所形成的复杂事件，而是一种通过动词论元增容的表征形式，其结果小句同样构成非宾格结构，这种结构实现方式等同于汉语中的领主属宾结构(见上一章的分析)。因此，本章所涉及的动结式复合谓词的小句非宾格性表达包括及物性、非宾格性和部分非施格动词的复杂事件结构。下面先分析起动结构中的非宾格性。

5.3 动结式结构的非宾格性

汉英语中都有典型的结果性单体谓词和动结式复合谓词，而且两类动词都可以进行起动-使成结构转换，只是英语中这类转换实例更为常见。这一现象是 Simpson(1983)在对英语这类主宾格语言和 Warlpiri 语这类施通格语言进行观察对比的基础上提出的动词类型划分。文献中把这类动结式复合结构中的结果事件认定为一种显性非宾格性(surface unaccusativity)表征，即在动结式中结果谓词与主动词的宾语成分之间形成一个逻辑上的主谓结构，但在表征上名词成分仍然位于动词后的宾语位置。在起动结构中，结果动词后的宾语移位到动词的左边，构成逻辑上的主谓结构，这时形成隐性非宾格性(deep unaccusativity)结构(Levin & Rappaport Hovav 1995)。

虽然英语例子(1)的两个子事件中，结果谓词表达宾语指向的结果变化[Jack broke the vase → the vase BECOME (broken) into pieces]意义，同于汉语例子(2)的两个子事件(小猫打花瓶→花瓶碎)之间的因果关系，但就结果小句的配置而言，英语和汉语并不相同。英语中的小句为[$_{vP}$ NP

AP/PP] 配置(vase broken/into pieces),而汉语的小句为[$_{vP}$ AP NP]配置(碎花瓶)。根据石毓智(2000),现代汉语中的动补结构 VRN 语序由中古汉语的 VNR 语序演变而来,如:唤江郎觉(唤醒江郎)。从这个历时演变角度看,中古汉语动结式配置类同于英语同类结构配置。这一共性从(2b)和(4b)中也可以看出。汉英各自的起动结构完全相同,这就说明,在句法推导的底层核心结构中两种语言是一致的,只是在现代结构推导过程中开始出现差异,使得最后的表征方式有所不同。本节就汉英语中这种结构转换的异同进行讨论。

5.3.1 英语非宾格性动结式结构

前面论及汉英语及物性动结式(VR)结构普遍可以进行及物与非及物之间的结构转换,英语中称为"使成-起动结构转换"(causative-inchoative alternation)。本著认为,因为其中的起动结构是非宾格性表征的一种典型方式,而且是基础核心结构,所以把这类及物-非及物动词结构转换称为起动-使成结构转换。此种变化的另一证据是,并非所有使成动词结构都可以进行起动结构转换。先比较两组不同类型的动词(Levin & Rappaport Hovav 1995)如下:

(19) a. John hammered the metal flat.
　　 b. * John hammered the metal tired.
　　 c. * The metal hammered flat.
(20) a. Jack sneezed the napkin off the table.
　　 b. * Jack sneezed the napkin.
　　 c. * The napkin sneezed off the table.

例(19a)和(20a)分别为传统上及物和非施格动词的动结式复合结构,都是合法句,而(19b)(19c)和(20b)(20c)却都不合法,说明这两类动词都受 DOR 条件制约。但不同于(1)类动词的复合结构,它们不能进行使成-起动结构转换。因此,这类非施格动词,虽然不同于 break、melt、sink 类使成-起动转换类动词,但其动补结构同样也受 DOR 条件制约。再看另一组例子如下:

(21) a. The low temperature froze the pond solid.
b. The pond froze solid.

(22) a. The high temperature melted the snow up.
b. The snow melted up.

(21)和(22)这类例子同于(1)中的结构,因而与(19)和(20)类不同,及物性动结式与非及物性动结式结构可以进行结构转换。那么,像freeze、melt类和hammer类同为使成性及物动词,为何一些动结式结构可以进行起动转换表现出非宾格性,而另一些则不可以呢?实际上,这两类及物动词的区别在于其动词的语义本身是否带有结果性有界意义。比如,(19)中的及物动词hammer本身只表达某种无界行为,与结果谓词合成后才能把这种无界行为进行有界化;而(20)中的sneeze是非施格动词,本身也是无界性的行为动词,又没有子语类化功能,因此其复合结构就谈不上具有结果意义。与(19)和(20)这种无界性的及物动词和非施格类动词不同的是,(21)和(22)中的freeze和melt同前面(1)中的break类动词一样,包含界性的结果性意义,可以进行起动结构转换,因为起动类动词的核心意义就是具有结果变化或状态性语义。

根据DOR条件,动结式复合结构最典型的特征是:行为谓词与施事建立题元关系,结果谓词与动词的受事或客事论元建立题元关系,从而形成两个互为因果的事件关系,但各自又表达独立的事件意义。比如,在(19a)中,主语John作为主动词hammer的施事角色,宾语the metal作为其受事且同时作为结果谓词flat的逻辑主语,施事的行为事件导致受事的结果状态变化,这构成典型的动结式复合事件结构语义关系。动结式复合结构的底层结构为基础核心小句,由功能中心语BECOME的功能短语VP投射结果事件,表达某种结果状态变化意义,因而具有非宾格结构特征。但是(19b)(19c)分别因VR复杂事件中违背DOR条件和主谓词缺乏固有的有界性意义而无法进行起动结构转换,因此都不合法。

非施格动词(如[20])的复合事件结构中的主动词与(19)中的及物动词复合结构基本相同,都表达无界行为;但不同的是,次谓词构成的事件结构中,名词不是主动词的受事,而是独立的客事成分;(20)类非施格动词sneeze在增添了非选择性宾语成分和结果意义的补足条件后,复合事件结构才能获得合理的句法实现。也就是说,如果非施格动词和宾语位置上的论元成分没有与结果谓词形成合适的题元关系,或者说结果事件与其参与者之间没有建立合理的题元关系,句法结构就无法实现。因此,复杂事件结构中,只有当事件谓词和参与者题元角色之间建立起合理的题元关系时,句法才能顺利实现;反过来说也如是,即完整的句法实现必须建立在合理的题元关系之中,而这种结果谓词及其事件参与者之间的合理题元关系则通过非宾格性配置实现。

上面谈及,英语中的非及物动词要求必须有非选择性宾语或反身代词宾语进入动结式结构,参与建立合理的题元关系,完成动结式句法实现。但是,非宾格性一元动词结构的表征不局限于此,前面提到其结果谓词指涉主语,因为句子主语是由底层宾语位置移动而来,结果谓词仍然做主语成分的谓语(Huang 2006)。这种表征形式除了起动结构(23a)外,还有非施格结构(23b)和被动结构(23c),如:

(23) a. The river froze solid.
b. The garage door rumbled open.
c. The metal was hammered flat.

在这三类结构中,结果谓词都与句子的主语形成指涉关系,但(23a)(23c)中的唯一论元都是从底层结构上移位而来。如果补全致因外论元,句子又可以转换为主动结构了。

(24) a. The dramatic weather froze the river solid.
b. The earthquake rumbled the garage door open.
c. John hammered the metal flat.

这种结构之间的转换并没有改变复杂事件中行为谓词和结果谓词与事件参与者之间的题元关系,结果谓词与客事论元之间的非宾格性配置不变。如上所述,英语的动结式复合结构中,结果谓词与客事之间构成的小句具有非宾格性特征,这种非宾格性小句结构可以表征为起动结构,因此,只有使成类及物动词与起动结构可以进行结构间转换,非施格动词的动补结构需要引入反身代词或非选择性宾语成分才能实现。在动结式结构表达上,存在非宾格和非施格动词的差异。

5.3.2 汉语非宾格性动结式结构

以上分析了英语中的非宾格性动结式结构，现在再探讨汉语中的相应结构如何表征。虽然汉语动结式结构的研究由来已久，也非常深入透彻，但大多研究都是在功能和语义结构框架内进行描写，跨语言对比及句法解释较少。上节分析了英语动结式结构中可能出现的不同类型动词的结构间变换，如起动-使成结构转换、主动-被动结构转换、及物-非施格性动结式结构转换等。这些不同结构之间的转换并不影响动词及其论元之间的题元关系，也不影响结果谓词及其事件参与成分之间的非宾格性特征。

但是，英语及物动词和非及物性不同类型的动词之间，在结构转换上也存在一定的限制，即及物动词与非宾格动词之间可以进行使成结构转换，而与非施格动词之间不可转换。这也为非宾格动词和非施格动词的词类差异提供了可信的类型学证据。为何只有非宾格动词才可以进行使成转换？其根本原因可能还是由非宾格动词的语义特性决定的。非宾格动词突显完成性结果状态变化意义，而非施格类动词则明显具有施为性和无界性语义特性。

汉语动词结构之间是否也是这样？如果有所不同，那又是什么原因所致？下面先看汉语不同动词类型的动结式结构转换情况。实际上，在汉语动结式复合动词结构中，不仅各类动词与动结式复合结构存在高度相容性，不同类型动词之间的结构转换也比英语更具包容性。汉语中起动-使成及物结构转换的例子如(2)，为了方便讨论，重复为(25)：

(25) a. 花瓶碎了。
　　 b. 小猫打碎了花瓶。

这类非宾格性起动-使成及物结构转换与英语相同，但非施格动词却与英语不同。英语中非施格动词和及物动词一般不能进行动结式结构转换，汉语动结式结构中，非施格动词-动结结构之间的转换却很常见，如：

(26) a. 孩子哭醒了。
　　 b. 噩梦哭醒了孩子。

(27) a. 我笑死了。

b. 这件事笑死我了。

(28) a. 他跳得满身大汗。

b. 探戈跳得他满身大汗。

(29) a. 她玩疯了。

b. 高考结束玩得她都疯了。

由此可见,汉语中非施格动词不仅可以进入这种 VV/A 复合结构,还可以进入"V 得+CP"结构,表达因果事件关系。这两种结果补足语并不相同,VV/A 作为复合词,其词汇-句法内部配置是个非限定小句;而"V 得+CP"结构中的 CP 是个限定子句。除了这两种结构以外,汉语还常用"把"字结构表达这种因果关系,把原本位于动结式复合谓词后的非选择性论元成分,提升到谓词的左侧,如:

(30) a. 噩梦哭醒了孩子。

b. 噩梦把孩子哭醒了。

(31) a. 这件事笑死我了。

b. 这件事把我笑死了。

(32) a. 探戈跳得他满身大汗。

b. 探戈把她跳得满身大汗。

(33) a. 高考结束玩得她都疯了。

b. 高考结束把她都玩疯了。

传统上认为"把"字及物动词的动结式结构是一种处置意义的表达,但这类非施格动词本身完全没有处置意义,通过"把"字结构,在句法上是为了给 VV/A 复合谓词的非选择性宾语指派宾格,将"V 得+CP"限定子句内的逻辑主语提升到动词左侧,使子句的主语成分焦点化。但是,汉语中也不是所有动结式复合动词都能自由进行"把"字结构转换,甚至同一动词带有不同的宾语成分可接受性都会不同,如前面及物动词"吃"的例子,重复如下:

(34) a. 我吃饱饭了。

b. *他把饭吃饱了。

(35) a. 我吃饱肚子了。
　　b. 我把肚子吃饱了。

可以看出,动结式复合谓词"吃饱"所带的宾语补足语不同,其进行"把"字结构转换的可能性存在差异,也就是说,及物性动结式复合动词与"把"字结构间的转换受到论元成分的语义限制。这也进一步证实了在(35)类动结式结构中,结果谓词是主语指向的领属关系成分。Huang(2006)在对这种动结式复合结构与"把"字结构间转换的限制进行解释时,认为当"吃""喝"类及物动词所带的宾语论元在形态上是光杆名词类型时,语义上无具指特征,就无法充当"把"的宾语而被提升,因为"把"必须带有完整指称意义的名词成分。

Huang(2006)的这种解释在理论上具有合理性,因为"把"通常带有具指成分,但实际上在一些方言里,即便接受程度不高,"把饭吃饱了"是完全可以接受的。如果我们把"饭"换成同样无具指意义的"水",句子也同样可以接受,如:

(36) a. 我喝饱水(肚子)了。
　　b. 我把水喝饱了。
　　c. 我把肚子喝饱了。

像"水"同样是具有泛称的光杆名词做宾语,是否可以进入"把"字结构,并不取决于其名词宾语的形态,而是要看结果谓词与其能否构成合理的题元关系,进而决定能否顺利获得句法实现。即使像"把水喝饱了"这种"水—饱"并不构成合理的题元关系,但可以在一些方言中可以听到,那是因为喝多了水,使肚子发胀,产生类似吃多了饭,使肚子饱的感觉那样的通感效果。这就是为什么当直接用"肚子"(如[35]和[36a][36c])做动结式复合谓词的补足语成分时,句子更为自然。

值得注意的是,合理的题元关系是句法实现的必要前提,题元关系涉及不同的动词类型,因而存在较大的差异和复杂性。及物与非及物动词、单体与复合谓词等的论元配置不同,就有不同的语义限制和结构表征。这一观点可以从(34)(35)(36)中及物动词的结构配置选择中看出。及物动词"吃"和"喝"的隐性宾语(可类指食物和饮用液体)成分,和接纳食物和液体的"肚子",哪一个成分能够与结果谓词"饱"构成自然匹配的题元关系，结构表征就得以实现。因此，行为谓词“吃”和结果谓词“饱”构成复合谓词时，可以任选行为动词的宾语或是结果动词的逻辑主语，都能构成可匹配的题元关系，从而实现(34)(35)(36)类句法表征。这也从一个侧面表明，在动结式结构中，核心结构应该满足底层结果谓词构成的非宾格性题元配置，而不是满足上层的行为动词构成的题元关系，且实现底层核心结构的是非宾格性配置。这一观点为 Huang(2006)和沈阳、Sybesma(2012)所支持。

5.3.3 动结式复合结构转换的衍生机制

从上面英语和汉语动结式结构的配置差异可以看出，汉语既允许非宾格动结式动词进行使成结构转换，也允许非施格动结动词的使成化转换，而英语则只允许非宾格动词-使成及物动词结构转换。这是为什么呢？为何英语非施格动词需要反身代词或非选择性宾语参与复合事件结构表征，而汉语则在动结式事件结构表达上相对自由？这需要从动结式复合结构的内在衍生机制进行分析。

虽然 DOR 条件在英语动结式结果谓词的语义指涉上有较强的原则性，即使受到学界质疑，但还是具有一定的说服力。不过这一原则在汉语中几乎失效，为了解决汉语的相关问题，Huang(1992)曾提出扩充控制理论(Generalized Control Theory, GCT)，对此进行解释。扩充控制理论如同经典控制理论，融合了最短距离原则(Minimal Distance Principle, MDP)(Rosenbaum 1967)，该原则认为空代词(PRO or pro)以距离最短的候选先行成分作为其先行词。就受控的空代词 PRO 来说，如果有一个成分统制的宾语，则 PRO 就受其控制；如果没有宾语，则受主语控制(参见 Huang 1992,2006)。该原则可以描述如下：

(37) 动结式谓词最短距离原则(Huang 1992)
动结式结构中，结果谓词短语为距离最近的显性论元的谓语。

由于宾语通常靠近结果谓语短语，所以有宾语时为宾语指向，无宾语时则为主语指向。为了阐明控制类动词(control verb)中先行词与受控成分之间的控制关系，先看下面的英语例子：

(38) a. John asked Bill(PRO)to go.(PRO 受宾语 Bill 控制)
     b. John planned(PRO)to go.(PRO 受主语 John 控制)

同样,汉语控制动词及其结构表征,可以从下面的例子得到说明,如:

(39) a. 孩子哭得[PRO 很伤心]。(非施格动词结构,PRO 受主语控制)
     b. 孩子哭得我们[PRO 很伤心]。(使成结构,PRO 受宾语控制)
(40) a. 老王醉得[PRO 站不稳]。(起动非宾格结构,PRO 受主语控制)
     b. 这瓶酒醉得老王[PRO 站不稳]。(使成结构,PRO 受宾语控制)
     c. 这瓶酒喝得老王[PRO 站不稳]。(使成结构,PRO 受宾语控制)

根据 Huang(2006),MDP 与 DOR 既有共性也有差异性。共性表现在两者都能预测非及物动词(包括非使成-使成转换)动结式复合词模型中 V2 为宾语的谓语,起动式非宾格动词模型中 V2 为主语的谓语。差异性则表现为 MDP 准确预测到非施格性动结式复合动词中,如果无宾语,则 V2 为主语的谓语;DOR 则不允许无宾语的动结式结构,只能是描述性谓语结构。另外,在 V1V2 复合及物动词结构中,DOR 和 MDP 对 V1 和 V2 充当主语的谓语时的解释也不同。但是,即使 MDP 对汉语的解释力优于 DOR,也仍然有其不足。因为在汉语中,有时宾语不显现,V2 自然成为行为动词主语的谓语;即使宾语显现,也不一定成为动词宾语的谓语,如(41)(42)。这与英语有较大差异,汉语动结式结构中 V2 所指涉的题元关系比英语自由得多,这种情况在控制结构中也能获得支持。

(41) a. 老王(喝)醉了。(V1 和 V2 都指涉主语)
     b. 老王喝醉酒了。(V1 指涉主宾语,V2 指涉主语)
(42) a. 这瓶酒喝醉了老王。(V1 和 V2 同时指涉宾语位置成分)
     b. 这瓶酒醉倒了老王。(V2 指涉宾语位置成分)

如果按 Huang(2006)提出的 MDP,(41b)中主谓词 V1 作为及物动词带有主宾语论元,结果谓词 V2 虽然与宾语"酒"具有最近距离,但并不是宾语论元的谓语。这样的话,MDP 在解释汉语的这类动结式结构时,并不比 DOR 要更有说服力。因此,就汉语而言,论元的隐现地位及与谓词的距离并不是决定性因素。汉语动结式复合谓词论元结构中,只要能确立合理的题元关系,就可以获得句法实现。这就能解释汉语动结式结构中,为何 V1V2 可以有时是主语指向,有时是宾语指向,而且并不完全符合 DOR 或 MDP。为此,我们提出动结式句法配置与题元关系表达式:[x DO (x) CAUSE y BECOME[R (y)]]。

简言之,汉英动结式结构的典型配置可以归纳如(43):

(43) N1V1[N2V2(AP/PP)]

a. John broke the vase (into pieces).

b. I sneezed the napkin off the table.

c. She sang herself hoarse.

英语的动结式结构配置明显受 DOR 条件制约,结果谓词与宾语形成题元关系,构成核心小句结构。少数 V2 充当谓词与主语指涉,并不构成因果事件关系,而是描述性方式或状态的附加语,如(44):

(44) a. Mary performed the role perfect.

b. Ben ate the flower raw.

汉语的典型动结式结构可以描述为以下几种类型,其中名词成分有多种表征形式,如:

(45) (N1)V1[V2(N2)]

a. 老王喝醉酒了。

b. 孩子哭累了。

c. 院里长满了野草。

根据汉语动结式结构的谓词及其论元组配,复合谓词与论元之间的组配方式比英语有更为复杂的题元关系。以单体谓词"喝""醉"和复合谓词"喝醉"为例,其题元关系可以参考表 5.1:

表 5.1 汉语动结式题元结构组配模式

N1V1V2N2	N1V2N2	N1V1N2	N1V1V2	N1V2	N1V1
老王喝醉酒了	老王醉酒了	老王喝酒了	老王喝醉了	老王醉了	老王喝了
N2V1V2N1	**N2V2V3N1**	**N2V1得-CP**	**N2V2得-CP**	**N2把N1V1V2/V2V3**	**N2把N1V1/V2得-CP**
这瓶酒喝醉了老王	这瓶酒醉倒了老王	这瓶酒喝得老王站不稳	这瓶酒醉得老王站不稳	这瓶酒把老王喝醉(倒)了;这瓶酒把老王醉倒了	这瓶酒把老王喝/醉得站不稳

主语类型和话题类型是同一动结式复合谓词的两种结构类型,如:

(46) a. 老王喝醉了酒。(老王喝酒→老王醉)

b. 这瓶酒喝醉了老王。(老王喝这瓶酒→老王醉)

主语类型(46a)的复合事件结构表达两个事件,即行为事件 N1V1/V2[老王喝酒]和结果事件 N1V2[老王醉]。这是典型的及物性双事件结构,但结果动词不是最近的宾语成分的谓词,而是主语指向的次谓词。这就使得结果子事件不具有非宾格性,而具有非施格性。与此不同的是,(46b)也是双事件结构,也同样是 N1V1N2[老王喝酒]和 N1V2[老王醉]。但表征结构中的动结式复合谓词 V1V2 与论元的组配不同于(46a)。两个子事件按表征顺序为:宾语成分 N2 提升到句首作为话题,而施事主语则置于复合谓词右边宾语位置上,即主宾语位置上的成分完全颠倒了,使得 VP 内结果小句成为非宾格结构。可以用下面的表达式表示:

(47) [N2[$_{\text{CAUSE}}$ N1V1[$_{\text{BECOME}}$ N1V2]]]

可以看出,无论汉语结构顺序和论元的句法功能如何变化,复合动词的题元关系不会变,其中非宾格结构有两种实现形式:一是以单体结果性谓词(如"醉")的单一论元非施格结构方式呈现,复合谓词中结果谓词与主语关涉;二是以复合结果性谓词(如"喝醉""醉倒")实现的双论元结构方式,结果谓词也是与主语关涉,但宾语论元外置为话题,主语成分位于结果谓词的补足语位置,表征为典型的非宾格结构小句。

5.4 动结式复合动词的参数理论解释

汉英语的动结式复合结构中,结果谓词小句都表征非宾格结构配置。Huang(2006)曾提出论元地位是否凸显决定了非宾格结构的实现。我们提出题元关系优选原则来解释动结式复合事件结构中的话题结构,即动结式结构中首先满足动词的最佳题元关系,主谓词与主语成分、次谓词与宾语成分构成最典型的题元关系,确立的题元关系通过句法推导,结果小句表征为典型的非宾格性论元配置。典型题元关系需要遵循以下原则:(一)事件中有合理角色作用(事件的主要参与成分);(二)高度指称性(referentiality)(凸显就必须以指称为前提);(三)凸显的句法位置(位置越高——位置越靠前,凸显性越大),但这只适用于单一论元的非宾格结构,而与双论元动结式复合谓词结构的题元关系并不都一致,也与 MDP 相悖,因为 MDP 是以局域条件为参照。

Rappaport Hovav & Levin(2001)曾提出子事件论元条件(Argument-per-Subevent Condition, APSC),用来解释为何非使成性及物动词会出现宾语省略现象,而使成动词则不会,如:

(48) a. John ate.
b. * John broke.

她们的解释是,动结式动词通常是使成动词,且多是带有一个宾语的复杂事件结构;非施格性动结式复合结构(如:kick free、wriggle free、wiggle loose)不需要反身代词或非选择性宾语,就可以违背 DOR 条件,在语义上表达的是子事件之间在时空上的共展性(coextensive),因此是单一事件结构,不需要宾语。这里的问题是,这类动词是不需要宾语,还是根本不可以带宾语?如果只是不需要宾语,则可以在必需时复原;反之,则不能复原。

鉴于汉语普遍存在非施格动结式结构,我们认为 APSC 也并不能作出相应解释。汉语中几乎所有非及物动词都可以作为 V1(哭、跑、笑、跳等),无须带有假拟反身代词宾语即可进入动结式复合谓词,而且还可以进入“V 得+CP”和“把”字结构;英语中同样意义的动词则必须带假拟宾语才能实现为动结式结构,而且,V1V2 之间也不都表示时空的共展性,因此受到一些结构限制。这里提出的主要问题是:为何汉语允许而英语不允许非施格动词直接进入动结式结构?为何英语必须有假拟宾语或非选择性宾语参与非施格性动结式复合事件结构表征?

Tang(1997)最早探讨汉英非施格动结动词结构上的差异。根据功能参数化假设(Functional Parameterization Hypothesis[Borer 1983; Chomsky 1995; Fukui 1995]),他主张这种差异可能来源于汉语允许结果谓语的空主语(PRO),而英语不允许。汉语的结果子句有个功能语类 F,功能短语 FP 只统领 V2,不统领 V1;如果是 DE 字结构,则 F 就显性拼读为 DE(5.6 节详述),如果是 V1V2 复合词,则 F 语音上为零形式。试比较及物和非施格动词的动结式结构表征,如(49):

(49) a. 及物动词动结式结构

[vP Subject [v' v [$_{VP}$ Object [V V1 [$_{FP}$ F [Result PRO V2]]]]]]

b. 非施格动词动结式结构

[vP Subject[v' v[$_{VP}$ V1[$_{FP}$ F[Result PRO V2]]]]]

根据 GCT,空代词 PRO 需要根据 MDP,由最近的先行词控制(Huang 1992)。在上例中,功能项 F 是作为 PRO 的控制项而存在的,使得功能短语 FP 成为管辖语类(Governing Category, GC),但 GC 缺少先行成分 PRO,所以其管辖域就应该是最大投射 vP。根据 GCT 和约束原则,PRO 在 GC 和 FP 中是自由的,并在(49a)中受主句宾语约束,而在(49b)中受主语约束。英语中缺少 FP 投射,其非施格动结模型如下:

(50) [vP Subject[v' v[$_{VP}$ V1[Result PRO V2]]]]

Tang(1997)认为,在这个模型里,V1 直接对空代词进行管辖,因此 vP 即管辖语类功能短语,在该短语内 PRO 必须自由,同时 vP 仍然是管辖域,而在这个管辖域内 PRO 又必须受约束。由于 PRO 不可能在 vP 内同时既自由又受约束,否则上面的英语模型为非法结构,为了使结构合法,必须有个反身代词取代空代词位置,从而使其在 vP 内受主语约束。因此,在非施格动结短语结构中,汉语可以无假拟反身代词,而英语必须有。

Tang(1997)对汉英非施格动结式结构的以上解释,对参数理论很有启发。虽然他能解释汉英语在非施格动结式结构是否必须添加宾语的问题,但却无法解释为何汉语中非施格和非宾格动词都可以使成化,而英语只能使成化非宾格动词。

本著认为,汉语的非施格动词使成化与动结式复合谓词的特性有关。汉语的非施格动结式复合动词被认为具有非宾格性,由其焦点化的数量短语结构允准(孙天琦、潘海华 2012),如:

(51) a. 小班热晕了三个孩子。

b. 郭德纲一开口,会场就笑翻了一大片。

如果这一观点合理的话,那么所有的无宾语动结式复合动词都具有作格性(即非宾格性)结构表征(刘探宙 2009;沈阳、Sybesma 2012)。孙天琦、潘海华(2012)对此提出了不同看法,认为在非及物动词内部还存在非宾格和非施格不同类型的区分。非施格动词带宾语成分需要受到一定条件的制约,如语义上的数量短语限制和结构上的焦点信息或对比信息的语用要求等。汉语中非宾格和非施格动词间的区别在诸多情况下并不明确(刘探宙 2009),可能与一些动词具有双重特性有关(Sybesma 1992)。持有相同观点的还有 Hoekstra(1999), Mateu(2005)和 Washio(2005)等。在一些语言中,及物动词(如 follow、pass、forget、approach 等)在助动词选择上具有非宾格性。Washio(2005)从古日本语中也发现,及物动词的完成体非宾格形态为 *nu/ni*,而不是非施格动词形态 *tu*。他指出这些动词具有状态变化特征,这正是选择非宾格性助动词的关键因素。这些动词的主语是典型的体验者角色,不是施事者或致因角色,因而不是典型意义上的外论元,这与沈阳、Sybesma(2012)关于外论元的角色定性不同。汉语中动词的论元成分都可以充当话题,不是论元的成分可以充当话题,但非论元的话题成分也必须与句子论元在语义集合上存在非空集,否则不合法(Hu & Pan 2008;陆烁、潘海华 2014)。汉语非施格动词之所以能进入动结式复合结构,不是依靠反身代词或非选择性宾语,而是依赖题元关系在小句中形成合理的非宾格性配置来实现;在题元关系中,词汇化方式对论元选择也有一定的影响。本节对此进行分析。

5.4.1 复合动词与论元选择差异

上一节提到,汉语动结式复合谓词和论元之间需要依靠合理的题元关系来实现小句的非宾格结构,但到底是何机制来约束谓词与论元的合理选择尚不明确。本节讨论汉英句法分析的参数差异。

首先,参数差异的证据之一来自 Lin(2001)提出的动词的词汇化模式。在词汇分解和轻动词句法(Huang 1997)以及句法和词库之间映射(Hale & Keyser 1993)的框架下,Lin(2001)认为,语言中的动词存在是否经历词汇合并的词汇-句法过程上的差异,在这一词汇-句法关系结构中,轻动词参与词汇-句法合并,英语经历完全合并,而汉语没有合并。

李亚非(Li 1993)对动结式的论元结构进行研究时,认为汉语动结式构成的是复合词,复合词的核心题元信息要在复合词中保留,包括论元数目及内部题元等级。在他看来,汉语动结式的核心是主动词,所以动结式复合词要保留主动词的相关题元信息,结果谓词的题元可能独立或跟主动词的某个或某些题元等同(identification)。为了使其充分发挥效用,李亚非(Li 1993)还引进了致使层级。国内学者,如郭锐(1995, 2002)、王红旗(1995)、袁毓林(2001,2002)、沈家煊(2004)、施春宏(2004)等,也都从不同的理论视角对动结式复合结构做了富有创见的研究。刘晓林、王文斌(2009, 2010)在广义动词量化(V+了/+动结式/+动趋式"来"/+动量短语)概念下对汉语施格性(非宾格性)进行了研究,认为这些配置对汉语施格化起重要作用,使汉语施格化更自由(同样的观点参见孙天琦、潘海华[2012]对刘探宙[2009]的批评)。本著将根据生成句法学提出的功能范畴假设解释动结式的论元实现(熊仲儒 2004,2005;熊仲儒、刘丽萍 2006)。

5.4.1.1 及物动词的非选择性差异

关于词汇化参数的理据来自不同语言的系统性差异,这种差异存在于句法结构的论元实现方式。汉语及物动词表现出明显的主宾语的非选择性,而英语对主宾语成分则有严格的选择限制。为了更好地说明动结式复合结构中汉语与英语的不同，首先可以从及物动词的子语类化观察这两种语言之间的差异。比如，英语动词 drive 对客事有明确限制，汉语对应的“开”则可以带有处所、时间、工具，甚至缘由作为句子的宾语，且动宾之间不需要介词(Lin 2001)，如：

(52) a. 他开一辆坦克。
b. 他开左边，我开右边。
c. 他开白天，我开晚上。
d. 他开驾照，我开身份证。
e. 我开好玩。

同样，英语非动结式复合结构中，及物动词 eat 要求只能带受事宾语，汉语则可以带很多非选择性(非子语类化的)宾语，如：

(53) a. 吃牛肉面。
b. 吃大碗。
c. 吃劳保。
d. 吃馆子。
e. 吃环境。
f. 吃气氛。

汉语的这类动名短语结构，按照生成句法的一贯解释，就是通过抽象功能中心语引导的合并而来，表达式为：vP[V pp[P NP]]。亦如冯胜利(1996,2000a 等)、Feng(1999)的解释，即通过韵律促发合并而来。无论是什么动因，句法上都是通过合并推导而来。Lin(2001)在对比同一语义动词的汉英语论元结构差异时，英语表现为受到受事宾语的选择限制(DOR)，而汉语则几乎不受语义限制，具有高度的非选择限制性。

一方面，他认为英语采用的是内部核查机制，把英语动词对客事论元选择的严格限制归因于动词经历了完全的合并过程。根据 Hale & Keyser (1993)，合并过程是一个词经过动词根向事件结构的轻动词位置移动进行合并的词汇运算(lexical computation)过程。在这一过程中，需要对该结构进行各种标记，包括语类特征、选择特征或题元栅(theta grid)等。在词汇运算结束时，动词带着标记的特征被词汇化，其题元栅也一并被带入词汇语义特征。比如，英语动词 put 进入句法运算时，就带有题元栅{Agent,

Theme, Location｝作为语法特征束(bundle of grammatical features)或“病毒”(参见 Lasnik 2003：86)。这些形式特征在句法推导中必须得到核查。有资格核查特征的合适论元必须出现在句法的合适核查位置(如动词的主、宾、补足语)。

另一方面,Lin(2001)认为汉语动词如果没有经历合并过程,只具有概念结构而没有论元结构,就作为纯动词进入句法运算。虽然动词在概念结构里常处于该位置,但因为其没有任何形式语法的特征可以核查,也无须出现在被选择的论元位置上进行核查,因此汉语动词就可以出现在任何轻动词的任何论元位置。汉语题元关系在句法配置上相对自由,是因为汉语是以纯动词论元结构方式进入句法运算。比如,动词“切”,进入句法运算时作为纯动词,没有被“病毒”污染,可以移动到隐现的工具轻动词 USE,构成下面的论元配置模式:

(54) a. 他切这把刀。

b.

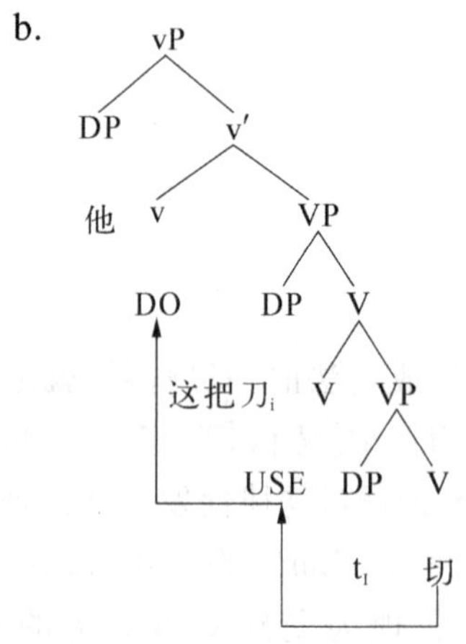

换句话说,论元选择上的限制与自由性取决于动词的概念结构的各种体(aspects)是否分别语法化了(Lin 2001)。有鉴于此,我们同样可以对汉英动结式结构类型上的差异进行分析,其交织的题元配置也可以认为是词汇化参数(lexicalization parameter)在起作用,下面进行详细分析。

5.4.1.2　动结式结构论元选择差异

词库理论认为,英语及物性或非及物性行为动词,如 cry、chase、read、

run 等在词库中都带有完整的论元结构的全部规定性(specification)特征,如[Agent],[Agent, Theme]等。论元结构要求动词进入标志语-中心语配置关系,确定论元适合施事(Agent)题元角色还是受事(Patient)或客事(Theme)角色。在句法中构成使成性动结式结构,其行为动词必须与轻动词 CAUSE 合并,或者结果谓词必须与 BECOME 合并。当行为动词与 CAUSE 合并时,动词的[+Agent]特征就获得施事主语角色匹配;当结果谓词与 BECOME 合并时,其[+Patient]或[+Theme]特征获得客事角色匹配,这样就产生了典型的及物性动结式结构。及物或非及物动词的受事或客事在其结果事件的局域内均可形成一致关系,从而实现动结式结构表达。非施格动词的动结式结构如:

(55) a. John ran the sneakers threadbare.
b. Mary cried herself silly.

英语中的这种非施格动词必须选择反身代词或非选择性论元来实现动结式结构表达。在这类动结式结构小句中,非选择性论元与结果谓词形成逻辑上的主谓结构,其中功能中心语 BECOME 与客事论元进行题元关系核查。如果是行为动词与 BECOME 合并,那么其[+Agent]特征无法获得施事主语的核查,这时的主语只能是客事或体验者,但肯定不是施事。此时英语应该实现为非法的非施格动结式结构,而汉语则就可能实现为合法的非施格性动结式结构,如:

(56) a. *John ran tired.
b. 张三跑累了。
(57) a. *Mary cried silly.
b. 孩子哭累了。

这些英汉语示例在非施格动词动结式复合结构上的明显差异,表明两种语言的确有不同的词汇化模式。另一方面,词库理论认为,非宾格动词或起动动词,如 freeze、break、fall 等,不同于非施格动词,在词库中带有如{0, Theme} 或{0, Experiencer}的题元栅特征,因此这些词只能与功能词 BECOME 合并产生如下合法句:

(58) a. The river froze solid.
     b. The window broke wide-open.

这些起动动词结构可能投射致因外论元,实现为使成性动结式结构,如:

(59) a. A few days' cold weather froze the river solid.
     b. The heat from the fire broke the window wide open.

因此,功能中心语 CAUSE 参与了动词的使成化。对于汉语相关动词,Lin(2001)认为,当汉语动词进入句法运算时,只带有其意义或概念结构,但是没有事先明确的论元结构(即没有题元角色释放),因此,没有要求其必须出现在核查位置上。这样,每个动词的概念结构加上我们的百科知识,就起主导作用。在概念上,没有什么可以阻止一个行为动词表达一种方式是致因或是结果。因此,汉语就可能有下面的表达:

(60) a. 张三哭烦了李四。
     b. 这件事哭伤心了张三。

Lin(2001)称此类结构为非施格动词修饰的起动结构(unergatively-modified inchoative),意思是说句子的核心结构是起动式非宾格结构,但主句是由非施格动词投射的事件结构,也就是本著所称的非施格性动结式复合结构,是非宾格结构的小句表征方式的一种。这类非宾格性结果谓词,因其本身就表达变化结果,概念上可以与轻动词 BECOME 合并。需要说明的是,虽然非施格动词在概念上作为某种致因方式显得怪异,但在一定语境条件下,动结式结构仍然可能实现,如:

(61) a. 张三病急了他的家人。(Lin 2001 脚注 24[ii])
     b. 这场瘟疫死光了村里的鸡。

汉语中的"病""急"等都是典型的非施格动词,与结果谓词构成动结式复合结构,同样可以实现小句的非宾格性。虽然我们同意把汉英动结式结构分布上的差异归结为 Lin(2001)的词汇化参数差异,但这种参数差异，实际上又是传统意义上的分析性语言（如汉语）和综合性语言（如日耳曼语）之间差异的一种反映。如大家所熟知的，现代汉语接近分析性句法的一端，而另一端则是多元综合性（polysynthetic）的代表[①]，如 Mohawk 语和 Inuktitut 语。英语和其他日耳曼语相对于汉语来说更具综合性，但其综合性不如其他欧洲语言。古汉语（Archaic Chinese）更具综合性，现代汉语由古汉语经历中世纪汉语的演变，可能看起来已具有高度分析性（石毓智 2000）。

Lin（2001）同时也发现，汉英语与其他语言之间差异的大多数特征，无论是实词类还是功能语类，都可以看作分析性程度上的一种反映，包括汉语普遍用轻动词来表达达成性和复杂谓词的意义，可数名词需要量词系统，没有否定性名词短语（与英语 nobody 对应），疑问词的原位策略（insitu strategy）等。这些都可以看作普遍的词库-句法参数的结果。比如，汉语在句法中用显性轻动词时，英语则通过派生形态构成复合谓词；汉语用量词系统来区分个体类名词，英语则用词汇操作来把类名词转换为个体名词；英语中有否定名词短语和疑问词短语作为词项，与否定和疑问成分构成完整的匹配，而在汉语中相对应的否定形式则是非连续的成分，要通过短语域来表达。

简言之，英语语法有实质性的词汇构件，而汉语没有。英语的词库中的构件，在汉语里被拖延到句法当中。词汇化参数是这种差异的另一例证，英语通过词库合并，而汉语则在句法中合并。因此，汉语动结式复合词作为词汇-句法合并的一种方式，其自由度就增大了很多。但是，词汇合并也不是没有章法的任意行为，必须遵循词汇的合并规则，包括形态、句法和语义关系，其中最主要的是语义关系。词汇-句法语义关系不仅需要遵循动结式复合词之间的相容度，还需要遵循复合动词各自的题元关系。下面就动结式复合词的语义关系进行讨论，这是构成合法句子结构的核心参照。

5.4.2 非宾格性动结式结构的语义

前面谈及英语和汉语的动结式事件结构中的核心结构是非宾格性起动结构，通常由表达结果状态的事件谓词和内论元构成事件关系，用语义模板可以表达如下：

① Sapir 使用的术语，见 Baker（1996）。

(62) 非宾格性动结式核心结构模板
BECOME[y STATE]

如果这个表达结果事件语义的核心结构需要引入外部致因信息,则句法需要投射外论元或致因成分,这时该模板就通过核心结构扩充投射为使成性结构来实现,模板如(63):

(63) 使成事件结构模板
CAUSE[x DO[BECOME[y STATE]]]

以上两种事件结构模板分别有以下两种基本表征形式,如(64a)和(64b):

(64) a. V_{BECOME}(+V/AP/PP)
b. V_{DO}+V_{BECOME}/DE+XP ([AP/PP+NP]/ CP)

(64a)与(64b)分别表征为单一结果事件结构和动结式复杂事件结构。但是就(64b)这类复杂事件结构类型而言,结果小句有多元表征形式,其中有一种结构表征在英语中没有,而在汉语中则实现为“得”字补语结构。根据 Huang(2006),汉语动结式结构分为两种主要结构类型,如(65)和(66):

(65) a. 老妇人哭湿了手帕。
b. 老妇人哭得手帕都湿了。
(66) a. 张三打得李四鼻青脸肿。
b. 李四逼得他爸都要疯了。
c. 王五闹得邻居都烦了。

(65a)对应(64b)中的结构模板:“V_{DO} + V_{BECOME} + XP (AP+NP)”;(65b)对应(64b)中的结构模板:“V_{DO}+VDE+XP (CP)”。(65)中的主动词“哭”是典型意义上的非施格动词,而(66)中的主动词“打、逼、闹”为典型的及物性行为动词,这种行为动词会导致某种结果事件,因此其事件结构模板不同于(65a)和(65b),应该是:“V_{DO}+CAUSE[V 得+CP]”。

汉语中,非施格性谓词“哭”并非使成动词,但其同样可以投射为动结式事件结构,并可能产生某种结果事件,这就使得行为事件结构的性质发生了改变,实现为非施格性行为事件及其导致的非宾格性结果事件,从而构成使成性复杂事件结构。这种使成性复杂事件有两种表征形式:一种为 VR 复合事件结构(65a),一种为"V 得+CP"复合事件结构(65b)。(65a)和(65b)的基础结构都是非宾格性质,不同之处在于(65a)的基础结构由抽象中心语 BECOME 吸引次谓词 AP 与之合并为[BECOME-AP],实现为[BECOME 湿[VP 手帕湿]];而(65b)因功能中心语位置上有显性的功能词"得",其后的补足语小句[$_{CP}$手帕湿]不需要进行中心语移位操作。

像(65b)类的"V 得"复杂结构,主动词 V 除了可以表现为非施格动词,还可以表现为及物动词(如[66])。这类复杂事件结构中,行为事件导致结果事件,两个子事件之间由功能词"得"投射连接起来;在结果事件中有抽象功能中心语 BECOME,同样因功能词"得"显性表征出来,不需要进行结果谓词中心语与功能中心语的合并操作;如果"得"为隐性 DE,则需要进行中心语合并操作,这时(66)中的句子可以实现为(67):

(67) a. 张三打青了赵四的鼻子,打肿了他的脸。
b. 李四逼疯了他的爸爸。
c. 王五闹烦了他的邻居。

尽管主动词的类型不同,(67)的句法实现机制同于(65a),而(66)的句法实现模式则同于(65b)。因此,汉语动结式复合结构中,基础结构都是非宾格性质,只是其结构实现的操作方式略有差别,使"V 得"所带的结构表征为非施格化小句。(65a)和(67)类 VR 结构实现,要求结果事件的抽象中心语 BECOME/DE 吸引基础结构中的次谓词与之合并,使得基础结构实现为$_{VP}$[VR+NP];而(65b)和(66)类[$_{VP}$V 得 CP]结构,因为子句 CP 的显性功能词"得"的存在,阻止 CP 内部次谓词与上层 VP 中的功能中心语合并,从而使得基础结构实现为[$_{VP}$V 得$_{CP}$[NP+VP/AP]]。

汉语中以上动结式复杂事件结构的实例,支持 DOR 条件,即语义上在关涉及物动词的宾语成分时与英语有共性。但是前面也提到,在关涉主语的语义指称上,英语和汉语却表现出不同。这种差异主要表现为:在非及物动词的动结式复杂事件结构中,英语要求投射反身代词宾语(假拟宾语)(fake reflexive)或非选择性宾语成分,从而满足 DOR 条件(Levin & Rappaport Hovav 1995);汉语中同样类型的非施格动词却不需要此类宾语成分的投射，直接实现为复杂实现结构，如(68)和(69)：

(68) a. 张三跳累了。
　　 b. 张三跳得很累。
(69) a. 李四笑疯了。
　　 b. 李四笑得都疯了。
(70) a. 王五骑累了。
　　 b. 王五骑得很累。

(68)—(70)中非施格动词投射为复杂事件结构，但(68a)(69a)(70a)中的谓词与功能中心语 BECOME 发生了合并，而(68b)(69b)(70b)中的次谓词因为有显性功能词“得”，无法与上层中心语进行合并操作。同样的动结式复杂事件结构，不仅可以实现为非及物动词结构，也可以实现为及物动词结构，如(71)和(72)：

(71) a. 张三跳绳跳累了。
　　 b. 张三跳绳跳得很累。
(72) a. 王五骑车骑累了。
　　 b. 王五骑车骑得很累。

在汉语例子(68)—(72)这种复杂事件结构中，结果性补足语成分语义上关涉主语，但在汉语中同样被认定为动结式结构，因而就违背了 DOR 条件。

按非宾格假设(Perlmutter 1978)，非施格动词只有一个事件参与者外论元，在英语中只能表达行为事件，而不能直接实现结果事件。一个独立事件参与者为了能完整参与两个子事件且同时参与两个事件谓词的题元关系的构建，就必须引入反身代词，才能顺利完成非施格动词的动结式事件结构的句法实现。不仅如此，即使是及物动词，英语也同样可能投射非选择性宾语来实现复杂事件结构，如(73)：

(73) a. John sneezed the napkin off the table.
　　 b. Jack swept the room clean.
　　 c. Jack swept the broom into half.

(73)中包含的是两类不同的动词,(73a)是非施格性非及物动词,一般没有宾语成分,为了实现复杂事件中的结果意义,必须引入非选择性的宾语才能实现句法表征;而(73b)是及物动词,其固有宾语成分是某种不洁的表面或空间,这很容易理解。但在(73c)中,同样的动词却可以选择一个非子语类化的工具宾语,也是一种非选择性宾语,而且是合法选择。(73a)和(73c)如果没有动结式复杂结构,其结构表征是不合法的,主谓词后子事件中的次谓词及其论元之间互为限制条件是共生关系。这同样能够证明 DOR 条件的合理性。

汉语非施格性非及物动词可以投射行为事件和结果事件这样的复杂事件结构,两个子事件的语义都只关涉主语成分(如[71]),从而违背了 DOR 条件。同样,汉语中及物动词无论宾语显现(如[72])或宾语隐藏(如[70]),都可以不受 DOR 条件约束。常见的此类结构还有如(74)和(75):

(74) a. 张三吃饱了饭。
　　b. *张三吃得饭很饱。
(75) a. 李四玩累了游戏。
　　b. *李四玩得游戏很累。

(74)和(75)似乎说明,汉语中典型的及物动词也可以不受 DOR 条件约束,其结果谓词是主语指向而不是宾语指向,宾语不能作为"得"补语小句中的逻辑主语。之所以出现这种情形,按 Huang(2006)的解释,这种汉语及物动词的宾语通常不是一个定指意义的论元,如(74)中的"吃"的宾语"饭"就只是一个光杆名词成分,没有任何实体指称,表达"吃饭"这种事件的一部分而已,称为"虚宾语"。汉语中这类虚宾语及物动词,可以选择宾语显现或隐藏,无论哪种结构投射都不影响事件意义。此类带有虚宾语的动词,还有唱(歌)、睡(觉)、走(路)、游(泳)、跳(舞)、写(字)、画(画),等等。(75)中的"玩(游戏)"也属于此类。这些虚宾语在多数情况下可以没有语音实现,只有当需要量化为信息完整的名词短语或被限定时才有语音实现,如:

(76) a. 睡了半天的懒觉。
　　b. 走了三天的路。
　　c. 游了一个月的泳。

如果说光杆名词宾语构成泛称意义，使得上面(74a)和(75a)中的结果谓词只能与主语形成指涉关系，那么同样是光杆名词宾语，“马”与及物动词“骑”形成的短语“骑马”的情形又有所不同。由于动词的虚化是建立在高度词汇化基础上的，汉语许多动宾离合词并没有完成词汇化，因此就不能虚化[①]。“骑马”的宾语虚化程度就不如“吃饭”的宾语虚化程度高，因此，在动结式结构中，结果谓词的指涉关系不一定由光杆名词宾语的地位决定，而要看事件谓词与事件参与者之间是否可以构建合理的题元关系。如果题元关系结构中有多于一种合理的题元关系，复杂事件结构中就可能构成歧义，如(77)：

(77) 张三骑累了马。
 (i) 张三骑马骑得很累。
 (ii) 张三骑得马很累。

(77)的两种不同理解是因为结果谓词可以与主语形成指涉关系(i)，也可以与宾语形成指涉关系(ii)，所以有不同的结构投射，合理地形成两种不同的题元关系。就(77)本身的结构而言，按DOR条件，它是典型的非宾格性小句配置。但是，通过结果谓词的事件结构分解，汉语有两种(77[i]和[ii])完全不同的解读，这时就分别表达为非施格性(77[i])和非宾格性(77[ii])结果意义。可以看出，次谓词与主语指涉时，需要通过动词拷贝的方式实现；而与宾语指涉时，不需要动词拷贝操作，这也支持DOR条件是结果谓词在动结式复合事件结构中的最优默认条件，要违背这一条件实现主语指向的结果事件表达，就需要增加辅助操作(如动词拷贝)。前面分析过，显性功能词“得”投射的子句中，子句中的次谓词不需要与上层功能中心语合并，子句CP独立构成一个非宾格结构配置，(77[i])和(77[ii])的表达式如下：

(78) a. [$_{VP}$骑 BECOME 得[$_{CP}$张三很累]]
 b. [$_{VP}$骑 BECOME 得[$_{CP}$马很累]]

那么如何通过推导得到这两个不同的结构的实现呢？由于动结式结

① 关于汉语离合词的结构分析可以参考潘海华、叶狂(2015)的同形删略原则。

构中有两个谓词，构成复杂事件，因此两个谓词在词汇层面到句法层面的推导过程中，各自形成合理的词汇概念结构（即题元关系结构），对句法实现中的题元关系进行优化组合。结果谓词的题元关系由动词选择，行为谓词也同样在构成复杂事件的题元关系中选择自己最合适的论元匹配。试比较：

(79) a. 张三骑累了马。
b. 张三看累了马。

如果单看行为谓词，无论是"骑"还是"看"，都与主语构成语义指涉关系和施事题元关系，"骑马"和"看马"与主语都不构成题元关系和语义指涉上的歧解。为何(79a)中的结果谓词"累"与宾语可能存在语义指涉和题元关系(77[ii])，而(79b)中的谓词却不会呢？很显然，当与主宾语的指涉关系上存在歧解时，行为谓词在确立题元关系时就可能起决定性作用。比如，(79b)的主动词"看"就明显与(79a)的主动词"骑"不同，分别形成如下题元关系：

(80) a. 骑累马(i) 张三累
(ii) 马累
b. 看累马(i) 张三累
(ii) *马累

也就是说，行为谓词（"骑""看"）与结果谓词（"累"）之间，尽管单一行为事件只与主语构成题元关系，但有了结果谓词构成复杂事件后，题元关系也可能随之增加复杂性（如[80a]）。只要构成合理的题元关系，事件意义解读就能成立。反之亦然，意义解读是否合理也决定句法实现。根据百科知识，如(80b)中的"看累"只能与行为动词的主语指涉，不会与行为动词的宾语指涉。

汉语动词的非宾格特性并非天生就存在于非施格动词或及物动词的动结式复合结构中。我们需要弄清楚为什么汉语里诸如"打败、打赢，骑累、追累、唱累、哭醒"等复合动词的事件结构中，结果性事件意义也能体现出核心小句结构所具有的非宾格性。在结构上，结果事件由次谓词及其语义指涉成分（可以是主语或宾语指向）构成的小句来实现，只是非施格性动结式复合结构需要引入致因外论元(或话题成分)才能实现核心小句的非宾格性。这就是沈阳、Sybesma(2012)认为所有动结式动词都具非宾格性的理据。结果谓词指涉的对象无论在主语还是宾语位置,都与结果谓词构成"客事或体验者-结果状态"之间的题元关系。这种题元关系决定了动结式结构小句的论元配置。下面对这种非宾格性小句配置进行分析。

5.4.3 动结式复合谓词及其论元配置

非宾格性复合谓词结构有两个显著特点:一是结构上,非宾格动词的唯一论元在底层结构中一般是内论元,底层基础结构配置为"V+内论元"[①];二是语义上,非宾格结构表达的是事件的结果或某种变化的完结状态或持续性状态。虽然能满足这种句法和语义条件就可能表现出非宾格性,但句法结构通常是由语义决定的,而语义又是由动词和名词之间的题元关系决定的。谓词可能以单体谓词或复合谓词的形态出现,单体谓词投射的论元结构相对比较简单,而复合谓词投射的论元结构可能很复杂,并不一定具有语义和语类选择上的规则性。本节对非宾格性小句结构的论元配置和题元关系进行分析。

5.4.3.1 动结式小句及其论元配置

非宾格结构可以由单一结果性谓词表达,也可以由动结式复合谓词表达的子事件结构实现。在单一性结果谓词结构中,汉英非宾格性具有共性,其核心结构为基础结构;但在动结式复合事件结构中,根据语用需要,可能保留这一基础核心结构,也可能进行移动操作,改变"V+内论元"的基础结构语序,实现为"内论元+V"衍生结构。在汉语的动结式谓词结构中,底层基础结构通常保留"V+内论元"配置,而英语动补结构则通常为"内论元+V"配置(见5.3节)。我们认为,汉英语在非宾格结构的表征上呈现出这种差异,其原因是汉语是话题突出性语言,而英语是主语突出性语言。主语突出类型的语言要求句子结构保持主宾语的等级顺序,而话题突出类型的语言则不要求这种固有次序,反而在话题显性时保持主语末端或句末

---

① 前面提及,在动结式复合结构中,英语一般遵循DOR条件,因此结果谓词通常是宾语指向,汉语则既可能是宾语指向,也可能是主语指向(如:这瓶酒喝醉了老王)。

焦点信息化结构。话题突出类型的语言，还常出现话题隐现，即表现为无主结构，这种无主结构实际上是主语仍然保留在句子末端而不是真正的无主句。正是汉语的这种语言类型，决定了其非宾格表征方式多出现在话题结构和无主结构中。即使是在小句中（如动结式复合结构中的结果小句），汉英语也保持这种差异的一致性，即在小句中，汉语多为"谓词+NP"次序，而英语的非宾格性多为"NP+谓词"的主谓次序。汉语只有在引入"得"字结构时，小句才表征为"NP+谓词"的形式。

需要说明的是，沈阳、Sybesma（2012）认为汉语中不存在单一性的非宾格动词，所有的单个非宾格动词都具有动结式的句法和语义形式，他们是通过完成体标记词"了"所表达的完结意义进行的判断。曾立英（2007）也区分了非宾格动词和非宾格结构，她称非宾格动词为"词典词"类施格动词，而认为动结式非宾格动词是一种非宾格结构，她称之为"句式施格"。这是语言类型上分裂施格的观点（Dixon 1994）。分裂施格把形态施格和句法施格分离开来，并认为施格性语言和宾格性语言都存在混合施格现象，即施格性语言中有宾格表达现象，宾格性语言中有施格（实为非宾格）表达现象，因此几乎所有的语言类型都存在混合施格现象（叶狂、潘海华 2017）。我们本章所谈及的非宾格性属于句法施格（即非宾格结构表征），所谓的词汇施格性（即词汇-句法中的非宾格性）将在第七章中专门讨论。

非宾格动词的完结性语义特性决定了其动词所表达的结果意义具有在不同结构配置中的多元性，包括在动结式结构中的表征。沈阳、Sybesma（2012）提出动结式这种双事件结构才是汉语的典型非宾格结构。这一观点虽有泛化之嫌，但是有一定的道理。就动结式复合谓词的基础结构而言，其非宾格性特征具有跨词类的普适性，但不同于单一性起动谓词所表征的非宾格性，动结式复合谓词的非宾格性，因较为复杂的题元关系使得非宾格结构实现方式呈现出多元性特征。句法结构在局域内需要建立合理的题元关系才能表征为合法的结构，反之亦然，合法的句法结构表征必须基于合理的题元关系。

我们认为，汉语非宾格动词在词库中是以单体形式出现的，如"冻、死、来、到、逃、跑、掉"等。这些单体谓词，除了独立充当谓词外，还具有高度的合成性，可以作为行为谓词或结果谓词与其他表示行为或结果的谓词复合构词，形成动结式复合谓词，如"冻死、冻住、冻僵、来到、逃跑、跑掉"等。带有完结性结果意义这一非宾格性语义特征决定了带有这些意义的谓词本身就具有非宾格性的潜质,可以单独表征或者复合表征非宾格性。语义上的完结性是要通过基础结构中的词汇-句法推导过程才能实现为非宾格结构。汉语动结式谓词的复合过程本身是词汇化的一种主要方式,是句法推导过程的中间操作环节,一个重要的证明就是汉语离合词的句法运算,在汉语句子-句法之前存在词汇-句法运算过程。

前文已提及,汉语中存在单一的非宾格动词,由于其表达的是结果事件意义,因此可以独立实现非宾格结构表征,如:来(人)、沉(船)、(打)破/碎(花瓶)等。同样以单一动词表达动结式单一事件意义的结构还有"死、病"结果状态类,或"躺、站、坐"空间姿态类,以及"挂、刻、画、写"等使成空间存在类动词,如:

(81) a. 死了一头牛。
　　 b. 一头牛死了。
(82) a. 门口站着一个小女孩。
　　 b. 一个小女孩站在门口。
(83) a. 墙上挂着/了一幅画。
　　 b. 一幅画挂在(了)墙上。

可以看出,单一结果意义类动词,无论是及物还是非及物动词,多数都可以出现在特定的存现结构中,因而表达非宾格性意义。因此,非宾格性意义的表达需要特定的结构表征。尽管我们认为,非宾格性表达是由语义决定的结构实现,但从某种意义上讲,结构同样对非宾格性意义具有决定性作用,否则以上这些动词都可以表达其他结构意义(如[81b]和[82b]就是非施格性结构)①。

汉语单体谓词进行非宾格结构表征时,总是与体标记词"了"共现,强化完结意义,因此无须再补出表达结果意义的谓词,如"掉""完"等。也正是基于这种解读,沈阳、Sybesma(2012)认为汉语本质上没有单一非宾格性谓词,所表现出的单体非宾格性谓词都是动结式复合词的变体形式。但是,我们认为,从语言的经济性原则出发,不应将所有的单体非宾格谓词都

① 因为汉语不同于英语,动后名词移位并不是为了核查 EPP 特征,因此我们认为(81)(83)这种主宾语位置上成分的自由变换,是一种主语流变的形式(Dixon 1994;叶狂、潘海华 2017),即非施格和非宾格结构表征是一种平行结构,不是衍生关系。当然,学界有人认为(83b)类结构是受事主语句,但这又与汉语话题突出的语言类型特征不符。

看作复合谓词虚化的结果,而应该反过来把复合谓词看作单一谓词复合的结果,因为谓词复合的动因可能是韵律需要、语用需要或语体要求等因素。也就是说,汉语中单体谓词是基本形态,复合谓词是衍生形态。我们的依据是,汉语的词汇形态是单音节性质的字本位类型,无论是正字法还是音系形态都以单一汉字为基础,合成词是为了表达意义、完善语用、优化韵律而存在。如果按照沈阳、Sybesma(2012)的观点,我们根本无须进行非宾格动词分类,非宾格动词都因其核心意义表达某种结果和状态而可以纳入动结式复合动词(结构)类型。这显然逻辑上并不合理,理论上也不够简洁。

5.4.3.2 动结式谓词及其题元关系

语言中动词的论元结构有着明确的区分:及物动词同时带有外论元和内论元;非及物动词只有一个论元,其中非宾格动词带有一个内论元,而非施格动词则带有一个外论元。正是这种不同的论元结构差异很好地区分了不同动词的类型。但在语言实际运用过程中,这种规则并非一成不变,出现了大量跨类现象。除了前面出现过的及物动词隐现内论元,还有非施格动词非宾格化(带内论元)以及非宾格动词使成化(外论元),分别重复如下:

(84) a. 我吃[e]了。
　　b. 门口站着一个小女孩。
　　c. 敌人击沉了我们的船。

(84b)和(84c)都包含我们认定的非宾格结构的不同表达形式,但是下面这类及物动词在汉语中也是合法句式,在非宾格结构表征上具有不同性质:

(85) a. 十个人吃一锅饭。
　　b. 一锅饭吃十个人。
(86) a. 观众都笑了。
　　b. 台下(观众)笑了一大片。
(87) a. 血流了一地。
　　b. 地上流着血。

汉语中的这些及物和非及物动词,有合乎常规的表达([85a][86a]

[87a]类结构),也有非常规的表达([85b][86b][87b]类结构),但都是合法结构。虽然(85b)(86b)(87b)的结构违背了动词的论元配置次序,使得动词的论元位置出现了流动现象,但其论元结构没有变化,题元关系也没有变化,只是表达语义的语用目的增强,表征为话题化结构,在类型学上称为主语流变现象(Dixon 1994;叶狂、潘海华 2017)。

(85b)(86b)(87b)类非常规性结构,从结构配置上看,其共同结构特点是"V+NP"结构,但其题元结构并不是非宾格结构表征,而只是主语流变现象。(85b)中的动后内论元位置上的题元角色是谓词的施事,外论元位置上反而是受事,这完全颠倒了及物动词结构的语序,但并没有改变题元角色关系。只是原本作为受事的"一锅饭"移位到句首位置,具有了话题性质。虽然该类结构处于内论元位置上的角色是施事,但该动词有赋宾格能力,只是宾语成分话题化前置了,因此该结构不是非宾格结构。(86b)的情形又不同,其原本的施事被焦点化后置于非施格动词的补足语位置,从而使原本只带有一个领属意义的外论元短语成分分裂成两个,其中领有成分位于句首话题位置,隶属部分保留在动词后宾语位置,因此文献中称这类分裂属格结构为领主属宾结构(郭继懋 1990)或保留宾语结构(徐杰 1999;潘海华、韩景泉 2008)。这种结构表征在不少学者看来,也是施格结构(即非宾格结构)(刘探宙 2009;孙天琦、潘海华 2012 等)。实际上,最典型的非宾格结构应该是(87b)类的结构配置,同样也是客事"血"由原本的外论元位置移到了内论元位置上,但题元角色没有改变。

因此,在动词的论元结构配置中,句法实现并不改变题元关系和题元角色,也就是在句法-语义界面没有受到影响,而是在句法语用界面可能因话题化或焦点化而引起结构表征上的变化。这些单体动结式谓词的结构表征,无论结构如何变化,其题元关系都是固定的。但还有一类单体谓词,可能在一个谓词内包括行为和结果双事件结构意义,其结构表征也可能是非宾格核心结构或外部使成结构,如:

(88) a. The vase broke.
 b. The cat broke the vase.

(89) a. 花瓶碎了。
 b. 小花猫打碎了花瓶。
 c. 花瓶打了。
 d. 花瓶打碎了。

英语中的 break 是动结式双事件单一谓词，当只表达事件的结果时，通常实现为非宾格性核心结构，这时行为事件没有表征，情形与汉语完全相同。但当行为事件引入施事或致因成分时，结构实现为及物性使成事件结构。然而其结构表征仍然是由一个谓词来完成，这个谓词内包两个事件结构意义，也就是说两个事件在一个谓词上同时实现，这便是 Lin(2008)所说的英语已经完成了词汇化的一种表现。汉语表面上看与英语表征方式不同，行为事件和结果事件分别由两个谓词实现(如[89b])，同时两个事件谓词与外论元和受事内论元也分别构建各自的题元关系。但是，汉语中除了(89a)这样的单一结果谓词实现的核心结构、动结式复合谓词实现外论元和内论元的完美配置外，还可以有只有行为动词参与的非宾格结构(89c)和如(89d)那样由动结式双事件结构实现非宾格性而没有外论元或致因显现的结构。这里可以看出，汉语中表现出比英语更多的结构选择。(89)中有四种非宾格性结果事件的表达方式，其题元关系改变了传统的词汇论元结构观：行为谓词选择施事和受事论元，结果谓词选择客事或体验者论元的常规配置关系。或者说相同的题元关系却有不同的结构表征，只是动词在论元配置的选择上出现差别。根据沈阳、Sybesma(2012)，(89c)和(89d)应该完全等同，因为他们认为在汉语动结双事件结构中，结果谓词常常可以省略，即(89c)就应该是"打碎"的省略形式。从意义上理解，这应该是对的。试比较(90a)和(90d)同一意义的两种表征结构，两个动词有明显类型差别：

(90) a. 花瓶打了。
　　 b. 花瓶碎了。

表面上看，"打""碎"分别属于完全不同的及物性行为动词(activity)和达成动词(accomplishment)(Vendler 1967)。但在汉语中，动词类型可能根据结构意义发生语义改变，在这里"打"就是"打碎"的意思，"碎"就是"碎掉"的意思，译成英文都是 broke。这的确符合沈阳、Sybesma(2012)的观点，即汉语动词在意义上发生了变化。

汉语中还有大量的复合动词，如"打赢、打败、打输、答对、答错、答烦、听对、听错、听烦"等，这些复合性行为谓词具有高度能产性，必须依赖结果谓词或者语境才能建立清晰的题元关系，从而实现结构表征。这类动结式复合谓词，无法像"打碎"那样，用独立的行为谓词实现复杂事件的句法。

相反,却可以像(90b)那样在用独立的结果谓词表达语义的同时,实现句法表征。这在一定的程度上证明,非宾格性结果谓词更具基础核心地位,行为动词只是描述方式和手段而已。按沈阳、Sybesma(2012)的观点,应该把这些不能纳入行为动词独立实现动结式结构表征的动词归为独立的一类,而不宜统一纳入动结式复合动词类型,即单体和动结性复合谓词不宜统一处理;像"打了"表示"打碎"的意思,这类语义蕴含属于个例,并非汉语词汇化的普遍规律。

5.4.4 动结式非宾格性小结

本节考察英语和汉语在 DOR 条件和非施格动词的使成化上的差异,把其归结为句法分析性程度上的词汇化参数差异,具体表现为词项的功能特征上的参数差异。英语动词带着多种特征(病毒)进入句法运算,而汉语动词不带任何词汇形式特征进入句法。这种观点可能与近年来生成语法如分布形态理论(Marantz 1993,1997 等)主张的词库与句法之间的映射理论格格不入。Borer(2005)根据英语中广泛存在的一词多义现象,反对传统的投射主义观。传统的投射主义观认为,词项通过词汇操作获得语法特征,而句法也多余地带有这些特征以便满足这些特征要求。Borer 支持构式主义观(Goldberg 1995),该观点主张词汇只带有实质性的百科意义进入句法,没有任何语法特征,甚至没有语类范畴特征。当词项进入句法框架中的合适位置时,才被认为出现相关句法特性。这与分布形态理论的初衷类似,但本著支持词汇-句法或分布形态理论假设,认为即使英语在词汇层面有形态特征,这种特征依然需要句法环境才能被激活,词根先在词汇-句法中参与初级运算,然后在句法中与功能成分进行合并操作,最终完成句法实现。

词根参与词汇-句法推导是本著中汉语语法采用的模式,这为汉语的高分析性提供了多种证明,而 Lin(2001)的词汇化参数理论支持的是词汇主义(lexicalism)观。该观点提出汉英语的差异是基于汉语是分析性语言而英语是综合性语言的参数差异,其核心假设是,综合性语言的词汇-句法(Hale & Keyser 1993)相对丰富,而分析性语言几乎没有词汇-句法。这一立论的出发点存在一些问题,因为汉语中大量的双音词或离合词都是通过词汇-句法派生而来:非宾格性词汇[VN]"流汗、出血、生气"等;[vP-PP-

上/下]派生出"上/下-X"动词;"双音节动词+NP"短语也应该是由词汇-句法过程生成的,如"登陆 NP(上海滩)""牵手 NP(华纳兄弟)"等。如果一词多义是构式决定的,那么不同语言之间也应有决定这种一词多义的不同构式方式上的差别。

由于汉语词类几乎没有形态标记,一词多义性程度应高于英语。英语多义止于派生或屈折标记的出现,而汉语一词多义的辨识,则需要到短语句法中才能得以确定。Lin(2001)的非选择性观点和本著中的非施格动结式结构等实例,都表明汉语比英语有更高程度的一词多义现象,这是否意味着论元选择中语义相容度高也是源于一词多义?为了解释这种差异,我们不应坚持句法-词库映射参数观,词库对语义和句法特征的规定应该不是无限的,也无法穷尽。只有在词汇-句法中初步确定词汇语义特征,明确动词与论元名词之间的题元关系后再进入句法运算,词义和句法才最终得以在结构和语音上实现。

5.5 "把"字结构的非宾格性

前面讨论了动结式复合结构中的非宾格性是通过基础结构的核心论元配置实现,其中英语实现为底层结构上的"NP+V"主谓顺序,而汉语既可能实现为主谓顺序,也可能实现为"V+NP"的顺序。但这一结构的表达,要么是通过单一结果谓词实现,要么是通过使成结果变化意义来实现。汉语还可以通过插入"把"字进行结构转换实现这一内在语义表达,因为"把"字句可以作为形式标准,检验谓词是否是动结式谓词(沈阳、Sybesma 2012)。沈阳、Sybesma (2012)认为,当结构中唯一论元名词出现在动词后宾语位置或"把"字后面时,结构的主语位置出现的名词可能不是施事,而是引发者或致使者角色,这也就区分了施事与致使者论元在动结事件结构中的角色差异,如:

(91) a. 老王喝醉酒了。

b. 这瓶酒醉倒了老王。

c. 这瓶酒把老王醉倒了。

(92) a. 小姑娘唱歌唱哭了。
　　b. 这首歌唱哭了小姑娘。
　　c. 这首歌把小姑娘唱哭了。

(93) a. 小姑娘(的)眼睛哭红了。
　　b. 小姑娘哭红了眼睛。
　　c. 小姑娘把眼睛哭红了。

就(91)—(93)中的结构而言,及物动词和非及物动词的差别表现为:及物动词的宾语可以提升为句首的话题成分,转化为使成结构(如[91b]和[92b])和“把”字结构(如[91c]和[92c])。其中使成结构的小句都是非宾格性配置[$_{VP}$ VR NP],这一使成结构可以通过“把”字提升小句中的名词成分,转换成[$_{BaP}$NP VR],这种提升操作的动因是对结果事件进行焦点化处理。不过,这两种结构中的动结式复合谓词的词汇化程度不同,“喝醉”的词汇化程度高于“唱哭”,因此在(91a)和(92a)中清楚地看出两类复合动词带宾语时的差异,可以说“喝醉酒”却不可说“唱哭歌”。尽管结果谓词都是主语指向,可以说“喝醉老王”,也可以说“唱哭小姑娘”,前者可以为宾语指向,后者却不可以(＊唱哭了这首歌),因此这进一步证明 DOR 条件对汉语这类主语指向的动结式复合事件结构没有约束力。

与(91)和(92)不同,(93)中的动词是典型的非施格动词。这类非施格动词可以由分裂的领属短语成分参与论元投射,领属短语名词可以在句首位置充当外论元,做主语,也可以做话题。如果是整体属格短语(“的”显现)做主语(如[93a]),其复合谓词在语义上也是分裂对应,形成$_{VP}$[小姑娘哭]和$_{VP}$[眼睛红]的题元关系。但在结构上,主语的隶属性核心名词“眼睛”成分统制“哭”和“红”,两个谓词形成[$_{VP}$ e 哭$_{VP}$ CAUSE 眼睛红]因果配置;如果是领有成分“小姑娘”成分统制“哭”和“红”,则形成的[$_{VP}$小姑娘哭$_{VP}$ BECOME e 红]就不合逻辑。这是因为,在题元关系上行为动词只能与行为者相关联,客事只能与结果谓词相关联,客事成分不能缺损。使这一非逻辑结构合理的办法是要么选择(93a)类整体领属主语结构(“的”显现),要么选择(93a)类分裂领属短语话题结构(“的”隐现)进行领属短语整体投射。如果选择分裂投射,则要把领有成分投射到话题位置,隶属成分则投射到动词后宾语位置,使其成为焦点化非宾格性配置结构(如[93b])。同样,这一隶属名词焦点成分也可以通过“把”字结构提升(如[93c]),使结果事件成分焦点化。

以上动结式复合动词不仅存在及物与非及物的题元关系和论元配置之间的差别，及物动词内部也存在差别。比如，复合谓词“喝醉”“唱哭”“哭红”转换为“把”字结构时，句子结构也会有所不同。由于“把”字结构小句中的结果谓词通常都是主语指向，因此，受“把”成分统制的也只能是小句中充当主语的成分，而不能是及物动词的宾语成分，如：

(94) a. 他们把老王喝醉了。
 b. 这瓶酒把老王喝醉了。
 c. *他们把这瓶酒喝醉了。
(95) a. 这首歌把小姑娘唱哭了。
 b. *小姑娘把这首歌唱哭了。
 c. *他们把这首歌唱哭了。

动结式复合及物动词是隐显宾语（如[96a]）或显现宾语（如[96b]），还是领属短语分裂结构（96c），进行“把”字结构投射时会有所不同，如(97)：

(96) a. 我吃饱了。
 b. 我吃饱饭了。
 c. 我吃饱肚子了。
(97) a. 没什么好菜，但要把饭吃饱了。
 b. 我把肚子吃饱了。

在生活中，我们可以发现用“把”字结构对及物动词的宾语进行提升操作的实例（如[97a]）。前面提到，“吃”的不同宾语选择在进行话题化时存在接受度上的差异（*饭吃饱了；肚子吃饱了）；但在“把”字结构中，这一细微差别似乎并不明显。尽管(97b)中的提升成分“肚子”不是动词的宾语，但是可以理解为领属短语的隶属成分，而领属短语分裂投射时，无论是及物动词还是非及物动词，都可能进行“把”字结构转换，如(93c)。汉语中这类领属短语分裂结构通过动结式复合谓词投射到使成结构和“把”字结构的方式不同，但题元关系相同，语用上使成结构以隶属成分为焦点，而“把”字结构以结果事件为焦点。这类动结式复合谓词还有“（腿）站麻、（屁股）坐痛、（腰）躺酸、（口）说干、（眼）望穿”“笑出

(声)、挪动(脚)、打赢(韩国队)、打败(日本队)、＊打输(日本队)”“答对(三道题)、答错(三道题)、答烦(主讲嘉宾);听对(两句话)、听错(两句话)、听烦(被试)、吃光(口粮)、用完(经费)”等。只要符合题元关系,似乎汉语中的及物和非施格动词都可以通过动结式复合谓词投射使成事件或“把”字结构事件。

5.5.1 致使结构标记“把”与非宾格性

沈阳、Sybesma(2012)在对非宾格性动结式复合谓词进行甄别时,提到一个形式检验标准,即“把”字结构。他们认为一般动结式“把”字句(98)和典型作格(非宾格)动词“把”字句(99)存在明显的区别,前者具有明确的使成因果关系,而后者则没有这种使成因果关系,如:

(98) a. 妈妈把米饭给煮糊了。
　　b. 弟弟把杯子给打碎了。
　　c. 蛋糕把孩子给吃饱了。
　　d. 工作把妈妈给累病了。
(99) a. 看守把那犯人给跑了。
　　b. 爸爸把心脏病给犯了。
　　c. 他把煮熟的鸭子给飞了。
　　d. 班子把矛盾给暴露了。

沈阳、Sybesma(2012)在分析隐性动结式谓词时,用了“把”字形式标准进行检验,得出的结论是:能通过检验的是隐性动结式双事件谓词。因此,这些动词也都是非宾格性动结式复合谓词及其结构表征(如[99])。他们认为,这两组实例的区别在于:(98)中的外论元为直接致因,而(99)中的外论元只是间接致因。无论致因是什么,“把 NP 给 VR”句式表达的都是使成事件意义。我们认为,除了(99)类间接致因类结构是非宾格性质外,(98)类直接致因类结构中的结果小句也是非宾格性质。这两组结构的结果事件性质是相同的,只是导致其产生结果的方式和致因不同,(98)通过动结式实现小句非宾格性,而(99)则通过单一结果谓词及表达完成意义的体标记词“了”实现非宾格性。如果同样是“把”字结构,事件意义也相同,没有理由一类是非宾格而另一类不是。我们不妨通过使成结构转换加以检验,只要满足结果事件意义,同时小句结构上符合非宾格基础配置,就是非宾格结构表征,如:

(100) a. 妈妈煮糊了米饭。
b. 弟弟打碎了杯子。
c. 蛋糕吃饱孩子。
d. 工作累病妈妈。

(101) a. 看守放跑了犯人。
b. 爸爸犯了心脏病。
c. ? 他飞了煮熟的鸭子。
d. 班子暴露了矛盾。

这里(100)和(101)中的结果小句都是非宾格结构配置,这些使成结构通过“把 NP 给 VR”就可以转换为(98)和(99)类“把”字结构,“把”字结构只是对结果事件进行焦点化。除此之外,我们还发现,无论外论元是什么类型的诱因,导致了这一特定结构中结果意义的角色却各有不同。比如(98)中的外论元就有施事(98a)(98b)、受事(98c)、致因(98d),而(99)中则有责任者和体验者。由此可以发现,带有行为谓词的双事件结构(98)中,及物动词的外论元位置涉及施事(98a)或受事(98c),而及物动词的语义都有行为意志特性,非及物动词(98d)则涉及方式或致因。单体动结意义的结构(99)表达的是单一结果事件意义。由于没有显性行为谓词,因此谓词的语义中缺少主观意愿性特征,外论元只具有间接致因的语义,由抽象致使谓词 CAUSE 允准。

表面上,汉语中动结式双事件复合谓词与论元之间似乎存在非对称的题元关系,但其根本的题元关系还是必须对应的,否则非对应的题元关系无法保证句法的合法实现。为确保结构的合理实现,功能中心语成分(CAUSE/ BECOME)在起作用,而这些功能成分只有在句法推导中才显示其强有力的作用。可以简单地将(98)和(99)中的“把”对应 CAUSE,而“给”对应 BECOME。下面就汉语动结式复合“把 NP 给 VR”结构中的题元关系进行分析,看“把……给 VP”与单一“把”字结构有何异同。

5.5.2 动结式"把……给 VP"结构与非宾格性

很多单体非宾格性谓词为存现类单体非宾格性谓词(见第四章)。常见的非存现类单体非宾格动词中,不少动词语义上具有典型的行为意义(如"打"),却同样可以表现出非宾格性结果意义。这样的及物动词还有"忘、丢、关、喝、吃、咽、吞、泼、洒、扔、放、涂、抹、擦、碰、砸、摔、磕、撞、踩、伤、杀、宰、切、冲、卖、还、毁"等。汉语中这些动词都可以直接带完成体标记词"了",表达动作完结的意义(吕叔湘 1999[1980];沈阳、Sybesma 2012)。按照沈阳、Sybesma 的观点,这些单体完动词与完成体标记词"了"共现时,实际上都虚化了结果谓词(如掉、完等)意义,使得原始形态应该是动结式双事件的谓词变为了单一结果性谓词。他们提出了两个检验单体动词是否是动结式的形式标准:一是看动词前能否添加"给";二是看底层基础结构能否添加致使者论元和致使标记词"把"。这一标准可以检测动词的性质和类型。像上面的及物和非及物类动词,如果单体形态不能表达结果性意义,就不能单独与"给"合并表达处置意义,如:

(102) a. (＊ NP 把)她(＊给)哭了。
b. (＊ NP 把)她(＊给)唱了。
c. (NP 把)她(给)唱哭了。

这里可以看出,单体动词"哭""唱"都无法通过检验,因此就不属于动结式非宾格动词类型,而属于非施格动词或及物动词。但如果把它们合成为一个复合谓词,则完全没有问题,如(102c)。下面的单体动词却均可顺利通过检验,如(103):

(103) a. (爸爸把)房子(给)卖了。
b. (弟弟把)苹果(给)吃了。
c. (我军把)敌人(给)灭了。
d. (他们)比赛居然(给)赢了。

为何单体动词又可以通过检验呢?沈阳、Sybesma(2012)的解释是:

这些单体动词的原始形式应该是"双动词结构"，只不过其中一个动词由于"隐含"了才没有直接显现，而且他们认为隐含的成分只能是动结式复合成分中的结果成分，如(103a)(103b)(103c)中都可能隐含了"掉"，但我们发现(103d)中并不是隐藏了"掉"类结果谓词，反而应该是隐藏了"打"类行为动词。

根据沈阳、Sybesma(2012)的观点，在动结式复合谓词中，应该是"动"为核心(主)谓词，"结"为非核心(次)谓词构成组配，因此结果意义成分可以隐藏，但(103d)类结构却正好相反，表明动结式中的核心成分是结果谓词。这一情形在下面的单体动结式结构中也得到证明，如：

(104) a. 这瓶酒把老王给喝醉了。
  b. 这瓶酒喝倒了老王。
  c. *这瓶酒喝了老王。
  d. 这瓶酒醉了老王。

(105) a. 地震把房子给震毁了。
  b. 地震震毁了房子。
  c. ? 地震震了房子。
  d. 地震毁了房子。

毋庸置疑，这类动结式双动词的底层核心结构具有非宾格性质，但如果把结果谓词隐藏起来，同样意义的句子结构则不可接受，或者可接受性明显降低(如[104c]和[105c])。这证明汉语中动结式复合谓词的核心成分是表达结果意义的成分。至于为何有沈阳、Sybesma(2012)所认为的动结式复合谓词的结果意义成分虚化隐藏后，剩下的单一动词也可以表达结果事件意义，这应该归因于完成体标记词"了"的功能意义。非宾格结构表征在词汇和结构层面上都存在差别，两者并不完全等同。按照沈阳、Sybesma(2012)的观点，动结式复合谓词及其结构是典型的非宾格动词，其句法结构为非宾格结构，而且不存在单体非宾格性谓词，所有的单体非宾格性谓词都是动结式复合谓词中结果成分虚化或脱落的结果。这一观点有一定的合理性，但从动结式复合谓词的核心结构看，这一观点却存在严重不足。

本著支持的是另一种相反的观点，即动结式复合谓词中，出现诸多单体结构是行为谓词隐藏的结果(李临定 1984, 1992; Huang 2006; 张伯江 2007 等)，如：

(106) a. 肚子饱了。
b. 肚子吃饱了。
c. *肚子吃了。
d. 西瓜把肚子给吃*(饱)了。

(107) a. 花瓶碎了。
b. 花瓶打碎了。
c. 花瓶打了。
d. 花猫把花瓶给打(碎)了。
e. *花猫把花瓶给碎了。

这些例句较好地证明了结果谓词在动结式复合谓词中的核心地位。但是,我们又发现,如果用“把 NP 给 VP”结构进行检验,会有不统一的情形。比如,(106c)与(107d)中的动词类型一致,但意义和可接受性却相反;而(107e)用的是结果谓词,却又不可接受。因此,汉语动结式复合谓词中,到底是行为动词还是结果谓词更具核心地位,似乎没有统一标准。但我们坚持认为结果谓词更具核心地位,原因有二:其一,只有那些本身具有结果意义的行为动词在隐藏结果谓词时才能作为单体谓词获得结果意义的结构实现(如[107d]),纯行为意义动词不能表达结果意义(如[106c]);其二,动结式复合结构中内包一个小句,这个小句是个非限定小句,其结构配置是非宾格性质,是位于句法结构最底层的核心结构。因此,从语义和结构上看,动结式复合结构中的结果谓词都更具有核心地位。

至于为何(107a)和(107e)都使用的是结果谓词,一个可接受,而另一个不可,这涉及结构配置不同导致的可接受性差异。(107a)是隐现非宾格结构,由单一结果谓词表达;(107e)是由“把 NP 给 VP”结构表达,尽管结构表达的意义相同,但该句式结构要求 VP 必须是行为动词,如果选择结果谓词就与其结构不相容,因此(107e)不合法。因为“把”字句要求突出事件的行为性和结果性,这时行为谓词的地位高于结果谓词;所以即使没有结果谓词表达,体标记词“了”也可以充当行为动词的词缀,表达事件的完结意义(马志刚 2012)。基于这一出发点,沈阳、Sybesma(2012)才得出动结式复合结构中,行为动词比结果谓词更具核心地位的结论。此外,对比还可以发现(106d)和(107d)的“把”字结构在表征差异上,并不局限于行为动词或结果谓词的类型差异,还可能包括“把”字的宾语成分与行为动词的题元关系的不同。我们不能说“吃肚子”,只能说“吃西瓜”,但是可以说“打花瓶”；可以说“肚子饱”“花瓶碎”，但不能说“西瓜饱”“花猫碎”。因此，我们有理由相信，“吃饱肚子”和“打碎花瓶”这类复合谓词表达的合法性取决于结果谓词与客事论元之间的相容性，而不是行为谓词与其受事之间的相容性。也就是说，动词论元结构之间的题元关系在结构表达中起重要作用。比如，在(106d)和(107d)中，尽管谓词内部的题元关系不变，结构类型差异仍然会导致句法实现上的不同。这两个句子分别是话题结构和主语结构，(106d)中的受事宾语成分提升为话题，缺损的领属短语中的隶属成分被“把”字提升到谓词左边位置，而(107d)是主语结构，受事宾语由“把”字提升到谓词左边。因此，汉语动结式复合结构存在句子结构差异和论元配置差异，唯有题元关系不变。这种基于题元关系的结构变化是功能中心语参与句法推导的结果。

根据本著的观点，动结式复合谓词的核心意义是结果状态变化，其核心成分是表达结果意义的成分，该结构是非宾格结构。因此，从经济原则出发，能表达这一结构意义的当然首选单体结果谓词。当需要表达更多信息时，引入施事或致因成分，结果谓词才与行为谓词复合后形成扩充投射，表达某种行为或致因导致结果状态变化意义，其核心结构仍然是结果事件谓词，而导致这种结果意义的行为事件或致因成分就可能出现多样性。因此，沈阳、Sybesma(2012)认为，表达动结意义的单体谓词与复合谓词应该具有等值前提，非宾格性单体动词应该是行为动词而不是结果谓词。这一结论就值得商榷。他们的观点，不仅不能解释上面(106c/d)和(107c/d)的不对称性问题，也难以解释下面(108c)(109c)(110c)的歧义问题，如：

(108) a. 孩子醒了。
b. 狗吵醒了孩子。
c. 狗把孩子给吵了。
d. 狗把孩子给吵醒了。

(109) a. 足球进了。
b. 后卫踢进了足球。
c. 后卫把球给踢了。
d. 后卫把球给踢进了。

(110) a. 衣服干了。
b. 大风吹干了衣服。
c. 大风把衣服给吹了。

d. 大风把衣服给吹干了。

这些结构中，凡结果谓词显现时，无论是单一谓词还是复合谓词，都可以实现非宾格结构并表达清晰的结构意义。也就是说，即使隐藏了行为谓词，单体谓词也可以实现为非宾格性起动结构（如[108a][109a][110a]），复合谓词可以投射为非宾格性核心基础结构（如[108b][109b][110b]）。尽管这种基于结果谓词意义的非宾格结构表征方式并不相同，但非宾格意义等值。不等值的部分是行为方式或致因部分。这一差异从行为谓词单一表达事件意义的结构中可以得到证明（如[108d]和[110c]），单体行为谓词表达的结构意义并不同于单体结果谓词表达的结构意义，这说明单体谓词形态并非都表达相同的意义。此外，根据沈阳、Sybesma（2012）的观点，用“给”作为形式标准只对行为谓词检验有效，对结果谓词检验则无效。这一观察有其合理的部分，但也有例外，如（111b）：

（111）a. ＊狗把孩子给醒了。
b. 后卫把球给进了。
c. ＊大风把衣服给干了。

而他们给出结果谓词隐藏的示例如：

（112）a.（把）苹果（给）吃了（吃掉了）。
b.（把）脖子（给）扭了（扭伤了）。
c.（把）坏人（给）杀了（杀死了）。
d.（把）犯人（给）放了（放走了）。
（113）a.（把）肚子（给）＊饱了（吃饱了）。
b.（把）杯子（给）＊碎了（摔碎了）。
c.（把）冷水（给）＊开了（烧开了）。
d.（把）孩子（给）＊胖了（长胖了）。

当然，他们也承认动结式复合谓词中，有时隐藏的也可能是行为谓词或结果谓词的任一类型，如：

（114）a.（把）孩子（给）病了（弄病了/病倒了）。

b. (把)鸭子(给)飞了(闹飞了/飞走了)。

c. (把)犯人(给)跑了(放跑了/跑掉了)。

d. (把)围墙(给)塌了(弄塌了/塌掉了)。

(112)和(113)表明,动结式复合谓词中,行为谓词为核心成分,不能脱落或隐藏;隐藏的成分只能是结果谓词成分。(114)则表明两种情形都可能存在。也就是说,(114)类单体动词既可以解释为行为谓词为核心成分(病倒、飞走、跑掉、塌掉),也可以解释为结果谓词为核心成分(弄病、闹飞、放跑、弄塌)。但是,沈阳、Sybesma(2012)坚持认为,在动结式复合结构中,(113)类中的行为谓词不能缺省,只有结果谓词可以缺省;(114)类中又能兼顾两类情形,然而他们并未对此进行解释。他们认为(113)类结果谓词能独立充当结果谓词却不能通过"把"字句检验,这是因为它们属于一个独立的表达状态的谓语结构类型,不属于表达非宾格性双事件的隐性动结式结构,这就难免让人费解了。我们认为,无论是单体动结性事件结构还是动结式复合谓词表征的双事件结构,其共性都是基于非宾格性基础结构的结果状态变化意义。(113)中的动词及结构类型应该完全等同于下面的例子:

(115) a. 嗓子唱哑了。

b. 小女孩把嗓子给唱哑了。

c. 嗓子哑了。

d. *嗓子唱了。

(116) a. 眼睛哭红了。

b. 小女孩把眼睛给哭红了。

c. 眼睛红了。

d. *眼睛哭了。

(117) a. 耳朵震聋了。

b. 音乐把耳朵给震聋了。

c. 耳朵聋了。

d. *耳朵震了。

这些例子中的非法结构([115d][116d][117d])之所以不可接受,同样是因为谓词与论元之间的题元关系不匹配。谓词要求施为性论元与之匹配,而客事论元却要求结果性状态变化谓词与之匹配,因此该结构非法。

沈阳、Sybesma(2012)试图从动结式复合谓词的形态结构特征对汉语的非宾格性进行统一解释,他们重点关注的是行为谓词,认为隐性动结式复合谓词中隐藏的只能是结果谓词,行为谓词不能隐藏,否则就不属于动结式复合谓词。这一结论有失公允。

我们认为,对汉语的非宾格性研究必须基于完结性事件意义,从谓词的题元关系和基础结构出发,对汉语的单体谓词和复合谓词进行统一处理。这样单体谓词中一些无法解释的结构现象就有了结构类型归属,因为它们原本就属于不同的类,有表达出现或消失的结果(属于存现动词类型),也有表达目标运动(终结性移动谓词类型)或状态变化的结果(完结性结果类型),这些不同的结果都具有非宾格性特征。

需要说明的是,汉语中表达完结性意义通常由体标记词"了"实现;但如果从另一角度审视非宾格结构意义,会发现持续状态也是一种体表征形式。这体现出非宾格性完结性或持续状态性意义表征形式的多元性。按经典定义,如果非宾格性的典型语义特性是完结性,必然与持续性不相容,那么当动词与持续体标记词"着"共现时就一定不是非宾格结构表征,如:

(118) a. 河里游着一条狗。
b. 路上走着一群人。
c. 马背上骑着一个小男孩。

但事实上,非宾格性典型语义表达的是某种完结性结果或持续的状态。(118)类结构都表达的是某种行为的持续状态(参见 Pan 1996)。汉语持续体标记词"着"同样在某种构式意义中可以表达非宾格性意义。

5.5.3 "V得CP"动结式与非宾格性

前面5.4.2节提及"V得CP"结构,其中Tang(1997)认为汉语动结式结构中的非宾格性在"V得"动结短语中可以找到证据,本节专门就此展开讨论。由于显性功能词"得"源于动词"得",就像英语的get既有非宾格意义,又有使成意义一样(如:got mad、got into trouble vs. got John mad、got John into trouble),汉语的"-得"也可以理解为具有这两种意义,如"变得"结果状态意义和"使得"使成意义。无论是"变得"还是"使得”，当“V 得”中的 V 表明某种变化的结果时，可以用功能词 BECOME 与之对应；而当其表明某种方式导致某种结果状态时，则可以用功能词 CAUSE 与之对应。在非施格动词结构中，即使动词 V 本身不是非宾格性或起动性动词，但当其与“得”合并后就具有了起动意义。按事件结构理论，动结式复合谓词具有使成或启动意义的通用模板来表达一个结果子事件和一个特定方式的子事件。表达启动意义的结果性事件模板具有以下的表征形式（Rappaport Hovav & Levin 2001；Tang 1997）：

（119）起动结构模板：

[DO x <*MANNER*>[BECOME y <*STATE*>]]

汉语的“得”动结短语，在其启动意义的事件模板中，结构为“得”引导的子句所表达的事件。当该子事件被动词修饰，即带有行为方式动词短语时，结果动词为主事件，行为方式为修饰性事件。根据题元关系优先原则的假设：核心局域结构内谓词与经历者论元优先建立题元关系，即[$_{\text{CAUSE}}$ x<DO>[$_{\text{BECOME}}$ y < STATE>]]，如：

（120）a. 张三吃得肚子很饱。

b.

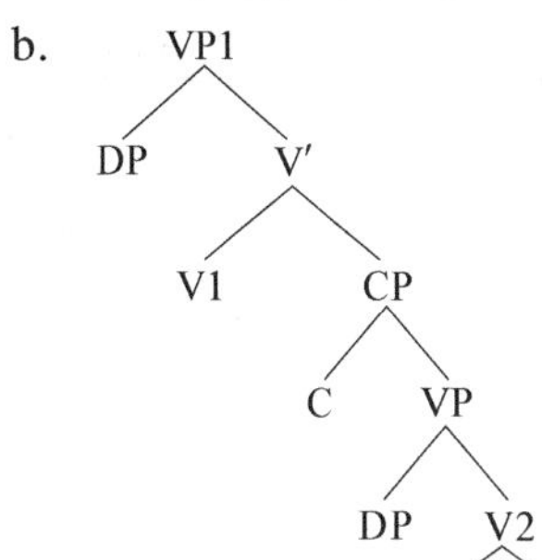

（121）a. 李四笑得肚子痛

b.

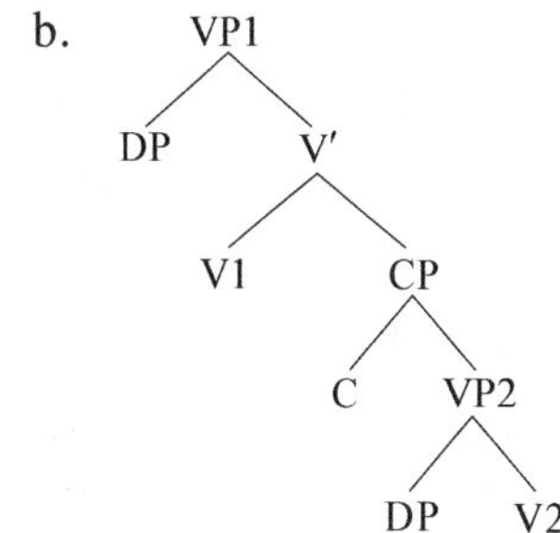

(122) a. 王五累得站不起来

b.

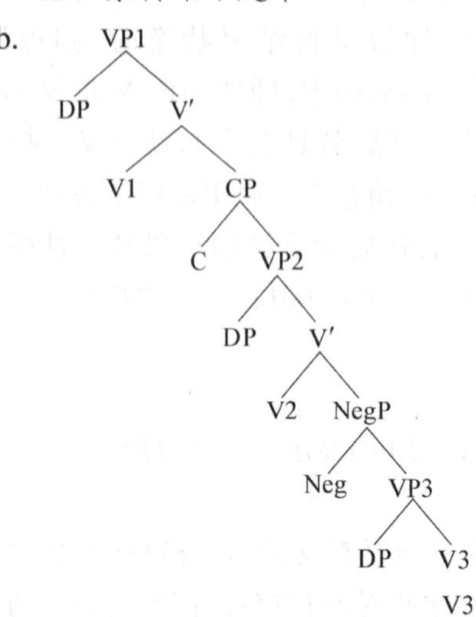

(120)(121)(122)分别是典型及物动词“吃”、非施格动词“笑”和非宾格动词“累”的实例,与“得”字短语一起构成动结式复合结构后,都表示变化结果。在语义上,(120)和(121)的主动词V是个致因行为,其导致的结果子句由显性功能词“得”投射为核心基础结构,都是非宾格性配置。(122)的结构有所不同,因为“(王五)站不起来”的结果意义是由另一结果状态“累”引发的,也就是说,动结式复合结构中,主次谓词都是结果性谓词。但仔细观察,我们会发现主谓词其实是个使成性谓词,只是需要外部致因成分才能解读,如:

(123) a. 这一万米累得王五站不起来。

b. 这一万米跑得王五站不起来。

c. 这一万米跑累了王五。

d. 王五跑累了一万米。

虽然这些结构都具有使成结果意义,但非宾格性表征方式不同:(123a)(123b)是通过话题结构由主谓词实现,结果谓词小句是非施格结构;(123c)是由结果小句实现;(123d)是主语性非施格结构,尽管有结果谓词,却为主语指向,结构上没有表征为非宾格性。

针对(120)—(122)中的“V得”复合结构,一般观点认为句首成分为致因,“得”字结构为结果性结构,形成复合因果语义配置。还有另一种观点认为，主动词是方式性附加语，“得”字子句是主句（Tang 1997）。这一观点类同于动结式复合谓语结构，把行为动词视为修饰性成分。从句法看，我们同意这一立场，无论主从结构如何配置，在生成句法看来，句法结构的最底层基础结构都是核心结构。因此，在动结式复合结构中，无论主句是何种句法地位，结果性结构都是基础结构。问题是，这种表达结果意义的基础结构并非都是非宾格结构（如[123a][123b][123d]）。由此可见，起动性动词模板（119）中，表达动结式起动意义的事件结构由功能中心语 BECOME 投射为结果事件，但结果事件受到行为事件的修饰；使成事件由 CAUSE 投射为行为事件结构，致因成分和行为方式<*MANNER*>对结果谓词进行修饰，表达式如下：

（124）单一使成结果事件模板（方式修饰 BECOME）：
[x <*MANNER*>BECOME[y <*STATE*>]]

（125）方式使成事件模板（方式修饰 CAUSE）：
[CAUSE x<*MANNER*>[BECOME y <*STATE*>]]

具体示例如下：

（126）a. 李四笑痛了肚子。
b. 这件事笑得李四肚子痛。
c. 这件事笑痛了李四的肚子。

（127）a. 王五累得 PRO 站不起来。
b. 这项工作累得李四站不起来。
c. 这项工作累趴了李四。

（126a）（126b）结构是一种常见的非宾格-使成转换，通过主动词和小句谓词的合并，推导出使成结构（126a），这种结构也是领属短语分裂式话题结构；（126b）则通过引入致因外论元推导出使成结构，同样可以转换为动结式复合动词带有领属短语的结构，如（126c）。（127a）是常见的非施格性主语结构，结果性次谓词与修饰性主谓词之间存在程度叠加的语义表达；而（127b）则引入致因外论元，表达叠加性结果意义的致因成分，整个动补短语结构是非宾格结构，这一结构可以转换为（127c）那样的动结式复合词投射的非宾格小句。（126）和（127）中的主谓词都是非施格性行为动词，次谓词为结果状态性非宾格性谓词；但（127）中的主谓词为使成结果

性谓词(非宾格性谓词),而次谓词为空间姿态性行为谓词,这似乎与典型的动结式复合谓词颠倒了词序。常见的实例如:

(128) a. 王五站累了。
b. 王五趴累了。

这很好地证明了汉语中的词序并不是特别固定,其中能够使结构表达合法的仍然是题元关系的合理性。也就是说,两类不同主动词结构表征中,其基础结构部分都是非宾格性结果谓词,V1 都是表达 BECOME 变化的方式,而 V2 都是表达 BECOME 的结果。Tang(1997)认为这种结构是非施格主动词作为附加语成分,其结果变化性谓词表达结果性主事件意义,这类复合动词还有前面讨论过的“哭湿”类;使成事件中只有轻动词 CAUSE 本身被动词修饰,内嵌一个没有被修饰的变化轻动词 BECOME,这类结构典型地表征为及物性动结式结构,如“打碎”“撕坏”等。由此可见,汉语中的动结式复合词可以是不同类型的动词,“V -得”复合结构中的 V 更是可以自由选择小句中的谓词,包括及物动词、非及物动词(非施格动词和非宾格动词),如:

(129) a. 张三写得手都酸了。
b. 李四走得脚都破了。
c. 王五睡得头都歪了。

(130)

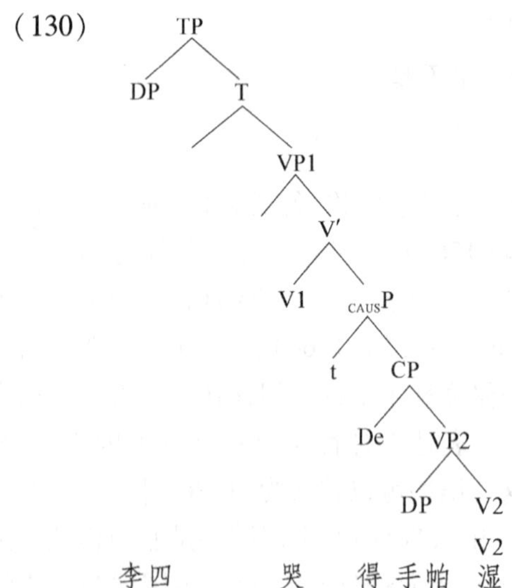

在汉语中，像这样导致结果变化的行为动词作为方式修饰结果主动词的结构，在构式上与结果事件作为基础结构具有平行性质。但在语义上，传统上都认为动结式复合结构中的行为谓词为主动词，结果谓词为次动词作为结果性补足语。无论这两种视角下复合谓词的主次地位如何，其句法投射的共性是：表达结果或状态变化意义的谓词在句法中投射为基础结构，该基础结构的谓词和论元之间具有非宾格性题元关系，即表达的是客事论元和结果谓词之间的语义关系（“手帕湿”）；施为性谓词与施为性主语之间也构成合理的题元关系（“张三哭”）。这两个事件之间谁是主、谁是次在句法结构中并不重要，只是在语用解读中才重要。也就是说，这种事件内部恰当题元关系的建立，以及它在整个句法环境中适恰与否，取决于修饰性事件与被修饰性事件之间语义和语用的匹配度（compatibility）。

5.5.4 非宾格结构实现上的异同

前面提到非宾格结构表征方式有三种，即 V1V2 动结复合式、“V 得 CP”动补式和“NP（都）给 VR”形式。这些结构表征都具有相同的事件结构，行为事件和结果事件的区别只是在句法表征上，即功能中心语 BECOME 和 CAUSE 的语音形式为显性拼读还是零形式。V1V2 动结式复合谓词在句法推导上是通过 V2 越过宾语首先与 BECOME 合并而来。本节比较 V1V2 动结式复合词、“V 得 CP”动结式小句及“把 NP（都）给 VR”小句的非宾格性表征的异同。

（131） a. 张三追累了李四。
[DO x<*TRANSITIVE*>[BECOME y <*STATE*>]]（及物性使成）
b. 张三累病了。
[DO x<*UNACCUSATIVE*>[BECOME y <*STATE*>]]
（非宾格性使成）（x=y）
c. 张三哭红了眼睛。
[DO x <*UNERGATIVE*>[BECOME y <*STATE*>]]
（非施格性使成）（x=y）

（132）a. 逃犯追累了警察。

[CAUSE z <CAUSER>[DO x<*TRANSITIVE*>[BECOME y <*STATE*>]]]（及物使成）（x=y）

b. 这工作累病了张三。

[CAUSE z <CAUSER>[DO x <*UNACCUSATIVE*>[BECOME y <*STATE*>]]]（非宾格性使成）

c. 输球哭红了她的眼睛。

[CAUSE z <CAUSER>[DO x <*UNERGATIVE*>[BECOME [y <*STATE*>]]]]（非施格性使成）(x=y)

（133）a. 张三追得很累。

[DO x <*TRANSITIVE*>[BECOME y <*STATE*>]]（及物使成）(x=y)

b. 张三累得生病了。

[x <*UNACCUSATIVE*>[BECOME y <*STATE*>]]
（非宾格性使成）(x=y)

c. 张三哭得眼睛都红了。

[BECOME x <*UNERGATIVE*>[y <*STATE*>]]（非施格性使成）

（134）a. 逃犯追得警察很累。

[CAUSE z <CAUSER>[DO x <*TRANSITIVE*>[BECOME y <*STATE*>]]]（及物使成）(x=y)

b. 这工作累得张三生病了。

[CAUSE z <CAUSER>[x <*UNACCUSATIVE*>[BECOME y <*STATE*>]]]（非宾格性使成）(x=y)

c. 输球哭得她眼睛都红了。

[CAUSE z <CAUSER>[DO x<*UNERGATIVE*>[BECOME y <*STATE*>]]]（非施格性使成）

（135）a. 逃犯把警察追得很累。

[CAUSE z <CAUSER>[x<*TRANSITIVE*>[BECOME y <*STATE*>]]]
（及物使成）(x=y)

b. 这工作把张三累得生病了。

[CAUSE z <CAUSER>[x<*UNACCUSATIVE*>[BECOME y <*STATE*>]]]（非宾格性使成）(x=y)

c. 输球把她哭得眼睛都红了。

[CAUSE z <CAUSER>[DO x <*UNERGATIVE*>[BECOME y <*STATE*>]]](非施格性使成)

(136) a. 逃犯把警察给追得很累。

[CAUSE z <CAUSER>[DO x<*TRANSITIVE*>[BECOME y <*STATE*>]]](及物使成)(x=y)

b. 这工作把张三给累得生病了。

[CAUSE z <CAUSER>[DO x <*UNACCUSATIVE*>[BECOME y <*STATE*>]]](非宾格性使成)

c. 输球把她给哭得眼睛都红了。

[CAUSE z <CAUSER>[DO x<*UNERGATIVE*>[BECOME [y <*STATE*>]]]](非施格性使成)(x=y)

从这里可以看出,无论是V1V2复合词、"V得CP"小句结构抑或是"把NP(都)给VR"复合结构,在表达使成结果意义上三类动词(及物动词、非宾格动词、非施格动词)不仅都具有构式上的相容性,还都可以拓展引入外论元或致因成分,核心基础结构都是非宾格配置。因此,可以认为汉语动结式结构中,无论何种类型的动词为主谓词,其基础结构的非宾格性都可以获得实现。

总之,非宾格性的基础核心结构是由唯一论元与一个表达结果状态意义的谓词构成题元关系。这种题元关系通过句法实现为单一结果或状态事件结构,也可以通过动结式复杂谓词实现为双事件结构,其中的结果状态事件同样实现为非宾格结构。由于汉英两种语言在受DOR条件约束上的差异,英语的非宾格核心基础结构在复杂事件结构中通常只与动结式动词的宾语形成合理的题元关系,而汉语中的这一限制松散。动结式谓词不仅可以与其宾语形成题元关系,也可以与其主语形成题元关系,从而可能引起结构意义不清。汉语中的非宾格性动结式结构表征及其合理的题元关系是通过何种机制建立起来的?为何英语更多地受到DOR条件约束,而汉语则限制较少?下面我们试图通过对非宾格动结式结构进行小句分析来解剖题元关系的构建机制。

5.6 非宾格性动结式小句分析

根据 Perlmutter(1978)的非宾格假设,一个基本共识是语言中存在两类非及物动词,即非宾格动词和非施格动词。汉语中也是如此,然而 Huang(2006)认为,汉语非及物动词中虽然存在非宾格和非施格之间的差异,但并不如英语那么明显。这是比较折中的观点,但在学界也有另外两种较为极端的看法:一种认为汉语中这两类动词界限模糊,没有必要区分非宾格和非施格动词类型(刘探宙 2009);而另一种观点则认为,汉语非宾格现象突出,尤其动结式双动词结构类型都是非宾格表征类型(沈阳、Sybesma 2012)。那么,到底应该如何看待汉语的非宾格结构及其生成?本节回答这一问题。

由于非宾格性核心结构中,只有内论元没有外论元,且该内论元在谓词的内论元位置,外论元的投射取决于事件结构是否需要明确表达导致事件结果的信息成分。然而在句法-语义接口,汉语的致因成分可能作为话题,虽然与谓词没有题元关系,但非宾格结构仍然可能获得实现;在带有外论元的结构中,及物动词通常表达的是使成结果事件,其核心结构同样具有非宾格性。这时结果事件的非宾格性常常通过小句实现(Mateu 1999,2002; 沈阳、Sybesma 2010,2012 等)。

Li Y-H. A.(1990: 53)也对动结短语持小句观,提出结果补语子句是复合动词"V 得"的子语类化成分,由这一复合动词指派格,因此不同于沈阳、Sybesma(2012)和 Huang(2006)等的观点。她认为动结式结构中的 V1 是主动词,不是附加语。就结果补语中的 PP 类型,Li Y-H. A.(1990: 59)认为汉语没有真正动后介词短语 PP。"V+P"构成复合动词,一个重要证据是两个成分之间不能插入体标记成分,而通常在其复合成分之后插入。

熊仲儒、刘丽萍(2006)结合功能假设同样用小句分析,解释汉语动结式论元实现机制,让扩展主动词的功能范畴决定论元的选择与题元的指派。从最终实现来看,结果谓词的论元完全实现且遵守其题元等级,主动词的论元根据等同操作而定。如果结果谓词没有论元投射,则由主动词决定。功能范畴假设能预测动结式的论元实现,并能合理地解释其句法行为和歧义现象。下面先分析动结式复合结构的小句性质。

5.6.1 动结式结构中的补语小句

Sybesma(1992,1999),Sybesma、沈阳(2006),沈阳、Sybesma(2012)用“小句补语”(small clause)分析汉语的动结式结构。其基本假设是:汉语动结式中的谓词表达一个非状态性的行为,具有“无界”(atelic)性语义;这个行为又带有一个由主谓结构构成的“补语小句”,这个补语小句为无界行为提供作用的范围和到达的终点,即实现结构的“有界”(telic)性语义。这种结构中的谓语动词表示动作行为,而补语小句则表示终点结果,整个复合谓词结构表达一个完整的“行为-结果”事件;或者说这种结构一定包含主句动词和小句动词两个动词,形成一种“双动词结构”。

前面的大量实例已表明,汉英语中的非宾格结构表征,不仅有单个动词和客事论元配置来表征,也有动结式“双动词”性质的复合动词或短语来表征。这种结构的特点,关键在于动结式复合词。汉语中通常是行为动词加结果谓词构成复合谓词,而英语中通常是行为动词加上形容词或介词短语构成动补结构;还有,英语的动结式结构通常受 DOR 条件约束,而汉语动结式结构并不严格受限。

前面提及的事件结构模板,可以表达为单一事件和双事件两种类型,重复为(137):

(137) a. [$_{\text{BECOME}}$ [y <STATE>]]

b. [$_{\text{CAUSE}}$ x <DO> [$_{\text{BECOME}}$ y <STATE>]]

英语中动结式短语结构受到 DOR 条件约束明显,而汉语这类结构却受限较少。这一方面说明英语中的词汇化程度很高,表达行为及其结果意义已经高度词汇化为可以仅用单一动词,如 sink、break 等。也就是说,英语要实现双事件意义的表达,很多情况下只需一个动词即可。如果需要增加更多事件意义信息,则通过形容词短语来补充;如果需要表达事件结果的诱发因素或受影响因素,则再增加外论元或话题信息。分别表达如下:

(138) a. The door broke.

b. The door broke wide open.

c. John broke the door.

d. John broke[$_{CP}$ the door wide open].

英语的这种不同结构表征，被普遍认为是非宾格结构与使成结构之间的一种转换关系的结果。但在这两种结构中，哪一种结构更具有基础地位，学界在此问题上存在分歧。本著认为核心结构更具基础地位，而使成结构是通过增加致因论元投射或话题信息的表达完成句法实现的。

英语中之所以较多地受到 DOR 条件约束(Simpson 1983; Levin & Rappaport Hovav 1995)，可能是因为其动结意义动词的高度词汇化，使得该结构在更好地满足局域条件下，构成最短距离内的管辖关系。然而，因为没有内论元，非施格动词即使增加补足性短语也无法实现动结式结构表征。为了实现这样的结构表征，也就不得不借用其他手段，如用非选择宾语或反身代词宾语来与结果补语形成局域内的最短距离统辖关系，从而实现结构表征，如英语非施格动词 sneeze、cry 等。前面的例子重复为(139)—(141)：

(139) a. John sneezed[$_{CP}$ the napkin off the table].

b. * John sneezed the napkin.

(140) a. Mary sang[$_{CP}$ herself hoarse].

b. * Mary sang hoarse.

c. * Mary sang[$_{CP}$ the song hoarse].

d. * Mary sang herself.

e. Mary sang[$_{CP}$ the song out of tune].

(141) a. Jane cried[$_{CP}$ herself hoarse].

b. * Jane cried hoarse.

可以看出，英语中被公认为典型的非施格动词 sneeze、cry 的小句 CP 显然受到 DOR 条件约束，否则(139b)和(140b)都不可接受。虽然 Levin & Rappaport Hovav(1995)把 sing 归为非施格动词来说明 DOR 条件对宾语的限制，但这显然并不合理。从(140c)和(140e)的对比中就可以看到差异，结果谓词必须与其论元构成合理的题元关系，否则即使论元配置满足 DOR 条件，也无法表达恰当的意义。实际上 sing 是及物动词，可以带同源宾语 song 或歌曲名，但就题元关系而言，(140a)中的双事件谓词都指涉施事 Mary，只是为了满足局域内管辖关系，不得不利用反身代词手段，从而满足了 DOR 条件。但当结果谓词与主语具有指涉关系时，即使带有同源宾语，句子也无法实现结构表征，如（140c）的小句配置 the song hoarse 就不构成合理的题元关系，而是与主语构成题元关系。只有当行为动词与主语成分构成题元关系且结果谓词与宾语成分也构成题元关系时，及物性复杂事件结构才能满足语义结构和句法结构的要求，如（140e）。因此，（140e）证明 sing 并不是非施格动词，而是及物动词。只有在与不同的结果谓词合并时，才能决定需要选择的是子语类化成分还是非子语类化成分，即 sing 与 hoarse 构成复合结构时，小句谓词必须选择 sing 的非子语类成分，即主语的反身代词 herself；而当其与 out of tune 构成复合结构时，就会选择其子语类化成分，即同源宾语 the song。两种情形都能满足 DOR 条件。

与英语形成对照的是，汉语不同的动结式复合动词在表达复杂事件结构意义时，补足语小句 CP 不完全受 DOR 条件约束。及物动词“唱、煮、吃”等和非施格动词“哭、笑”等都可以自由地实现为非宾格性动结式复杂事件结构表征，如：

（142）a. 小姑娘唱哭了。
b. 她唱[$_{CP}$哭了[小姑娘哭]]。
c. 那首歌唱[$_{CP}$哭了[小姑娘哭]]。

（143）a. 米饭煮糊了。
b. 他煮[$_{CP}$糊了[米饭糊]]。
c. 柴火煮[$_{CP}$糊了[米饭糊]]。

（144）a. 肚子吃饱了。
b. 我吃[$_{CP}$饱了[肚子饱]]。
c. 这些水果吃[$_{CP}$饱了[肚子饱]]。

（145）a. 眼睛哭肿了。
b. 小女孩哭[$_{CP}$肿了[眼睛肿]]。
c. 妈妈的离世都哭[$_{CP}$肿了[小女孩的眼睛肿]]。

（146）a. 老太笑疯这件事了。
b. 这件事笑[$_{CP}$疯了[老太疯]]。

及物动词通常选择最直接的子语类（宾语）成分，如“sing（a song）、唱（歌）、cook（meal）、煮（饭）、eat（food）、吃（饭）”等都是最典型的动宾选择关系。但是日常使用的语言不可能只局限于这一种搭配方式，因语用目的改变动词和论元的配置而题元关系不变，这在复杂事件结构中可以充分得到证明。(142a)中一个论元与行为和结果两个谓词共指构成复杂事件结构，但题元关系仍然是[小姑娘唱[小姑娘哭]]；而(142b)则是把两个事件谓词分拆开来，分别与显性的施事主语论元[她唱]和体验者论元[小姑娘哭]构成题元关系；再看(142c)又不同，由于底层的内论元显现并被移位到外论元位置，行为动词的施事论元<x>出现歧义，可能是经受者"小姑娘"自己，也可能是别人唱的或只是录音带播放的这首歌，构成了[x唱这首歌]CAUSE[小姑娘哭]。汉语中这种同一复合谓词看似出现题元结构差异，但实际上并非如此，题元关系总是不变，否则句子语义无法得到完整解读。当及物动词施事论元显现，受事论元隐现时(如[142a][142b])，行为动词和结果谓词的题元关系就都很容易确立；而当施事论元隐现，受事论元显现时(如[142c])，行为谓词的题元关系出现歧义，但结果谓词的题元关系不变。这种题元关系模式，从(143c)和(144c)中也都可以得到支持。同样是及物性复合谓词，"煮糊"和"吃饱"在(143a)和(144a)中却表现出差异性，受事宾语分别被行为谓词选择和结果谓词选择为[煮[饭糊]][吃[肚子饱]]。(143)中无论选择什么论元，复合谓词"煮糊"的结果事件都是一致的，其非宾格性核心结构的题元关系也是确定不变的，为"米饭糊"。复杂性表现在行为动词对(143c)中致因成分"柴火"的选择上，同样的情形还有(145)，两者都不同于(144c)(145c)(146c)，选择的是受事论元。这样(145c)中行为谓词的题元关系就不明确，只明确了行为谓词导致结果的诱因，而诱因一般都不具备核心论元(实施和受事)地位，却是非常重要的话题结构允准条件。因此，不同的结构可能通过施事([142a][142b])、受事([142c][143a])和诱因([143c][145c][146c])等作为句首成分，表征动结式复合结构，而实现非宾格性核心结构的就如(142b/c)(143b/c)(144b/c)(145b/c)(146b/c)。

沈阳、Sybesma(2012)提出了动结式双事件结构是汉语中真正的施格(非宾格)结构的观点，这些动词包括及物性复合谓词和非施格谓词如"哭肿""笑疯"等，其结果小句也是非宾格性配置。"哭、笑"类动词原本是典型的非施格类动词，他们认为，当其与结果谓词构成复合谓词时，也就形成了底层的小句结构，从而具有了非宾格性核心结构性质。这样一来，通过小句分析，只要能构成小句结构的任何复合谓词双事件结构就都具有非宾格类型特征。因此，他们得出结论：汉语中双动词动结式结构是典型的非宾格结构。这涵盖了所有能进入这一词汇化模式的及物和非及物行为动词。该观点恐怕只能从此类子句的底层核心结构看，否则有过于泛化之嫌，如(142a)(143a)(144a)(145a)(146a)就不具备非宾格性特征。

5.6.2 动结式非宾格结构的句法推导

在对动结式非宾格结构进行句法分析时，沈阳、Sybesma(2012)认为，主句动词带有一个表结果的补语小句，补语小句的逻辑主语即行为动词的宾语，逻辑谓语即结果谓词。这种动结式谓词底层核心结构，可以单独实现为单一谓词的非宾格结构，也可以构成复合谓词的结果子句实现小句非宾格结构。在英语里，这一底层小句结构为非限定性质，没有时态特征。因此，如果小句独立表征非宾格结构，根据 EPP 原则，小句中的逻辑主语需要移位到句首，完成句法推导，步骤如下：

(147) a. [$_{\text{BECOME}}$ [the vase broken]]

b. [$_{\text{BECOME}}$ broken[the vase broken]]

c. [broke[the vase broken]]

d. The vase broke.

由于英语不允许主语脱落，因此当推导到(147c)时，非限定谓词与 BECOME 已完成了合并，但此时即使没有引入外论元，句子也没有完成推导。根据 EPP 原则，需要对成分结构[broke the vase]进行主语位置成分的 EPP 特征核查，要求动词的宾语论元提升移位到句首位置，与时态中心语 T 进行格特征核查与消解，完成最后的推导，生成(147d)的表层结构。汉语的类似情形又如何呢？看看下面的结构推导。

(148) a. 花瓶[打碎了[花瓶碎]]。

b. 米饭[煮糊了[米饭糊]]。

由于汉语是允许主语脱落的语言，按照沈阳、Sybesma(2012)的说法，(148)是句法最终实现的表层结构，主语“花瓶”“米饭”是从其底层小句的逻辑主语前移到句子的主语位置，移动操作的动机是为了获得格指派。但是如果按潘海华、胡建华(Pan & Hu 2002)的看法，汉语是无格语言，无须进行格鉴别,那么这种移动的理据就不足。底层小句的谓语“碎”“糊”也是通过提升与核心动词 V^0“打”“煮”合并后才成为复合动词“打碎”“煮糊”,然后再与体标记词进行合并。

这是生成语法针对印欧主流语言的分析方法。针对汉语这类缺乏屈折形态和时态等功能范畴的语言,在进行句法分析时该如何处理还存在很多争论。我们主张在生成语法框架下,采用形式特征来处理汉语句法-语义关系。比如,(148b)的底层结构中,名词论元“米饭”已经在句法推导前从行为动词“煮”那里获得角色指派和宾格赋值,这是及物动词的词汇特征决定的(参见石定栩、胡建华 2005)。那么,要求这一宾语移位到句首是出于格指派的说法不可信,因为根据赋格原则,已有格位的名词成分无须重复指派格;如果是为了满足 EPP 条件,同样也因汉语允许主语脱落而成为多余的句法操作。那么到底应该如何解释(148)类所谓受事主语结构的生成机制呢?

我们认为,像(148)类宾语前置结构,并不是非宾格结构的表征形式。内论元提升移位不是为了通过格鉴别式,而是因为语用话题动机。Pan & Hu(2008)和潘海华(2018)认为,汉语不存在所谓的受事主语句,受事宾语提升到句首,是出于语用目的进行的话题化操作,其移位的落脚点也不是主语位置,而是话题位置,主语位置仍然是空位。这里有个问题,为何同样的句法操作,英语是移位到主语位置而汉语是话题位置呢?汉英语的宾语内论元到外论元主语位置的移位,都不是为了获得格指派。这一问题上英语和汉语的差别可以用主语和话题优先参数加以甄别。也就是说,在句首成分的允准条件上,英语属于主语优先的语言类型,受事宾语移位是为了核查 EPP 特征;而汉语是话题优先的语言类型(Li & Thompson 1976),受事宾语提升是为了核查 EF 特征(马志刚 2012)。这就解释了为何相同的句法推导却有不同的句法实现机制。

这一观点可以通过增加施事主语加以验证,如:

(149) a. The vase broke.
b. * The vase the cat broke.
(150) a. The food burnt.
b. * The food Mum burnt.
(151) a. 花瓶打碎了。
b. 花瓶花猫打碎了。

(152) a. 米饭煮糊了。

b. 米饭妈妈煮糊了。

(153) a. 比赛(打)赢了。

b. 比赛我们(打)赢了。

从这些例子可以看出,英汉语中的起动结构,当增加了施事主语时出现明显的可接受性差异,英语不可接受而汉语可以接受。因此,这佐证了潘海华(2018)的观点,提升的受事宾语在句首应该是话题,施事成分才是真正的主语。这里有两个问题:一是为何同样的提升结构,汉英语有不同的可接受性?二是汉语单体动词和复合动词为何都能实现话题化结构?一般来说,英语为主语优先,而汉语为话题优先。英语提升结构优先满足EPP特征,而汉语提升优先满足EF特征(马志刚2010a,2010b)。汉语话题突出的理据应该与动结式复合词的构造密切相关,但这在汉语存现类单体动词投射的话题性结构中也适用。这就说明,汉语不仅动结式复合词词汇化与其内部题元关系密切相关,即使是单体动词,其词汇语义的结构投射也同样必须基于合理的题元关系才能实现。

5.6.3 动结式复合词的词汇化

黄正德(1990)、Huang(2006)、Cheng & Huang(1994)等指出,汉语中许多动结式结构,如"气死、吓昏、笑死、渴死、醉倒、喝醉、看瞎、吃坏"等,因为都可进行[X-动词-Y]和[Y-动词]这种使成-起动结构转换,所以也就有了施格(非宾格)性质,或者说这类动词就具有非宾格动词。但沈阳、Sybesma(2012)在两方面与这一看法不同。

首先,Cheng & Huang (1994)认为只有部分动结式相当于施格(非宾格)动词,而沈阳、Sybesma(2012)则认为汉语中所有动结式都相当于施格动词。夏晓蓉(2001)也认为要依据深层宾语的句法位置来辨别,深层宾语既能出现在动词前,又能出现在动词后的是非宾格动词;金立鑫、王红卫(2014)也持相同的观点,他们称这种动词为通格动词;叶狂、潘海华(2017)称这类动词为主语流动性结构。我们同意基于底层核心结构配置认定结果谓词小句所表征的非宾格性,而不是按动结式复合词的整体句法性质来判定非宾格性。

其次,Cheng & Huang(1994)只是把动结式整体看作非宾格性单个动词;而沈阳、Sybesma(2012)则相反,他们认为汉语的单体行为动词与体标记词"了"结合后能够实现动结性意义,实际是复合词隐现了结果谓词的形式。我们认为,汉语中实际上是以单个的结果谓词(即非宾格动词)为基本表征形式的非宾格结构,在单个结果谓词基础上,通过增加行为事件或致因成分,扩充为动结式复杂使成事件结构的句法和语义。沈阳、Sybesma(2012)也同样认为,不仅有些非宾格动词是动结式构造,所有表面上看到的单个施格动词,也都是动结式构造。他们认为动结式词组才是施格(非宾格)动词的"真身"。即使只有一个谓词,也是因为隐藏了结果成分,而且就这两个谓词的成分看,存在题元关系上的一致性。各种方案的区别在于怎么分析动结式的句法构造。

沈阳、Sybesma(2012)对上面(152a)"米饭煮糊了"的小句分析如(154),认为小句的主语"米饭"前移到句子的大主语位置,是为了获得格指派。这是不可信的,因为"煮"是及物动词,已经赋予了结构格;如果是非及物动词则存在先要赋格的问题,在拼读前再核查 EPP 或 EF。他们的句法推导程序如下:

(154) a. [$_{VP}$[V^0 煮[$_{SC}$米饭糊了]]]

b. [$_{IP}$米饭$_i$[$_{VP}$[V^0 煮[$_{SC}$ t_i 糊了]]]]

c. [$_{IP}$米饭$_i$[$_{VP}$[V^0 煮糊$_j$了[SC t_i t_j]]]]

句中的主动词为及物动词,而及物动结式结构与非及物动结式结构最主要的区别在于,及物动结式结构中隐含了一个包含外论元(external argument)的短语结构层。根据 Chomsky(1995),这个句法层次称为 vP。这个层次的主要作用是为谓语动词层 VP 提供一个作为"引发者"或"致使者"(Causer)的外论元(如[152b]),其基础结构应该是"妈妈煮糊了米饭",推导程序如(155):

(155) a. [$_{VP}$妈妈[v^0[$_{VP}$[V^0 煮[$_{SC}$米饭糊]]]]]

b. [$_{IP}$妈妈[$_{VP}$[$_{VP}$米饭$_i$[V^0 煮糊$_j$了[$_{SC}t_it_j$]]]]]

c. [$_{IP}$妈妈[$_{VP}$[v^0 煮糊$_j$[$_{VP}$米饭$_i$[$_{SC}t_it_j$]]]]]

Sybesma(1992,1999)和沈阳、Sybesma(2010)都承认,(155)这种及物性动结式与"把"字句(如下面[156b])也有高度的一致性和衍生关系。从句法上说,只要在 vP 的中心语 v^0 位置上插入强致使标记"把","煮糊"就不能进入这个位置而必须留在原来"煮"的 VP 中心语 V 位置上,这也就构成了"把"字句。从语义上说,插入了强致使标记"把"的句子所表达的致使义,当然也就肯定要比(155)更加凸显些。我们认为,"把" 字句实际上就是对及物性动结式的受事宾语成分焦点化的变换格式,不但引入致使者外论元(妈妈),同时把动结式复杂事件纳入焦点新信息,置于句末焦点位置。比较(155)和(156):

(156) a. [$_{VP}$妈妈[$_{VP}$ V^0 煮[$_{SC}$米饭糊了]]]

b. [$_{IP}$妈妈[$_{vP}$ v^0 把[$_{VP}$米饭$_i$[V^0 煮糊$_j$ 了[$_{SC}$$t_i$$t_j$]]]]]

对于上面这种分析,沈阳、Sybesma(2012)有两点补充说明:

首先,是关于题元关系的问题。在"妈妈煮糊了米饭"和"妈妈把米饭煮糊了"中,"妈妈"是"煮"的施事主语,"米饭"是"煮"的受事宾语。这是我们大脑中百科知识所提供的信息(Hoekstra 1988)。当我们听到"妈妈煮饭"导致"米饭糊"时,自然"煮"的人是"妈妈","煮"的东西是"米饭","妈妈"是主语;但当表征结构为(154b)或(154c)时,施事受到抑制,受事提升到句首也只能做话题,突出结果状态的焦点新信息。

沈阳、Sybesma (2012)认为,用小句分析法分析汉语动结式结构至少有两个理由:一方面是在理论内部,这种分析更符合句法理论的要求;另一方面,这种分析也可保持句法结构的一致性。按句法理论的"题元准则"(θ-Criterion),一个名词(NP)在一个结构中只能充当一个论元角色,一个论元角色也只能由一个名词(NP)充当。因此,"米饭煮糊了"中的"米饭"既然是补语小句的主语(米饭糊),就不能同时又是"煮"的受事宾语。至于"妈妈煮糊了米饭"或"妈妈把米饭煮糊了"的主语"妈妈",因为是在 vP 的 Spec 位置上基础生成的,语义角色却是"煮"这个动作的发出者(施事)。小句分析可以保持对不同动词类型的动结式结构分析的一致性。这不仅可以对及物动词动结式结构进行解释,还可以对传统上的非施格动词结构,如"小姑娘唱哭了""肚子笑痛了"等中的施事成分"小姑娘"或客事成分"肚子"进行统一解释。"小姑娘"与"唱"存在施为性与行为关系毋庸置疑,而显而易见的是,“肚子笑疼了”中的客事论元“肚子”与主动词之间却没有直接语义关系(*笑肚子),只可能与小句动词“疼”有题元关系(“肚子疼”)。除了这种主动词与客事论元之间缺乏直接语义联系外,还有主动词与客事论元之间的关系不是行为者与行为之间的关系而是动宾关系,如“这首歌唱哭了小姑娘”“这首歌把小姑娘唱哭了”中的“这首歌”就只能是“唱”的宾语论元。

这些结构按照小句分析则完全一样,即“小姑娘”“肚子”的基础位置都是补语小句的主语,“妈妈”“这首歌”的论元角色都是致使者。一元非施格动结式结构中,两个子事件共享一个逻辑主语(如非选择性主语),并分享两个角色,逻辑主语及其角色这时可能隐现;二元非施格动结式结构中,两个子事件分享两个逻辑主语及其不同角色,如果有受事前置,则都可看作致使者成分。

其次,沈阳、Sybesma(2012)特别说明了补语小句中的“主谓结构”性质问题。按小句分析,有的动结式补语小句在词汇意义上似乎说不通。例如,“(把)河水冻住了”的补语小句是“冻[河水住]”,“把钱包丢掉了”的补语小句是“丢[钱包掉]”。他们的解释是,小句补语在词汇语义上的可接受性是补语成分语法虚化造成的,且补语虚化后仍然表示“完成”意义,并形成一个封闭的小类,包括“完、好、掉、住、成、了、着、过”等(沈阳、Sybesma 2012)。他们比较的例子如下:

(157) a. (把)河面冻硬/住了。
河面[$_{VP}$冻硬/住了[$_{SC}$ t t]] ←[$_{VP}$冻[$_{SC}$河面硬/住了]]
b. (把)桌子擦干净/好了。
桌子[$_{VP}$擦干净/好了[$_{SC}$ t t]] ←[$_{VP}$擦[$_{SC}$桌子干净/好了]]

我们认为,这类动补复合结构,除了他们所主张的补语成分虚化,还因为词汇化程度的不同也会在语感上存在可接受性差异。我们这里主要还是聚焦动结式结果小句中的题元关系及其论元配置的一致性。现在回到前面的问题:为什么汉语的非施格类或及物动词的动结式复合结构如“唱哭”“煮糊”类也具有非宾格性呢?我们认为,同样可以通过小句分析认识到结果谓词投射的小句与非宾格结构非常契合。

一方面,学界公认非宾格动词结构与其他动词结构的最大区别在于非宾格动词的唯一论元为内论元,其底层结构配置是个深层无主句(即[V+

内论元]);但另一方面,汉语中的非宾格性又表征为更为复杂的结构形式。除了如(158b)和(159b)的无主动词结构,也有如(160)和(161)类更复杂的话题结构表征形式:

(158) a. 牛死了。
　　b. 死了一头牛。
(159) a. 犯人跑了。
　　b. 跑了一个犯人。

根据 Dixon(1994),这种结构被金立鑫、王红卫(2014)认定为通格结构,叶狂、潘海华(2017)称其为主语流动性结构。(158b)和(159b)就是典型的非宾格结构,但由于其有非施格表征形式(158a)和(159a),因此我们不能说这些动词就是非宾格动词,而只是在特定结构环境下,这些动词具有非宾格性。

沈阳、Sybesma(2012)指出,汉语非宾格结构的另一个特点是,当结构中的唯一论元名词出现在动词后宾语位置或进入"把"字结构时,结构的句首位置上的名词成分一定不是"施事"角色,而是"致因"角色类成分。根据前一章的分析,这个角色成分充当的是话题,例如:

(160) a. 王冕死了父亲。
　　b. 他们跑了一个犯人。
(161) a. 他去年把老伴死了。
　　b. 看守不小心把犯人跑了。

仔细观察可以发现,这些非宾格结构的句首成分虽然不是施事角色,但也并不一定都是"致因"角色,还有体验者、经历者或责任者等角色。非宾格动词结构的这两个结构特点,反映的正是汉语动结式复合结构的特点。按前面的分析,像"唱哭了小姑娘"和"煮糊了米饭",虽然其作为动结式复合谓词带有一个补足语名词成分,构成非宾格性小句,但其结果小句中,都是次谓词带上一个逻辑主语成分,这个成分不是结果谓词的内论元,而是历事或客事成分,即:唱[姑娘哭]、煮[米饭糊]。这完全符合非宾格结构的第一个特点,把 CP 视为论元(参见 Tsai 1995);动结式结构的非宾格性除了指内嵌小句充当主动词的补足语,还指 NP 位于动后原宾语位置。当增补外论元或致因后,句式结构就是像“这首歌唱哭了小姑娘/这首歌把姑娘唱哭了”这种扩充投射的动结式结构,其句首名词并非施事主语,而是结果事件的引发者或致使者角色位于句首充当话题。这也完全符合施格动词结构的第二个特点。此外,动结式的结构语义也符合非宾格结构语义,即一定是“有界”性,也就是整个结构在意义上表示终结性,或者一定包含某种结果意义(Hoekstra 2004)或者持续性状态(Mateu 2002)。除了单体结果谓词表达起动性非宾格结构外,还可以表示处置性行为意义的“把”字结构来表征。此外,部分有界性谓词,也能直接用于“把”字结构,如:

(162) a. 邻居把牛给死了。
      b. 邻居死了一头牛。
(163) a. 张三把孩子给病了。
      b. 张三病了一个孩子。

这类单一结果性谓词,实际上具有多元结构的相容性,但其背后的语义共性是表达结果状态或变化意义。因此,前一章的存现结构和本章的“把”字结构都表现出非宾格性特征。由于动结式复合谓词结构中包含了主谓词和小句次谓词,当然也就更能突出非宾格动词结构的这种结果状态语义的特点。

5.6.4 “把”字结构中单体谓词的非宾格性实现

“把”字句的典型结构配置是主谓词和次谓词的论元结构,在合理的题元关系下都可以相容,但也常见单一行为动词的“把”字结构,且偶有单一结果谓词的“把”字结构。沈阳、Sybesma(2012)认为单体动词结构是隐藏了结果谓词,其结果意义由体标记词来实现;因此,在动结式结构中,行为动词起主导地位。与沈阳、Sybesma(2012)的观点不同,郭锐(2003)更早在分析“把”字句的形成机制时,认为有时单动词结构可相当于动结式,他采用“语义缺省推理”来补出缺失的谓词,如:

（164）a. 你怎么（疏忽）把犯人跑了？
　　　b. 我（不小心）把钱包丢了。

郭锐认为，括弧里的成分是造成整个“致使-结果”事件的原因，他指的语义缺损成分并非动结式中的谓语动词。沈阳等认为，“把”字句中，结果谓词的缺损在近代汉语中较为多见，到现代汉语中已消失（沈阳、魏航2010），如：

（165）a. 把脸红了。
　　　b. 把眼花了。

这类结构显然在现代汉语里需要增加行为事件，而不只是投射外论元或致因成分，才能充分表达动结谓词的事件意义，所以通过“把”字引入外论元或直接致使者，使结果谓词成为事件的焦点。

另一方面，从汉语动词词汇化的特点看，典型非宾格动词较多是以单动词形式表征存现类型的非宾格结构（见上一章）或以动结式复合事件结构的小句来表征非宾格结构。这就意味着，典型非宾格动词不但可以充当起动结构的谓词，如“破”“死”，还可以作为结果谓词构成动结式复合谓词，如“打破”“杀死”等中的次谓词，实现小句中的非宾格性。不过这也带来一种似乎令人疑惑的现象，比较下面起动复合词和动结复合词的不同：

（166）a.（把）小狗（给）死了。
　　　b.（把）小狗（给）死掉了。
　　　c.（把）小狗（给）弄死了。
　　　d.（把）小狗（给）弄死掉了。

按沈阳、Sybesma（2012）的说法，如果单体动结意义复合动词是虚化了结果谓词，即“死了”就等于“死（掉）了”，那么“死”就不能再做另一个主动词的补足语。实际上，典型的非宾格动词似乎都可做动结式的结果补语成分，如“杀死、放跑、累病、凿沉、震塌”。面对这种事实，对动结式复合词的内部结构应该如何进行分析呢？我们认为，这可能是典型非宾格动词两个事件的意义具有同质性的缘故。

反过来似乎也可能说明，语义同质的双事件动词可以表征为单体结果类动词。这也是判断汉语中哪些动词才是典型非宾格动词的一个有效的验证方法。典型非宾格动词中的两个动词或两个意义可被简化为单体动词的这种特性，更明显的证据还表现在“来”“去”这两个公认的典型非宾格动词上。动词“来”“去”和其他典型非宾格动词一样，可以让唯一的客体论元名词出现在主语或宾语的位置上，如：

(167) a. 客人来了。

b. (家里)来了客人。

但“来”“去”却不能进入“给”字句和“把”字句，如不能说：

(168) a. 一场雨把孩子给病了。

b. *把客人(给)来了。

在我们看来，这里的原因并不是由一个谓词表达的两个事件意义非常接近或几乎完全一致(即达成动词类)造成的。“来”“去”的动词类型，并不同于“病”“死”，前者是达成动词(accomplishment)，后者是完结动词(achievement)。达成动词表达的行为和结果两个子事件之间可以有一定的时长过程；而完结动词表达的行为和结果之间的意义很难被分离，时间上是瞬间实现。“来”“去”前之所以不能与“给”“把”相容，原因在于，“给”字句和“把”字句的语义特性要求动作和结果(或者动作和变化)两个事件的意义能被“分解”。如果是单体谓词，则需要满足达成性结果意义，如“杀”“病”“死”等，而运动方向类动词“来”“去”并不符合这种要求。

动结式复合结构因其结果谓词的意义及题元关系，在表层衍生为一种非宾格性小句结构配置。这种结构表征，在叶狂、潘海华(2012)看来，如果引入“把”字句，就是使复合及物动词非及物化，及物动词的宾语不再作为复合动词的内论元，从而在信息功能上突出谓词的结果性形成新焦点，如：

(169) a. 妈妈把米饭煮糊了。

b. 这首歌把姑娘唱哭了。

c. 看守把犯人放跑了。

动结式结构的 VP 都一样,由“动作行为+终点结果”构成,即都是“$_{VP}$[V+小句内论元]”配置。这种及物性动结式结构都是底层核心结构,通过增加上层结构投射形成最大投射,即在结果谓词的非宾格结构的基础上,通过引入语义上的致使者,形成复杂事件结构。这里有两个问题:其一,单体谓词有行为谓词和结果谓词两种情形,无论是哪种类型的谓词投射,都可以实现非宾格结构吗?我们的回答是肯定的。即使像(169c)那样结果谓词“掉”虚化了,主谓词的结果变化意义没有受到影响。就像典型的非施格性行为动词“跑”(如[170a]),只要其投射为$_{VP}$[V+NP]基础小句配置,非宾格结构就可生成:

(170) a. 监狱里跑了一个犯人。
　　　b. 一个犯人从监狱里跑了。

其二,一般情况下,非宾格结构可以与及物结构或非施格结构转换,这样就可以认定这类动词为非宾格动词吗?我们的答案是否定的。我们坚持非宾格性不是由词库中动词的固有特性决定,而是由其语义在特定的结构中决定的。因此,下面同一动词就只有(171b)(171c)是非宾格结构。我们通常也不会认为动词“哭”是非宾格动词,只有在(171b)(171c)这类话题结构中,通过不同的动词形态表征出非宾格结构,(171b)是自发行为(原因不明),而(171c)是外因(唱歌使然),无论这个外因是他人还是历事者本人,都是一种致使的诱因。

(171) a. 一个小姑娘哭了。
　　　b. 小班哭了一个小姑娘。
　　　c. 这首歌唱哭了小姑娘。

由于(171a)并不是(171b)直接通过主语流变而来,因此,我们不认为这类结构转换就是对动词定性的标准。只有在无增减成分条件下可以真正进行结构间转换的动词,才是非宾格动词,如:

(172) a. 一首船沉湖里了。
　　　b. 湖里沉了一首船。

像(171c)类动结式小句中表征的非宾格结构是有条件要求的,因此不能认定动结式复合词"唱哭"是非宾格动词,但其结果小句同样表达非宾格性。

如果以上分析成立,那么就可以得出结论：与及物性和非及物性单体动词结构系统(DO系统结构)不同,上述动结式结构(CAUSE结构)是汉语中更重要的一个动词系统(沈阳、Sybesma 2010, 2012),其对非宾格结构的表征是有条件的。无论动结式复合动词中的动词是以何种类型出现,也无论其与论元之间是否存在语义选择关系,只要动词及其选择项能进入动结式非宾格性结果小句的核心配置,并保持合理的题元关系,就可以实现非宾格性。

5.7 本章小结

本章就汉语动结式复合谓词的词汇语义及其题元关系所表达的不同结构表征进行了全面梳理,其非宾格结构表征方式是通过底层核心结构中的小句实现的。汉语动结式复合谓词,在词汇层面有两种表达形式：一种是单体谓词,可能是行为动词也可能是结果谓词;另一种是复合谓词。由于汉语中表达事件结果状态变化都使用体标记词"了",无论是单体谓词还是复合谓词,都会与"了"一起清晰地表明事件的完结性意义。因此,能进入动结式复合意义的动词类型包括及物、非施格和非宾格动词;这些动词无论是以单体还是复合形态出现,只要底层结构中有$_{VP}$[V NP]结构配置,就能实现小句的非宾格性。这种非宾格性小句,在汉语中会有多种结构间的转换可能性,如增加外论元或者致因成分投射时就会生成及物性结构表征,致因成分可能是行为动词的受事宾语前置进行话题化,或者是通过"把"字结构提升受事宾语成分,对其变化结果意义信息进行焦点化。无论是话题化还是焦点化,都不是非宾格性表征。因此,汉语中普遍存在主语流变性的结构转换形式,但并不是所有的主语流变结构都是非宾格性质。从这个意义上说,非宾格性实现仍然是由动词语义决定并由结构表征的结果。单一地从词汇特性对非宾格和非施格动词进行分类是困难的。

对汉语非宾格性的表征,文献中除了"把"字结构外,还包括被动结构、中动结构、受事宾语结构等类型。但我们认为,“把”字结构实际上是把原本属于非宾格性配置的结构表征,转换为非施格动词修饰的非宾格性小句结构。英语作为主语突出的语言类型,非宾格结构可以转换为非施格结构,其目的是实现非宾格结构中唯一论元的格赋值,进行 EPP 特征核查;而汉语的非施格结构不同于非宾格结构,因为汉语是话题突出的语言类型,主语的特征核查不是必选项,主语甚至可以脱落。因此,非宾格结构中的唯一论元名词,无须为获得格赋值进行非施格化,其论元名词移位的动因是为了获得 EF 特征的检验,实现话题化。虽然话题化是汉语中非宾格结构实现的一种典型方式,但不是所有话题化的结构都是非宾格结构。

同样的问题在被动结构、中动结构和受事主语结构中也表现了出来。这些结构的一个共同特性就是原本的及物动词宾语成分都在表层结构中实现为句子的主语,从表征结构中看不出该结构是否具有非宾格性配置。而实际上,这些结构的生成都经历了结构转换,在结构转换前的基础结构中,及物动词宾语仍然在其基础位置上。因此,这种通过宾语成分提升移位的结构中具有非宾格性质的结构被称为隐性非宾格结构(Levin & Rappaport Hovav 1995)。这些转换生成的结构中,哪些是非宾格性质,哪些又不是?既然汉语是话题突出性语言,这些结构也都可以看作话题化的不同表现形式,那么是否都可以看作话题化结构?这些问题将在下一章中详细讨论。

第6章 类非宾格结构句法

前面两章分别探讨了存现动词和领主属宾结构、动补结构和“把”字结构,并就它们所表征的显性非宾格结构形式、非宾格性句法-语义关系及其句法生成机制进行了讨论分析。其中非宾格性核心配置是动词后宾语位置上带有名词成分,不论是单体谓词还是动结式复合谓词,凡带有该配置的结构都具有非宾格性。但是,单体谓词和动结式复合谓词的非宾格性配置实现方式不同,其中动结式复合谓词是通过小句中的结果谓词来实现非宾格性。这种通过结果谓词实现的非宾格性同于存现或领主属宾结构中部分单体谓词所表征的起动结构,其语义共性都表达的是结果变化性完结事件或某种持续状态。

除了这几种显性非宾格结构(surface unaccusativity)之外,汉语中还存在另外一种非宾格性表达形式,其突出特点是,底层结构中的内论元通过句法移位到了外论元位置,表层结构上看不出是非宾格结构,本著称之为准非宾格结构(quasi-unaccusative)表达。这种非典型非宾格结构的表征形式,包括被动结构、中动结构和受事主语结构①。本著认

① 这里之所以将非典型非宾格结构归为准非宾格结构,主要是基于英语、汉语、西班牙语、意大利语、荷兰语、德语、俄语、韩语等文献中对被动结构或中动结构的分析,有的学者把它们纳入广义上的中动结构(相关参考文献见本章引述)。

为，中动结构和受事主语结构并非结构意义上典型的非宾格结构，而是语义上具有非宾格性，分别表达某种惯常性状态或结果变化状态。文献中对这些结构的词汇语义和句法结构都有广泛深入的讨论，但就其与非宾格性的关系探讨较少，即使有涉及，也存在不一致的观点。本章将就此类问题展开进一步讨论分析，主要回答以下几个方面的问题：（一）汉语被动词及其结构是否具有非宾格性？若有，其非宾格性是如何实现的？（二）中动结构和所谓的受事主语结构是一种语义被动表征方式，是否应该看作具有非宾格性？其与典型的非宾格结构有何差别？

我们知道，被动结构、中动结构与受事主语结构的动词原本都是及物动词，但一般认为在这些结构中，它们都失去了给其名词论元赋格的能力，从这个意义上说，这些动词都具有非宾格性特征，这种特性在一些语言中的形态句法上也具有一定的类似非宾格性的表现，因此本著称之为类非宾格结构。比如，在一些印欧语言和闪米特语言（Semitics）中，可进行及物-非及物转换的非宾格动词，与反身代词宾语动词、中动词及部分被动词具有相同的通格形态（Levin & Rappaport Hovav 2005）。英语中的被动、中动和受事主语句与非宾格结构也有一定的结构和语义共性，如：

a. The vase was broken by the cat.

b. The vase broke.

c. The vase breaks easily.

我们在前两章中已谈到，英语中这类及物动词，根据词库特性，在结构上应该是典型的二元结构，即词库中及物动词都会选择两个论元，分别作为外论元和内论元并被投射到主语和宾语位置。但当外论元被抑制时，只有内论元被投射到宾语位置，而这样又无法实现合法的结构表征。因此，在只有一个论元被投射时，该类动词就必须选择合理的结构投射，可能有三种表征形式。这些结构中的表层主语，原本在底层结构的宾语位置上，通过句法推导分别实现为被动结构、起动结构（一种受事主语结构）和中动结构的主语，结构语义都隐含被动意义。毋庸置疑，break 在动词类型上被认定为一种典型的非宾格动词，因为其可以进行（a）和（b）的转换。但是，（c）同时又表征为中动结构，这样又有人认为其具有中动词的句法特性。有鉴于此，中动结构和非宾格结构就有了词类上的共性特征，这样认为非宾格性由非宾格动词表达的观点就不合理了，因为我们无法下定论说 break 是个非宾格动词。这类及物动词的确可以有不同的结构投射和表征。我们只能说其中的起动结构(b)表征的是非宾格结构，而不能说 break 是非宾格动词，因为其还有及物性结构和中动结构。

上例中英语的动词结构表征形式，在汉语中也很常见，分别表征为被动结构、受事主语类起动结构和中动结构(如[一])，其对应的底层结构如(二)。有趣的是，汉语中的所谓受事主语句，除了常见的动结式复合结构表征外，还大量出现在$_{VP}$[V+XP]类配置中(如[三])，其中(三)中作为补足语的 PP 短语结构不可或缺，相当于动补结构中的结果谓词成分。这样，根据上一章的分析思路，无论是以动结式复合动词还是以其他短语作为补足语的形式表征，“被”引入的也是一种小句结构配置。也就是说，这些子结构中都包含有两个子事件结构：一个是主动词关涉的施为性事件，但施事被抑制；另一个事件为结果谓词(动词、形容词或介词)投射的补足语成分，其行为谓词的受事宾语与结果谓词构成逻辑小句，表达结果事件意义，受事宾语成分通常要显性移位到句首，实现为被动结构。

(一) 花瓶被猫打碎了。
　　 花瓶打碎了。
　　 花瓶容易打碎。
(二) [ ]被猫打碎了花瓶。
　　 [ ]打碎了花瓶。
　　 [ ]容易打碎花瓶。
(三) 饭吃过了。
　　 水喝完了。
　　 衣服晾在衣架上了。

(一)(二)(三)中的动词都是动结式及物动词，结果谓词分别为形容词或 PP 短语表达完结性或状态持续性事件，其表征的是状态变化或持续性意义。但(三)中的结构表达类同于(一)中的第三类，属于文献中所认定的受事主语类型。受事主语句可能由单体行为动词投射，也可能由单体结果谓词投射，还可能由动结式复合谓词投射。根据传统的定义，及物动词中只有能进行使成-起动转换的类型才具有非宾格性，包括单体谓词和动结式复合谓词表征形式。及物性复杂事件结构是由结果性起动结构通过增加行为事件扩充投射而来，动结式复合谓词的非宾格性由结果谓词小句表征。当动结式复合词谓词作为起动结构表征时，同样具有非宾格性。及物-起动转换类型和动结式复合动词类型的非宾格结构问题，在前面章节中已经论及。本章将重点讨论被动结构、中动结构和受事主语结构表征，以及其与非宾格结构的异同，重点论证这些结构是否具有非宾格结构属性。本著的基本观点是，汉语中的被动结构、中动结构和受事主语结构在语义上具有非宾格性共性特征，但结构上不是典型的非宾格结构而是类非宾格结构。这一结论是基于跨语言的事实做出的基本判断。

在一些印欧语言中，被动意义大多有形态结构标记，中动结构中的反身代词是否应该作为非宾格性诊断式也存在纷争。Levin & Rappaport Hovav(2005)支持 Alexiadou et al.(2004)把反身代词纳入非宾格结构展开的讨论。Reinhart & Siloni(2003)则反对把反身代词词汇标记作为诊断式，认为其与非宾格动词的共同点表现为都由一个及物动词通过语义删除过程衍生而来；但删除的方式不同，带反身代词宾语的动词删除的是内论元，而非宾格动词删除的是外论元。

Levin & Rappaport Hovav(1995)认为，起动结构转换类及物动词(如 break、sink 类)与非转换类非宾格动词(如 arrive、fall 类)之间具有不同的结构表征。可进行结构转换类型的及物动词，在转换前后保持相同的词汇语义表征(lexical semantic representation)，只是施事角色投射位置不同；不可转换的及物动词投射施事到主语位置，而可进行结构转换的非宾格动词的施事受到词汇约束不被投射。存现类或状态变化类非宾格动词，则都为自主变化类行为动词，如 wither、grow、come、go 等等，这类动词的词汇语义表征中没有致使性施事论元。因此，动词类型不同，其句法-语义表征也存在差异。

如上一章所述，汉语中除了动结式复合谓词表达结果事件外，部分单体非使役(起动类)动词同样可以表达结果事件，具有典型的非宾格性特征。它们与被动词和中动词的语义结构相似，但句法结构上却有着不同的派生方式，因此也就有不同的句法表现。本章将就被动结构、中动结构与非宾格性问题进行讨论，认为被动、中动结构虽然在语义表达上具有非宾格性，结构上类似及物-起动结构转换，也都可以看作广义上的受事主语结构，但它们的派生机制及其句法实现方式却有较大差别。下面 6.1 节首先对受事主语句的结构类型进行界定，认为汉语文献中的受事主语句以典型的受事宾语提前为结构表征，而这种宾语前置的结构又有多种形式，包括被动句、中动句，因此彼此之间又有着不同的表征形式。6.1 节还对不同类型受事主语结构的非宾格性差异进行分析，对动词形态、情态、时体特征、隐性施事及降格等问题进行讨论。6.2 节重点关注被动句及其是否具有非宾格性问题，认为汉语被动句不同于印欧语言的被动结构，汉语被动句是由轻动词"被"投射的小句实现，是句法被动。6.3 节主要讨论中动结构与非宾格结构的异同。我们认为，汉语中动结构无论是句法结构还是语义结构，都不具有典型的非宾格性特征，属于 Xiong(2018) 主张的词汇被动句，是一种准非宾格结构表征形式。6.4 节是本章小结。

6.1 受事主语句的结构表征类型[①]

受事主语句有广义和狭义之分。广义上说，只要是及物动词的宾语前置于句首位置且无语态变化的结构，就可称为受事主语句。传统上的受事主语句，通常包括所有及物动词的宾语位于句首的句子结构。本著认为，受事主语句有不同词类上的差异，其谓词的句法和语义性质在非宾格性的表现上也有不同。本节对此类问题进行分析。较为常见的例子如：

(1) a. 书看了。
　　b. 鸡吃了。
　　c. 事情做了。
　　d. 衣服洗了。
　　e. 船沉了。
　　f. 花瓶打了。

典型的受事主语句，除了这种行为和结果变化类动词表征的结构外，

① 本著同意陆烁、潘海华(2014)的观点，认为汉语中应该不存在受事主语句的结构类型。这类所谓的受事主语句，都应看作话题句。但由于汉语中充当话题的成分具有多样性，所以本章还是采用传统的"受事主语"概念。

还有中动结构。这三类结构的共性除受事成分做主语外,还有动词的语义都表被动。这些结构中的动词,原本都是及物动词,其原本的宾语前移到句首位置,因此被称为受事主语句。词库理论认为,动词具有固有的规定性特征,及物动词固定地带有一个受事宾语内论元和一个施事外论元。非及物动词可能只选择一个外论元,这时通常被看作非施格动词;也可能只选择一个内论元,这时通常被看作非宾格动词。但在实际句法结构中,动词如何选择论元并投射到特定的句法结构中则完全依赖语义或语用来实现。这可能导致句法结构表征与动词固有的属性特征相背离,出现错位。

除此之外,同样类型的表征结构,也有可能在动词上出现交错现象。如上面(1e)和(1f),百科知识告诉我们,汉语动词“沉”“打”在词库中分别属于表达结果变化性的完结动词和表达单纯行为意义的行为动词(activity)。一般来说,完成动词需要在行为动作的外力下才能表达结果状态变化意义,如汉语的“沉”“塌”“倒”“破”等完结动词,就通常分别构成使成复合动词“击沉”“踩塌”“推到”“打破”等双事件性复合动词。但事实上,这也并非绝对。有些单体完结动词,如“沉”“毁”等,也可以表达使成意义,如:

(2) a. 船沉了。

b. 敌人(击)沉了我们的船。

(3) a. 公路毁了。

b. 山洪(冲)毁了公路。

从(2)和(3)可以看出,单体完结动词和动结式复合动词两种形态都可以表达完整的意义,因此,这类单体完结动词,通常被归为非宾格动词,其表达的结构也被称为起动结构。但是,与“沉”“毁”类完结动词不同的是,像(1f)中的句子也能够(虽然更偏方言类型)很自然地表达“花瓶被打碎了”的意思,但其动词却是典型的行为动词“打”。也就是说,行为动词一般只表达单纯的无界活动事件,没有完结性意义。如何表达“打碎”的意义呢?试比较同一意义的几种表征形式:

(4) a. 花猫打碎了花瓶。

b. 花瓶打了。

c. 花瓶碎了。

按照及物动词的词汇特性,(4a)是典型的及物动词结构投射和表征形式,但(4b)(4c)也完全合法,只不过(4b)略带有口语特色。

由此,我们认为,汉语动词的词汇意义存在不同类型的差异。(1a)(1b)(1c)(1d)表达的是典型的行为类型,而(1e)(1f)表达的则是完结类型。前者是典型的受事主语结构,不是非宾格性,而是行为动词的话题性结构;后者也是典型的受事主语结构,是非宾格性起动结构(在5.4.2节已有讨论)。根据Vendler(1967)对词汇体(aktionsart)的分类,汉语中及物性行为动词的宾语前置的结构可以称为狭义上的典型受事宾语结构,而完结性动词的宾语前置结构则是一种广义上的非典型受事主语结构,这类结构通常是非宾格结构的一种表达形式。因此,本著涉及的是表达完结性结果变化意义的广义上的受事主语结构形式,其中也包括被动结构和中动结构,而被动结构一般不会被看作狭义上的受事主语句。与被动结构不同,中动结构在本章被归为狭义上的受事主语句,但这种中动结构与其他典型受事主语结构之间又存在差别。因此,本章重点关注作为非典型受事主语结构的被动结构和作为典型受事主语结构的中动结构,分别就其是否具有非宾格性进行讨论分析。行为动词类受事主语句不做重点考察,只做对比参考。

6.1.1 受事主语句的句法-语义差异

根据上面的界定,典型的受事主语结构中包括起动结构和中动结构,而非典型受事主语结构中则包括被动结构。无论是典型还是非典型受事主语句,其结构共性在于:受事论元位于句首位置,动词失去赋格能力。它们的主要差别有三个方面。

(一)中动类型的受事主语句没有被动标记词(如"被""给"等)进行结构标记,因此是不同于被动句的独立句式。(二)在时体特征和状语修饰条件上,中动结构不同于其他典型受事主语和被动结构,动词的时体意义只限于一般现在时,而被动结构和其他受事主语结构则不受此限制;在状语修饰要求上,带有修饰性状语是中动结构的必要条件,而对被动和其他受事主语结构而言,则不受此限制。(三)主语的生命性和有定性特征也是重要参考因素。在语义上,虽然有人认为,中动结构的受事主语具有非生命性和有定特征(荣晶2006);但事实上,中动类受事主语结构中可以有无定和生命性主语，这与被动句的构式意义并无明显区别。在这一点上，本著与邱贤、刘正光（2009）的观点不同。本著认为，在语用上中动类受事主语句不是对事件的客观报道，而倾向于是对事件的描述和主观评价；在结构上，中动类受事主语句的动词不能是光杆动词，必须是带有状语修饰的动词，这是构式情态要求的结果，光杆动词无法表达 TAM（tense、aspect、modality -否定）意义。这也是受事主语句的基本特征（石毓智 2001；陆俭明、沈阳 2003；潘海华、梁昊 2002；邱贤、刘正光 2009 等），如：

（5）a. 一会儿，一幅漂亮的山水画画好了。
b. 不一会，一把椅子就做好了。

这些都是典型的描述性受事主语句，受事主语可以是非限定性的。除了这种动结式复合谓词构成的受事主语句，典型的受事主语句还可以由单体谓词表达，无论是否有副词或句末小品词，在特定语境里也都能构成完结性意义，如：

（6）a. 鸡吃了。
b. 鸡吃。
c. 鸡不吃。

就（6a）而言，有两种歧解如下：

（7）a. 鸡吃［e］了。
b. 鸡$_i$［e］吃［t_i］了。

（7a）是施事主语句，（7b）才是典型的受事主语句。严格地说，这类受事主语句也只是表象，因为真正的施事主语隐现，使得及物结构表征为受事主语结构。（6b）是光杆动词做谓语，无论名词成分是施事还是受事，在特定语境下也能表达恰当的意义，因为汉语在表达时体意义时，无体标记的谓词可以表示现在惯常和将来意义。汉语表示惯常或将来意义的还有否定副词“不”，具有情态功能意义（如［6c］）。由此，无论以哪种形态表达，（6）中的结构都有施事和受事主语两种可能解读。当其做受事主语解时，（6a）是典型的受事主语句，而（6b）（6c）则可以看作中动结构，表达惯常意义。我们同意潘海华(2018)的观点,受事主语句本质上是话题结构的一种表征方式。同样为受事主语句,下面的例子大多没有体标记词,也能很恰当地表达各自的语义。但这些也都是受事话题结构,不具非宾格性。

(8) a. 四凤没找着。
b. 黑先锋应该枪毙。
c. 那个走失的孩子找到了。
d. 那篇文章写得很好。
e. 一切打点就绪。

还有一类复合(VN)谓词,其宾语可能是受事或材料宾语,相当于“给/用……VN”短语形式表达结构意义。这一类受事宾语结构可以看作非典型受事宾语结构(张云秋 2004),如:

(9) a. 水浇花了。(对象宾语)(用水浇花/*浇花水)
b. 花浇水了。(材料宾语)(给花浇水/*浇水花)

张云秋(2004)认为“花”和“水”都是材料宾语,但不是典型的受事宾语,材料成分做宾语的句法-语义功能,在袁毓林(1998)看来是述题化。但仔细观察,(9)中的表达又似乎不是表面上所表征的那样简单。我们认为应将其看作施事隐现的话题结构,而充当话题成分的可以是受事宾语“花”,也可以是材料宾语“水”,如(10):

(10) a. [e]给花浇水了。
b. [e]用水浇花了。

把“花”和“水”都看作材料宾语恐怕缺乏说服力。在(10)中,“花”只能看作“浇水”的受事对象,“水”可以看作“浇花”的材料。只是在(10a)中,“花”需要被赋予旁格方可接受,“水”为受格,而(10b)中的“花”为受格,“水”为旁格①。这种定性可以通过 VN 内部结构分析得到证明。虽然

① 这里按传统分类,把“给”“用”看作动词语法化的格标记词处理,而不是看作主动词(如冯胜利 2000b)处理。

“浇花”“浇水”都是VN类型的复合词,但其内部结构却不相同。这种差异从(11a)中可以看出,及物动词“浇”的对象是“花”,所用的材料是“水”;而(11b)同样是用材料“水”为对象“花”实施浇灌行为,因为受“浇灌”行为影响的是“花”而不是“水”,所以及物动词“浇(灌)”的典型受事宾语是“花”。在“浇花”和“浇水”这类对象与材料对中,不应把名词成分都看作材料,用树形图表示如下:

(11) a. 用水[浇花]　　　　b. 给花[浇水]

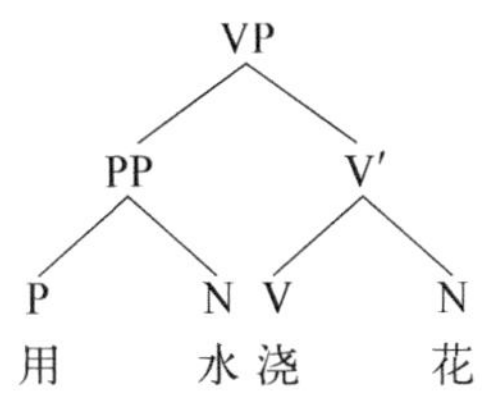

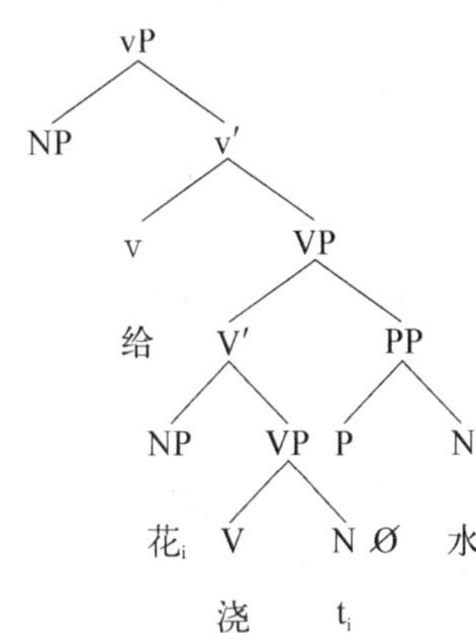

同类VN复合结构,还有“刷墙”与“刷漆”、“种田”与“种水稻”、“写字”与“写毛笔”、“吃饭”与“吃大碗”、“睡觉”与“睡板床”、“问问题”与“问老师”等等。这些复合结构中的名词成分,都可以话题化,表征为受事宾语居首的结构,但并非所有的VN对中的话题结构都是受事宾语前置,如:

(12) a. 墙刷漆了。

　　b. 漆刷墙了。

(13) a. 稻田种水稻了。

　　b. ? 水稻种稻田了。

将(12)和(13)对比可以发现,尽管“田”和“墙”都属于实体着落的终结点,但在不同的及物动词题元关系中,却有不同的角色地位。按理,“刷墙”和“刷漆”并非典型动宾关系,“墙”和“漆”都不是典型的受事,而分别是“刷”的对象和材料。这一点与(13)有所不同。虽然“刷墙”和“种田”乍一看都是客体“油漆”和“水稻”的着落点,但前者的“油漆”不是“刷”的受事宾语,而后者的“水稻”却是及物动词“种”的典型受事宾语。那么为何完全类似的题元关系却有不同的题元角色地位呢?我们认为,这是由动词的核心语义决定的。同为及物动词的“刷”和“种”存在核心语义上的差异。尽管“刷”和“种”作为行为动词,都有可能源于名词动词化,但“刷”本身源于一种工具,不是行为动词的原位项(primitive)。也就是说,其在进入句法推导前经历了一个词汇-句法过程;而“种”虽然也不是行为动词的原位项,但其经过名词动词化的句法推导过程即可生成,无须借用工具论元与抽象介词 WITH 合并。

受事主语句通常被认为是受事宾语显性移位生成而来,在句法和语义结构上和被动句有诸多共同之处。二者在语义上都有被动意义,结构上都是及物动词的宾语移位到主语位置,行为施事都可以隐现。不同之处在于: 受事主语句中施事被完全抑制,而被动动词主语则可以显现。最突出的差别是被动句有被动标记词“被”,而受事主语句则没有。

王家年(2008)认为,受事主语句在本质上就是被动句,即语义被动结构。他认为,受事主语句是被动化移位的结果,即致使动词的赋宾格能力被吸收,NP 宾语不得不移位,才能通过格鉴别式检验(格理论视角)。这种句法动因很难解释清楚受事主语句与被动句的结构差异。因此,更多人认为受事主语句是话题化的结果(石毓智 2001;潘海华 2018 等),是形式特征[+Top]促发域内论元移位。

鉴于这两种句式结构上的异同,邱贤、刘正光(2009)提出了受事主语句需要解决几个根本问题:(一)受事主语句是否是被动句;(二)主语是否必须为无生命性、有定成分;(三)谓语动词为何不能是光杆动词;(四)受事主语句为何是表态句;(五)如何解释施事隐性与受事凸现问题。对于这些问题,他们认为受事主语句所表征的无生命性和有定性主语只是一种倾向,并非绝对的。但他们把无定与生命性主语的存在,看作受事主语句区别于被动句构式义上的证据,恐怕说服力不足,因为受事主语的生命性语义特征并不是被动动词的区别性特征,而是受事主语句和被动句的主语的共性特征。他们还从构式意义上对被动句和受事主语句的语用特征进行了区分,认为被动句是从动作发生的角度报道事件的发生,而受事主语句则强调受事因为动作而产生的状态、结果或表达说话人的主观评价。这种所谓的语用差异都不具本质性,而语言内部只要有结构差别就存在语用上的不同。这样看来,受事主语句和被动句在语义和语用层面并没有本质性区别,差异只是在结构表征层。持这一观点的还有范晓(1994)等学者。范晓(1994)认为,汉语的被动句不但要有被动的意义,而且要有被动的形式。这种被动意义不是概念意义,而是被动的语法形式控制着的意义,所以要确定被动句首先要确定被动形式。我们同意这一定性,也就是要区分形式上的被动和语义上的被动,即句法被动和词汇被动。正是基于这一界定,我们对应地把被动结构和中动结构这两类不同的受事主语句区分开来加以讨论。

邱贤、刘正光(2009)认为受事主语句不是被动句,两者之间的差别在于语用,这显然是只侧重意义层面,而忽视了结构表征方面,没有区分广义和狭义上的受事主语句。王家年(2008)认为两者本质相同,又认为受事主语句是通过被动化的移位生成的,这也只是从狭义上的受事主语句比较得出的结论。还有一种观点主张受事主语句是话题化的结果(石毓智、李讷 2001;潘海华、韩景泉 2005,2008),而被动句可以被认为由广义上的话题化生成而来。因此,话题化也就可以看作两类结构的共同特征。这最后一类观点也是从狭义上主语句的普遍特性出发对句首受事成分进行的定性分析。狭义上的受事主语句又有不同的表征形式,如典型受事主语句和中动句虽然都属于狭义受事主语句类型,但两者还是存在一定的句法-语义差异。下面分析受事主语句的异同。

6.1.2 受事主语句的两种典型结构

典型的受事主语句由及物动词的内论元前置构成,语义上有被动性质,时体上通过体标记词或状语表达非惯常性行为意义;但受事主句结构中,还有一类典型的无体标记词的意义表达的中动结构,语义同样表达被动意义,其时体意义不是通过体标记词而是通过状语表达惯常性状态意义。前面已经提到,中动结构的一个突出特征是以状语成分作为必要条件,突出谓词意义;另一突出特征是结构上受事必须在句首位置,这是跨语言的普遍特征。殷树林(2006)引用徐盛桓(1981)的例子,说明英语中有三种类型的受事主语句,如(14a)(14b)(14c):

(14) a. S+V+ADV

b. S+V(NEG)

c. S+BE+V-ing

在这些受事主语句中,殷树林只承认(14a)类是中动结构,这显然有失公允。关于动词的分类中中动词和非宾格动词的异同,Fagan(1992)曾通过对英、法、德三种语言的对比,认为中动词与 Vendler(1967)按词汇体进行的动词分类有关联。她认为行为动词和达成动词是中动词的必要语义特性,而完结动词不能进入中动结构,因此中动结构能很好地支持 Vendler(1967)的动词分类。如果这样的分类合理,那就意味着中动词和非宾格动词在词汇体上存在部分重叠性。中动词还有一个突出的语义特征是,动词的宾语必须解读为与动词的行为而不是与主语相关,如:

(15) a. This book sells well.

b. * This book buys well.

Fagan 这样的表述似乎并不严谨,本著认为中动词的语义必须解读为受事与行为的惯常性状态相关,而不能解读为主语与行为本身相关。不过,Fagan 也承认,不同语言之间的中动词在词汇体类型上的限制也有差异。比如,法语中的完结动词就能进入中动结构,但这类动词必须具有强及物性特征,法语只是个别语法的一种表现方式,她从语言普遍特征看,还是认为词汇体特性与中动词没有必然关联。她只承认存在跨语言的差异,如在法语的中动结构中,与动词行为相关的不必是宾语,也可以是主语。

但我们观察认为,英语和汉语中的情形既有共性也有差异,中动结构只是受事宾语结构的一种类型,(14b)中的否定结构类型也可以表征为中动结构,而不只局限于(14a),如(16):

(16) a. The book does not sell.

b. 书不卖。

尽管这些句首名词成分可能都是从及物动词的宾语位置提升而来,但由于这类及物动词固有的施事角色依然存在,其外论元位置保留,所以受事宾语移位到话题位置而不是主语位置。

6.1.3 受事主语句的动词形态差异

我们前面谈及,具有非宾格性的受事主语句包括两种结构类型——起动结构和被动保留宾语结构,但就这两类结构的非宾格动词类型而言,都有单体谓词和复合谓词参与表达,其表达方式并不相同。就动词的单体和复合形态而言,陆俭明、沈阳(2003),潘海华、梁昊(2002)等学者都指出,受事主语句中的谓语必须是复合形态结构,不能是光杆动词,比如:

(17) a. *门关。
b. *这花买。
c. *这首曲子哼。

(17)中由光杆动词构成的句子都不能成立。这是因为光杆动词往往表示无界行为,无变化性;动词后面带上表示结果意义的词语,才能表达事件所带来的状态变化(张伯江 2001)。石毓智(2003: 205)也提到受事主语句的谓语不能是单纯的动词,必须是一个动补结构类的复合短语。但是,我们前面章节也同样讨论了单体谓词表达结果事件意义的动词类型。尤其是沈阳、Sybesma(2012)认为,汉语中很多表达完结意义的单体动词,实际上都是动结式复合词的省略形式。因此,也存在大量单体谓词加上体标记或情态词所构成的形态自然地表达合适的语义,如:

(18) a. 花瓶碎了。
b. 闲话少说。
c. 鸡[e]吃了。

这些结构中的动词虽不是光杆形态,但在句子结构中必然要与体和情态标记成分一起表情达意。所以,表面上看,(18)中的句子都是所谓的受事主语句,但仔细分析,它们分别是起动结构(18a)、中动结构(18b)、话题结构(18c)。(18a)类结构中的动词表达的是一种结果使成状态意义,其本身无法给论元指派宾格,因此是典型的非宾格结构;(18b)是典型的及物动词,但其动词能在底层指派题元角色,却因受事宾语在句首基础生成,因此不能在该位置获得格赋值，属于类非宾格结构，由状语成分允准；(18c)是另一种不同类型的及物动词，受事宾语在基础位置生成并获得受事题元角色和宾格赋值，只是因为话题化而移位到主语位置，成为真正意义上的受事主语句，但不具有非宾格性。本节将(18a)类起动受事主语结构和(18b)类中动受事主语结构纳入考察。

前面谈到，被动句也是一种受事主语结构，但其动词类型又与(18b)(18c)类相同。这样，除了动词词汇形态，我们还需要考察结构形态概念，因为受事主语涉及的句型结构具有多元性，包括被动结构和不同动词类型的受事主语结构，而"被"字是一种结构形态标记。我们认为，邓思颖(2004)的施格(非宾格)化"被"动结构，沿袭的是词汇形态施格路径，属于词汇被动解释；如果按照结构解读，应该属于句法施格解释。按句法结构理解，汉语所有的"被"动结构都不具有非宾格性特征，因为"被"字作为结构形态标记词，在其引入之前，及物动词就因其固有特性，选择了它的论元并指派了题元角色且赋予固有宾格(石定栩、胡建华 2005)，因此受事宾语移动并不是为了格动因，而是对受事进行话题化并使其述题进行句末焦点化的结果(潘海华、韩景泉 2005，2008)。有鉴于此，我们的统一解释是：作为广义上的受事主语结构类型，被动结构和中动结构虽然结构意义上都具有被动性，但并不都是典型意义上的非宾格结构。与此不同的是，表达结果状态变化意义的受事主语结构(如起动结构)则是典型的非宾格结构。

6.1.4 受事主语结构的时体特征

上节提到，汉语受事主语句不能是光杆动词，那么就必须有体标记词、副词或情态助动词参与结构和语义表达。汉语中事件的时体特征虽不像英语等印欧语言那样具有丰富的形态手段，但也有多种表达方式。汉语时体意义最典型的表达方式是通过时态助动词、情态助动词、体标记词或副词表达，如：

(19) a. 我将要去美国了。

b. 他会来。

c. 她去了美国。

d. 你已离开了上海。

e. 我在吃饭。

邱贤、刘正光(2009)则在此基础上,着重考察了受事主语结构中复杂谓词以外的成分的功能问题。他们的结论是:受事主语句中的复杂谓语成分,主要是为了满足句子对时体和情态的要求。其实,动词的形态-句法、语义和语用界面的主要特征都必然关涉时体和情态语义,其附加成分,如副词状语也都是为此目的。汉语表达将来时态的助动词有"将(要)、会、能"等(如[19a][19b]),表达过去时体意义的有助动词"了"(如[19c][19d])和副词"已(经)"(如[19d])等,表达进行或持续体的有"在"(如[19e])。当没有这些时体标记词或副词时,光杆单体动词、光杆复合动词依靠语境,也同样可以表达时体意义,如:

(20) a. 我吃。

b. 你去。

c. 她傻。

这类光杆单体句式,分别可以表承诺(20a)、命令(20b)和评价(20c)等意义。因此,汉语光杆动词充当谓语成分也并非绝对不可,只是需要满足一定的语境条件,而且光杆动词的语义也不局限于惯常性意义。(20a)(20b)表达的是特定语境中的有界式事件意义,只有(20c)可能表达无界性惯常表现。

只是对于受事主语句来说,光杆动词做谓词的确存在语义限制,因为事件意义需要通过形态-语义手段才能完整表达,光杆动词无法表达时体和情态意义。光杆动词本身因缺乏时体语义特征,所以必须依靠其他成分(时、体标记词或复合词汇的意义)才能实现完整事件意义表达(如[19])。

6.1.5 受事主语结构中动词的情态

一般而言,情态意义指说话者对事件或描述所持的某种主观判断或感受。汉语谓词可以通过情态助动词或副词表达明确的情态意义,如:

(21) a. 我不去。
b. 你必须来。
c. 她好哭。

既然情态意义是通过词汇手段表达说话人的主观情态,那么当无生命性的受事做主语时,是否就没法表达情态意义呢?答案是否定的,如:

(22) a. 炸鸡好吃。
b. 粗粮难吃,但有营养。
c. 江山易改,禀性难移。

(23) a. 此人不能杀。
b. 房屋不能拆。
c. 道路一定要建设好。

从这类例子可以看出,像(22)那样由"难易"类修饰的动词,一般看作中动词,其结构为中动结构,表达惯常性意义。虽然中动结构不是典型的受事主语结构,但其主语通常也是受事成分,情态意义可以通过"难易"类状语表达。(23)类则可以看作受事主语句,其情态则是通过否定助动词或意愿动词叠加副词来表达,语义上具有针对性,而不是惯常性质。

6.1.6 受事主语句的隐性施事

有观点认为,受事主语句的主语是施事隐含而不是省略,一般不能补出,即使勉强补出,句子也可能不通;而被动句的施事主语是省略,可以补出(邱贤、刘正光 2009)。中动结构的受事主语可能有一定的弹性特征,当动词为"V 起来"时,施事可以补出;而当谓语为单体动词与副词构成的双音形态时,为通指意义,不能补出施事主语。在语用上,他们认为被动句着重表达动作,报告事件的发生;受事主语句着重描述受事,说明受事发生的变化或产生的情态以及说话人的主观评价。所以,邱贤、刘正光(2009)认为受事主语句本质上是不同于被动句和中动句的独特句式,但他们没有说明如何区别受事主语句与中动句。Ting(2006)则把受事主语句看作中动句。因此,在中动、被动和受事主语结构上,学界还是存在较多的分歧。本节就对此分歧加以讨论,我们试图把这些结构与非宾格性一起进行讨论,不仅是为了分析它们彼此之间的异同,还要探明它们与非宾格性的关系。

戴曼纯(2001)在对 Stroik(1992)评述的基础上,对中动结构的隐现施事进行了详细分析,对传统上的施事抑制观提出了相反的看法。那么,到底为什么中动词的词类性质是及物性,却隐藏施事呢?

传统上,在一些学者(Fagan 1988; Roberts 1986 等)看来,这种及物动词的施事性题元角色没有语音实现是句法抑制(syntactic suppression)的结果。他们认为,如果题元角色在词汇上获得饱和,投射原则(Projection Principle)就不要求它们在结构上获得释放(discharged)。题元角色没有语音实现,是因为其在词汇上禁止任何结构实现。

戴曼纯(2001)则试图证明,中动词的外论元(施事题元角色)并非受句法抑制,而是被指派为空代词 PRO 论元。他的理论依据是 Larson(1988)的论元降格原则(Principle of Argument Demotion, PAD)(见 6.3.3 节详述)。施事外论元在结构上被实现为 VP 附加语(VP adjunct),也就是 VP 的指示语成分作为附加语。在 Larson (1988)的基础上,Stroik (1992)进一步认为,中动结构的实现以及施事者角色降格为 VP 附加语,使得内论元客事题元角色外论元化,这一过程必须经历受事角色的论元移位才能实现。

Fagan(1988)认为中动结构是词汇推导而不是句法推导的结果,其证据是带介词的短语动词中的介词不能悬置,因此内论元不能通过 NP 移位实现外论元化,如(24):

(24) a. * John laughs at easily.
　　 b. * This bed sleeps in well.

由此,她提出外论元是通过任意性(arbitrary, arb)原则实现结构释放,而无须通过投射原则实现 arb 给外论元的题元角色指派。

通过这一原则,外论元可以实现词汇饱和而无须通过投射原则实现结构释放。Stroik(1992)提出两个证据主张中动结构的外论元题元角色结构上是存在的。一是内包于主语的照应词(anaphor),如(25):

(25) a. Books about oneself never read poorly.

b. Letters to oneself compose quickly.
c. Arguments with oneself generally end abruptly.

这些主语位置上的照应词是如何获得允准的？根据约束理论（Binding Theory）的原则 A（Principle A），照应词必须在管辖域内受约。根据这一假设，上例中的照应词如果要获得受约，就必须在某个句法层与成分统制该照应词的隐性论元同下标（Belletti & Rizzi 1988），在相应的表征层形成成分统制关系。但隐性论元作为先行词，只有两个合适的位置，即主语成分内部和 VP 内部。根据 Stowell（1989），如果在主语成分内，那就可能是主语 NP 的 PRO，这样（25a）就可以表述为底层结构（参见戴曼纯 2001），如（26）：

（26）［NP PRO_k［N' books about $oneself_k$］］never read poorly

虽然照应词受 PRO 约束，但还是存在一些问题。其一，同下标意味着同指，因此，主语成分 NP 的意思就是 one's books about oneself，而（25a）中的主语 NP 又不是指 one's 这一意义，而是任意指 anyone，这样就说明 PRO 与照应词之间不是同标，如（27）：

（27）［NP PRO_k［N' books about $oneself_j$］］never read poorly

其二，中动结构出现包括 PRO 在内的两个论元。Stroik（1992）的结论是：中动结构中，作为主语内包的照应词的先行词论元应该在 VP 内部，而不是在 NP 内部。因此，中动结构就有两个论元，一个显现的客事论元作为表层主语，另一个为空论元（empty argument），在句法上允准其照应词，并被指派外论元题元角色，如：

（28）a. That book reads quickly for Mary.
b. No Latin text translates easily for Bill.
（29）a. ＊$They_k$ expected rumors to be spread IMP_k.
b. $They_k$ expected PRO_k to spread rumors.
（30）a. ＊The book was read IMP_k without PRO_k putting it down.

b. They expected PRO_k to read the book without PRO_k putting it down.

Stroik 认为中动词允许空论元允准照应词,该空语类即 VP 内的 PRO。

(31) a. Books about $oneself_k$ never read poorly EC_k.

b. It seems that [today's news about $oneself_k$] reads better than yesterday's EC_k.

c. Those $women_k$ were amazed, but each $other_k$'s books seemed to $them_k$ to read surprisingly well EC_k.

d. Some poems read better aloud to $oneself_k$ than others do EC_k.

(32) a. $Mary_k$ expects the Latin text she was assigned to translate quickly EC_k.

b. $Mary_k$ believes that they think that arguments with herself generally end abruptly EC_k.

c. $John_k$ expects that the book he just bought will read quickly EC_k.

其三,关于外论元的句法性质问题。Stroik(1992)认为,中动结构的外论元题元角色应该位于句子中 VP 内的某个非管辖位置,即非论元位置。他认为,根据 Larson (1988) 的论元降格原则,可以对此进行解释:

论元降格原则
如果外论元 A 是由 X^k 指派的空角色(Ø-role),那么 A 就可以被指派给 X^k 的一个附加语。

如果中动词的外论元题元角色由 VP 指派,根据论元降格原则,该题元角色被允许从主语位置降格到 VP 附加语位置,如(33):

(33) a. Bureaucrats bribe easily.

b. [$_{TP}$ bureaucrats[$_{T'}$[$_{VP}$ bribe easily] PRO]]

以上分析表明,像(33)这样典型的中动结构,存在以下情形:
(一) 中动词有两个论元(Agent, Theme)并通过句法表达出来;

（二）外论元题元角色是 PRO；

（三）外论元题元角色不是作为表层主语表征的。

在(33b)中，只有当 PRO 在附加语位置不受管辖时，才能作为降格的外论元题元角色。但如何证明其不受管辖呢？如果(33b)中的 PRO 被管辖，将由 Infl 或 V 之一实施。

根据 Stroik 的分析，中动词原本为及物动词，带有完整的论元结构，对于如何解释外题元角色被降格、内题元角色被升格(promotion)的机制，他的依据是题元准则(Chomsky 1981：36；Radford 1997：180)。该准则规定，每个论元只能带一个题元角色，并且每个题元角色只能指派给一个论元。戴曼纯(2001)认为，正如 PASS 被动语素能吸收动词的宾格一样，中动语素〔M〕也能吸收动词的宾格，迫使内论元升格并诱发外论元降格，将带施动题元角色的 PROarb 指派给附加语位置，如：

(34) a. 外来人在这个地方好做生意。

b. 这个地方对外来人好做生意。

c. 这个地方生意好做。

这类结构中，无论是话题成分，还是主语成分，都可以降格为附加语，如(34a)(34b)就分别是处所短语和施事主语做介词短语被降为附加语，而真正的中动结构为(34c)。因此我们认为，中动词的及物性质决定了其在词库中就有了句法的规定性特征，赋予其指派题元角色和论元选择的能力，复合词在进入句法前就已完成词汇化并赋予内论元格位，在句法推导中无须再为受事赋格。受事宾语在基础主语位置上生成，语用上是为了凸显新信息，对旧信息进行话题化，完成句末焦点意义的表达。为了更清晰地理解这种降格机制，下面补充介绍。

6.2 被动结构与非宾格性

被动结构一般被看作由及物动词结构转换而来。但形态丰富的语言，因为及物动词被动化则会失去原有的赋宾格能力，所以受事宾语不得不移位到主语位置获得主格赋值，正是这种被动词使得其宾语成分具有非宾格性。其他类型的语言也存在不同形式的非宾格性。Shin（1999）就认为，韩语中的词汇被动词就是非宾格动词，其非宾格性是在词库中通过词汇规则作用于及物动词的论元结构推导而来，这类词汇被动不同于句法被动。句法被动才是真正的被动词，是在句法中通过句法合并推导而来。汉语中也有类似的情形，即存在词汇被动（或称语义被动）（吕叔湘 1982[1942]）和结构被动两种类型的被动语义及结构表达。

我们认为，汉语中的词汇被动，实际上就是由中动结构和受事主语结构表征的不同形式。潘海华、韩景泉（2008）也认为，汉语被动词在某种意义上应该看作一种派生的非宾格动词。他们重点考察的被动结构形式有两种：一种是原来的及物动词的外论元受到抑制，同时动词也丧失了原有的及物性，转变为不及物动词，包括长、短被动结构（Huang, Li & Li 2009 等）；另一种称为被动保留宾语结构，即具有领属关系的短语，其隶属名词成分保留在被动词原宾语位置上。这类被动保留宾语结构的非宾格性类同于第四章论及的领主属宾结构，是汉语显性非宾格现象的又一证据。

文献中将被动词称为衍生性非宾格动词，是因为它们由其他及物动词衍生而来，同时又具有非宾格动词的特性。相对于此，词汇被动则是非衍生的被动模式。关于非宾格结构的基础类型和衍生类型，从来源上说，存现类动词应该属于典型的基础性非宾格动词，它们是词库中的基础词汇，无须进行词汇-句法操作即可直接进入句法推导。相比之下，“沉”“破”等表状态变化的起动类非宾格动词，乍一看是由于外因作用导致其结果状态变化，但我们认为，它们也应该是词库中的基础词汇，在句法结构中可以通过使成化投射生成使成复杂事件结构。

被动结构是及物动词的被动形态选择施事论元抑制或降格（降为旁格）和受事论元提升操作的一种结构表征形式；同一及物动词还可以选择外论元抑制，内论元提升到句首位置，而动词形态不变，成为非宾格结构（如[35c]）；甚至还可以在非宾格结构基础之上，增加描述性状语表达的惯常性意义，构成中动结构。同一动词不同的结构差异决定了不同的句法性质。上节讨论了中动结构，本节分析英语中的被动结构和非宾格结构的异同（break、open、sink 类动词）。

（35）a. John broke the window.

b. The window was broken.

c. The window broke.

(35)是英语中典型的及物动词与被动结构和起动结构之间转换的实例。被动词带有隐性施为性意义,可以补出被降格的施事,这一点可以通过增加意愿性副词或目的状语得到验证,如:

(36) a. John broke the window unintentionally.

b. The window was broken by John unintentionally.

c. * The window broke unintentionally.

可以看出,当及物动词的施为性意义通过意愿性副词状语得到验证时,句子变得很自然(36a)。当施事隐显时,被动句即使加入这类状语也并不自然,因为意愿性副词与施事相关,所以当施事受到抑制时,带有意愿副词的结构就不合适;而非宾格动词由于无法补出施事,因此完全与意愿性状语结构不相容。因此,英语被动结构与非宾格结构有非常明显的句法差异。但这一情形在汉语中并不全然如此,有学者认为,汉语中的被动保留宾语结构就是一种作格(非宾格)化(邓思颖 2004)。

被动结构表达具有跨语言共性,存在词汇被动和句法被动两种不同形态和结构的表达方式,由不同的结构表征实现。如果说词汇被动的表征方式包括典型的受事主语结构和中动结构,那么句法被动则是典型的被动结构。被动结构中,只有保留宾语结构具有非宾格性。问题是,到底应该如何看待这种类型的被动保留宾语结构及其句法性质?该类结构如果具有非宾格性,那么又该做何解释呢?本章将就此问题加以讨论分析。

6.2.1 被动保留宾语结构的非宾格化

第四章关于话题结构的讨论中提到了被动保留宾语结构,作为显性非宾格性的一种表征形式,突出的是领属成分的句法性质,而本节重点关注被动结构的句法性质。汉语被动保留宾语结构是句法被动的表征形式,其典型的标记是动词前有“被”字。传统观点认为,被动结构是及物动词被动化的转换形式。邓思颖(2004)认为汉语被动结构是作格（非宾格）化的结果，但石定栩、胡建华（2005）则对此予以批评，认为其主张的非宾格化过程存在技术上的困难。那么，到底应该如何看待这种不同观点呢？本节先看邓思颖的被动非宾格化观点，他把以下直接被动和间接被动的长、短被动结构形式都看作非宾格化的结果。

（一）直接被动：

（37）a. 张三被土匪杀了（长被动——施事显现）
　　b. 张三被杀了（短被动——施事隐现）

（二）间接被动：

（38）a. 张三被土匪杀了父亲（长被动——施事显现）
　　b. 张三被杀了父亲（短被动——施事隐现）

所谓非宾格化是由及物动词转化为非及物动词的一种句法过程，不包括传统意义上的宾语省略的非施格句（如"我吃了"），也不包括主语是施事的非施格句（如"他打了"），但包括受事宾语前置的非宾格句，如（39a）：

（39）a. 衣服挂在衣架上了。
　　b. 衣服被挂在衣架上了。

受事主语句是一种语义被动结构类型，可以对其进行被动化结构转换（如[39b]），凭语感来说，受事主语句比被动句更自然，因而汉语非标记化的被动结构（包括受事主语句、中动句）更普遍。邓思颖（2004）认为，非宾格化后的被动词，其主语不能是施事，动词失去了指派受格的能力。他认为被动结构的施格化基础是动词"被"可以带补足语小句。这种小句观类同于前一章动结式复合结构中小句的非宾格化的观点。

邓思颖对被动句的句法性质和功能性质进行了区分。他认为，对汉语被动句进行以上分类的基础是短被动并不是长被动省略了施事主语而来，而直接和间接长被动的区别主要在于受事宾语在"被"之前还是在"被"之后。持相同观点的还有黄正德（Huang 2001）、Tang（2001）、邓思颖（2003）。他们认为，（37）和（38）中对直接与间接被动及其各自的长被动与短被动分类的证据之一，是并非所有的短被动都可以由长被动删除致因成分而来。句法上,汉语被动化进行的是非宾格化过程,该过程中施事消失,动词失去赋格能力。受事主语句和“把”字句也有同样的句法特征。就上面(19)和(20)两种被动结构而言,其衍生策略有两种:受事宾语前移,或保留原位。

这里有两个与格相关的问题邓思颖没有论述。首先,他认为受事宾语的格位被施格(非宾格)化的被动词“吃掉”了,由于被动词没有赋格能力,因此宾语移位是非宾格化的自然结果,即为了主格赋值才驱动这种移位。这里的问题是:施格化动词为何吃掉一个受事宾语的格,却又能给受事宾语指派部分格?其次,受事宾语移位是因为无法在宾语位置获得格位,所以就离开这个无格的位置到句首位置。汉语是一种主语可以脱落的语言,EPP 在汉语里不是强特征,也就是说,无须为了主格而必须有名词性成分移位。移位到句首位置的成分是如何获得允准的?这两个问题他都没有涉及,本章后面部分将对此加以讨论。

除了结构变化外,被动句的另一个研究问题是关于它的语义。一般认为,被动词表达的主要是“消极”“有损”义(龚千炎 1980;邱贤、刘正光 2009);“被”字句不是概念性的,而是语义被动的形式化结构。受事主语句属于概念被动(吕叔湘 1982[1942]),不是形式上的被动(范晓 1994)。形式被动句带有显性形态标记词“被”,在邓思颖(2004)看来,所有长被动都带有一个零语音形式的功能成分 CAUSE,如:

(40) a. $NP1_i$ 被 NP2 CAUSE[$_{VP}$ t_iV NP3]

b. 张三被土匪杀了父亲。

因此,他认为汉语长被动句中增加的施事成分(如[40b]中的“土匪”),实际上不是施事主语而是功能动词 CAUSE 的主语,表达“NP2 使 NP1 受到某个过程的影响”。就(40b)来说,即表达土匪使张三受到父亲被杀的影响。这在逻辑上虽然是合理的,但由于具体的行为动词必然导致某种结果,其内在的题元关系决定了逻辑语义的合理性。因此,我们认为,汉语被动词可以有不同的题元角色担当其结果成分的致因,也就是说,行为动词的行为者自然就是施事;导致结果的成分才是致因成分,在句法上都可以是 CAUSE 的标志语成分。动词语义上的施事,结构意义上的致因,都是指同一个成分,如:

(41) a. 她被那件事愁死了。

b. 不出一个月小运华就被牛奶喂胖了。

邓思颖把这类题元关系中导致使成结果的成分确定为致因(causer),因为“那件事”和“牛奶”的确不是动词的施事,只是导致结果的因素而已。邓思颖认为外因作为结构功能成分的另一个证据是被动句与“把”字句有相互转化的密切关系,如:

(42) a. 张三被土匪杀了父亲。
b. 张三被土匪把父亲杀了。

(43) a. 父亲被杀了。
b. 父亲被土匪把他杀了。

但是,汉语中的认知类动词(如“知道”)不能用于“把”字句(王力 1944; Chao 1968),却可以用于长被动句,如:

(44) a. 他被人知道了密码。
b. *他被人把密码知道了。

尽管“把”的使成式处置意义应该与抽象功能词 CAUSE 相同,但是存在使成“把”字为显性而 CAUSE 隐现的差别。邓思颖认为,这种差别源于显性使成轻动词“把”只能带有处置类动词,而 CAUSE 则更自由,不局限于处置类动词,非处置类动词(如“知道”)也可以兼容。因此,隐性使成性功能词 CAUSE 比显性使成的“把”字有更广的适应性。由此,他进一步证明,长被动句中有个隐性的功能词 CAUSE,表达背后的名词是 CAUSE 的致因,而不是施事。

6.2.2 被动非宾格化的技术难题

石定栩、胡建华(2005)对邓思颖(2004)“被”字句作格(非宾格)化的观点提出了质疑。句法上,被动结构之所以被认为具有非宾格性,是因为一般认为汉语“被”作为及物动词的被动标记词,与及物动词一起构成被动词,吸收了及物动词的及物特性,使其失去指派宾格的能力,因此底层结构中的被动词无法为动词后宾语成分赋格，原来底层的受事宾语必须移位到句首位置获取主格。但是，汉语并不是主语突出类型的语言，主语可以脱落就是一个有力的证明。为了获取主格使得无格的受事宾语移位显得证据不足。

邓思颖（2004）的被动句作格化观点把长被动看作隐性使役动词CAUSE，对“被”和“把”进行统一处理。“把”是使役动词的显性表达，其后可以跟一个复指代词，如：

（45）a. 小月华被牛奶喂胖了。

b. 小月华被牛奶把她喂胖了。

（46）a. 张三被土匪把他打断了腿。

b. 胡统领被土匪把他宰了。

同时石定栩、胡建华（2005）也认为，邓思颖的及物动词作格化存在难以解决的技术问题，他们主张把“被”作为动词处理，如长被动句：

（47）……被[S1 NP2Ø[S2 NP1 V NP2]]

S2是零形式使役动词的非宾格句（文献中称为施格小句），NP1在非宾格小句内已经获得了主格，无须再移位[①]；而“被”后小句S1的主语NP2又不能接受别的成分移位，也无法让NP1通过移到句首主语位置，因此NP1是无法进行论元移位的。即使假定NP1是个算子，可以通过非论元移位到S1的句首位置，这也是NP1的算子地位决定的，与NP1的格位及动词的赋格能力没有关系。因此，他们认为在这种情况下，动词的施格化假设就完全失去了意义。从另一个侧面看，如果NP2离开S2的主语位置，就会留下一个语迹，而语迹作为变量是可以用复指代词互换取代的。这样就出现不合法的句子，如（邓思颖2004：294）：

（48）a. *被土匪张三打断了腿。

① 石定栩、胡建华（2005）把汉语“被”字结构中“被”后的成分看作限定小句，因而限定小句的主语成分可以从功能中心语那里获得主格。如果是非限定小句，则非限定句的功能成分没有能力赋主格。

b. 张三被土匪打断了腿。

c. * 张三被土匪他打断了腿。

d. 张三被土匪把他打断了腿。

根据石定栩、胡建华(2005),(48c)不合法说明 NP1 不是算子,不能进行非论元移位。但如(48d)所示,如果让零形式的使役动词 CAUSE 显性化为“把”,则句子合法。石定栩、胡建华发现,“把”后的位置,既可以接纳复指代词,又可以接纳保留宾语,如:

(49) a. 张三被土匪把腿$_i$打断了 t_i。(邓思颖 2004: 294)

b. 张三被土匪把他的腿打断了。

这里的问题是: 领属短语“张三的腿”进行了分裂移位,那么为何需要领主成分“张三”移位,移位的动机又是什么? 如果句首成分是作为算子进行非论元移位,其移位留下的语迹作为变量仍然占有一个位置(如[48b]),这时只能被复指代词互换,而不能被其他论元覆盖;而如果移入其他论元,这一论元位置就会有两个成分进入,也不可行。此外,使役动词引入“把”字结构也会遇到一个问题,即四论元结构问题(如[48d]),同样的句子还有如:

(50) 房子被山洪把墙冲出了一个大洞。(石定栩、胡建华 2005: 219)

邓思颖(2004)的长被动结构模板只有三个论元,这里出现四个论元后,会有一个论元既得不到题元角色,又得不到格,成为没有合法身份的成分,因此生成语法会判定为非法句,但像(50)这种句子的可接受性却没有问题。因此,石定栩、胡建华(2005)提出一种解决方案,认为被动结构中的“被”字其实具有双重属性: 一为带施事的介词,一为可以悬空的助词(黎锦熙 2000;吕冀平 2000[1983])。他们的理据是,把“被”分解为类似北方方言中的“叫……给”结构,这样长被动句中就有两个“被”,只不过悬空的那个“被”因为重复而被删除了(Shi 1997),如:

(51) 张三被土匪(被)打断了腿。

石定栩、胡建华(2005)承认这种重复删除操作不易理解,因为只有在相邻情况下,重复的同音部分可能进行删除操作。于是,他们在双重属性的认知基础上,认为显性的“被”是介词,而第二个隐性的“被”是真正的被动标记词,不是可悬空的语缀(如印欧语言的过去分词的语缀部分)。被动标记词是个功能成分(Pollock 1989; Chiu 1993; Pan 1998),带有一个动词短语作为补足语,位于 v′,相当于一个轻动词(Chomsky 2001; Lin 2001; 熊仲儒 2003; Huang, Li & Li 2009)。它后带的补足语成分为动词短语,动词失去指派宾格能力,但能指派题元角色,其结构表达式如下:

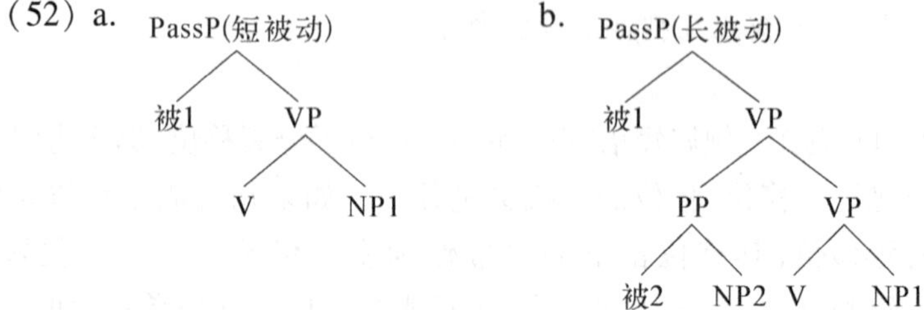

这里需要特别注意的问题是,长被动结构中两个“被”若是相邻,可以进行同音删除操作,而“被 2”的句法功能仍会保留下来。这种情形类似于体标记词“了 1”和句末助词“了 2”(吕叔湘 2000),如:

(53) a. 他已经走了(了)。

　　b. 我已经吃了/过饭了。

体标记词“了”可以毗邻显现(如[53a]),也可以插入其他成分(如[53b])。但与“了”不同,两个“被”之间不能插入其他类似状语的成分。Tang(2001)认为,这一情形类似汉语的进行体标记词“在”,不是像英语体标记词那样附着在动词后,而是独立位于动词前。如果句中有情态动词(如“应该”“可能”等),则应跟在情态动词后再接动词(54a),而跟状语时则比较灵活,如(54b)(54c)。

(54) a. 外面可能在下雪。

b. 他们努力地在往前跑。

c. 他们在努力地往前跑。

这样似乎能证明,当进行体标记词"在"遇到带程度状语的介词"在"时,只能保留或合并为一个同音成分,同样的例子也适用于带地点状语的"在",如:

(55) a. 他在黑板上写字。

b. 我在家吃饭。

这也适用于带方式状语的介词短语"在",如:

(56) a. 政府在以空运方式从各地调运救灾物资。

b. 部队在以最快速度向前线开进。

石定栩、胡建华(2005)也注意到,如果真的存在两个"在",那么这两个"在"之间可以插入其他成分,即可以分离。"被"不同于"在"的是,两个"被"只能毗邻,以便合一或删除。他们认为,两个"在"是不可以同时出现的,因此介词"在"必须紧邻体标记词"在",以便删除或合并,否则不合法,如:

(57) a. *他在用粉笔在黑板上写字。

b. 他在黑板上用粉笔写字。

c. 他用粉笔在黑板上写字。

(58) a. *我在和同学一起在教室里复习功课。

b. 我在教室里和同学一起复习功课。

c. 我和同学一起在教室复习功课。

石定栩、胡建华(2005)认为,汉语中这种同音合并或删除现象还包括动词"给"和介词"给",如:

(59) a. 单位给我奖了一辆车。

b. 单位奖给我了一辆车。

c. 单位奖了一辆车给我。

这些例子中的"给"为介词,位置很灵活,但作为动词的"给"却不能与介词"给"同时出现,因此也必须删除或合并动词"给",如:

(60) a. ? 老爸给了一辆车给我。
b. * 老爸给给了我一辆车。
c. ? 老爸给我给了一辆车。

虽然在普通话里,这些表达显得不自然或其合法性受到怀疑,但实际上在一些南部方言(如赣北方言)中,(60a)(60c)类表达是可以接受的,尤其像(60a)这种"给"字句现在仍然流行,并且这种"给"字还可以换成"把"字句,意思不变。

按照石定栩、胡建华(2005)的观点,"在"和"给"在分离时可以共现,但毗邻时都必须进行删除或合一操作;与"在"和"给"不同,"被"字作为动词(功能标记词)和介词不能共现。如果假定所有长被动都是由带有零语音形式功能成分的使役句转换而来,这势必混淆与其他使役句的关系。试比较:

(61) a. 小运华被牛奶喂胖了。
b. 牛奶喂胖了小运华。

这类结构表明,长被动结构(61a)或者及物性结构(61b),即使施事没有出现,句子结构都是合法的。(61)中的一个关键因素是,内嵌核心句是动补结构,汉语的动补结构在题元关系上具有较高的选择性,而如果只是单体及物动词,其论元选择关系就会受到一定的语义限制。

石定栩、胡建华(2005)对邓思颖(2004)关于被动结构的作格(非宾格)化提出了质疑,认为其受事宾语前置的动机不足,理由是施事成分在其动后基础位置上已经获得格位,无须通过移位寻求主格赋值。这从根本上否定了邓思颖的施格化分析。但是,认为被动词在句法中失去格指派的能力且被动结构表现出非宾格性特征的观点,是基于印欧语言的形态做出的推论。汉语的"被"字作为被动标记可以作为独立词素与动词分离,而不是附着在动词上的黏着语素。这样的话,汉语被动词是否能给其宾语位置上的受事成分赋格就存在分歧。邓思颖认为这一受事成分无格,必须移位才能获得格指派;而石定栩、胡建华则认为它在基础位置已经获得格位,无须移位寻求格赋值,因此移位说不成立。如果被动结构不是通过受事宾语移位,那受事主语就只能是在句首基础生成。这就涉及另一问题:被动结构是以何种方式获得结构允准的呢?石定栩、胡建华没有对此作出解释。邓思颖(2004)认为被动结构是通过受事宾语移位或保留宾语的方式实现施格(非宾格)化而获得结构允准,还有一种观点认为,被动结构是通过话题化实现结构允准(潘海华、韩景泉 2008)。下面介绍这一观点。

6.2.3 被动保留宾语结构的非宾格性解释

第四章分析显性非宾格结构的句法性质时,谈到了领主属宾结构的句法属性并进行了句法解释。潘海华、韩景泉(2008)认为,领主属宾结构和被动保留宾语结构具有诸多共性,并尝试在话题化和语义变量框架内对这两类结构给出统一的解释。他们所涉及的句子结构如:

(62) a. 张三死了父亲。
　　 b. 张三被杀了父亲。

结构上,这两类句子的动词后宾语位置上都带有一个名词成分,但动词的类型和句法属性并不相同。(62a)中的动词为非宾格动词,因此其宾语位置上的成分就没有宾格;同样,(62b)中的动词原本为及物动词,但也被认为因其被动化使得其宾语后的名词成分无法获得宾格。因为这两类结构中的动词前后两个名词成分之间在语义上存在领属关系,所以都被归为领主属宾结构(郭继懋 1990)或保留宾语结构(徐杰 1999,2001)。按照石定栩、胡建华(2005)的观点,被动保留宾语句因存在技术操作上的困难,无法实现施格化。他们认为,作为轻动词的"被"字是以与介词"被"同音删除的方式参与句法推导。这样,正如潘海华、韩景泉(2008)所观察到的,从生成语法的角度看,汉语被动保留宾语结构似乎对普遍语法原则与假设都构成了挑战,其中包括格理论(Case Theory)、题元准则(θ-Criterion)、非宾格假设等。但是,他们又认为,汉语中的这类保留宾语结构和存现结构,实际上并不违反普遍语法理论原则与假设,同样可以在生成语法框架下获得解释,汉英之间的差异属于类型参数差异。本节对此进行具体讨论。

6.2.3.1 被动保留宾语结构的句法性质

被动句通常被看成由相应主动及物句派生得来的结构,而在被动保留宾语结构中,充当动词受事宾语的名词成分仍然保留在动词后面宾语的位置上,并没有因为被动化操作而移到动词的前面(如[63b])。更多的同类结构如(潘海华、韩景泉 2008):

(63) a. 李四被打断了一条腿。
b. 王五被偷了一个钱包。
c. 苹果被削了皮。

在结构上,(63)中的被动结构被称为直接长被动,动词后面的名词成分保留在宾语位置上,同样保留了宾语的性质;而动词前面的名词成分有将其分析为句子主语的,也有将其分析为话题的。徐杰(1999, 2001)针对领主属宾结构和保留宾语被动结构之间一系列相同的语法特征,对这两类结构的句法提出了统一的解释。他认为两者的语法共性包括:

(一)在语义上,动词前后的两个名词性成分必须具有广义的领有/隶属关系。

(二)动词后名词性成分可以自由出现在动词前后位置。这与第四章我们分析的领主属宾结构类型相同。

(三)这两种句式都不能把宾语提升到句首充当话题。他的例子如:

(64) a. 他吃了那个橘子/那个橘子他吃了。
b. 他断了一条腿/*一条腿他断了。
c. 他被绑了一条腿/*一条腿他被绑了。

(四)这两种句式中的被动词都不具备给宾语指派结构格的能力,因此都具有非宾格性质,而动词后面的名词性成分又必须获得格位。为此,他主张部分格解释,潘海华、韩景泉(2008)虽然也认同这类结构的非宾格性,但否定了部分格解释,而认为是通过移动到空主语位置获得主格,然后再嫁接到TP上实现信息焦点化。由于被动保留宾语结构与第四章讨论的非被动保留宾语结构具有相同的结构形态，只是在动词的主、被动类型上存在差别，而主、被动类型上的不同不会改变其结构上的非宾格性质，因此两者的句法属性和格赋值都适用于相同的解释，这里就不再赘述。

6.2.3.2　被动保留宾语结构的生成解释

前面我们分析了存现结构和被动保留宾语结构的句法性质，也对这两类结构的生成进行了多元化生成解释，包括话题化、移动特征和引元结构解释。理论上来说，被动保留宾语结构与非被动保留宾语结构在实现非宾格性上具有同一性，其最大的不同在于动词的主、被动类型上的差异。也就是说，对被动保留宾语结构进行生成解释，需要在非被动保留宾语的结构生成基础上，解决被动词的结构生成问题。由于前面对非被动保留宾语结构的解释也是聚焦于非宾格动词，因此根据被动化动词的句法属性，其同样具有非宾格性质。

潘海华、韩景泉（2008）对被动保留宾语结构的句首成分与领主属宾结构的句首成分，做过统一性话题分析。他们认为这类结构的句首成分是话题性质，其与动词之间还存在一个主语空位，这为分析此类结构的句法生成机制提供了合理的分析基础。首先，潘海华、韩景泉（2005）提出，在保留宾语结构的生成过程中，动词后论元名词没有进行显性移位操作，理由是句子的主语位置是空位，该空位为动词后名词移位提供默认位置。因此，他们假定动词后的论元名词不经过显性句法移位，却能通过继承空主语位置上的结构格特征，使得动词后的论元名词获得主格。因此，正是主语空位为动后名词论元获得主格提供了条件。

后来，他们发现这一分析在理论上存在一些缺陷。其一，如果非宾格动词的客体论元无须移动也能在原位通过继承结构格特征而获取结构格，这就有违非宾格动词假说（Perlmutter 1978；Burzio 1986）的最初假想，即论元名词必须移位到句法主语位置上才能获取格。其二，通过继承结构格特征的方式不符合格理论要求。因为主格的特征核查需要遵守局域性条件（locality condition），即接受核查的名词短语与实施核查的时态中心语 T 须处于同一个最大投射（TP）之内，并且需要形成指示语-中心语（specifier-head）的统制关系。

针对这些问题，潘海华、韩景泉（2008）对他们前期的分析进行修正。首先，为了格核查，动词后基础生成的客体论元名词，必须通过显性句法移位操作把动后论元名词移到主语位置上，使得该位置上的论元名词成分与功能中心语 T 同处一个 TP 投射之内，形成指示语-中心语结构关系，从而顺利进行格特征核查而获得主格（如［65a］）。但是，句法推导到此并没有结束，无法生成“张三被杀了父亲”表层结构，因此（65a）类句子结构还需要继续操作。潘海华、韩景泉（2008）主张，这时主语位置上的论元名词成分进行右向移位，派生出（65b）类的外置结构（extraposition）。

（65） a. ［$_{CP}$张三［$_{TP}$父亲$_i$［$_{VP}$被杀了］t_i］］
b. ［CP 张三［$_{TP}$ t_i［$_{VP}$被杀了］父亲$_i$］］

可以看出，动词后名词成分经过先提升、后右移两步操作，生成最终的被动保留宾语结构。潘海华、韩景泉（2008）注意到，这种两步移动操作存在两个问题：（一）移位是否违反相关句法限制条件？（二）外置移位的动因是什么？他们对第一个问题的回答是：句法移位要求移动成分必须能够成分统制（c-command）它在原位上留下的语迹，通常移位都是左向自下而上移动。从线性位置看，这里的移位是右向进行；但从投射的层次结构看，移位仍然是自下而上，因而保证了语迹受到先行成分的约束。从线性上看，右移后的论元名词的确回到了其基础生成的原来位置；但从结构层次上看，后置的名词成分已经不再位于 VP 之内，而是嫁接到了 TP 位置上。这种后置移动操作在英语中也很常见（如［66］），也是嫁接到 TP 位置上，如：

（66） a. That the pig had been stolen surprised Bill.
b. It surprised Bill that the pig had been stolen.

这样看来，外置移位并不违反句法移位限制条件。

对于第二个问题，他们的解释是：由于名词成分移位到 Spec-TP 位置是为了接受格特征核查，此后它再次进行外置移位，是受到语用原则作用的结果，右向移位是为了生成一个句末焦点。他们认为，语言中的主题化和焦点化，就是组织信息结构需要驱动移位最典型的例子。

一般而言，被动化结构有三个要素：论元抑制、格吸收和名词短语移位。Huang（2001）否定汉语被动化三要素的普遍属性，而潘海华、韩景泉（2008）则坚持认为，汉语中存在影响域外论元、动词赋格能力和客体名词成分移位的被动化操作。Huang（2001）的观点是把“被”看作句法上的被动标记词，相当于一个轻动词，其引入的是一个事件结构。我们同意这一分析思路,认为汉语被动结构中存在三种表征模式。首先,直接短被动和直接长被动中涉及宾语成分提升移位操作。其次,间接短被动和间接长被动中,又有两种结构投射类型:一类即领属名词短语可以整体投射为及物动词的宾语,通过提升移位后转换为被动结构;另一类即把领属名词短语分离投射到句首和宾语位置上,形成被动保留宾语结构。

汉语中除了显性被动结构外,还有中动结构和所谓的受事主语结构。这些结构不同于被动结构,其突出特点是形式上主动,意义被动。如果被动结构是按上面的分析来解释其句法性质和结构生成机制,那么对中动结构和所谓的受事主语句又应如何解释呢?这两类结构中的宾语位于句首是否也是移位生成的非宾格结构?下面分别加以分析。

6.3 中动结构的非宾格性问题

所谓的中动结构(middle construction),典型地是由及物动词及其宾语成分参与的结构表达。但在结构上,受事宾语通常位于句子主语位置,动词的施事受到抑制,体特征表征为一般现在时态,并常常与副词一起表达惯常性意义(Fagan 1988, 1992; Massam 1995; Roberts 1986)。Ackema & Schoorlemmer (1995)认为中动结构为基础生成的非宾格结构,但 Stroik (1992)则认为它是移位性非宾格结构。戴曼纯(2001)支持移位非宾格性解释。英语示例如:

(67) a. This book reads poorly.
b. The baggage transfers efficiently.
c. Those chickens kill easily.

Alexiadou & Doron(2012)认为被动和中动这两种非主动态在多数印欧语言中都以形态手段实现句法表征,但是汉语由于形态并不丰富,主要以句法手段(包括被动标记和副词)实现结构表征。他们把非及物动词分为:

(一) 非使役动词,即表达自主事件的动词,如 break、open;

(二) 伴有反身意义动词,如 wash、comb 和相互动词,如 meet、kiss;
(三) 处置性中间动词,如"The book sells well."中的 sell;
(四) 被动词。

他们认为下面的句子都属于中动结构,如:

(68) a. The window broke under the pressure by itself.
b. The children kissed.
c. The book sells well.

显然,他们的定义过于宽泛。从语态上来说,(67)和(68)中的动词都毋庸置疑是主动态,而不是-en 被动形态,(67)中的例子都是中动结构。但就时体而言,(68)中的这些句子是对不同时间发生的事件的描述,(68a)(68b)是对已发生事件的描述,而(68c)则是对事件行为的一贯性质的描述。所以,就动词类型而言,(68a)是非宾格动词结构,(68b)是非施格动词结构,只有(68c)是中动结构。

Keyser & Roeper (1984)认为,非宾格动词和中动词与一般的非及物动词(即非施格动词,如 sleep、go)不同。英语中的作格(非宾格)动词来自词库,而中动词则是在句法层面进行推导而来。换句话说,非宾格动词与非施格动词构成施格动词小对(ergative pair),在词库中表现为及物和非及物两种形式;而中动词小对(middle pair)则是通过移动 α,按句法规则产生,所以中动词小对在词库中原本就是及物动词,只是通过句法移位生成中动结构。事实上,这样的分类不是绝对的,有些动词既可以表征为非宾格结构,又可以表征为中动结构,如(69a)和(69b)分别为中动词结构和施格动词结构。这样一来,hang 就有词汇生成和句法生成两种过程(参见戴曼纯 2001)。

(69) a. The clothes hang easily.
b. The clothes are hanging on the line.

戴曼纯(2001)分析认为,在这组表达中,(69a)暗含对某人来说,这些衣服容易挂,因而暗示有施动者(agent)存在,(69b)却丝毫不暗示有施动者。我们认为,这种差异分析似乎很勉强,因为无论是中动还是非宾格结构,都突出动词表达的持续状态,从而分别表达客事宾语的某种特性和存在状态，在隐含施事上没有根本区别。实际上，hang 是个比较特殊的动词，跟汉语对应的动词“挂”具有类似的句法性质，可以进入非宾格结构表征。同样被看作典型非施格动词的 sleep、go 在存现结构中也可以表征为非宾格结构，这也与汉语里对应的动词“睡”“去”相同，都完全具有非宾格结构表征，如：

（70）a. 床上睡了两个人。There sleep two men on the floor.

b. 上午去了三个人。There went three people in the morning.

c. 墙上挂着一幅画。There hangs a picture on the wall.

汉英语中的这些动词，在动词后都带有宾语，从而表征为非宾格结构，只是都需要特定的存现结构句首成分作为允准条件，即话题化。因此，仅凭词库规定特性无法确定其句法特性，结构表征同样起重要作用。

根据 Keyser & Roeper（1984），中动词和非宾格动词的区别可以归纳为以下四个方面：

（一）中动词具有语义类指性。

（二）中动词像状态动词，不可以用进行体和祈使语气表达；而非宾格动词不受此限制，它们可以描写具体事体。中动词和非宾格动词的示例分别如（71）和（72）：

（71）a. Chickens kill easily.

b. Chickens are killing easily.

c. * Kill, chicken!

（72）a. The boat is sinking.

b. The boat sank.

c. Sink, boat!

（三）中动结构通常要带附加语（如副词），非宾格动词不受此限制，如：

（73）a. Bureaucrats bribe easily.

b. The boat sank.

（四）中动词不能做前置限定词，而非宾格动词可以，如：

(74) a. * the killing chicken

b. the rolling ball

由于中动词一般也与及物动词相关，有学者认为中动词带一个显性受事论元和一个隐性施事论元（宋国明 1997），因此对中动结构中施事论元的定性是个难点。Keyser & Roeper（1984）也认为，中动结构与被动结构一样暗含施动者，但是它们的表现形式不同。被动结构可以用 by 将施动者外化，而中动结构不能带 by 短语。但戴曼纯（2001）认为，中动词结构可以用 for 将施动者外化。

传统上认为，中动词为及物动词，但只带有受事论元进入结构表达。徐盛桓（2002）从结构和功能出发，把中动词看作非及物动词，并认为这类动词与施格（非宾格）动词同类。这就有必要对此加以甄别，看中动词与非宾格动词到底有何异同。为了弄清汉语的中动结构表征及其与非宾格性的异同，需要先了解中动结构的句法属性。

6.3.1 中动结构的句法-语义特性

Keyser & Roeper（1984）认为中动词为及物动词，他们把这类结构的句法、语义特征归纳如下：

首先，在结构上，动词需要一个表状态的状语，而且必须紧跟在动词后面（Hale & Keyser 1986），保证其成为谓词的状语而不是句子状语。这个状语的用途是要将事件的动态性描述弱化为状态性，手段包括否定副词和可能态等情态方式（Fellbaum 1986；Massam 1992；徐盛桓 2002），如：

(75) a. * Washington's letters don't read.

b. * Easily, Washington's letters don't read.

c. Washington's letters don't read easily.

(76) a. Limestone crushes easily.

b. * Limestone easily crushes.

c. * Easily, limestone crushes.

其次，句子表层施事成分必须受到抑制（Fagan 1988；Roberts 1986），如：

（77）a. Bureaucrats bribe easily（ * by managers）.

b. Limestone crushes easily（ * by children）.

表面上看，中动句与被动句和难易句在结构上有一定的相似性，但实际上彼此之间有重要区别。中动句与被动句，不仅在是否有显性施事和显性被动标记词上存在差别，还在时体上存在差别。被动句尽管施事隐现，但可以补出，而且在体上也不局限于一般现在时态。中动句与难易句，在时体表达和副词意义上具有一定的共性，即都在时体上表达为一般现在时。两者在是否可以带有显性施事成分上存在差异。难易句也可以补出施事信息，两者的差别在无施事出现时并不明显，中动句可以与难易句进行结构转换；但在引入施事时，却明显不同，如：

（78）a. It is hard（for me）to drive the car.

b. The car drives hard *（by me）.

在语义上，中动结构也表现出一定的典型特性。首先，动作需要对受事有足够的影响力，使受事发生了某种状态或结果变化（Plank 1979）。其次，结构的基本语义表述的仍然是事件状态。如果表达的是类指客体，是类事件（generic event），表明普遍现象、常态或基本特征（Iwata 1999；徐盛桓 2002）；如果是定指客体，则表达的是单一事件的状态化。再次，施事隐现，具有通称意义，与泛指反身代词相容。

基于以上句法-语义特征，徐盛桓（2002）提出中动结构假说：

> 中动结构中，状语使动词的语义数量特征失去时间性，蜕变为非动作化（deactivated），同时使谓语动词有界化。

这一假说并不准确，因为非及物动词由动作变为状态，也能生成中动结构，所以有过泛之嫌，而且中动结构的事件意义具有惯常性而不是有界性。我们把这一假设修订为：

> 中动结构中，状语使及物动词语义失去时间界性和事件界性，在句法投射上抑制施事，只投射受事，状语对事件无界化导致动词非宾格化。

为了检验我们的这一定义，下面专门就汉语的中动结构进行相关分析。

6.3.2 汉语中动结构表征

中动结构在汉语学界早有广泛的讨论，但就其结构特性和生成机理有不同的观点。宋国明（1997）、戴曼纯（2001）都把"V 起来+AP"类结构归为中动结构，殷树林（2006）则认为这种结构不是中动结构而是话题结构。该类结构的典型表征如（79）：

（79）NP+（状）+V－起来+AP

殷树林（2006）把这类结构分为两种表征形式：

（一）话题兼主语+状语+谓语中心语，如：

（80）a. 这首歌细听起来很美。
　　b. 这件衣服穿起来有点大。
　　c. 田里的小麦看起来绿油油的。

（二）话题+主语+谓语结构，如：

（81）a. 此类案件调查起来相当困难。
　　b. 语言课教起来特别困难。
　　c. 语言课他教起来特别困难。

他把二类与一类区别开来，是因为他认为第二类结构中"（状）+V 起来"整个 VP 是 AP 的主语部分，构成的整个结构又都是为了说明句首的 NP。

这种分析恐怕存在不少问题。首先，一类与二类对话题和主语的切分不同。第一类的句首名词成分为话题兼主语，而第二类的句首名词成分只是话题，主语则由 VP 担任，谓语为 AP，"VP+AP"构成句首名词成分 NP 的术题部分。为了直观起见，可以简化为下面的表达式：

(82) $[_{TopP}$ NP$[_{TP}$ VP AP]]

其次,汉语中 VP 能否做主语在学界还存在争论,受事宾语前置做话题也需要获得解释。此外,在普遍语法原则下,非限定性动词短语做谓语更是涉及空语类问题。

为此,我们认为殷树林(2006)的分析过于勉强,只是从结构意义上做了切分,并不符合句法分析路径。我们同意该结构为中动结构,理由如下:

首先,既然此类结构为中动结构,就必须具有中动结构的普遍特性。动词的非宾格化,表明其谓语性质不会因意义而改变,不应处理为主语。其次,中动结构之所以具有非宾格性意义,其关键因素就是状语对动词的无界化,包括时间意义和事件意义的无界化。因此,所谓的状语成分,在汉语中的这类系动词谓语后不可能等同于谓语部分,而应视为补足语成分,表明结果状态意义。我们主张用以下表达式来表征汉语中"起来"类中动结构,如:

(83) $[_{TP}$ NP$[_{VP}$ e V AP]]

需要说明的是,汉英语在中动结构上表征差异的一个重要特征,是英语用状语对及物动词表达的事件和时间性进行无界化,而汉语则用趋向复合动词"V 起来"带上状态补语对事件和时间进行无界化,表达惯常性状态。如果用非系动词谓语,其状态则通常用副词表达(如"这类书好卖")。汉英两种语言以不同的结构手段,表达相同的状态性意义。但是,中动结构也是由名词基础生成而非移位生成而来,由副词作为算子对该结构进行允准。因此,本著支持中动结构基础生成的观点,语义上表达某种惯常性状态性质,行为具有类指性特征;主语不是宾语移位而来,因此中动词表征的结构是一种非宾格化结构。这在根本上不同于所谓的受事主语句,因为受事主语句是通过宾语移位到主语位置生成而来。汉语中的受事主语句,包括直接被动句,是及物动词宾语移位生成而来的话题结构,不具非宾格性质。只有间接被动句,也就是被动保留宾语结构,因为领属关系或整体部分关系,使得动词与其后的名词成分构成非宾格性配置,从而获得结构允准,所以具有非宾格性。关于为何受事主语句不是非宾格性质,下节专门讨论。

6.3.3 中动结构隐性外论元 PRO 的降格机制

根据 Roberts(1986),中动词被认为是状态性质的,因而不能与 Infl-V 同标,也就阻止了 VP 利用 Infl 来投射其外论元到主语位置,结果是外论元题元角色被降格,其底层结构如(84b):

(84) a. Books about oneself never read poorly.

b. [$_{TP}$ e[$_{VP}$ never read books about oneself poorly] PRO]]]

由于英语的中动结构中没有 Infl-V 同标,动词 V 就无法给其宾语指派格位;因此,宾语必须移位到主语位置获得格指派。

(85) [$_{TP}$ books about oneself$_k$[$_{VP}$ never read t$_k$ poorly] PRO]]]

根据 Roberts(1986)、戴曼纯(2001),中动结构的生成依赖两个相关的句法过程——施事降格(Agent demotion)和客事升格(Theme promotion)。根据照应约束(anaphoric binding),中动词的生成过程支持客事升格操作而不是施事降格操作。如果英语中动结构的客事,是在底层结构中的主语位置生成,像(84a)中的照应词就不可能有先行词,因为句法结构中没有更高位置的 NP 来成分统制该照应词。但 Belletti & Rizzi (1988)认为,照应词可以在任何句法层获得约束。因此,(85)中的照应词在底层结构中受约,由 PRO 成分统制照应词。按照这一观点,中动结构中只有与 PRO 一致的那类照应词。因此,像(86)中的照应词与 PRO 无一致特征,就不能获得允准。

(86) a. * Books about herself read poorly.

b. * Letters to himself compose quickly.

c. * Arguments with themselves generally end abruptly.

Belletti & Rizzi(1988)还认为,中动结构的外论元可以显性表达出来(如[87a]),因此他们预测由显性外论元允准的照应词必须在特征上与论元一致,如:

(87) a. Books about herself read quickly for Mary.
b. * Books about oneself read quickly for Mary.
c. * Books about himself read quickly for Mary.
d. * Books about themselves read quickly for Mary.

根据 Fagan(1988),戴曼纯(2001)认为,显性外论元在底层结构中对照应词约束时,客事论元需要提升到主语位置。但通常情况下,中动结构中的外论元题元角色降格为 VP 的附加语。不过 Fagan 指出,在多重 wh-结构中,VP 附加语不能受先行词管辖,因此中动结构中不允许多重 wh-成分,如(88)和(89):

(88) a. * Who left why?
b. * Who left how?

(89) a. * Which car usually handles poorly for whom?
b. * Who should bribe easily for whom?
c. * What reads well for whom? c.f. Who did what for whom?

Stroik(1992)针对 Fagan(1988)和 Roberts(1986)的观点,认为中动结构无须改变动词论元而进行词汇操作,只用关注两个相关句法过程:外论元的降格和客事论元的提升。外论元题元角色可隐可现,隐时由 PRO 表达。由于在中动结构中,客事论元提升或受事宾语移位,文献中多认为中动词同于非宾格动词。但也有学者认为,中动结构的论元是基础生成,并把这类动词归为非宾格动词(Ackema & Schoorlemmer 1995),这样其结构表征就同于起动结构。因此,中动结构基础生成观与词论元移位观明显对立。

戴曼纯(2001)支持 Stroik(1992)关于中动词论元移位的观点,而不赞成 Ackema & Schoorlemmer(1995)的基础生成观,认为中动词不是词库中生成的词汇,其论元结构是通过句法推导生成而来。因此,中动结构的争议不仅在于非宾格性问题,学界关于其句法性质和生成方式还是存在分歧。本著认为,鉴于中动结构有被动意义,结构为表达惯常性意义基础生成,因此句首论元成分具有非宾格性质,但该结构并不是典型的非宾格结构,我们可以认定其为类非宾格结构,其结构是通过附加语允准的话题化结构。

6.4 本章小结

本章讨论了被动结构、中动结构和受事主语结构之间的异同及其与非宾格性的关系。就动词的句法属性而言,这些结构中的动词在词库中都是及物动词,其词汇规定性决定了这些动词的子语类化题元关系。然而在进入句法推导时,有观点认为,受事或客事宾语成分发生了显性移位,但发生移位的动机是为了满足主格赋值。我们认为,汉语中的被动结构和受事主语结构,因为及物动词在词汇-句法层已经对其子语类化成分指派题元角色并赋宾格,即使被动词无赋格能力,其受事宾语移位是为了实现话题化,由抽象功能项 Top 允准。不同于被动和受事主语结构,我们认为中动结构是基础生成的话题结构,由表达惯常意义的附加语允准。

从动词语义上看,这些结构都表达的是某种结果变化的有界事件或惯常性的无界状态意义。无论是结果变化状态还是惯常状态,都具有被动语义性质。这种状态意义通过不同的结构表征形式,有的(如被动保留宾语句和中动句)可能表达为类非宾格性,而有的(如典型的受事主语句)则不具非宾格性。我们认为,被动结构是通过词素"被"引入隐现施事 Pro,而不是在词库中就存在被动词,因而是一种结构表征。汉语的被动词不同于英语,没有赋格能力,因为"被"可以引入施事,说明"被"和动词之间可以插入施事成分。我们认为汉语的"被"是个显性轻动词,引入一个 VP,这个 VP 内及物动词可以选择投射施事和受事论元,也可以选择只投射受事而抑制施事。即使子句内施事受到抑制,但其结构位置为空位,这为受事宾语提升提供了通道。

关于受事主语结构,对其动词性质、结构类型、句首成分名词移位的分析和其隐现施事的降格特性,均证明所谓受事主语句并不都具有非宾格性特征。只有被动保留宾语结构和起动结构类受事主语结构才具有非宾格性,其核心基础是动词和其逻辑主语成分之间构成的非宾格结构配置及其蕴含的结果变化状态意义,在句法-语义界面符合非宾格性特征,同时在句法-语用层面获得话题化,对新信息凸显进行焦点化提供结构允准。

本章对受事主语结构做了区分,认为广义上说,所有受事宾语位于句首类的结构都可以看作受事主语句,包括被动结构、中动结构、受事主语起动结构等,但由于这些结构的宾语成分和结构性质不完全相同,所以并非所有的这些受事主语句都具有非宾格性质。一部分表达结果变化状态类意义的及物动词,施事外论元受到抑制,不能补出,这类结构包括中动结构和起动结构;而另一部分施事外论元并没有受到抑制,可以补出,这类结构包括被动句和狭义上的受事主语句。这后面一种类型的及物动词,在底层结构中有受事内论元,而且动词在底层都可以指派受事论元题元角色,并且为其赋宾格(石定栩、胡建华 2005)。因此,受事论元的句法移位,形成所谓的受事主语句,并不是因为格位赋值的需要,而可能是为了句首话题化从而凸显句末焦点的语用需要使然。被动保留宾语结构(包括领主属宾结构和被动结构类型),之所以看作非宾格性质,是因为其动词失去了指派格位能力,动后名词成分无法获得格位而必须移位,接受主格核查(潘海华、韩景泉 2005,2008),同时也通过句末焦点化实现语用目的。因此,要确定哪类受事主语句具有非宾格性,还是个很复杂的问题。

前面几章都涉及一种起动结构现象,这类结构也是一种广义上的受事主语结构,如“船沉了”“花瓶打碎了”等。这类结构与及物结构之所以可以进行自由转换,而且被认为是典型的非宾格结构,是因为这些动词表达的是使成结果变化状态意义。由于并不是所有及物动词都具有这种表达结果事件的意义,因此不能进行及物结构转换的受事主语句不一定都具有非宾格性。汉语行为动词、完结动词、达成动词及被动词类结构都可以进行及物性结构转换,但只有完结动词及其结构因为表达结果状态变化意义,才具有非宾格性质。如果按照沈阳、Sybesma(2012)的看法,即使是单体及物动词,当其与完结性体标记词一起共现时,就可以表达完结性意义,具有作格(非宾格)性。这样的话,对其进行受事宾语移位,使得移动后的受事主语成分仍然保留非宾格性。也就是说,所有这类受事主语句都具有非宾格性。但我们认为,动结式结构中的非宾格性是通过结果事件小句表达的,并不是所有带有完结意义的及物动词的宾语移位到句首时就构成起动结构而具有非宾格性。如果这样的话,“吃鸡了——鸡吃了”“十个人吃一锅饭——一锅饭吃十个人”这类及物受事主语句也都是非宾格结构,这显然不符合语言事实。

被动保留宾语结构在底层由于都带有无格内论元,必须通过句法移位构成广义上的受事主语句,在表层结构上无法看出非宾格性质。因此,我们可以把起动结构和保留宾语结构这两类受事主语句纳入类非宾格结构加以统一分析。对于中动结构来说,尽管语义上具有惯常性状态性质,我们也认定其为类非宾格性质,但这种非宾格性是副词状语允准的表达惯常性意义的结构,因此受到时体条件限制。这样看来,同样是受事宾语位于句首的不同结构,所表征的非宾格性也不完全相同,本著因此将其归为类非宾格结构。

第7章

形态–句法与非宾格性

汉语的词汇形态,不同于印欧语言的词汇形态,词缀很不丰富,但基于"字"本位的词根构词能力却非常发达。汉语中有大量由单音节字构成的双音节和多音节词汇,这种词汇形态,在很大程度上具有类似句法的共性特征。这种基于单音节词根构成的双音节和多音节复合词,可以看作词根合并构词,这是汉语词汇形态的主要表现形式("字"本位观可参见徐通锵 1994, 2005, 2007;潘文国 2002;周上之 2006;杨自俭 2008;张旭 2008 等)。也就是说,现代汉语词汇形态主要表现为词根合并的词汇化模式,词根合并构词过程与句子结构生成过程具有类似的生成机制。不同于印欧语言,汉语基于字本位的绝大多数词根,基本上都能独立成词,同时还具有与其他词根合并成复合词的高度能产性特点。汉语词根的这种既能独立成词又能合并成复合词的双重特性,使得汉语中存在大量的离合词,从而以单体词或者复合词的形态参与句法运算,形成表达完整意义的句子结构。离合词主要指由两个字组成的合成词,其中包括由一个单音节动词和一个单音节名词的双音节复合(VN)动宾结构(周上之 2006: 1)。在汉语的 VN 离合词中,存在一定数量的非宾格化的复合词,本章将重点讨论这类非宾格性离合词及其结构特性①。

按照西方"词"的概念,汉语的词不但没有统一的形态结构特征,也没有统一的语类特征。在"词"的问题上,真正立足于汉语语言事实的理论与印欧语言理论应该在精神实质上是相互一致的(周上之 2006)。汉语基于"字"的词汇形态看似独有的特征,实际却在很大程度上符合词汇-句法理论(Hale & Keyser 1993)和分布形态理论(Halle & Marantz 1993;Marantz 1997; Harley & Noyer 2003[1999];Embick & Noyer 2007;Borer 2005)的基本构想。虽然词汇-句法理论依然以词库思想为出发点,但该理论在词类转换上主张句法前经过词汇-句法推导过程,因而与汉语"词无定类,离句无品"的观点殊途同归。

与这一思想更为吻合的是分布形态理论。分布形态的句法观中不存在传统词库概念,只有词素。词素有功能(抽象)词素(无语音特征的功能词素如[Past][Plural]或构成定冠词、代词和量词的特征)和词根或词素(包括带有语音特征和概念特征的实义词项)(参见 Borer 2005: 96)。分布形态理论还认为,词根作为语音和意义的合成单位,没有句法(或句法-语义)特征,这就可能使一个表达特定概念的成分根据句法配置的结构要求在句法操作中投射为不同的语类(Zhang 2007)。

鉴于汉语的基本语义单位为单体字,本著支持汉语字本位观点(徐通锵 1994,2007;潘文国 2002 等),认为汉语以单体字为基本(词根)形态,汉语单体字既可独立成词,亦可通过词根合并成词,词根的合并成词或构成短语结构的过程,都与句法结构操作具有相同的机理。从这一意义上说,词汇-句法理论(Hale & Keyser 1993)在汉语中也具有一定的解释力。

为此,本章将对汉语中长期争论不休的词类及词汇化问题进行详细探讨,重点关注非宾格性质的离合词及其形态-句法特性,以期对自然语言理论有所贡献。本章将重点关注的是汉语离合词和派生词中的非宾格性形态及其句法性质,包括以下三类:

(一) VP=V+N

生(一天的/她的)气、流(两次)汗、出(两次)血、长(一身)痱子、

---

① 字本位观看起来是关于词汇形态层面的问题,在汉语里实则与句法密切相关。生成句法基于传统的词库理论,而词库理论存在跨词类问题,前面多有介绍,因此本著主张采用与分布形态学具有类似出发点的字本位观。无论是西方的词库理论还是汉语的字本位观,句法学都以"词"为出发点。

刮(大/一天)风、下(大/一天)雨、出(很大/一会)太阳、走(三个)人、续(三次)弦、费(不少)神、雪(过去的)耻、宽(三次)衣、死(两个)人、烦(死)人、烦(透了)心、伤(一辈子)心、破产、动身,等等。

(二) NP=A+N

高山、远山、青山、绿水、明月、深潭、狂风、暴雨、黑夜、白天、古树、老宅、老人、新书、小桥、新居、大厦,等等。

(三) NP=V+N (派生词)(部分例子来自顾阳、沈阳 2001)

流水、浮云、飘带、闪电、读者、记者、学者,侦察员、飞行员、炊事员、调研员、演员、巡视员、教师、烹饪师、美发师、设计师、审计师、会计师、学生、医生、研究生、见习生、实习生、舞女、歌女、嫖客、过客、掮客、伴郎、赢家、作家、画家、作曲家、经销商、放牛娃、修理工、主持人、旅客、不倒翁、拖拉机、收割机、计算机、收音机、饮水机、电动车、机动车、自行车,等等。

以上例子主要由两个词根,包括两个音节的复体字,如"痱子""太阳""烹饪""会计"等,参与合并而成。根据词汇-句法理论,它们具有相同的基础结构配置,都由一个功能中心语投射一个名词到标志语位置和谓词性成分到补足语位置。不同的是这个补足语位置上的谓词可能是动词,也可能是形容词,这根据基础结构投射的功能标签不同而不同,这个标签可能是 VP(如[1])或 NP(如[2][3])。实际上,由于汉语词汇在参与句法推导前具有语类上的不确定性,其语类性质必须通过句法推导才能确定,其中就包括很多所谓的离合词。这类离合词的词汇性质可能是词,也可能是短语。如果是词,又表现在词类上,可能是动词或名词,例如:

(1) a. 生气:V-N=VP/NP

b. [我[今天[$_{VP}$很生气]]]

c. [[$_{NP}$生气][$_{VP}$对身体[不好]]]]

(2) a. 高山:A-N=NP

b. 流水:V-N=NP

(3) a. 读者:V-N=NP

b. 拖拉机:VV-N=NP

c. 理发师:VN-N=NP

这些复合词的形态不同,但基本配置都是 XP-N 组配,其中 XP 语类性质各异,所构成的复合词的语类性质也不同。在(1)中,"生气"进入句法推导之前,其语类性质并不明确。即使(2)和(3)类复合词通常看作 NP,语类性质是明确的,但实际上其 XP 有形容词和动词之分,句法投射的功能中心语也就不同。单就(2b)而言,也不局限于 NP 性质,还可能投射为不同的句法结构,如(4):

(4) a. 青山有意,流水无情。(NP)
 b. 水龙头在流水。(VP)
 c. 饮水机流了一地水。(非及物动词的同源宾语删除)

像(4)中的"流水",其词汇和语类性质变得不确定,需要在句子中才能判断。按照传统词汇主义观(Chomsky 1970),词库中对所有词项都有句法-语义的规定性,在两个词素成分合并成复合词时,语类标签由选择项决定。比如,在 take note 中,take 就已经规定为动词,其选择补足语成分 note 为名词成分,因此 take note 的语类性质就是与选择项动词 take 同标。即使复合成一个词 note-take,也是按动词类参与句法运算。根据句法需要,在充当限定成分或名词成分时,就相应地分别出现 note-taking 形态变化,而这一形态又有双重身份。在词库理论中,这种双重身份被视为存在两个 note-taking 复合词,一个为分词形态,另一个为动名词形态。但传统的词汇观认为,英语语法形态-ing 可以是分词,也可以是动名词性质。当其充当限定修饰功能时,就被句法确定为分词形态,如 note-taking skill;当其充当名词性句法成分时,就被句法确定为主宾语成分,如:

(5) a. Note-taking is a quite helpful skill.
 b. Students should be trained how to do note-taking in listening.

就传统词汇主义观而言,其词库中的成分被提取参与句法运算时仍然需要在句法环境下才能确定具体句法性质和意义。这一传统词汇观不仅因对词汇属性的规定过泛而受到批评,也给学习者记忆带来负担。正因词库理论存在一些缺陷,所以后来的分布形态理论(Halle & Marantz 1993; Marantz 1997)完全摒弃了传统的词库理论,而采用句法推导过程中分步确认词汇的句法性质的思想。本章将在分布形态理论框架内讨论汉语非宾格性复合动词的词汇化及其句法实现相关问题。

本章先讨论汉语非宾格性复合词(如“生气”“流水”等)的词汇化问题。这一问题涉及两个方面:第一,把汉语这类动词定性为非宾格性复合词的理据是什么?第二,这类复合词的词汇化过程如何解读?

为回答以上两个问题,需要澄清两点。一是词汇与短语的界定问题,这是在汉语界一直含糊不清的两个概念。本著采用复合词的观点,即认为从词到短语这一梯度中间,存在复合词这一语言单位。也就是说,复合词不同于短语。朱德熙(1982)也持“离为短语、合为词”的观点。因此,本章在讨论复合词时立足于词汇形态层面,而讨论短语时则立足于句法层面。本著同意潘海华、叶狂(2015)对离合词的定性,认为离合词本身是一种不及物动词,其可分离性只是一种短语假象,不应看作真正的短语。以此为参考,本章重点关注非宾格性复合词的形态和句法两个层面的问题。本章将对一些学者的相关看法进行重新审视,如:沈家煊(2011)认为语素的地位不亚于词的观点,实际上是肯定汉语中作为语素的“字”类同于词的句法地位;李临定(1990)认为词到短语之间存在一个连续统形态;吕叔湘(1979)对“短语词”的看法等。这些都是在汉语词的句法地位问题上的不同看法。二是汉语词汇形态与跨类问题。这既涉及持久争论的汉语字本位和词本位问题,也涉及汉语中不同词类的句法性质与功能问题。本章尽管只涉及非宾格性词汇化问题,但与这些分歧都相关,因而会一并加以讨论。

为了较清晰地阐释汉语非宾格性词汇化过程及其结构生成机制,7.1节先对非宾格类词汇现象进行描述,尤其是长期纷争的两个基础性问题:(一)汉语是字本位还是词本位?(二)虽然汉语的个别语法中存在词语跨类现象且在句法功能上具有相对较高的自由度,但汉语是否可以独立于语言的普遍原则?本著主张汉语以“字”为本位,词根为词素字,词素字合成为词,词有单体和复合形态,而复合词处于词与短语构成的连续统中间环节,是词不是短语(潘海华、叶狂 2015),这不同于主流文献的看法。

7.2节主要分析汉语非宾格动词的语义特征。7.3节简述了 Hale & Keyser (1993) 的词汇-句法和句子-句法理论,根据这一理论分别在7.4节中具体分析汉语非宾格性离合词的词汇-句法特性,而在7.5节中对汉语复合词,主要是离合词的句子-句法特性进行讨论分析。把汉语词汇特性纳入英语的词汇-句法理论框架下进行分析,对汉语跨语类现象及其句法功能上的独特性阐释具有较好的启发性，从而有利于分析汉语个别语法与普遍原则之间的关系。7.6 节讨论分布形态与汉语词汇化问题，重点讨论汉语中通过词项合并操作和非宾格性复合词的生成机制。7.7 节具体以存现意义类非宾格性复合构词为例，分析合并成分之间的意义选择关系。7.8 节是本章小结。跨语类只是表象，个别语法也只是参数差异，语言都应该遵循普遍原则，这其中的核心因素可能是词库问题。不同的词库观对语法体系产生不同的结果。本著主张采用分布形态理论，认为汉语词汇的跨类现象不是词库规定性的必然结果，而是需要在句法推导过程中明确词类的句法属性，这样也就在遵循了语言的普遍原则的同时，发现了个别语法中的参数差异。就汉语而言，这种形态上的差异较好地验证了乔姆斯基的观点，认为人类语言都遵循普遍原则，彼此之间的最大差异在于词汇，而汉语的构词形态更是独一无二。

7.1 汉语形态与词类问题

现代汉语的语法研究始于《马氏文通》（马建忠 1983［1898］）。在此基础之上，近代学者们再根据印欧语言对词类的划分，把汉语的基本单位确立为相同概念上的“词”，从而也按基本意义及其语法功能把汉语分为不同的词类。汉语词类的划分必须从形态和所表达的意义出发，即从词与词之间的结合能力和结合关系出发（卢英顺 2005：43）。比如，“山水、城市、孩子、工人”这类具有明确指称的词语被称为名词；“打、做、看、睡觉、吃、玩”这类表达某种行为的词归为动词；“高、红、好、累”这类对某种性质进行描述而且能被副词修饰的词归为形容词；而没有明确指称意义、行为意义或某种属性等实际意义的词被归为虚词，如介词、连接词、助词、感叹词等。按照这一逻辑分类，汉语中大量的单音字，如“山、水、日、月、城、乡、人、畜、工、农、商、学、兵”等都只能是字，因为多数情况下，这些字需要跟其他字重新组合才能成词，否则仍然是字，即词根。但是，汉语中的很多字又同样可以在句子中独立表达句法功能，如“（高）山、（河/流）水、城（市）、乡（村）”等。因此，学界也长期存在汉语的本源是“字本位”还是“词本位”的争论。本节对此略加回顾。

7.1.1 汉语"词"本位与"字"本位

《马氏文通》一开始把汉语的基本语言单位称为"字",只不过在当时的条件下,"字"的概念过于宽泛,不仅包括单词,还包括短语和小句(王海棻 1991：2)。"夫言者,心之声也;而字者,所以记言也。记言天下之事物者,则有名字,有代字;记言实务行止之状者,则有静字,有动字。"(吕叔湘、王海棻 1986：630)。尽管如此,由于后来印欧语言学的影响,字本位的思想基本被弃之不用,"词"概念被普遍采用。由于所处历史时期的不同,在马氏时期古汉语依然占主导地位,文本以字为单位实为必然,因此在马氏九大字类之间存在大量的字类假借现象。也许正是这种跨字类的假借现象被移用到"词"概念上之后,就有了跨词类问题。

马氏的"字无定类"说,到黎锦熙(2000)就成了"凡词,依句辨品,离句无品"。无论是字本位还是词本位观,一般都认为汉语"词无定类,依句辨品"。但另有一种观点,为了维持语类的固有属性,而把跨类现象看作"活用"(陈承泽 1957)。这种观点现在已为学界所普遍接受。因此,汉语词类问题就存在两类主要观点：一种认为词可假借,故无定类,汉语的词必须在句子结构中才能确定其语类性质;另一种认为词有定类,但可活用。汉语界对这两种观点更为接受后者。但是,汉语的定类活用观却存在较大问题：其一,它使语言本体研究无法按词汇形态和语义的内在规律进行;其二,它使对外汉语教学的效果增加了难度。为了更好地针对汉语语言事实,基于汉语的这种"词无定类"的表象,本著主张从字本位出发来讨论汉语的形态属性,重点关注非宾格性复合动词的词汇化及其句法生成机制。

7.1.2 汉语动词的分类问题

汉语不仅在词类划分上存在诸多问题,在动词内部及物性与非及物性上同样存在诸多边界模糊现象。基于吕叔湘(1987)的及物与不及物分类,杨素英(1999)又提出了四种情况。

(一) 及物动词用作不及物动词(选择宾语论元但句法中没有投射),如：

(6) a. 我吃饭了。

b. 我吃了。(受事论元省略)

（二）及物动词的受事作为主语的用法，如：

（7）a. 饭吃了。
b. 字写好了。

（三）不及物动词既可以作为不及物（无论元选择）又可以作为使成性及物动词的两种完全不同的用法，如：

（8）a. 有块牌子立在门口。（不及物）
b. 门口立了一块牌子。（使成）
（9）a. 我饿了。（不及物）
b. 饿你三天三夜看看。（使成）

（四）使成性及物动词又用作不及物动词（使成受事做主语），如：

（10）a. 船沉了。
b. 水手们沉了船。

以上分类依据的是汉语传统的及物性与不及物性类型，即根据词库中动词的特性是否能选择宾语成分（子语类化成分），短语结构中能否投射主宾语，以及主宾语投射在什么位置来判定。第（一）类和第（二）类是相同类型的及物动词，但主宾语是否投射以及投射位置上的差异导致结构表征差异。第（三）类和第（四）类同样包括及物类动词，但差别在于动词是否具有使成性意义，主宾语是否被投射，以及被投射到什么位置。至于所谓不及物动词的用法，第（三）类原本是典型的不及物动词，但存在空间姿态（8）和使成变化状态（9b）上的差异，两者的根本区别在于动词是否具有使成意义。第（三）类和第（四）类都有使成意义的动词，但其使成动词的受影响论元有不同的事件要素差别，"立"和"沉"属于隐含空间要素的事件意义动词，而"饿"就没有隐含空间要素意义。因此，第（三）类动词内部的（8b）和（9b）严格地说就有所不同。Cheng & Huang（1994）则根据类型学把汉语动词也分为四类：及物类、非施格类、致使类和非宾格类，分别举例如下：

(11) a. 张三唱了三首歌。(及物)
b. 张三唱了很久。(非施格)

(12) a. 李四吓了张三一跳。(致使)
b. 张三吓了一跳。(非宾格)

Zhu(2007)对这种分类提出了质疑,认为它使得动词出现跨类现象,因而界限不清。无论是Cheng & Huang(1994)按类型学中及物、非及物和动词的体特征进行的分类,还是吕叔湘(1987)和杨素英(1999)的传统及物性分类,都必然导致跨类现象。这是自然语言的固有特性,因为学界对动词的分类都是基于词库中特性的分类。按词库同样原则分类的还有顾阳(1996),她根据动词的体特性把非宾格动词、存现类动词与使成动词区分开来。她认为词库中使成动词具有规定性特征,非宾格动词是由使成性及物动词抑制外因衍生而来,而存现动词与使成动词没有衍生关系。王玲玲、何元建(2002)在Cheng & Huang(1994)的基础上把及物与非及物动词再分为五小类。他们把及物动词分为下面两类:

(一)宾格谓语,表示自主动作或过程,如:

(13) 他杀死了一个人。

(二)双位施格动词(役格动词),表自主或非自主状态,如:

(14) 张三吓傻了李四。

他们把非及物动词分为以下三类:

(一)非自主的非宾格动词,如:

(15) 演员在台上跑摔倒了。

(二)自主的非施格动词,如:

(16) 张三睡着了。

（三）单位施格动词，表非自主状态或状态变化，如：

（17）他吓傻了。

王玲玲、何元建（2002）把同一类动词分为单位施格（即一元非宾格动词，如[15]）和双位施格动词（即二元非宾格动词，如[17]）。鉴于传统上只对动词进行及物和非及物上的区分，按词库理论对动词的不同句法表现进行分析就存在问题（见 7.1.3 节详述）。王玲玲、何元建（2002）和何元建（2004）还根据类型学原则，就使成动词的句法性质做了细致的分析，把使役表达式分为形态型使役表达（morphological causative）、词汇型使役表达（lexical causative）和分析型使役表达（periphrastic causative）。词汇型使役表达即非宾格表达，这种词汇型使役表达与分析型使役表达的基础结构相同，如：

（18）a. 我们使生活丰富。
　　b. 我们丰富生活。
　　c. 生活丰富。

这种使成-起动转换，在汉语里因为是形容词谓词参与操作，在词库中这种同一形态的动词就存在跨类问题。因此，词库对词类的句法特性的规定一直是个棘手的问题。

有鉴于此，以上诸多学者都发现汉语中词汇的跨类和句法特性，并尝试提出了不同的分类办法。其中的一个共性因素是词性的句法变换。这一特性如果单一地从词汇层面分析，必然导致仁者见仁、智者见智，是没有结果的。因此，必须结合句法结构，才能对动词的句法性质加以认定。人类语言多多少少都存在句法上的跨语言类型的混合特征（Dixon 1979，1994；叶狂、潘海华 2017 等），正是这一混合句法特性使得汉语学者不断进行词汇系统的分类研究。其中比较明确的跨系统分类当属金立鑫、王红卫（2014），他们提出了汉语动词系统四分法，将主宾格和施通格的跨语言系统纳入汉语动词系统来讨论汉语的动词分类问题。这也正是非宾格假设和施格分裂的出发点。他们在对汉语动词类型进行分类时，根据动词论元位置的自由度来划分汉语的主宾格和施通格动词类型，如表 7.1：

表 7.1 动词四分系统

动词类型	及　物	论元位置与自由程度
通格动词	不及物	论元为通语、前后句法位置自由
施格动词	及　物	有施语、施语不出现时通语可前置
及物动词	及　物	宾语位置固定、不可前移
不及物动词	不及物	只在动词前、不可后移

这一分类，实际上是把及物动词再分出一个施格动词子类，把不及物动词再分出一个通格动词子类，但仍然以非宾格假设为核心内容。这种系统分类非常直观地对不同动词类型的句法特性进行了描述，也清晰地表明了汉语句法跨语言类型的混合性特征。这一分类凸显了汉语中的混合句法性特征在词类上的反映，对传统的词汇主义观也提出了挑战。词汇主义观假定的词库中对词汇的规定性进行了理想的设计，但在实际句法中可能遇到各种困难。那么词库到底是如何规定词汇特性的呢？下面简单回顾一下。

7.1.3 词汇主义的词库观

理论语言学提出人类语言由两个模块组成，即词库和语法。生成语法认为，人类的语言材料源于大脑中的词库，其中储存着主体所需要的全部语言词汇及其规定的句法性特征，包括不同的词类及其语法属性，如动词的子语类化特征及论元的选择性特征，名词的全部语法特征，包括人称、数和性等。

这种理想模块的理论设计，遇到了不少问题。其中一个突出方面就是，词汇的语类是根据需要提取的，想要什么词汇就提取什么词汇。但是，现实中的语言，都会出现一个词用作不同词类的可能性。这样的话，在词库中跨词类的同一词，是以一个词项还是多个词项的形式被储存在词库中？比如，英语中同音异义词、同形异义词和同根派生词在词库中是如何储存的？汉语中也有大量的单体词和复合词，还有大量跨语类的同音同形词，它们又是如何在词库中储存的？

显然，这些问题用传统词库观是无法回答的。为了解决词语跨类问题，一些学者提出过以词根为词素外加词类功能标签构词的设想，包括平行投射观(parallel mapping)(Borer 1983)、词汇-句法理论(Hale & Keyser 1993),以及分布形态理论(Halle & Marantz 1993; Marantz 1997)等,这些理论都试图从不同的角度解决词语跨类问题。本著采用字本位观,认为无论汉语是以单体词还是以复合词参与句法运算,均以"字"为本位参与不同阶段的句法推导,这与分布形态理论的基本设想一致。下面将以具体的实例说明汉语语类症结及其解决途径,重点关注词汇结构中的非宾格性问题。

7.1.4 汉语词语跨类的问题

汉语中的词语跨类问题一直纷争不断,这一问题在句子结构中明显表现出来,如汉语的句子功能成分(如主语和宾语)就不像英语只能由名词性成分充当主宾语那么有规则和统一性。汉语词类的句法功能看起来似乎没有什么规则可循,几乎所有的词类都可能充当主宾语。这种现象,源于"词无定类、依句辨品"的语言表象认识,即主语、宾语或是谓语成分上的词语无论是什么词类,其语法功能性质都是根据其在结构中的位置确定。因此,汉语词汇跨类现象,本质上还是受句法结构牵制。马建忠(1983[1898])就对汉语谓语成分进行了分类,一类是动词,另一类则是表语,而表语又包括描述性形容词、名词、代词和短语、子句等。这一汉语语法传统一直延续至今,即汉语几乎任何语类和结构都可以直接做谓语。但是,人类之所以可以用语言相互交流,就是跨语言时存在着普遍原则,即句子结构具有共性。各语言间的差异只是参数上的差异,即具体语言之间的差别主要表现为词汇。汉语词汇、语法都有其独特性,但这不应该成为否定语言普遍原则的理由,差别只是参数上的不同(如语序、词汇形态、句法特征等)。

关于词语跨类问题,形态丰富的语言多以词缀方式标记不同词类性质,如英语名词、动词、形容词等之间就有可以通过词缀进行相互转化的机制(虽然词缀作为此类信息也并非绝对,英语中通常也有相同词缀的跨类现象)。此外,还有零形态转化机制,如 shelve(shelf)、saddle、corner、lock、book 等兼具名词和动词词性,clear、clean、close 等兼具形容词和动词词性。这种跨词类转化而来的动词没有不同的形态变化,被称为零形动词(zero verb)(Pesetsky 1996)。同样的跨类现象在汉语中也非常常见,如"出版""计划""发展"等既做名词又做动词。实际上,这些词在形态上没有变化,其词类上表现出的跨类特性在词库中是无法标记的,只有在句法层面才能获得标识，词汇-句法理论(Hale & Keyser 1993)对此进行了理论假设。但是，对于纷繁复杂的词汇系统，并不是所有的词都能进行跨类转化，因此为了解决词库理论的局限性，分布形态学(Halle & Marantz 1993; Marantz 1997)主张词库中词类没有规定性特征，只有根形式，根形式进入句法推导后才能根据句法需要确认词类性质。这与汉语的"词无定类，离句无品"(黎锦熙 2000)殊途同归，因此需要对汉语的词汇形态进行新的观照，并提出可供参考的解决方案。

7.1.5 汉语非宾格性复合动词的形态表征

按照传统词库理论(Chomsky 1970)，任何动词都将被词库储存为一个带有动词语类特征的单位，其语法特征根据需要设定，或及物性或非及物性；结构表征需求不同，语法特性也就不同，这样就显得过于随意而缺乏限制原则。例如，汉语 VN 复合动词"生气"由两个自由语素"生"和"气"复合而来，那么按词库理论，到底是把"生气"当一个词存于词库中，还是把它分为"生"和"气"两个词独立储存于词库，在句法使用时再进行提取合并呢？很显然，按英语词汇观，表意的最小语音单位为词，汉语就应该以单体字为最小的独立音义单位。因此，复合词都必然经历句法操作(传统词库理论称其为词库前操作)。如果把复合词看作经过词库前操作而储存在词库中，那么汉语绝大多数词都是复合而来，都需经历词库前操作才能储存在词库中备用。这对于汉语来说恐怕有违语言事实，因为汉语中也还有大量词汇是以单音节形态用于句子结构中。因此，我们主张汉语以单体字为词库的基本单位，词库中只有极少数不可拆分的复体词为基本词汇(如葡萄、沙发、玻璃等外来音译双音词)。这符合汉语字本位的理论主张，也符合分布形态理论词库的基本设想，只是学界在复合词的生成过程或称复合词的构造方式上存在分歧。

根据词库理论，动词"生"选择补足语成分"气"，完成子语类化并获得选择项的同一语类标签。这似乎与英语中 take note 的 VN 短语句法相同。但是，汉语的"生气"中，"生"并不是及物动词，无法对"气"进行子语类化来完成 VN 构词，因为动词"生"不能对其补足语成分"气"进行受事题元标记(不像"生[产]孩子"这种子语类化，动词对其补足语成分可以进行受事题元标记)。因此，"生气"就不是词汇主义观所规定的子语类化构词的结果，其词汇性质也就不能与及物动词获得相同的词类特征，这时应如何确定"生气"的语类属性呢？

再者，以(1c)中的句首成分为例，按句法理论应该是名词性主语成分，同于(5a)，但汉语"生气"又没有英语 note-taking 类的形态标记来确定其语类性质，只能根据句法位置来确定其名词的可能性句法地位。这就难怪不少学者借用英语动名词的理念，认为汉语的这类主语是名物化的结果(参见程工 1999)，或者如沈家煊(2020)所主张的汉语所有动词本质上都是动名词；另外还有学者(邢福义 2002 等)认为，汉语这类主语成分就是动词充当主语的实例①。如果汉语根据词义来划分语类，而又根据句法结构来对语类的句法性质进行定性，那自然就会出现跨语类的句法成分现象，即在主语和宾语位置上的动词、形容词等都可以做主语和宾语，在谓语位置上的名词、形容词或数量词等都可以做谓语。难怪西方学者说汉语没有语法。

本著认为，无论对汉语(1c)类句首成分的词汇性质和句法性质如何认定，都离不开其所在的句法环境。但光看句法结构关系还不够，还要看题元关系。根据语言的普遍原则(Chomsky 1995)，在句子结构的主语、宾语位置上的成分，就其语类性质而言都应维持其名词性地位不变，只是这一名词性成分在不同语言中由不同的形态表征而已。英语需要用-ing 形态来满足动词名词化的主语要求。汉语因无形态变化，我们即使可以解释为词的零形态，其名词的句法性质也不是由表层结构的句法位置单一确定，而是从算式库中提取词根后，通过句法推导而来。(关于句法推导过程，后面进一步详述。)

此外，汉语存在大量词根合并成词的现象，这使得学界在复合词和短语的定义上也长期存在争议。这实际上也是因为词汇-句法在汉语中具有操作的同一性。汉语中之所以长期出现这种分歧，就是因为没有找到一个令人信服的理论框架而人云亦云。本著主张在词汇-句法理论和分布形态理论的框架内，对汉语的形态-句法体系进行分析，并对汉语词汇化模式提出理论解释。由于形态-句法研究离不开词汇语义，因此，对汉语动词词汇的非宾格性探讨也与动词的语义及其论元结构密切相关。下面先分析汉语相关动词的语义特征。

① 邢福义(2002)同样认为，形容词也可充当主宾语。动词和形容词的诸多句法共性，在汉语中出现了剪不断、理还乱的现象，因此卢英顺(2005)就主张动形合二为一。

7.2 汉语非宾格动词的语义特征

杨素英(1999)在分析汉语非宾格性特征时,明确了动词的非宾格性特性是由句法和语义的相互作用决定的。她认为,不带地点的存在句、天气句和使役-不及物转换的动词是诊断非宾格动词的诊断式;而是否具有方向性语义特征是区分非宾格和非施格动词的核心语义特征,是否具有自主性则是区分使成与非及物转换的核心语义性特征。我们认为,这些动词的语义特征在决定动词的类型上并非具有绝对性,结构意义和限制也在起作用,如:

(19) a. 地上爬来了一只乌龟。[+方向]
     b. 地上爬着一只乌龟。 [-方向]
(20) a. 院里开着花。 [+自主]
     b. 院里种着/了花。[-自主]

按非宾格动词的语义特性,只要是表明某种状态,而且这种状态可以是持续性质或完结性变化类型(包括某种外力作用使然或者是自身变化),在语义上就具有了非宾格性特性。这样的话,(19)中的非施格动词分别通过与方向动词"来"和体标记词"着"构成复合动补谓词,表达目标性完结事件和持续性行为事件,以此构成非宾格性意义的表达。(20)则分别通过自主行为和施事行为,表达持续性事件结构;但(20a)是非宾格结构,(20b)则是及物结构,因为后者仍然保留了动宾关系,即动词能够给宾语指派宾格,所以不是非宾格结构。这也说明,非宾格动词除了句法-语义特性外,还有动词的赋格特征,即动词不能给其内论元位置上的成分赋格。这样,(19)和(20)中涉及三种动词类型——非施格动词、非宾格动词和及物动词。从传统的词类划分方式上看,这种动词类型,在不同的结构表征中,表现出了不同的句法特征。这就进一步证明,句法特性不可能从词库中的规定性中得到全部解读,动词必须进入句法结构才能对其词汇特征进行准确定性。

7.3 词汇-句法与句子-句法理论

生成语言学提出论元结构中词汇对句法的映射观,使我们探询词汇-句法界面的关系有据可循。根据 Hale & Keyser(1993)的词汇-句法理论,词和句在很大程度上具有相同的结构。分布形态理论(Halle & Marantz 1993; Harley & Noyer 2003[1999]; Marantz 1997 等)也主张词汇与语法遵循相同的句法推导路径。早期提出的词库理论(Chomsky 1970)认为,动词的论元结构是由词项投射的句法配置,在此基础上 Hale & Keyser(1993,1997,1999)的论元结构理论认为,论元结构是中心语(head)及其论元之间的结构关系系统,这在词库中是作为其词类特征的一部分进行规定的。他们对论元结构的界定基于中心语及其论元之间的两种关系,即中心语与补足语、中心语与指示语之间的关系。一个中心语可能有如(21)中的句法配置,其中的中心语 x 分别为 V、P、A、N[①]。

(21)

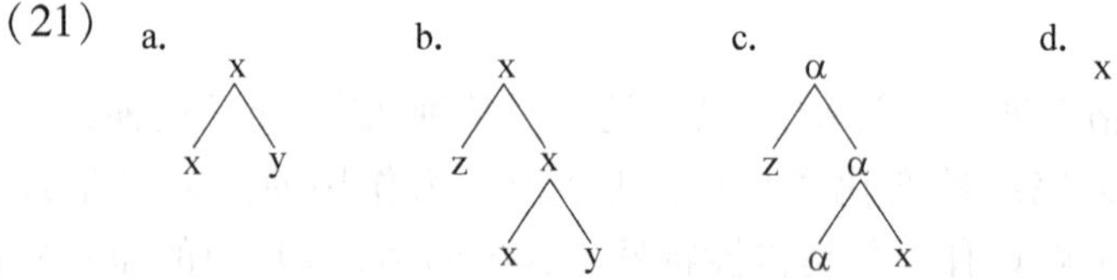

上例(21)为中心语成分可能出现的四种类型的论元结构配置,不同的结构配置表明中心语的不同论元性质,并决定不同的句法配置。Hale & Keyser(1993)用下面的例子对英语的核心动词类型的论元结构配置进行了阐释。

(22) a. John laughed.
b. John shelved the book.
c. John saddled the horse.
d. John cleared the screen.

Hale & Keyser 运用这些基本论元结构推导出不同类型的谓词,并令人信服地说明彼此为何不同。这些动词之所以不同,是因为它们具有不同的

① 这里的 V、P、A、N 为生成句法的核心词类,分别代表 verb、preposition、adjective、noun。

词汇关系结构(即词汇-句法结构)。(21)中,除了(21d)的x这种类型表示非关系成分(对应名词NP)①外,其余三种论元配置类型分别对应表征为(22a)(22b/c)和(22d)。

词汇-句法配置理论(Hale & Keyser 1991,1993,1997,1999)认为,英语中词汇论元结构模型(21a)对laugh类非宾格动词进行解释,其底层配置原本为及物性结构(类似DO laugh),laugh在词库中的语类标签为名词。但与DO laugh不同的是,laugh类动词的词汇结构表征要求一个抽象动词V与其补足语N合并形成复合成分,其中只有名词成分NP获得语音实现并拼读出(spell-out)相应的动词laugh,抽象的中心语V决定该合并后词汇的语类性质,其合并模式如(23)所示。

(23)
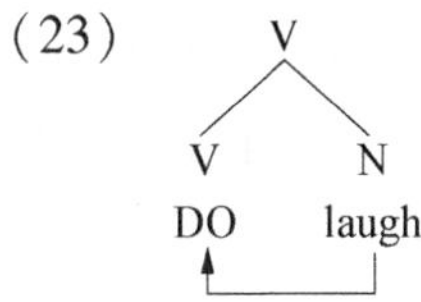

Hale & Keyser(1993)不仅以典型的非及物动词laugh为例,说明英语中的动词在词汇-句法上存在一个其自身同位名词的动词化推导过程。他们还以其他名词和形容词的动词化为例(分别如[22b/c][22d]),证明英语中跨语类现象是词汇-句法推导的结果,所遵循的词汇化模型如(21)。

张达球(2009)根据Hale & Keyser的词汇-句法理论,尝试探讨了汉语非宾格性复合词的形态句法机制,认为汉语中像"开花""出汗""红脸""伤心"类非宾格性复合词,其内部结构在本质上是非宾格性论元配置,因为它们原本分别是"花开""汗出""脸红""心伤",其词汇化复合过程是经历了词汇-句法推导的结果,但并没有就其词汇-句法过程进行详细讨论,下节对汉语中此类复合词(离合词)加以详述。

7.4 汉语非宾格性离合词的词汇-句法

汉语词汇形态的重要手段之一是复合成词(compounding)(Li Y. F.

① 在Hale & Keyser(1993)的词汇论元结构模型中,(21d)类是没有发生动词化的名词性词汇。

1990)。汉语复合词中存在可分可合的现象,因而学界也就有离合词的分类(郭锐 2002)。汉语复合词不是由简单的两个单音节汉字合成而来,其词汇化是经历了词根合并的结果,词汇化过程与句法操作过程相同,因而词汇-句法在汉语离合词的词汇化过程中有较好的体现。本节根据 Hale & Keyser 的词汇-句法理论,对"开花""出汗""红脸""伤心"类非宾格性复合词进行分析。

7.4.1 词根合并

Zhang(2007,2016)在探讨汉语词素的运算机理时,提出汉语词根间可以自由合并的假设。这一假设也是基于句法理论对语类规定性的不确定性,虽然操作模型不同于词汇-句法理论,但她提出的汉语六类非常规性词根合并的解释,基本吸收了词汇-句法理论和分布形态理论中的部分思想,对词根合并原则进行了四方面的阐述。

其一,词根的语类属性由词类的功能成分(f = functional head)确定(Marantz 1997; Embick & Noyer 2005: 5; Borer 2005: 21; Zhang 2007)。比如,(24)中的三类词根合并,分别由功能中心语 N、A 和 V 标识。

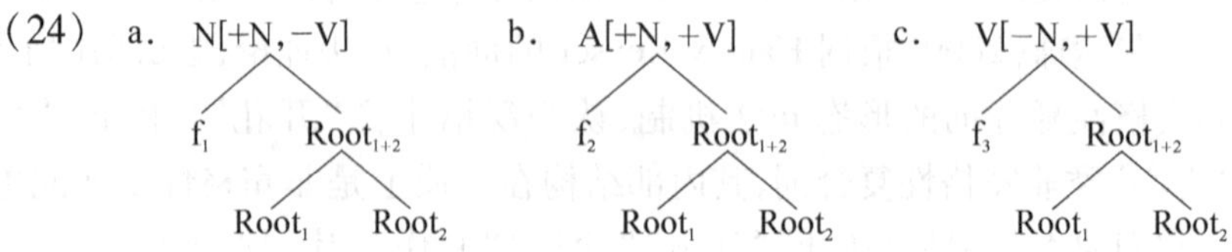

传统词汇主义观认为,在带有语类特征成分的词汇合并中,语类特征由具有选择能力的姊妹成分决定,或者说在姊妹成分中,谁对不可解释性特征赋值就由谁实现投射。比如,在汉语动词短语"买书"中,动词"买"的选择性(子语类化)特征由其所带的名词性成分 DP 满足,所以"买书"由"买"的动词 V 特征实施投射。因此,该短语为 VP 而不是 DP。选择性成分作为标签项实施投射,运算由标签选项或探针驱动,并实施投射(Chomsky 2000: 134 – 135)。但是,分布形态观则认为,词根没有不可解释性特征,也就是说合并项中没有哪个成分可以决定词汇属性,只有功能项有选择能力,因此语类特征只取决于功能项。有明确语类特征的两个成分合并时，由语义上被修饰的成分实施投射。换句话说，在语义修饰项与被修饰项合并之前，两者都有语类特征，这时由被修饰的成分投射。如果词根没有任何语类特征，且一个词根语义上修饰另一词根，这时合并的复合词也可能是任何词类，这取决于选择的功能项。Zhang（2007, 2016）的这一观点并不是完全依据分布形态理论，因为分布形态理论认为并无语类特征。

其二，一个成分的选择或子语类化要求由这个成分的句法特征决定。形式特征（格和题元角色指派）的允准也是句法特征的一项功能，词根没有这一功能。在没有这类形式特征时，一个词根与另一词根的合并既不由任何允准驱动，也不引发任何允准或重复允准格或题元角色。

其三，没有语类特征的成分不能显性移动（不是合并），形式语言学理论规定任何经历显性移动的成分必须带有语类特征。任何显性移动链都有两条线组成：一条是形式特征，需要参与核查；另一条是语类特征，只是形式特征的载体，无须参与核查（Chomsky 1995）。根据 Chomsky 的这一假设，形式特征的显性移动总是带着语类特征整体移动，这说明在缺少语类特征的情况下，显性移动是不可能发生的。所有的句法移位都是为核查不可解释性特征促发的，而不可解释性特征是句法性质的，而不是词汇性质的。这能捕捉移动中的词汇合成效应。

其四，所有代词都与其先行词在 φ-特征（人称、数和性）上一致（至少有一项一致），如汉语的 TA（他、她、它）无性别特征，但至少都有第三人称特征。词根没有 φ-特征，就不可能与代词一致，也就不可能成为代词的先行词。

Zhang（2007, 2016）正是基于词根没有句法特征这一基本假设来解释词根合并的六种非常规的离心词根自由合并现象，对本章关于汉语非宾格性离合词的词汇-句法解释有一定的启发。

7.4.2 汉语非宾格性复合词的类型及词汇化模式

汉语词根合并的自由度很高，无论是向心结构还是离心结构，都体现出高度能产性[①]。与本著相关的非宾格性复合词中，也存在离心和向心类型。遗憾的是，这类离心和向心复合词都被排除在传统形态句法之外

① 关于复合词的离心和向心的定义，可以参见 Chomsky（1991）、Huang（1997）、Zhang（2007）。

(Lin & Zhang 2006)。

非宾格性离心类复合词指合成后的词类不同于合成前的某一成分类型,如:

(25) V-N =>A 开心、揪心、伤心、闹心等

非宾格性向心类复合词指合成后的词类类同于合成前的某一成分类型,如:

(26) a. V-N => N 助手、歌手、鼓手、舞女等
b. V-N => V 出汗、生气、长牙等
c. A-N => A 大胆、烦心、累人、烦人等

我们把(26)类复合词称为 $VN_{TH/EXP}$类离合词,其突出特点是名词成分一般为客事或历事论元成分,而不是受事成分。其中(26a)类是通过添加后缀构成的复合词,不具有离合特性,不属于本章考察的类型。只有(26b)(26c)类型具有本章重点考察的非宾格性离合词性质。

7.4.2.1 汉语复合词的表征形式

句法理论关于句子结构的一个基本原则是句子中动词选择或子语类化后不能再与别的成分进行合并,另一原则是形式特征(如格)和语义特征(如题元角色)不能被允准两次。也就是说,子语类化的动词不能再带有另一内论元。但是,汉语的词汇-句法呈现较为复杂的组配特性,表现为以下几种情形。

(一) 单体及物动词 V 的子语类化

(27) a. 写(*字)一篇文章
b. 吃(*饭)大碗
(28) a. 睡(*觉)木板床
b. 走(*路)红地毯

这类及物动词子语类化结构中只有一个宾语位置,一个子语类化成分占据该成分后,就不能容纳另外的子语类化成分。但像下面的复合词却又可以再带有另一内论元,说明复合词本身已高度词汇化。

（二）复合词 VN 的子语类化

（29）a. 操＊（心）这桩婚事
　　b. 恶＊（心）他的行为
　　c. 痛＊（心）这起事故

这类 VN 复合（离合）动词可以独立使用，也可以子语类化，似乎表明 VN 已经高度词汇化。还有像下面这类复合词，词序可能出现差异，由此决定其后论元成分是否具有可接受性。VN 结构和 NV 结构所形成的复合词具有不同的可接受性。

（三）VN/NV 复合动词的子语类化

（30）a. ＊烦心这件事
　　b. 心烦这件事
（31）a. ＊痛心那孩子
　　b. 心痛那孩子

这类复合词在进行 NV 组配时可以子语类化，而在进行 VN 组配时似乎接受度降低，但这类复合词却只有在 VN 组配时才表现出离合特性。还有一类复合词，VN 复合根本就不可接受，只有 NV 复合成词时才可以子语类化。

（四）NV 复合词的子语类化

（32）a. ＊红眼别人
　　b. 眼红别人
（33）a. ＊痛头这事
　　b. 头痛这事
（34）a. ＊麻肉他的话
　　b. 肉麻他的话

虽然 Zhang（2007）认为汉语词根合并很自由，这也只是相对而言。词根合并也必须遵循形态、语义、韵律等限制条件，甚至使用频度也对可接受度有影响（如［30a］［31a］）。以上这些复合（离合）词看似带有另外的内论元，实质上有的并非真正的内论元（如［29］），而是致因成分，可以转换为外论元；而且复合词能否带有额外的论元成分，取决于该复合词的词汇化程度的高低。比如，(26)词汇化程度高，可以带有额外的论元成分，而(30)(31)的词汇化程度存在差异，通常不以VN复合方式而必须以NV的组配方式才能再带有额外的论元(如[30b][31b][32b][33b][34b])。

在汉语VN复合词中，有一定数量的复合词属于非宾格性配置：动词后名词成分不是受事宾语论元，而是客事论元；动词V为非及物动词类，但复合词的句法性质为非宾格性复合(离合)词。下面具体分析这类VP[VN]组配的非宾格性复合词及其内部结构。

7.4.2.2 汉语中的非宾格性 $VN_{TH/EXP}$ 复合词

汉语中部分 $VN_{TH/EXP}$ 复合词具有相同的词汇-句法特性，其中的名词成分带有客事角色，这就决定了其非宾格结构的最终实现与这类复合词的构成具有某种关联，例子如下：

(35) $_{VP}$[$VN_{TH/EXP}$]复合词[①]：

流汗、出血、生气、长痱子；刮风、下雨、出太阳；露马脚、出洋相；等等。

这种非宾格性配置 $VN_{TH/EXP}$ 构成的复合词，文献中通常称为离合词(陆志韦 1957；汤廷池 1997；周上之 2006；黄正德 2008；郭锐 2011；王海峰 2011 等)。但郭锐(2011)提出离合可能是一种假象，在此观点的基础之上，潘海华、叶狂(2015)则完全否定了汉语离合词的分离特性，认为这类离合词本质上是同源宾语删略后的不及物动词。同时，他们也指出，当VN高度词汇化，可以带普通NP，构成 $_{VP}$[[VNP1]NP2]组配模式(如"登陆上海滩""操心孩子的婚事")，或带QP，构成 $_{VP}$[[VN]QP](如"存钱一万元""操心一辈子")；部分非宾格性配置的离合词，不但可以而且必须带NP1宾语如(29)，而另一部分不可，如(30a)和(31a)。需要注意的是，VN复合词带QP时，由于数量短语成分一般不是VN复合词的内论元，因此该类复合词的词汇化程度也存在差异。

本章主要讨论如例(35)类的组配关系，需要回答的主要问题包括：

(一) 为何有些非宾格性VN可以复合成词，而另一些不可以，或者只能以某种词序而不能是别的词序参与句法？

① 文献中的题元角色包括 Agent（AGT）、Theme（TH）、Experiencer（EXP）、Patient（PTT）等。

（二）这些不同组配模式受何种结构和语义条件限制？

（三）非宾格性复合词的形态-句法界面到底如何相互起作用？其结构依存和语义选择机制是什么？分离同源结构理论是否可以对此进行解释？

本著认为结构依存差异源于词汇化程度的高低，词汇化程度越高，[VN1]N2 组配可能性越高，相反则[[VN1]QP]短语化程度越高；就语义选择而言，[VN1]N2 的语义限制严格，[VN1]QP 语义相对松散。之所以存在这种语义限制程度上的差异，应该与结构依存关系以及 VN 在词汇-句法中的合并能力有关。

7.4.2.3 汉语中的非宾格性$_{NP}$VN/AN 和$_{VP}$AN 复合词

汉语中除了 VP 类型的 VN 复合词外，还有大量的 VN/AN 复合而成的 NP/VP 类型复合词，其内部构造也同于 VP 词汇-句法，不同的是 VN/AN 复合词内部结构在题元关系上存在差异，如：

（36）a. $_{NP}VN_{TH/AGT}$

流水、走狗、跑腿、帮手、歌手、舞女、歌女、担夫，等等

b. $_{NP}$[VN1]N2

设计师、理疗师、按摩师、教师、理财师、护理员、飞行员、驾驶员、检票员、售票员、运动员、消防员、伙夫、屠夫、樵夫、赞歌、颂歌、滑翔机、计算机、点钞机、饮水机、脱粒机、碾米机、洗衣机、晾衣架、保护伞、指挥官、司令员、勤务兵、侦察兵、负心郎，等等

（36a）VN 组配中的 V 基本上都是非及物动词，这类复合词明显带有派生词缀类特征，"-手、-员、-师、-夫、-女"等中的 N 成分都是 V 的施事或者客事，而 V 表明 N 的功能特性，或语义上带有职业蕴含，因而可以归为词汇-句法层面的非宾格性配置。因为词类标签是 NP 性质，所以本著不将其作为重点研究对象。由形容词与名词合成的 AN 复合名词，假定汉语中的形容词可以做谓语，其内部构成也具有非宾格性质，如：

（37）$_{NP}$AN

高山、峻岭、懦夫、险滩、歧途、短见、高见、富婆、懒汉、穷途末路、好人、坏人、善举、善意、善心、高分、低能、远景、近路、长途、粗心、细心、小心眼、伪君子，等等。

(37) 类由形容词与名词复合而成的复合词中的 A 表明 N 的性质，整个复合词表现出名词特性。也有同样形态的 AN 复合词表现为谓词(包括动词或形容词)性质，如：

(38) $_{VP/AP}$ AN

a. $_{VP}$亮相、美容、壮胆、宽心、弯腰、松劲、活血、健脾、坏事、满月；

b. $_{AP}$开胃、动人、悦耳、裸体、缺德、迷人、恼人、烦人、喜人、困人、羞人、累人、惊人，等等；

(38)类复合词都是 AN 组配，但复合词则具有 VP/AP 性质，尽管内部组配都是由形容词 A 作为修饰成分和中心名词 N 复合而来。此外，还有少数复合词是$_{VP}$N1N2 模式，即通过名词复合成动词而来，如"铁心、鼓嘴、愁人"等。这类复合词的内部题元结构关系也可以被认为是非宾格性质，有"N2 像 N1 一样"的语义蕴含。

从(36)(37)(38)这三类复合词的内部题元结构看，它们都具有典型的非宾格性词汇-句法特性。由于所掌握的语料不够全面，下面将重点分析 VN 类复合词的词汇化模式，其他复合类型的非宾格性今后将进一步探讨。

7.4.3 非宾格性 VN$_{TH/EXP}$复合词的词汇化模式

我们提出汉语复合词汇的内部结构经历了某种词汇-句法过程，是指词汇合并过程和句法操作具有相同的性质。Yip(2000：80)也认为，汉语合成词之间具有某种半句法关系，使得汉语词汇内部合成按句法分析进行。根据词汇-句法理论(Hale & Keyser 1993)，我们也认为汉语中的非宾格性复合词是通过词汇-句法操作实现词汇化。

Yip(2000)根据复合词的构成成分之间的管辖关系来确定词类性质。他把管辖类(governmental)动名式复合词分为两种类型：一种为 VN 类，一种为 PN 类。其中，VN 管辖类复合词似乎都是非及物动词，但实际上其中的管辖动词 V 却是及物性的，都带有一个名词成分 N，如"跑(步)、走(路)、睡(觉)、坐(车)、唱(歌)、欠(债)、游(泳)、洗(澡)、说(话)"等。他认为，这类管辖类复合词中的动词包含了名词成分的意义，因此可看作同源宾语类型。根据这种语义关系，我们也可以对非宾格性 VN 复合词进行内部分析。

虽然非宾格性复合词有 VP、AP 和 NP 多种类型，但本章主要关注 VP 类型。张达球(2009)列出的非宾格性 VN 复合动词，如"开花、出汗、生气"等，其复合动词内部结构有两种生成机制。其一，通过 VP 内部抽象功能中心语(DO)，经历词汇-句法推导(l-syntactic derivation)而来。汉语中的这类推导，在众多其他类型的 VN 复合动词中也具有适用性，表达行为自发性意义(如"开花")。其二，由抽象使成中心语 CAUSE 和表达结果状态变化意义的抽象功能中心语(BECOME)推导而来。这类行为会因外因作用产生某种结果状态变化意义(如"出汗、生气")。

BECOME 主要是与 AN 组配模式在句法推导中起核心作用。汉语学界通常认为汉语中的形容词，如"累、烦、愁"等都可以直接做谓语；但张达球(2009)认为，这些形容词也都是经由外部使成功能中心语 CAUSE 与形容词合并实现动词化这一词汇-句法推导过程后，表征出非宾格性质，如"累人、烦心、愁人"。把形容词直接纳入谓词，并不符合语言结构的普遍原则，本著主张用谓词做统一处理，以便对自然语言结构中的谓词进行统一解释。

吕叔湘(2002)把 VN 组配视为动宾短语，并且把下面的(39)类和(40)类短语看作不同的类型，因为在这两种类型的短语中，名词 N 的语义分别为宾语和主语。我们赞同其内部结构的题元关系，但主张把这些 VN 组配看作离合性复合词而不是短语。其中不能分离的组配为固有复合词，能分离的为可分离复合词，但无论可分离与否都具有相同的词汇-句法机制，如：

(39) a. 出太阳、下雨、刮风、打雷、上冻
     b. 到点、过冬、来事、来劲、缺德
(40) a. 长疮、结果、开花、发芽、漏气
     b. 困人、乏味、烦心、累人、伤脑筋

除了在短语和复合词定性上的不同，本著还认为，吕叔湘列示的这些离合词的 $VN_{TH/EXP}$ 配置中的题元关系大多是建立在动词与客事论元之间的关系，只有少数复合词(如[40b]类)的谓词为形容性谓词与体验者(亦称"历事")论元(如"困人"——[使]人困)之间的关系。上节我们也把这里的复合词归为 AP 类型，其复合成分中，起管辖作用的核心成分无论是 V 还是 A，都需要由句法推导过程中的语类标签来标识；而且在词汇-句法理

论框架下，这些复合词都可以统一表现为非宾格性配置，其差别在于名词成分处在推导中的不同位置（详细推导见7.5.2节）。

关于(40b)类形容词谓语，吕叔湘(2002)总结了多种类型，其中的下面几类可以纳入非宾格性复合词：

（一）外部致使类：

(41) 宽心、紧弦

（二）客事宾语自发变化类：

(42) 红脸、瞎眼、红眼

根据吕叔湘(2002)，140个汉语单音节形容词中，约50%可以在特定条件下带宾语（本著称为客事成分，是非宾格性的）。这说明汉语中的这些形容词都经历了去形容词化(deadjectivation)，即动词化过程。郭锐(2002：192)认为下面如(43)中的形容词也应同于上面的类型。因此，我们把它们纳入动词化，如：

(43) 端正态度、丰富生活、充实内容、弯腰、饿他一顿、下饭、忙论文

（三）看似句子，实为习语短语：

郭锐(2002：194)认为汉语形容词短语，如"红脸/眼、白眼"等，其结构内部具有分离性，而像"硬着头皮"这类短语是不可分离的习语词串，但又不宜视为句子。不可分离的动词化形容词的各成分只是受约语素，不是自由语素（即单体动词）。因此，一部分带宾语的形容词应被看作修辞性短语结构，如：

(44) a. 肥了个人
b. 瘦了国家
c. 苍白了你的头发

这些结构超越了词汇范畴，但在句子-句法中仍然具有非宾格性配置。从上面的描述可以看出，汉语中带有"宾语"名词成分的，不只是传统意义

上的及物动词,也有非及物动词;不仅有动词,还有传统意义上的形容词。这里的"宾语"概念,并没有从动词子语类化及其补足语之间的语义关系来严格界定。有的动词及其后补足语成分之间,不是"动宾"关系,而是施事、客事或经事与谓词之间的关系。因此,本著立足于动词及其论元成分之间的题元关系,分析句法实现的机理必须从结构和语义,甚至语用出发,才能全面解析句子结构关系。

前面所列汉语中的 AN 组合,在词汇层面则被视为复合词(张达球 2009)。即使像(44c)中的短语结构,其动词(包括传统意义上的形容词动词化)与补足语成分之间的题元关系并没有改变。这种语义关系之所以保持词汇层面和句法层面的一致性,在词汇主义观看来,是由词库中的规定性决定的;而在 Hale & Keyser(1993,1997)的词汇-句法理论看来,是在词库中通过词汇-句法推导生成的。但词汇-句法理论认定形容词和名词能够做谓词,是其在词汇-句法和句子-句法中谓词动词化的结果;再就是 Marantz(1993,1997)等的分布形态理论认为,在词库中只有词根,没有词汇的规定性,也无语类特性,所有词根只有在参与句法操作的过程中才能确定其语类性质。下节将用分布形态理论分析汉语非宾格性离合词的句法推导。我们认为,分布形态理论是对词汇-句法理论的有益补充,分别适用汉语词汇到句法实现的不同阶段推导。下面两节就词汇化过程的句法性质做进一步阐述。

7.4.4 离合词的句法属性

长期以来,汉语中存在把离合词看作复合词还是短语的纷争。本质上,这种复合词的双重特性就是可分可合的表现,称为"breakable compounds 离合词"(Zhang 2007)。这类 VN 词串典型地由类及物性的成分和一个类宾语成分构成。Xue(2001: 76)认为所有词汇都是在句法中衍生的。Zhang(2007,2016)则认为离合词是通过词根合并衍生而来,她就汉语合成词的词根运算,提出了合成构词和形成短语结构的成分合并在六个方面表现出不同:(一)存在离心结构;(二)投射自由度;(三)子语类化消失;(四)形式特征的双重允准;(五)移位中的词汇合成效应;(六)代词化效应。这些差异在她提出的词根没有句法特征的假设中都能得到解释。不同于词根合并生成假设,潘海华、叶狂(2015)提出了分离同位结构观,否定了汉语中存在离合词这种词类，而认为所谓离合词都是分离同位宾语同音删略的结果。

周上之(2006)对离合 VN 动词进行了分类，认为绝大多数复合词不能带宾语是因为离合动词本身含有宾语，也有很少一部分动宾离合词的词汇化程度很高，可以作为一个双音动词再带宾语。这类离合词仅占 4 000 多条离合词动词的 30 多条，不到百分之一，其中的非宾格性复合词则更少了(周上之 2006：109)。他把离合动词能带的宾语分为五类，我们把他的部分实例归为非宾格性复合词，如：

(45) 出兵、消毒、存款、毕业、定心

但周上之(2006)把"来客"类词串看作短语恐怕有失公允，如：

(46) a. 来了三位客人。
b. 来者都是客。

如(46)所示，"来客"虽然有短语性质的表征，但同时它作为客体名词，意义上等同于"客人"，如电影"冰山上的来客"就是非扩展类实例，还有如：

(47) a. 来客已经到了实验室。
b. 今天有三位来客参观了实验室。

有鉴于此，"来客"应属于非离合词，此类非离合词内部具有非宾格性配置，同类型还有如"访客、游客、故人"等。这些词的词汇化程度很高，不能增加成分对其进行分离使用。因此，这类复合词不同于潘海华、叶狂(2015)的分离同源结构方式派生的词汇。这些复合词中，两个成分之间存在动词与客事之间的题元关系。这种关系不同于可分离的动宾复合词，因此被他们排除在分离同源结构之外。但是，同类的复合词如"来人"则与"生气"类复合词相同，具有(46)那样的扩展功能。潘海华、叶狂(2015)把"生气"纳入动宾结构复合词，认为其属于分离同源结构生成类型。而我们认为"生气"是动词与客事论元复合而成，其题元关系类同于"来人"，语义上都属于自主行为类复合动词而不是动宾类型的复合词。这类 VN 复合词是否也源于分离同源结构呢？我们并不认为这类复合词属于同源类型，那么其词汇化的模式又做何解释呢？下面加以讨论。

7.4.5 离合词的生成机制

潘海华、叶狂(2015)提出,汉语中离合词只是假象,本质上是同源宾语互补删略生成而来的复合词。他们假定时体助词“着、了、过”生成于 T°位置,有时与动词放在一起,如 V°“帮忙(了)”。为了生成“我帮了他的忙”这种结构,首先确定其基础结构为“我帮忙了他的帮忙”,经过“互补删略”删除较高位置上“帮忙”的第二个音节,和较低位置上“帮忙”的第一个音节。他们逐一分析了这一模式的长处,其中谈到名词化问题时,他们认为汉语不同于英语,英语同源宾语结构并没有名词化步骤,是因为英语同源宾语的核心是直接从词库中提取,不是通过复制而来。比如,laugh 和 sleep 在词库里原本就是名词,与动词同形同义,因此无须在句法上名词化。也就是说,英语的名词化在句法前的词库里就已完成了。与英语不同,潘海华、叶狂(2015)假定汉语的同源宾语是在句法里完成的。比如,“帮忙”在词库中就是一个动词,没有名词形式,动词复制自身的结果依然是动词。名词化后形成一个事件名词,与动词一样可以带自己的论元,但不能指派格位或者核查格特征,其论元必须移到 Spec-DP 位置来核查属格,最终以领有者形式出现。对于为何要设立限定词短语 DP 的问题,他们认为是因为在“我帮了他的忙”中,“他的忙”是动词的一个论元,可以用来激活话题化、被动化、逆动化、焦点化等。尽管他们的分析具有可操作性,但是我们认为 VN_{TH}类复合词并不适用于这套分析。

尽管潘海华、叶狂(2015)提到,离合词可能存在从不及物向及物动词发展的趋势,其中包括“请安、操心”等,并且可能包括“伤心、烂心”等复合词,而后者正是本章讨论的 VN_{TH}复合词类型。我们不认为这类复合动词具有及物化倾向性,即使有,恐怕也是个别案例。所以,我们讨论的这类复合词不同于他们的同源宾语复合词。

此外,他们认为这一分析模式较好地维持了汉语语素、词、短语的句法地位,并可以保证词汇的完整性而否定离合词的分离特性。按照他们的这一观点,汉语语言体系仍然立足于词本位观。我们认为,汉语的词是由字本位扩展而来的结构单位,汉语形态和正字法都不同于印欧语言,因此,这一语言单位定性是不可取的。下面具体讨论汉语词汇化中的一种非宾格性配置模式,本著认为其复合词结构内部同样遵循句法结构的推导模式,因此词汇-句法理论能较好地对此进行解释。

7.5 非宾格性复合词的句子-句法

上节重点梳理了潘海华、叶狂(2015)的离合同源宾语分析,他们以此来解决汉语非及物动词中的离合词现象。如果按照他们的方案,离合词作为复合词已经经过了句法前的合并存在于词库中。然而,这又不符合词库理论的构想,更不符合词汇-句法理论。一般认为,词汇在进入算式库(numeration)之前经历的句法推导是个词汇-句法过程,而当其从算式库中被提取进入句法时,句子-句法开始履行职责,进行句法推导。上一节是在词汇-句法层面讨论非宾格性复合词,如"开花""出汗""伤心""红脸"等和潘海华、叶狂(2015)谈及的分离同源宾语结构,都是算式库里的"现成材料"。其中 VP 内部结构可以为非宾格性论元配置,但这一配置经过词汇-句法推导,其结果构成非宾格性复合词。这类非宾格性复合词一般不再带有额外论元,但有的因词汇化程度很高或使用频度较高,其后带有另一论元成分也可以被接受。我们不完全同意潘海华、叶狂(2015)的分析模式。首先,汉语形态上从字本位出发,所谓词汇的完整性在自由语素(字)上就可以得到满足,无须以复合词的形态出现;其次,他们并未对不及物动词的内部类型差异进行区分,我们认为不及物动词内部同样有非施格和非宾格类型之分。本节就在他们的研究的基础上,对非宾格性复合词进行同源宾语分析,以期解读非宾格性复合词的句法表征及其论元实现。

7.5.1 汉语非宾格性复合词[VN]的句法表征

在自然语言中,词汇从算式库中进入句法推导,最终通过语音式和逻辑式检验,获得语音实现。句法推导中的一个关键问题是动词的论元的允准。早期词库理论认为,及物动词选择并投射内论元和外论元(Chomsky 1970)。在管约论下,Chomsky(1981)、Marantz(1984)等主张外论元不是直接由动词本身允准,它不是单个动词的论元,而是整个谓词部分的论元。这一观点后来发展为 Voice 理论(Kratzer 1994,1996),即一种联系外论元(标志语位置上的成分)和事件结构(补足语位置上的成分)的功能成分。这种结构配置允许功能中心语

(VoiceP)给外论元指派特定角色：施事、工具、原因等。Kratzer(1996)的VoiceP与Harley(1995)的CauseP，Travis(1994)的EventP，以及Nishiyama(1998)的TrP句法地位基本相同。这就为动词给非选择性论元指派题元角色提供了可能。

本节重点讨论汉语形态句法中非宾格性离合词的句法实现。非宾格性离合词有两种结构表征：一种是非及物性单体动词形式，如(48)—(52)；一类是非及物性复合动词形式，如(53)和(54)。

(48) a. 妹妹在生哥哥的气。
　　b. 妹妹在生气。
(49) a. 我跑步出了一身汗。
　　b. 我跑出汗了。
(50) a. 母亲伤了一天(的)心。
　　b. 母亲很伤心。
(51) a. 车胎在漏慢气。
　　b. 车胎漏气了。
(52) a. 小女孩红了半边脸。
　　b. 一句话就红脸。
(53) a. 桃树开满了花。
　　b. 桃树开了花。
(54) a. 孩子的事烦透了心。
　　b. 孩子的事很烦心。

非宾格动词的单体形式和复合词形式的结构表征不同，因而其论元实现和句法推导机制存在差别。此外，汉语在形态句法上还有一个重要特征——词序自由度较高。卢英顺(2005：111－113)在谈到汉语词序时，对下列句子按语序确定句子成分，这恐怕是有问题的：

(55) a. 一锅饭吃十个人。
　　b. 一床被子盖两个人。
　　c. 一张床睡三个人。

卢英顺认为这组句子遵从主语高于宾语的语序，受事在动前，施事在动后。VP 后的成分无论何种角色一律为宾语。本著认为,动前成分只能是话题而不是主语,其是从宾语位置上带有宾格特征移位而来。黎锦熙(2007)、岑麒祥(1955,1964)、汤廷池(1997)等都把下面的句子看作主谓倒装句:

(56) a. 下雨了。
b. 刮风了。

(57) a. 台上坐着主席团。
b. 隔壁店里走了一帮客。

根据类型学的分类,正是因为语言中存在被称为主语流变的语序变换(Dixon 1994;叶狂、潘海华 2017),自由变换位置的成分才表现出通格性特征(金立鑫、王红卫 2014)。这种通格性特征在非宾格性语言中就是非宾格性句法表现。

7.5.2 汉语非宾格性复合词的句法实现

词汇-句法与句子-句法是自然语言处理中不同阶段的推导程序。前者立足于 VP 内部,而后者则必须扩充到 VP 外部。一般认为,非宾格动词没有外论元,即只有内论元参与句法推导。但汉语的非宾格性复合词的结构生成,必须引入外论元才能完成句法实现。

张达球(2009)把汉语复合词定性为汉字词根合并而来,即支持“字本位”观(徐通锵 2005, 2007; 潘文国 2002; 周上之 2006 等)。字本位观与词汇-句法理论和分布形态理论有着相似的形态句法基础。

词汇-句法理论是基于词库中动词和名词题元关系的规定性(句法-语义概念表达层)建立起的对名词动词化和形容词动词化的句法推导理论,由抽象功能中心语与补足语和标志语之间的配置关系确定动词论元结构的句法推导(Hale & Keyser 1993,1999)。

我们认为,汉语 VN 复合词在进入句子-句法前,经历了词汇-句法过程。根据词汇-句法观,名词动词化和形容词动词化都要经历一个合并过程。这一过程必须通过在局域范围内完整拷贝中心语-补足语语音矩阵到一个空位来实现。语音矩阵在拷贝之前,还涉及词项的合并(conflation)

（Hale & Keyser 1992，1993）。合并过程包括有语音形式的词项到无语音形式的管约项的位置移动（参见张达球 2009,脚注：22）。

具体来说，例(48)—(52)中的(a)组例子和(48)—(52)中的(b)组例子中的结构差别，表现为离合词的形态差异。(a)类结构是双音节动词 VN 的分离形态，而(b)类结构是双音节动词 VN 的合成形态。当 VN 分离时，V 和 N 之间有一成分要么是限定 N，要么是修饰 V，但都作为一个限定性(形容词性)成分把 VN 分离开来；而当 VN 合成时，它仍然构成一个整体成分。无论是离还是合，VN 的句法推导过程，都包括两个大的步骤，也称为两个语段(Chomsky 2001)：第一步，VP 内部合并，也称 vP 语段推导；第二步，VP 外部的合并，也称 CP 语段推导。在这两个语段内部有相应的推导程序。具体举例分析，先看 vP 语段内的推导，如(58)：

(58)

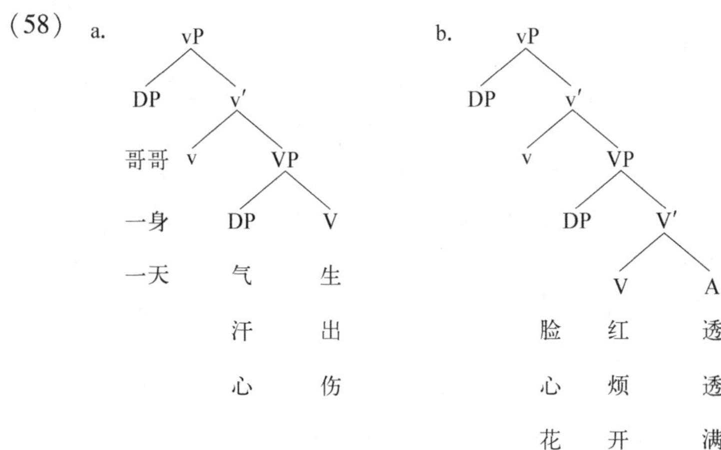

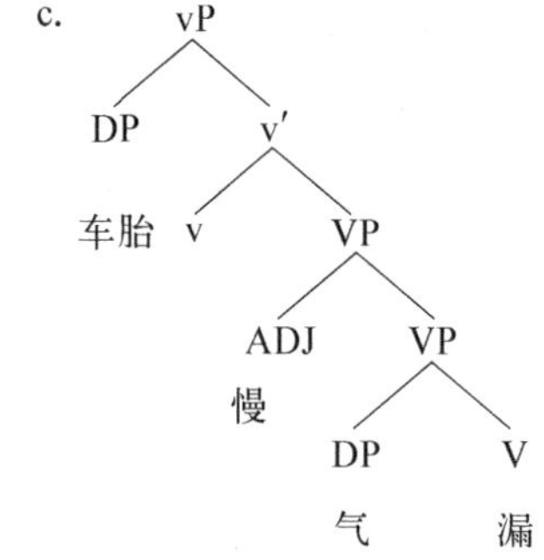

(48a)(49a)(50a)(51a)(52a)乍一看结构很相似,但细看却发现有差异,关键区别在于 VN 中间成分的语义类型及其相关投射位置的不同。其中间成分,如果是限定类型(如[48a][49a][50a]),无论在句子表层是何种语音形态,在 vP 内的投射位置应该是 Spec-vP 位置(如[58a]),以 DP 为最大投射。该投射的功能中心语 D 根据句法要求可以选择语音实现如(48a)或(50a),或隐现如(49a)。因此,就会有带"的"或不带"的"的结构表征。但是(52a)(53a)(54a)却不同,VN 中间成分是个表示结果意义的补足成分,其投射位置就在 V 的补足语位置(58b)①。还有(51a)这种类型的 VN 分离成分,表示的不是结果意义而是方式意义,因此其在结构推导中的位置又不同于(58a)(58b),而是在 VP 的附加语位置,如(58c)所示。

Hale & Keyser (1993: 98)认为,一个词项在句法结构中所包含的全部词汇语法关系是该词项固有的。Hale & Keyser(1999: 453)补充说明,名词和形容词的动词化过程中的合并操作是词汇性质的,应该在词库的词汇规定性中列出。但是这些词汇的构成则具有句法性质,是语言中词库的一部分。也就是说,词汇在进入词库之前应该还包括一个语音拷贝与合并的过程,这一过程具有句法特性。这一观点正是潘海华、叶狂(2015)主张的分离同源结构的出发点。我们与他们略有不同,他们把离合词当作复合词处理,而我们认为汉语的复合词大多可以进行再分解,其中有很大一部分复合词的内部结构是非宾格性配置,如"生气""出汗"可以分别分解为"气—生""汗—出"。他们的同源宾语删略操作,在复合词的整体操作上有其优势,但最大的缺陷是无法对复合词中非宾格性配置进行解释。为了更清晰地对复合词中非宾格性配置类进行甄别,我们主张采用词汇-句法推导来解释这类复合词在句法前的生成机制。

Mateu 根据词汇-句法理论,认为不应将非宾格动词看作经典假设中的一元结构类型,而应看作带有凸像与背衬的二元结构(figure-ground configuration),如(59)所示。其中有两个成分(z2, y2)并不相关,但通过非事件性(non-eventive)的空间关系中心语(spatial head)(x2)进行句法投射,从而构成二元关系配置(Mateu, 2002: 31)。

---

① 这里的推导中省略了 VP 投射的细节。

（59） 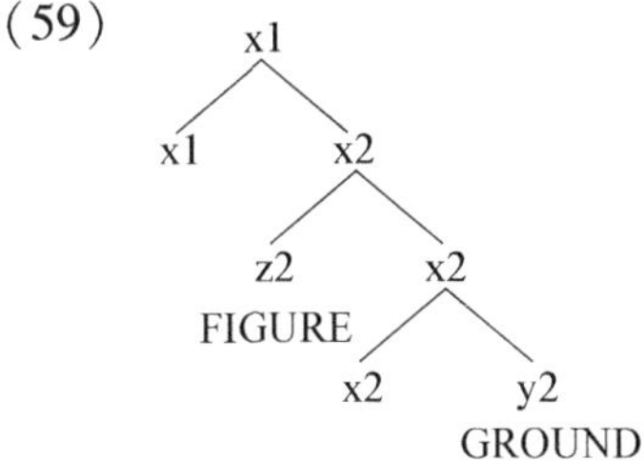

他认为，非宾格动词之所以被认为是一元动词结构，是因为其在表层结构总是投射为一个论元（即凸像）。实际上，表达背衬的成分已经与动词进行合并①。根据这一分析模型，汉语非宾格性复合词如“出汗”等的基础论元配置应该是［$_{VP}$［V 流［汗—出］］］，而分离时短语结构配置就如（58a），句子–句法表征如（48b）（49b）（50b）（51b）（52b）（53b）（54b），其句法推导即增加 TP 扩充投射，可描写为（60）。

（60） a. 我跑出了一身汗。
b. ［$_{TP}$我 T 跑出了［$_{vP}$一身 v 出［$_{VP}$汗出］］］。

由于句法推导通常分两个语段（vP/CP）进行，（52b）可以表述如（61）：

（61） a. 一句话就红了她的脸。
b. ［$_{CP}$一句话 C 就［$_{CauseP}$ Cause 红了［$_{TP}$一句话 T 红了［$_{vP}$她的脸 v 红［$_{VP}$她的脸红］］］］］。

张达球（2009）曾提出传统意义上的非及物性复合动词，如“出汗、生气、长牙、起风”等，和形容词动词化的复合动词，如“红脸、烦心、累人、烦人”等，其复合过程都是通过词汇–句法过程的结果，这一过程较好地解读了非宾格性配置的复合动词的生成。由于这类复合词在词汇前推导中的内部结构为 NV，通过词汇–句法的功能中心语吸引 V 与其合并后，才能生成 VN 复合词，其基础配置如（62）所示：

① 这个抽象意义上的背衬，应该包括结果、状态变化、目标等可以并入动词的有界信息。

(62)
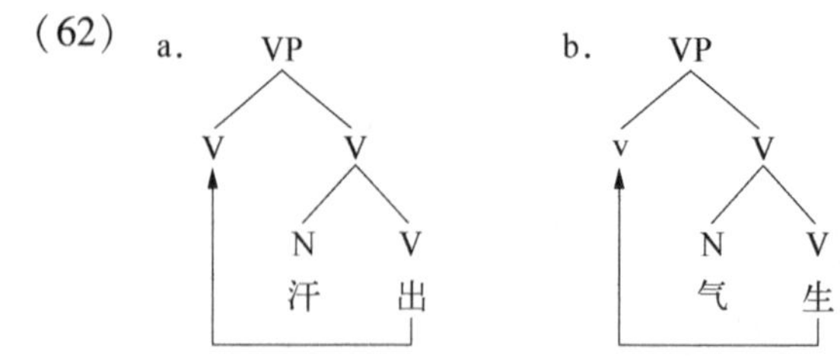

根据 Levin & Rappaport Hovav (1995)的动词分类,"出汗""生气"类动词属于物质散发类的实体自主发生类型,这种物质散发类意义是自发引起的。在句法推导上,由词汇中心语投射客事论元到 Spec-V 位置,而上层的功能中心语 v 没有获得语音饱和,因此必须再一次吸引下层的动词中心语与其合并,从而衍生出"出汗、生气"类 v-V 复合词,如(62)。由于这类词汇-句法推导发生在句子-句法推导之前,因此后续的句法推导要求更多的功能中心语参与其中,如(58)的短语结构投射,还需要引入外论元才能完成全部句法操作过程,如(60)和(61)。

以上这些词汇层面和句子层面的句法推导,都是建立在词汇-句法理论的词库假设的前提下进行的。实际上,既然在词汇层面和句子层面都是进行句法推导,那是否可以进一步假设,把词汇-句法推导和句子-句法推导合二为一,采用更为简洁的由词根到句法的生成分布形态理论(Halle & Marantz 1993; Marantz 1997; Harley & Noyer 2003[1999])来解释汉语的非宾格性复合动词是如何由非宾格性配置衍生而来的呢?下面看看分布形态理论对此的解释。

7.6 分布形态理论与汉语词汇化

上节讨论了非宾格性复合词进入句子-句法进行推导的过程,依据的是词汇-句法理论。该理论仍然基于传统的词库观,对词库中的词汇特性及其语类特征都有明确的规定。而在自然语言运用过程中,这种词库的规定性却存在不少难以解决的问题,比如,中心语投射和语类标签问题、跨语类词性问题等。为了解决这一遗留问题,分布形态应运而生。本节将对分布形态与汉语词汇化问题进行讨论。

早在分布形态理论提出之前，Baker（1988）认为形态上的复合词可以在词汇成分内进行词汇操作，还可以进行诸如词项中心语移动的句法操作（即词汇合并），但受中心语移动限制（Travis 1984；Hale & Keyser 1993）。印欧语言中，英语并不是词汇形态最丰富的语言类型，但通过词汇-句法可以明确语类信息，如名词动词化（denominalization）和形容词动词化（deadjectivization）（Hale & Keyser 1993）。名词动词化实例，如 shelf（n.）-shelve（v.）/saddle（n.）-saddle（v.）；形容词动词化实例，如 clean（adj./v.），clear（adj./v.）等。名词动词化和形容词动词化的词类，就是经历了一个词汇-句法推导过程而来的。在语类转换过程中，功能中心语 P/V 作为语类标签的地位至关重要。因为只有当名词首先与功能中心语 P 合并后，构成的词串（string）成分才能再与动词功能中心语 V 合并，标注成动词词类。也只有当形容词与功能中心语 BE（COME）首先合并后，再与动词中心语 V 合并才能使形容词获得标注，从而转换为动词。这种在词汇-句法推导过程中以标注手段进行的词类转换，本质上是通过形式化手段在语类之间进行的技术操作。这种词类的句法定性具有强制性，但这种技术上的强制性优于凭空的随意性，因此在词类定性的理据上是一种进步。分布形态理论也正是借用了这种语类标签手段，在句法推导过程中确定词类的句法性质。

7.6.1 分布形态理论

汉语学界在词语的跨类上的主流认识是基于词库对词汇的规定性特征。在管约论（Chomsky 1981）和最简方案（Chomsky 1995）模型中，词库具有生成能力，通过形态规则生成词，然后进入句法参与运算。正是这种基于词库模块的词汇主义理论所固有的词汇规定性，使得词类和句法功能出现诸多困惑。于是，在形态句法界面，Halle & Marantz（1993）、Harley & Noyer（2003［1999］）、Marantz（1997）、Embick & Noyer（2007）等提出了分布形态理论，为解决一系列词类及其句法功能上的困扰，提供了一种新的视角和方法。该理论否定了词汇主义观关于词库对词汇的规定性及词库具有生成词汇能力的观点，坚持只有句法才是唯一具有生成能力的系统。这使得形态和句法接口操作更为简洁明了（Harley & Noyer 2003［1999］；Embick & Noyer 2007），如（63）：

(63) 可及的序列句法推导阶段

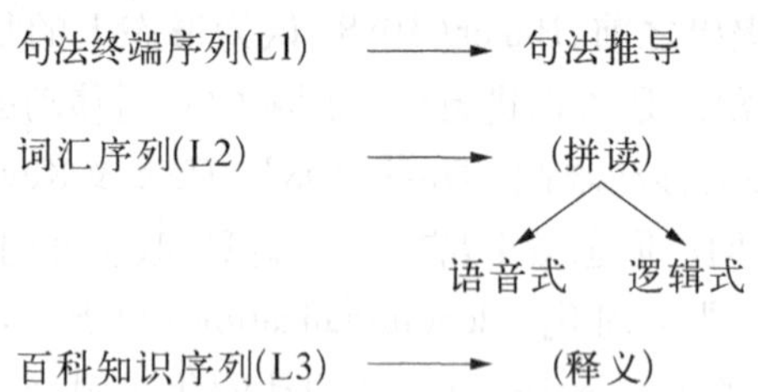

该理论把分布形态分为三个序列表达层：L1 序列为句法运算提供输入的语素集合，与语言的形态关联；L2 为句法拼读提供音系表达式，为句法提供词项后插入，提供不完全规定性特征，与音系关联；L3 提供的是句法无法产生的词根及习语类复杂信息表达，与语义关联。分布形态理论中的这种设计，撇开了词库中关于词汇的全部特征的规定性，排除了句法与词库之间的冗余成分，把词库中的形态功能分派给了不同的语法表达层（林巧莉、韩景泉 2011）。

词汇-句法理论的立论基础仍然是以词库理论为前提，但鉴于词库理论的固有缺陷，分布形态理论则另起炉灶，完全摒弃了传统词库的规定性特征。因此，分布形态理论比词汇-句法理论更为形式化（Halle & Marantz 1993; Marantz 1997）。该理论认为，词汇以词根作为词汇的原始形态，通过词根合并和其后的句法操作才能确定语类。分布形态理论认为话语形态是操作的结果，而这一操作又分布于多个步骤，其内容也来自多个清单，分布形态因此得名①。

分布形态学统一合并了句法推导和形态推导，主张所有的推导都基于同一基本层（substratum）（Harley & Noyer 2003[1999]）。分布形态理论框架不仅简化统一了推导操作层面，同时也简化了题元结构关系。该框架下的大多数文献不承认有一套离散的题元角色②。Harley（1995）、Kratzer（1996）等提出“施事”就是投射到事件短语 Spec-EventP 的标志语位置的论元（“事件短语”参见 Travis 1994）。“客事”即与词根的姐妹节点对应的论元。这种论元配置关系与 Hale & Keyser（1993）的词汇-句法理论基本

① 分布形态理论的相关介绍可以参见 Halle & Marantz（1993），Marantz（1997），王奇（2008），林巧莉、韩景泉（2011），程工、李海（2016）等。

② 这与 Hale & Keyser（1993, 1998）的观点相反，他们将题元角色笼统地看作进入结构配置的成分。

一致。但是,分布形态理论并不区分词汇-句法和句子-句法,认为这两者是同一模块,共同遵循句法操作(参见 Marantz 1997; Harley & Noyer 2003 [1999]等)。

在分布形态理论中不同类型的词根,对应自然语言的不同的词,这些词类为其特定结构关系中的成分指派不同的题元角色。就一种词根而言,假定其不可能通过句法前的词汇操作被投射到另一词根上,这一观点也是 Zhang(2007, 2016)的词根合并的理论基础。

分布形态理论的基本原则是复杂词汇和短语的形成共享一个生成机制,句法和形态之间没有分界线。分布形态理论把词汇操作按几个步骤和清单进行分布推导,由三个模块来建构话语:一个模块称为形式清单(formative list),为句法提供输入,然后进行句法操作;另一个模块称为词项清单(exponent list),为话语提供语音内容;第三个模块是百科知识清单(the encyclopedia list),为句法提供语义内容。来自这些清单中的个体词项在不同阶段进入句法推导,完成词类定性及句法实现(林巧莉、韩景泉 2011;程工、李海 2016)。

7.6.2 关于形态合并与词项插入操作

根据 Marantz(1988: 261),在任何句法分析层(D-structure、S-structure、phonological structure),X 和 Y 之间的关系都可以由 X 的词汇中心语给 Y 的词汇中心语加缀(affixation)来表达。只要满足形态音系适恰性条件(morphophonological well-formedness conditions),两个句法节点就可以进行形态合并(参见林巧莉、韩景泉 2011)。

DM 框架下,语音、形态和句法之间是通过附缀(clitics)进行内部关联,但附缀不是原位成分,而是一个成分呈现的方式。传统上,一个附缀需要依附于一个主目项(host),这种成分之间的依存关系是由某个特定成分以及其在某个特定节点是否获得满足来决定,因此附缀是形态和词项的某种依存关系。Selkirk(1996)从韵律上分析了词项(vocabulary items)可以是自由附缀(free clitics)(如语音短语[phonological phrases]的附加成分)、词缀附缀(affixal clitics)(语音词[phonological words]的附加成分)或者内部附缀(internal clitics),通过合并进入语音词。

根据 Marantz(1997), Lin (2004)把传统概念上的动词看作抽象的无语类的词根(verbal roots),其获得动词词类地位是从所有语言共享的概念原位成分库(inventory of conceptual primitives)中获取,并通过与动词功能中心语关联而来。他提出所有语言共有的三种原位成分构成的概念库如下:

(64) a. v_{DO}[+dynamic, −inchoative] = DO(引入行为动词)
b. v_{δ}[+dynamic,+inchoative] = BECOME(引入状态变化动词)
c. v_{BE}[−dynamic] = BE(引入状态动词)

v_{DO},v_{δ},v_{BE}分别代表行为动词(activity)、状态变化性起动动词(inchoativity)和状态性动词(stativity)的原位词。这种把动词分析为根词和动词化中心语的观点,源于词汇-语义理论。Grimshaw(1993)较早用语义结构和语义内容对此进行划分,Rappaport Hovav & Levin(1998)用动词意义的结构成分和独有成分对此进行区分。语义结构(semantic structure)是动词意义的结构(配置)成分,动词语义与论元实现相关;而语义内容(semantic content)是动词的实际意义成分,或是具有相同句法中的一个词,不同于另一个词的区别性成分(如"跑"和"走"共有相同的事件语义结构,但表达行为事件的语义内容不同)。Levin & Rappaport Hovav(1995)、Rappaport Hovav & Levin (1998)同样用动词意义的结构和独特性成分(idiosyncratic components)加以区分,其中结构成分由事件模板表达,动词意义的结构成分作为事件模板,进入这一模板的常量(constants),构成意义的独有成分。

分布形态理论能辨认句法后诸多形态明确的操作,但就词项插入的操作顺序而言,有的认为某些操作在词汇插入之前进行,而另一些操作只适用于词项本身。但不论分歧如何,分布形态理论在词类定性和词汇-句法操作的统一性上具有洞见,对汉语跨词类的词汇-句法推导值得借鉴参考。

7.6.3 分布形态与汉语非宾格性复合动词的生成

根据分布形态理论(Halle & Marantz 1993;Marantz 1997 等),进入句法中的词汇没有传统词汇理论中规定的语类特征,所有进入算式库的词都以词根(标记为"√")形态出现,参与句法结构分步推导。汉语词汇层和句法层都经历了相同的推导过程,因此,本著主张用分布形态理论对汉语非宾格性词汇和结构进行统一解析。下面以自发状态变化动词和外力使成结果变化动词“开花”和“开门”两类复合词为例,分析分布形态对非宾格性复合动词的工作机制(参见张达球 2009)。

(65) a. 开门

b. 开花

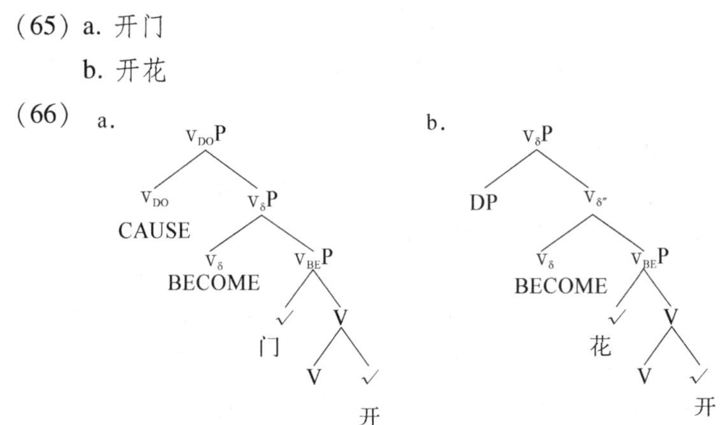

从语义关系看,“开门”是使成变化关系,而“开花”则是自发结果变化关系。无论是外部使成变化还是内部自发变化,状态变化类复合动词在句法推导过程中所表现的只是功能中心语在投射上的差别。(65a)是外部使成意义的句法投射,因此其结果就必然是由施事及其行为引发产生;而(65b)是自发引起的结果变化意义,因此就没有外因使成功能扩充投射。然而,这两类状态变化结果意义的复合动词具有完全相同的非宾格性基础核心结构。由于语义关系决定了其功能中心语 $v_{BE}P$ 的投射类型,因此功能中心语 BECOME 需要进一步吸引“V -开”词串与其合并,以实现该中心语的语音饱和,形成“BECOME -[V -开]”,完成 vP 语段的推导,形成“开门”“开花”非宾格短语结构配置。

到此为止,这两类复合动词推导过程是一致的,也就是说在 vP 语段内推导相同。两者的差别在于上层功能中心语投射上的不同。如果插入的词项是施事或致因成分如“张三”或“大风”,那么就必须把 $v_{BE}P$ 投射扩充为 $_{CAUSE}P$ 投射后,再进入 TP 投射,最后完成句法推导;如果插入的不是施事或致因论元,而是客事的领有意义成分如“桃树”,则直接进入 TP 投射后即可完成句法推导。外部使成类复合动词是在结果状态的核心结构投射层上，增加了外因使成功能中心语投射。从词汇到短语再到句子结构，推导需要从 VP 核心投射操作（词汇层推导）到 vP 语段的短语结构推导操作，再到更高一层的 TP 功能投射句法层，完成句法推导。如果语义关系复杂，则在实现 TP 投射之前（如$_{\text{CAUSE}}$P）或之后（如 CP）继续增加相关投射，才能最终实现句法推导。

林巧莉、韩景泉（2011）发现，汉语学界在词类划分问题上一直存在争论，却没有令人信服的理论对其进行系统阐述，于是主张采用分布形态理论为汉语提供理论依据。由于在传统汉语词库中，对传统词类的划分及其句法功能的表现出现了跨类和跨功能上的交织现象（名词、形容词可以做谓语，动词可以做主宾语），因此汉语"没有语法"的说法似乎有了经验上的证据。汉语无语法，实际上是汉语"词无定类"的直接反映。汉语的词类划分，长期以来面临的是"不得不分类，却又无法分类"的不争现实。

就汉语中名词、动词、形容词跨类以及主、谓跨句法功能的现象，学界提出了众多观点，如名词的形谓化观（车载喜 1981）、词语兼类观（宋玉柱 1981）、词类功能分类观（范晓 2005）、词类与功能关联标记观（沈家煊 1997，1999）、词频与功能关系观（郭锐 2002）等，这些理论都突出汉语的民族性，是希望建立语法独特性所做的诸多努力。程工（1999）的名物化观则运用了西方现代语言理论探索汉语词类及其句法功能问题，他借用当代语言理论中的中心语理论和 DP 投射假设，对汉语的动词和形容词做主语或宾语的功能进行了分析，从而遵循了汉语词类与句法功能之间的对应原则。但是对于相反的情形，即如何解释汉语中名词可以做谓语的现象，程工（1999）没有解释，而林巧莉、韩景泉（2011）在此基础上有了进一步的讨论，实为一种可喜的进步。

分布形态理论的另一重要立场是，句法运算的基本单位是语素而不是传统意义上的词。在该理论中，词和短语一样都是在句法中生成的，不是词库提供的。DM 中的语素有两种类型：一种是抽象语素，类似传统词类中的功能语类，是封闭类型；另一种为词根，是音义复合体，属于开放类型，类似传统词类中的实词类。DM 的"语素"与传统语法中的"词"具有本质上的差异。DM 采用分离主义思想，认为形态音系和句法-语义之间可以分离。抽象语素是句法和语义特征的复合体，无语音形式；而词根则是音系和语义特征的复合体，不包括语法特征。虽然分布形态中的抽象语素和词根与传统语法中的虚词和实词对应，但两者还是有本质区别。

分布形态理论主张词和短语具有相同的语法属性，在这一框架下的“语类”实际包括“词”和“短语”形式，林巧莉、韩景泉（2011）因此也认为，这也比较适合汉语词与短语界限不清的情形。通过形式手段生成的语类，并非词库的规定性，而是句法结构的衍生物。分布形态理论框架下的词根没有任何语类特征，是中立性质的，但其必须与某个抽象的定义语类的功能语素形成局域结构关系，才能获得语类标签。比如，词根在[+V, -N]性质的功能语素 v1 - v2 双层结构统领下成为动词（如“发展”），词根在[+V, +N]性质的功能语素 ADJ 统领下为形容词（如“清洁”），在[+N, -V]性质的功能语素 D 的统领下成为名词。

在 DM 框架下，语类并非词汇的固有属性，而是句法推导的产物。语类标签取决于词根所处的句法环境，即其统领功能项的性质。至于在句法操作中，纯粹的语类成分是如何被阻止进行跨类的呢？分布形态理论认为，这部分任务被分配给了百科知识序列（L3）。该序列的功能是在句法推导结束后，为释义过程提供“在线”检查，对不符合百科知识的成分进行过滤，这种过滤淘汰无法在句法中完成（参见林巧莉、韩景泉 2011）。他们以“出版”为例，对其跨词类特征进行了分析，如（67）：

（67）public 出版

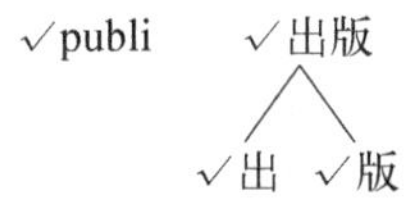

由于汉英语之间存在形态差异，同一词根衍生的词可能具有不同的表征。英语的 publi-可以衍生名词、动词、动名词等不同形态，而汉语的“出版”无论词性如何，都是同一形态。英语词根具有黏着性，需要依赖其他形态而存在；而汉语的词根则基本自由，可独立存在。英语中的词缀“of”和汉语中的功能标记词“的”（the publication of the book，“这本书的出版”）都可以理解为 PF 层引入新语素、新特征和新节点的结果（林巧莉、韩景泉 2011）。由于 PF 层只是句法中的解释性模块，在句法中不具有生成能力，这个层面的形态音系操作对句法结构的修正已局限于最小的局域内，而且受到严格制约，从而不至于泛化生成非法的短语结构（Embick & Noyer 2007）。

7.7 非宾格性 $VN_{TH/EXP}$ 复合动词的语义选择

一般而言,语义选择,即语义特征之间相互关联,具有跨语言的一致性(Zhang 2016),但语义选择独立于语类选择(Grimshaw 1979, 1981; Pollard & Sag 1987; Webelhuth 1992; Odijk 1997)。Adger(2003: 89)也曾假定合并不核查语义选择特征。同样,Landau (2007: 514)认为语义选择的一个规则是,至少在一个语段内所有移位完成后,语义关系在(句法-语义)界面进行核查。根据以上观点,Zhang(2016)提出,在所有句法操作完成后,语用也需要获得核查,才能确定表达式是否在界面获得满足或违约。至于语义选择是如何区别于语用限制的,她认为有以下区别:语义选择是由某个特定的句法配置界定,如中心语-补足语姊妹关系(Sportiche 1995);而语用限制是由语境界定,因此把语境作为核查的标准。这样,就语义核查而言,同一名词如果可能与一个动词合并,就不可能与另一动词合并,但这种对立不会因语境变化而受到影响。因此,语义选择核查不同于语用核查。

虽然通常认为语义选择是动词词义问题(Grimshaw 1979, 1981; Cowper 1992: 58; Pesetsky 1992: 4),但却没有研究理据在词汇语类层面对词项共现进行限制。根据以上背景,Zhang(2016)认为句法结构有三类语义限制类型:

一类语义选择属于角色选择(Chomsky 1965 等)。在现有的句法理论中,题元角色表征为底层子句结构中投射的论元,也称第一语段(Ramchand 2008)①。一个特定题元角色的存在表明某个特定的投射的存在,这具有跨语言的普遍特性。这类语义选择中,与句法投射相关联的主要语义范畴有命题、实体、特征(Pesetsky 1992: 2; Adger 2003: 88),正是句法投射主导情境参与者。带有这些语义范畴的论元规定了谓语的情境类型,因此Zhang(2016)称其为情境参与者选择类型。

另一类动词的不同语义特征可能与不同的功能成分相关,因此就会有不同的功能投射。Grimshaw(1979)认为不同类型的语义选择的对立是由C-语义域(C- domain)中丰富的功能投射表征的,而且特定的句法操作(如wh-移位,中心语移位)都是由C-语义域中的某些特征促发的。与各

① 也称事件短语(event phrase)(Borer 2005: 85)或初始短语(initiation phrase)(Ramchand 2008)。

种句法特征一起，不同的句子类型都属于"语言可语类化的单元"（Wiltschko 2014：1）。这些单元可能被功能语类选择所掩盖，但应该被视作一种语类选择（Zhang 2016）。

还有一种语义选择类型，其语义选择的特征既不与题元角色相关，也不被任何独立的功能投射所表征，其所包含的语义特征没有被句法化，只表现出对成分之间能否合成上的语义限制。这类语义选择是非句法化语义选择（前两类都具有句法性质），我们姑且称之为"词汇性语义选择"。

虽说这些语义选择主要是在句法结构内，但实际上前两种语义选择在汉语词汇内部都起作用。这进一步证明词汇与结构生成都遵循句法推导，同时也遵循语义选择关系。下面的分析聚焦词汇短语内部的结构依存和语义选择关系。

7.7.1 非宾格性 VN-NP 句法依存性与语义选择

我们前面在讨论汉语中一些 VN 复合词的离合性质时，指出一部分复合词的词汇化程度较高，因而可以再带上一个名词性成分，如：

（68） a. 心痛孩子。
b. 心烦这件事。
c. 血洒疆场。

这类 NV 复合词结构中，复合词具有双重句法属性，可以转换为 VN 复合类型，而且进行词汇-句法操作后其句法属性不变，仍然可以带上另一个宾语成分，如：

（69） a. 恶心那个人。
b. 痛心本次失利。
c. 烦心那件事。
d. ＊洒血疆场。

当语义特征和语类特征都由同一姊妹成分投射时，语义特征与句法特征相匹配；若语义特征和句法特征由不同姊妹成分投射，则出现错位（Zhang 2012）。Zhang（2016）还讨论了一种语义特征独立于语类特征的情形，其结构中的句法依存出现语义冲突。这也许可以解释为何（68c）只有一种结构选择。

7.7.2 语义选择中的语类投射

Zhang（2016）认为，选择是关于合并操作输入上的限制，而投射是关于合并操作的输出。下面讨论语义选择中的投射问题。在分布形态中，当一个词根选择被一个词缀语义选择时，因为没有语类特性，就不会投射任何语类特征给输出的词。比如，汉语后缀"-者"语义选择动态意义［+dynamic］词根，这些词根不投射任何语类特征到派生的名词上。这些词根独立使用时，它们可做动词而不是名词。因此，在词汇层以下，语义选择的成分不投射语类特征（参见 Zhang 2016）。

关于派生词缀是否投射语类特征，学界有不同的看法。Borer（2005）持肯定态度，认为有语类特征，而 Di Sciullo（2005），Lieber（2004，2006）和 De Belder（2011）则认为没有。持否定态度的学者认为，决定输出的构词的语类特征的因素是功能中心语，而不是派生词缀。

下面看短语作为选项时，是否是语类特征投射。Bruening（2010：534）认为，当形容词或副词与名词或动词合并时，投射的是名词或动词成分。因此，在选择决定投射的原则上，他不同意 Chomsky（2000）的观点。他认为当一个论元与其选择者合并时，选择者进行投射；但当修饰成分与其选择的成分合并时，这个被选择的成分进行投射。因此他把作为选择者成分的语类分为两类：修饰成分和论元承载成分。

选择者成分：

（一）修饰成分：形容词短语、副词短语。

（二）论元承载成分：功能中心语 C、T、Asp、Appl、V、P、N。

投射原则：

（一）如果 X 选择并与 Y 合并，而且 X 是论元承载项，那么 X 进行投射。

（二）如果 X 选择并与 Y 合并，而且 X 是修饰成分，那么 Y 进行投射。

传统上，当中心语成分语类或语义选择另一成分时，是由前者进行投射（如[69]）。根据 McNally（2016：4），修饰成分是与不饱和表达进行合并的表达，以便构成另一同类型的不饱和表达。因此，例（69b）中短语间语义选择和语类选择的一个共性是：由被选择的短语进行投射（参见 Chomsky 2013）。根据这类语义选择限制，（69d）中的“洒血”与其他示例不同，未形成词汇化，因此其不可接受性可以得到解释。

Zhang（2016）认为，一方面，如果派生词缀语义选择没有语类特征的词根，语义选择可以在没有语类选择条件下进行；另一方面，语义选择的特征无须参与建立句法依存关系的句法操作，因此语义选择核查似乎只局限于合并域。

7.8 本章小结

本章就汉语中部分 VN 复合词的类型、词汇语义性质和词汇-句法生成机制进行了非宾格性解析，认为汉语中这类复合词是由具有非宾格性意义的动词 V 和表达客体意义的名词 N，按其基础配置 N+V 通过词汇-句法推导衍生而来。这类复合词，除了有 VN 类型外，还有 AN 类型。前者有$_{VP}$VN 和$_{NP}$VN 两种语类性质，而后者则只有$_{NP}$AN 类型。

我们就这类复合词及其生成机制提出以下几个观点：（一）这类复合词具有离合性质，不是短语类型。我们认为，吕叔湘（2000）把这类离合词归为短语并将其名词成分定性为主宾性质的观点不具合理性。我们认同潘海华、叶狂（2015）同源删略原则的词汇推导模式，但我们与其有不同的词库观：他们主张复合词不是离合词，而是词库中固有的词汇；我们主张这类复合词在进入句法前有个词汇-句法生成过程，在进入句法推导后，可以采用同源删略原则操作。（二）我们主张在词汇-句法框架下汉语 VN 可以复合成词，那么就涉及复合词的原始形态问题。我们支持汉语字本位观，认为汉语中词汇的原始形态是以汉字为基本单位的词根，理由是汉语中绝大多数的单体汉字都是自由语素，可以与其他不同的单体字构成复合词，而汉语中词汇的基本形态就是通过合并成词。因此，汉语的词根在分布形态理论的词库中是以根形式出现，而只有进入词汇-句法和句子-句法推导后,才可能根据其在结构中的作用获得语类标签,从而确定其语类性质。这在很大程度上解决了汉语跨词类上的困扰。(三)部分复合词可能表征出非宾格性。由于这类复合词在词汇化上经历了词汇-句法推导,其表层呈现的是具有非宾格性的复合动词。我们认为这类复合构词也遵循汉语构词的普遍原则,即可以通过非子语类选择方式进行语义选择,合并成词(参考 Zhang 2016)。这样语义选择的特征无须参与建立句法依存关系的句法操作,其语义核查只受合并域内的限制,这在很大程度上能解释汉语中大量非选择性复合词的存在。

除此之外,我们也试图说明,在汉语的词汇化过程中,因语体、使用频率等因素的影响,VN 复合词还可能进一步子语类化,构成[[VN1]N2]]类短语结构(如[[登陆]上海滩][[签约]华纳]等)。这种短语结构,就其词汇-句法过程而言,与单体动词的短语结构(如:"写毛笔""吃食堂""睡地板"等)具有相同的生成机制。因此,我们主张汉语词汇化是一种在分布形态基础上的词汇-句法操作的结果。这可以在很大程度上解决词类问题上长期令人困扰的汉语词语跨类和语类交叉选择等问题。

需要说明的是,汉语具有非宾格性组配关系的复合词,除了 VN 类型外,还有$_{NP}$VN(飞行员、理发师)、$_{NP}$NN(高山、流水)和$_{NP}$AN(裸体、缺德)组配类型。由于这两类复合词的语料不够充分,本章未能展开分析,有待今后进一步研究。

第8章

总　　结

本著从与非宾格性相关的几个概念开篇，指出了非宾格假设提出前后，在类型学和句法研究中，因为 ergativity 和 unaccusativity 术语的混用，导致中西方学界出现跨语言类型之间和语言内部术语概念的混同现象。尤其是在这两个概念引入汉学界后，因前者译称上的多样性，导致这两个完全不同的类型概念在汉语句法研究中并行出现，实为不妥。本著主张在类型上采用"施格性"，而在句法上采用"非宾格性"。但在具体的动词类型上，本著依然采用非宾格动词和非施格动词的二元分类；在句法结构上，则出现引用时既有文本中的"作格性"，又有类型学上的"施格性"和句法中的"非宾格性"，甚至还有"通格性"等多个同指称谓，这是在讨论不同文本所指时必然出现的同位复指现象。

在梳理了概念术语上既成的问题后，以英语为对照，本著分章就汉语中的不同非宾格结构表征、动词的题元关系和句法实现机制进行了讨论。在综述了四十多年来汉语非宾格性的不同结构表征、动词的句法-语义条件和结构实现机制等多方面研究成果的基础上，本著指出了非宾格性在汉英两种语言中存在一定的共性和差异性。共性表现在非宾格结构的语义条件相同，如动词表达的完结性和结果状态变化意义，动词核心论元的非施为性意义，非宾格动词的内论元具有基础位置和移位双重表现等。差异性则主要表现在题元关系对句法投射上的不同表征,如汉语一些及物动词、非施格动词也都有宾语前置结构,而一些非及物动词则有施事或客事后置结构,两者都有可能表现出非宾格性特征。本著试图区分这些典型非宾格结构表征及其与类非宾格结构之间的异同,并作出解释,从而证明在遵循普遍原则的同时,语言之间也广泛存在参数差异。就汉英两种语言而言,在非宾格性问题上,除了其基础语义特性的共性外,非宾格性基础结构也具有共性;差异性主要表现为词汇语义及其题元关系的结构配置上的不同。这是基于 Chomsky(1995)关于普遍原则与参数的论述,其理据在于人类语言具有共性,即普遍原则,这一普遍原则统领人类所有语言的基础结构。同时,人类对客观世界和社会的认识也有同一性,形成了人类百科知识体系,因而语义基础也具有共性。不同语言之间的差异就在于词汇形态与意义之间的关联具有任意性,即"所指"与"能指"之间的任意性。

至于人类语言的共性和差异性哪个更重要,在语言研究领域还无法、也没有必要做出结论性判断。就语言理论而言,研究共性是生成语言学的一贯追求,同时也探索参数差异,以便更好地进行母语和二语(外语)习得研究,两者互为促进,为探索人类语言本质不懈努力;就语言教学而言,也许了解不同语言之间的差异性,对外语教学更具有实践意义。

针对汉英两种语言在非宾格性题元关系及其结构实现的问题,我们首先重点分析了汉英存现结构和汉语领主属宾(保留宾语)结构的非宾格性句法。实际上,保留宾语结构不仅包括领主属宾结构,还有被动保留宾语结构,但是我们对此分章进行了讨论;因为领主属宾类型的保留宾语结构与存现结构具有较多共性,而被动保留宾语结构又与中动结构等所谓的受事主语结构具有共性。根据结构相似性进行归类处理,我们把前者归为典型的显性非宾格结构,而把后者归为类非宾格结构,并分别对其作出统一分析解释。在起动-使成及物转换结构中,如果起动结构是核心结构,那么使成结构就是扩充投射而来;动补结构中的结果谓词的核心论元是基础生成,那么经过"把"字结构转换,受事宾语获得移位提升,这时移位的动因并不是为了格。这可以解读为,在语用上是为了突显信息而进行的话题化和句末焦点化操作,从而使结构得到允准(Hu & Pan 2008;潘海华、韩景泉 2008;陆烁、潘海华 2014 等);或是在句法上解读为,为了进行 EF 特征核查而进行的句法推导使然(马志刚 2010a,2010b)。

其次,在句法-语义界面,另外一种非宾格性表征形式是动结式小句结构，而动结式复合词又与动名式复合词都具有相同的形态-句法界面特征。但本著进行了分开讨论，把动结式纳入句法结构展开分析，而将动名式复合词表现出的非宾格性单独归为一章进行词汇-句法框架下的形态句法分析。就动结式小句结构表现出的非宾格性，本著参照内部结构差异，还对动结式复合词及其"把"字结构进行了分析。动结式复合结构中的非宾格性由其结果谓词及其逻辑主语（主语指向或宾语指向）构成的非宾格性配置表征出来，而动名式复合词在进入句法结构前就直接由非宾格结构配置表征出来。但就这两类复合词及其词汇-句法操作，我们在张达球（2009）提出的形态-句法的基础上做了进一步的讨论分析。我们主张汉语复合词都经历了句法前的词汇-句法操作，而不是直接由词库规定其词汇特征。这在理论上符合 Hale & Keyser (1993) 的词汇-句法理论模型。在经验上，汉语具有独特的字本位系统，这也有力地支持汉语词汇化的主要形态是词根合并，包括动动（VV）、动结（VA）、动名（VN），甚至名名（NN）、形名（AN）复合等主要复合形式，其中动名（VN）复合包括动宾 VNo 和动主 VNs 两种主要形式，而后者包括本著第七章讨论的非宾格性词汇的形态-句法表征形式。由于汉语天生具有丰富的词根合并成词的能力，合成前词类的性质并不清晰，只有进入句法推导后，其语类特征才能确立。这就与分布形态理论有异曲同工之妙。因此，本著基于分布形态理论（Halle & Marantz 1993；Marantz 1997；Harley & Noyer 2003［1999］；林巧莉、韩景泉 2011；张智义、程工 2018 等）对汉语的形态结构进行尝试性分析，目的是希望引起学界对汉语非宾格性复合类动词的词汇-句法特性的关注。

再次，在形态-句法界面，本著试图重点探讨与此相关的汉语 $VN_{TH/EXP}$ 复合词的词汇化问题。这些问题涉及 $VN_{TH/EXP}$ 复合动词的内部结构的非宾格性配置，论元名词在基础位置以根形态参与词汇-句法推导，并通过词根与中心语合并生成 $VN_{TH/EXP}$ 复合词。由于汉语存在不同类型的 VN 复合词，其在不同的配置中的基础位置不同，复合生成的词类也因此并不完全相同，句法进一步操作路径也不同。对汉语传统上认定的多种词汇复合形式，包括 VN、AN、NN 等类型，我们主要讨论了 VN/AN 类具有非宾格性表征的词汇，而对 NN 类没有展开分析。因为在形态-句法界面讨论非宾格性还没有引起学界的重视，对 NN 类复合词是否可以定性为非宾格性复合词还有待全面斟酌，本著只是在张达球（2009）首次提出这一观点的基础上老话重谈，未能展开讨论。实际上，非宾格性探索还存在诸多疑问，本著尝试对已有的问题进行梳理，并加以综合回答和论述。

8.1 对研究问题的回答

本著开篇提出了相关研究问题，在各章节中基本做了分析并尝试给出回答，但还有不够完备的地方，仍然有诸多问题需要进一步探索。本著主要关注以下问题并给出相应回答：

（一）非宾格动词结构的唯一论元在基础位置如何不同于及物动词宾语，而在移位结构中又如何不同于非施格动词的主语？

我们认为，非宾格动词的论元在基础位置上同于及物动词的宾语，而在移位结构中同于非施格动词的主语。这种兼具及物动词和非及物动词的双重句法属性，不但受题元关系限制，而且受事件结构语义限制。非宾格结构是底层最核心的结构配置，由功能中心语 BECOME 选择标志语和补足语形成基础配置。在此基础上的扩充投射，如果由功能中心语 CAUSE 投射引入外部致因成分，则形成及物性结构，这种使成性及物结构不同于非使成性及物结构；如果非宾格性基础结构不发生扩充投射，但其论元经过移位，形成的结构为起动结构，这种结构不同于非施格性结构。两者的区别在于不同的动词语义及其题元关系。非宾格结构、非施格结构和使成及物结构，这三类结构的基础配置不同是由核心动词的语义决定的。非宾格结构之所以不同于其他两类结构，是因为其核心动词的语义表达的是结果状态变化意义。典型的结构表征为存现结构、领主属宾结构（包括被动保留宾语结构类型）和动补结构。这些结构都表征为显性非宾格结构，其句首成分通常是作为话题基础生成，即使有移位成分进入句首位置，其移位的动因不是为了格核查，而是在句法上为了 EF 核查，语义上为了信息突显及语用上的话题化要求。

（二）汉语中及物动词和非及物动词都能进入存现结构和领主属宾结构，如何鉴别哪些是非宾格结构？

Biber & Conrad(1999: 912 – 913)认为能进入处所倒置结构的及物动词也是非宾格性的，但这属于低频结构，如 hang，罗曼语中这种情况似乎频率更高。我们认为汉语此类情形尤甚，因为汉语中及物动词能进入存现结构的非常普遍，只要满足客体在空间有落脚点的语义模板和话题化的语用要求，就可以实现存现结构表征。存现结构还可以将客事论元提升移位到句首位置，这样客事和处所成分可以进行位置交换，如“墙上写着一排字”

"一排字写在墙上"。我们认为,这类及物性存现结构,由于受事或客事宾语在及物动词那里可以获得题元角色和格赋值,因此不符合非宾格结构的特性,只是话题化或受事主语句的一种表现形式。我们同时认为,这种所谓的受事主语句,本质上也是话题化结构,移动的名词成分作为话题,目的是实现新信息的焦点化。

我们认为,汉语及物动词有明确的子语类化关系,动词和受事宾语之间有明确的题元关系和格关系;非宾格动词只有题元关系,无格关系。当题元和格关系不能满足 Burzio 准则(Burzio 1986)时,就必须有别的机制满足结构允准条件,我们认为语用上的话题化以及句法上的轻动词中心语可以实现这一条件。

(三) 动结式复合词和动名式复合词属于汉语形态句法现象,其复合词经历了词汇-句法过程,因此如何解释它们进入句子句法前的生成过程?

我们认为,这两类复合词都可以在词汇-句法理论和分布形态理论框架内,就其在算式库中的形态进行生成解释,动结式复合词直接进入句法推导,其小句形成非宾格性配置;而动名式复合词在其进入句法推导后直接生成非宾格结构,这在很大程度上类同于单体存现动词的非宾格结构表征。

动结式或动名式复合词中,复合词到底是词库前构成还是在词汇-句法推导中生成?分布形态如何解释?我们认为,汉语复合词是词库前经过词汇-句法推导生成而来,其原始形态是基于汉语字本位假设,以词根形态参与合并及词汇-句法推导。

(四) 非宾格动词题元关系到底有哪些语义限制?除本身的语义外,非宾格动词的题元关系与动词所投射的论元结构相关,但论元结构的投射会有不同选择,论元结构选择与语义选择存在交织现象。比如,动结式和动名式复合词就表现不同:动结式论元角色会出现及物动词有主语而无宾语,非及物动词出现主语或宾语,结果谓词出现主语等现象,而在动名式复合词中,只有一部分 VN 形式才具有非宾格性质。

(五) 非宾格动词的句法实现条件有哪些?汉语内部具有多元非宾格结构表征,无论是显性非宾格结构还是类非宾格结构,在语用上都会出现话题化与焦点化方式;同时,句法上使用 EF 特征核查方式;在结构上领主属宾结构可以进行分离投射。不同的理论和方法,如话题化、信息焦点化、移位特征和引元结构分析等句法分析手段,似乎对相关问题的探讨各有侧重。虽然句法手段和词汇手段就有所不同,句法和语用方法也并不相同,但不同分析方法也都能各得其所。

这给我们的启示就是：对语言现象的探讨不仅有语言内部不同理论方法的运用,还可以进行跨语言不同类型之间的对照。不可能存在一个对所有语言试之皆准的统一理论,并且它能用来解决一种语言内部所遇到的全部问题。本著主要是在生成语法框架下,对比英语相关结构,重点探讨汉语中的非宾格结构及其句法实现问题。对于相关问题的分析,还存在诸多需要完善的地方,讨论和分析也难免存在不足和偏颇之处。

8.2 本著的主要观点、不足及未来研究方向

本著着眼于汉语非宾格性的词汇形态、句法结构、语义和语用等层面的表达,并试图在前人研究成果的基础上,对非宾格性在汉语中纷繁复杂的表征形式进行归类梳理,对已有分析和解释给予全面的评述并提出本著的观点。为此,本著在以下方面尝试性地做了一定的理论探索,同时在相关结构的语法上做到充分描写,也力求对不同表征给予充分解释。

8.2.1 本著的主要观点

通过对非宾格性问题的探讨,本著在句法理论方面对如下问题进行了回答：

（一）在类型学上,汉语支持非宾格性（句法施格性）突出特征,具有明显的分裂施格性。这种分裂施格性,在汉语中表现为跨语言的句法混合性,这也正是导致学界相关术语混同的根本原因之一。非宾格性也是跨语言类型混合句法的一种典型表现,在各语言中或多或少都存在这种混合句法性,汉语也不例外。

（二）在形态学上,汉语有丰富的词汇非宾格性特征,这一点一直被学界忽略。这一观点支持词汇-句法和分布形态理论。

（三）在句法上,明确被动结构、中动结构并非典型意义上的非宾格性,只是一种类非宾格性的表征形式;在所谓的受事主语句中,需要区分移

位性起动式非宾格结构与其他主语流变式受事主语句的差异。

（四）汉语中的结构依存关系、语义选择关系和题元关系，决定组配的合法性。这种组配受语义选择限制和句法依存条件限制较小。依存关系不仅有语类性质，还有语义性质，且后者优于前者。（非）论元成分外置或复合动词提升都有助于结构依存关系的形成。

（五）汉语词汇化中非宾格性配置类型的复合动词存在词汇-句法理据。具体地说，在类型学上，汉语有突出的主语流变性特征，我们认为这种主语的流变性结构中很大一部分表现出非宾格性质，因而较好地支持汉语的偏施格性类型特征。尽管叶狂、潘海华（2017）并不因此认为汉语具有突出的施格性特征，但我们通过多种结构表征判断，认为汉语表现出突出的施格（非宾格）性。汉语主语的流变性特征只是非宾格表现的一种结构形态，但这并不说明汉语主语流变性就是非宾格结构表征的充分条件。

形态上，汉语有丰富的词汇合并上的非宾格性配置特征，这一点一直被学界忽略。这一观点以汉语字本位为出发点，根据分布形态理论和词汇-句法和句子-句法推导中的基础性假设作用，有望较好地解决词语跨类问题。就传统的句法依存关系而言，$VN_{TH/EXP}$的语义选择关乎两者间的匹配，决定组合的合法性。这种组合的基础在于题元关系中的语义选择域内限制，而在结构选择上并不完全受制于语类选择上的依存性。比如，在“这瓶酒喝醉了老王”“王冕死了父亲”等表达中，乍一看，核心谓词与句首成分在语义上没有依存关系，这种结构上的非依存性也只存在于外论元和 VP 之间。这就证明结构投射可以保证结构层级性和语义依存性之间的一致性（参见 Zhang 2016）。$VN_{TH/EXP}$复合词必须通过题元关系来保证结构的不同层级上的依存性。VN 是否可以再带上一个名词性短语成分，如“登陆上海滩”“牵手华纳”“联姻吉利”等，其决定性因素除了词汇化程度高低外，可能还有其他因素，如中古遗存、书面语体或新闻语体等语体因素的影响。

句法上，明确被动结构、中动结构和狭义上的受事主语结构并非典型意义上的非宾格性表征，只是其在结构语义和动词的被动意义上表现出非宾格性。但我们认为，汉语的被动词缺乏词汇形态，“被”字结构本质上属于结构被动标记词，因此，汉语的句子结构被动和英语的形态-结构被动类型有所不同，在其非宾格性地位问题上也就存在分歧。我们认为，被动结构、中动结构在结构上具有类非宾格性的表征形式。中动结构表征形式上也同于非宾格结构，受事宾语置于主语位置，动词在语义上表达为被动性和惯常性。因此,它在结构和语义上的确具有非宾格性,但我们认为,中动结构的允准条件需要依赖副词才能实现,因而它不是严格意义上的非宾格结构,而是类非宾格结构。在及物动词的受事主语结构中,起动类受事主语句是典型的非宾格结构,而狭义受事主语句,如"鸡吃了",因受事宾语提升移位转换为话题句,则不具有非宾格性质。潘海华(2018)也同意狭义上的受事主语句是话题句,主语位置是空成分 Pro。我们认为这与汉语是主语脱落的语言类型相一致。也就是说,如果一种语言是主语脱落类型,那么该语言就允许主语空位式话题结构。因而,一种语言的主语脱落也就与话题突出具有一致性。

本著对汉语非宾格性的研究,最具新意的是在张达球(2009)对汉语非宾格性配置的 $VN_{TH/EXP}$ 复合词描写的基础上,认为通过词库前词汇-句法操作衍生复合词,然后再进入句子-句法参与句法推导,直接生成非宾格结构。这类结构多同于单体存现动词的非宾格结构。我们并不认同潘海华、叶狂(2015)提出的离合同源结构删略策略,因为他们的前提仍然是基于词库和词汇映射理论,而词库对词汇特性的规定在本著中缺乏合理性。此外,根据词汇投射规则,词汇语义到句法结构之间存在一个中间层,即词汇论元结构。这一结构是句法-语义的接口层,是动词词汇-句法特性确认的层面,对决定动词句法属性起决定性作用,具有参考意义。但是,无论是从词汇层面还是句法层面讨论非宾格性问题,都应立足于论元结构的题元关系这一解决问题的出发点。两者就词汇的题元关系而言是一致的,只是论元结构层的论元投射和句法结构的实现手段有所不同,词汇投射采用论元增删和语义限制方式,而句法实现则依赖合并、移位和特征核查,同时也必须受语义条件限制。

8.2.2 本著的遗留问题及未来努力方向

本著在前人研究成果基础上,对非宾格性的表征形式以及在形态-句法、句法-语义和句法-语用界面纷繁复杂的结构进行梳理和综述,并试图提出本著的评论和观点,以期对长期争论的问题统一进行合理的解释。但是,非宾格性语言问题是个跨世纪的复杂性难题,还有不少问题仍待解决。

首先,从语言类型学上看,非宾格性问题之所以复杂,正是跨类型的语言交织的必然结果。这样,跨类型上的概念混同问题自然存在。本著虽然对此进行了详细的梳理,但几十年来的习惯,恐怕也只能是以讹传讹,任其传承下去。

其次,关于非宾格结构中名词成分句法性质的争论依然存在。非宾格结构中动词后基础位置上的名词成分因无法从动词那里获得格位,使得该动词被视为具有非宾格性质,虽然本著主张动后名词成分通过成分统制关系进行结构允准,但没有进行详细论证。这就意味着汉语不受格理论支配,而偏离普遍原则。

再次,非宾格结构中的句首成分问题仍不明确。一方面,汉语可以允许主语脱落,尤其是在存现结构和领主属宾结构中,这可以很好地明确汉英非宾格结构上的参数差异;另一方面,英语需要满足 EPP 原则,而汉语需要满足 EF 特征核查要求。对汉语来说,这也带来一个问题:既然允许主语脱落,那么为何还需要进行 EF 特征核查?EF 特征核查是句法手段,而话题又是语用手段,如何进行句法-语用界面的解释,似乎还没有统一起来。本著没有就此问题展开讨论,留有缺陷,有待后期进一步努力。

就汉英跨语言比较而言,我们需要回答以下两大问题:

(一)非宾格动词题元关系在汉英语中到底有哪些语义限制上的异同?

(二)非宾格动词的句法实现条件在汉英语中有哪些跨语言参数差异?

对这两大问题的回答并不容易,也并非本著能完全解决。但本著认为,人类语言在普遍语法假设条件下,都会遵循一些基本原则,如允准原则、投射原则、充分解释原则等。具体来说,允准原则规定,心理表征中的每一个成分必须获得允准,如:每个论元必须被指派一个题元角色,谓词必须有主语等。投射原则要求题元标记特性必须在每一个句法层(底层、表层、逻辑式)表征出来这一原则,加上每一个子句必须有句法主语的规定,满足 EPP 原则。充分解释原则规定每一个可见成分在语音式和逻辑式中都必须获得合理解释。这些普遍原则,在汉语中也得到了遵循,但在移位特征上表现出典型的参数差异。

除了这些一般原则,还有诸多子理论,包括管约论(空语类,所有移动留下的空位在逻辑式中必须受管控),格理论,题元理论及边界(bounding)理论(EF,移动-a 的局域条件等),在本著的讨论中都有相关剖析。

为了在句法-语义关系下解释非宾格现象,作为其基础对应的动词题元关系是本著重点专注的语义关系。中心谓词与句法相关的语义部分可以进行语义分解（由原位词 DO、CAUSE、BECOME 等功能成分控制语义）。这些句法推导和生成中所涉及的语义条件和规则，是语言学理论所遵循的普遍原则，在汉语句法以及跨语言类型的非宾格性研究中发挥重要作用。

生成语法在探寻人类语言的普遍原则的同时，也力图解释跨语言时存在的语言差异。关于汉语在非宾格性问题上的参数差异，可以归纳为以下两方面。

在结构上，虽然汉语中并非所有无主句都能表达非宾格性，但主语脱落中的一种类型是存现结构表达非宾格性的一种典型手段；正是这种主语脱落现象的可能性，使得汉语结构出现多样性表征方式。其中一种类型是宾语移位结构，主语位置可以接纳宾语移位而来的成分，生成广义上的多种形式的受事主语句，包括被动结构、中动结构及狭义上的受事主语句。另一种类型是话题结构，即使出现主语脱落，但由于汉语是话题突出类型的语言，非论元话题位置上可以接受几乎所有成分，这时很容易产生主语和话题上的分歧。

在句法上，话题和主语是不同的结构位置成分，各自都可以为空位，各自也都可以分别有非论元成分和论元成分。因此，句法上的 EPP 特征和 EF 特征可以较好地对汉语话题结构和主语结构进行特征分析。这是汉英语在存现结构表征非宾格性上参数差异的一个突出表现。

话题成分既然可以是任意成分，那么在汉语的非宾格结构中突出的话题结构之一就是受影响者成分，词汇映射理论在动词论元结构中插入受影响者成分，可以实现领主属宾结构投射的非宾格性，这也可以看作汉英语在题元层级上的一个参数。英语不允许这类领属短语成分分裂投射的结构，而汉语则可以。至于动补结构，汉英语存在的差异不明显，只是在复合谓词的题元关系上，汉语比英语表现出复杂性，不具有参数差异。其他非典型性非宾格结构表征因都受语义条件限制，则不应纳入参数值范畴。

汉语中正是有存现结构和领主属宾结构这两类突出的显性非宾格结构表征，且两者的共性都是话题成分和客事成分分别位于句首和句末位置，并由完成体标记词“了”参与结构投射，因此有学者提出用引元理论对此进行解释。这样看来，在生成语法框架内部，无论是纯句法理论还是词汇映射理论，也不管是词汇-句法理论还是分布形态理论，各种理论假设都是为了更好地解释语言现象，探索语言表象背后的本质属性，从而用更简洁的理论假设获得解释的充分性,以期语言研究更接近完美。

此外,当今信息技术和人工智能快速发展,自然语言处理过程中基于语法规则的机器学习和翻译应用并不能反映跨语言输出的实际要求。因而,在机器翻译中,大数据和语料中的非宾格动词及其题元关系如何通过频率建构规则,并在具体语言表达中产出合理结构,学界似乎还没有涉及这一全新的领域。通过语料库提取相关结构,探索非宾格结构的机器学习规律,寻找人工智能在该类结构的加工与传统语言加工过程上的差异,不但非常有趣,而且将为语言理论研究提供全新的广阔空间。

参考文献

Abels, K. 2003. *Successive cyclicity, anti-locality, and adposition stranding*. Ph. D. dissertation, University of Connecticut.

Ackema, P. & M. Schoorlemmer. 1995. Middles and nonmovement. *Linguistic Inquiry*, 26: 173 – 197.

Adger, D. 2003. *Core syntax: A minimalist approach*. Oxford: Oxford University Press.

Agnew, Z., H. Van de Koot, C. Mcgettigan & S. Scott. 2014. Do sentences with unaccusative verbs involve syntactic movement? Evidence from neuroimaging. *Language Cognition & Neuroscience*, 29 (9): 10 – 35.

Aissen, J. 2010. Depictives and serialization in Tzotzil: Hypothesis A/ hypothesis B. In D. B. Gerdts, J. C. Moore & M. Polinsky (eds.), *Current studies in linguistics*. Cambridge, MA: MIT Press, 1 – 17.

Alexiadou, A., E. Anagnostopoulou & M. Everaert. 2004. *The unaccusativity puzzle: Explorations of the syntax-lexicon interface*. Oxford: Oxford University Press.

Alexiadou, A. & E. Doron. 2012. The syntactic construction of two non-active voices: Passives and middles. *Journal of Linguistics*, 48: 1 – 34.

Anderson, J. M. 1976. *The grammar of case: Towards a localistic theory*. Cambridge: Cambridge University Press.

Baker, M. 1988. *Incorporation: A theory of grammatical function changing*. Chicago: University of Chicago Press.

Baker, M. C. 1996. *The polysynthesis parameter*. Oxford: Oxford University Press.

Baker, M. C. 2014. Pseudo noun incorporation as covert noun incorporation: Linearization and crosslinguistic variation. *Language and Linguistics*, 15(1): 5 – 46.

Belletti, A. 1988. The case of unaccusatives. *Linguistic Inquiry*, 19: 1 - 34.

Belletti, A. 2001. Inversion as focalization. In A. Hulk & J.-Y. Pollock(eds.), *Subject inversion in Romance and the theory of Universal Grammar*. Oxford: Oxford University Press, 60 - 90.

Belletti, A. 2004. *Structures and beyond: The cartography of syntactic structures*. Oxford: Oxford University Press.

Belletti, A. & L. Rizzi. 1988. Psych-verbs and θ-theory. *Natural Language and Linguistic Theory*, 6: 291 - 352.

Biber, D. & S. Conrad. 1999. Lexical bundles in conversation and academic prose. *Language and Computers*, 26: 181 - 190.

Birner, B. 1994. Information status and word order: An analysis of English inversion. *Language*, 70(2): 233 - 259.

Birner, B. 1995. Pragmatic constraints on the verb in English inversion. *Lingua*, 97(4): 233 - 256.

Bittner, M. & K. Hale. 1996. Ergativity: Toward a theory of a heterogeneous class. *Linguistic Inquiry*, 27(4): 531 - 604.

Bobaljik, J. D. 1993. On ergativity and ergative unergatives. In C. Phillips (ed.), *MIT working papers in linguistics, Vol.19: Papers on case and agreement II*. Cambridge, MA: MIT Press, 45 - 88.

Bobaljik, J. D. 2008. Missing persons: A case study in morphological universals. *The Linguistic Review*, 25(1 - 2): 203 - 230.

Bolinger, D. 1977. *Meaning and form*. London and New York: Longmans.

Borer, H. 1983. *Parametric syntax*. Dordrecht: Foris.

Borer, H. 1994. The projection of arguments. In E. Benedicto & J. Runner (eds.), *Functional projections UMOP 17*. Amherst: University of Massachusetts, 19 - 47.

Borer, H. 2004. The grammar machine. In A. Alexiadou, E. Anagnostopoulou & M. Everaert (eds.), *The unaccusativity puzzle: Explorations of the syntax-lexicon interface*. Oxford: Oxford University Press, 288 - 331.

Borer, H. 2005. *Structuring sense: An exo-skeletal trilogy*. New York: Oxford University Press.

Bresnan, J. 1989. The syntactic projection problem and the comparative syntax of locative inversion. In C-R. Huang & K-J. Chen (eds.), *Proceedings of ROClING II computational linguistics conference II*. Nantou: The Association for Computational Linguistics and Chinese Language Processing (ACLCLP), 375 - 396.

Bresnan, J. 1990. Levels of representation in locative inversion: A comparison of English and Chichewa. Ms., Stanford University.

Bresnan, J. 1994. Locative inversion and the architecture of Universal Grammar. *Language*, 1: 72 - 131.

Bresnan, J. & J. Kanerva. 1989. Locative inversion in Chichêwa, *Linguistic Inquiry*, 20: 1 - 50.

Bresnan, J. & L. Moshi. 1990. Object asymmetries in comparative Bantu syntax. *Linguistic Inquiry*, 21(2): 147 - 185.

Bruening, B. 2010. Ditransitive asymmetries and a theory of idiom formation. *Linguistic*

Inquiry, 41(4): 519 - 562.

Burzio, L. 1981. *Intransitive verbs and Italian auxiliaries*. Ph. D. Dissertation, MIT.

Burzio, L. 1986. *Italian syntax: A government-binding approach*. Dordrecht: Reidel.

Cardinaletti, A. 1990. Subject/object asymmetries in German null-topic constructions and the status of Spec-CP. In J. Mascaró & M. Nespor (eds.), *Grammar in progress*. Berlin: De Gruyter Mouton, 75 - 84.

Chafe, W. 1976. Givenness, contrastiveness, definiteness, subjects, topics and point of view. In C. Li (ed.), *Subject and topic*. New York: Academic Press, 27 - 55.

Chao, Y. R. 1968. *A grammar of spoken Chinese*. Berkeley, California: University of California Press.

Chen, P. 1996. Pragmatic interpretations of structural topics and relativization in Chinese. *Journal of Pragmatics*, 26(3): 389 - 406.

Cheng, L.-S. & C. -T. Huang. 1994. On the argument structure of resultative compounds. In M. Chen & O. Tzeng (eds.), *In honor of William S.-Y. Wang: Interdisciplinary studies on language change*. Taipei: Pyramid Press, 187 - 221.

Chierchia, G. 2004. Scalar implicatures, polarity phenomena, and the syntax/pragmatics interface. *Structures and Beyond*, 3: 39 - 103.

Chiu, B. 1993. *The inflectional structure of mandarin Chinese*, Ph. D. Dissertation, UCLA.

Chomsky, N. 1965. *Aspects of the theory of syntax*. Cambridge, MA: MIT Press.

Chomsky, N. 1970. Remarks on nominalization. In R. Jacobs & S. R. Peter (eds.), *Readings in English transformation grammar*. Waltham, MA: Ginn, 184 - 221.

Chomsky, N. 1981. *Lectures on government and binding*. Dordrecht: Reidel.

Chomsky, N. 1986. *Barriers*. Cambridge, MA: MIT Press.

Chomsky, N. 1995. *The minimalist program*. Cambridge, MA: MIT Press.

Chomsky, N. 1999. Derivation by phase. *MIT Occasional Papers in Linguistics*, 18. Cambridge: MIT Press.

Chomsky, N. 2000. Minimalist inquiries: The framework. In R. Martin, D. Michaels & J. Uriagereka (eds.), *Step by step: Essays on minimalist syntax in honor of Howard Lasnik*. Cambridge: MIT Press, 89 - 155.

Chomsky, N. 2001. Beyond explanatory adequacy. In A. Belletti (ed.), *Structures and beyond: The cartography of syntactic structure*. Oxford: Oxford University Press, 104 - 131.

Chomsky, N. 2007a. Approaching UG from below. In U. Sauerland & H. M. Gartner (eds.), *Interfaces+recursion = language?* Berlin: De Gruyter Mouton, 1 - 29.

Chomsky, N. 2007b. Biolinguistic explorations: Design, development, evolution. *International Journal of Philosophical Studies*, 15 (1): 1 - 20.

Chomsky, N. 2013. Problems of projection. *Lingua*, 130: 33 - 49.

Chvany, C. V. 1975. *On the syntax of BE-sentences in Russian*. Bloomington, IN: Slavica Publishers.

Coon, J. 2010. *Complementation in Chol (Mayan): A theory of split ergativity*. Ph. D. Dssertation, MIT.

Coon, J. & O. Preminger. 2012. Taking 'ergativity' out of split ergativity: A structural account of aspect and person splits. *Ling Buzz* /001556.

Coopmans, P. 1989. Where stylistic and syntactic processes meet: Locative inversion in English. *Language*, 65: 728 - 751.

Cowper, E. A. 1992. *A concise introduction to syntactic theory*. Chicago: University of Chicago Press.

Croft, W. 2002[1990]. *Typology and universals*. Cambridge: Cambridge University Press.

Crystal, D. 1991. *A dictionary of linguistics and phonetics* (3rd ed.). Oxford: Blackwell.

Cuervo, M. C. 2003. Structural asymmetries but same word order: The dative alternation in Spanish. *Asymmetry in Grammar*, 1: 117 - 144.

Cuervo, M. C. 2015. Causation without a cause. *Syntax*, 18(4): 388 - 424.

Deal, A. R. 2015. Ergativity. In T. Kiss & A. Alexiadou (eds.), *Syntax-theory and analysis: An international handbook I*. Berlin: De Gruyter Mouton, 654 - 708.

De Belder, M. 2011. *Roots and affixes: Eliminating lexical categories from syntax*. Utrecht University Dissertation.

DeLancey, S. 1981. An interpretation of split ergativity and related patterns. *Language*, 57 (3): 626 - 657.

Den Besten, H. 1985. The ergative hypothesis and free word order in Dutch and German. *Studies in German Grammar*, 21: 23 - 64.

Diesing, M. 1992. *Indefinites*. Cambridge, MA: MIT Press.

Di Sciullo, A. 2005. *Asymmetric morphology*. Cambridge, MA: MIT Press.

Dixon, R. M. W. 1979. Ergativity. *Language*, 55: 59 - 138.

Dixon, R. M. W. 1994. *Ergativity*. New York: Cambridge University Press.

Domínguez, L. 2004. *Mapping focus: The syntax and prosody of focus in Spanish*. Doctoral Dissertation, Boston University.

Du Bois, J. W. 1987. The discourse basis of ergativity. *Language*, 63(4): 805 - 855.

Eguzkitza, A. & G. A. Kaiser. 1999. Postverbal subjects in Romance and German: Some notes on the unaccusative hypothesis. *Lingua*, 109: 195 - 219.

Embick, D. 2004. Unaccusative syntax and verbal alternations. In A. Alexiadon, E. Anagnostopoulou & M. Everaert (eds.), *The unaccusativity puzzle: Explorations of the syntax-lexicon interface*. Oxford: Oxford University Press, 137 - 158.

Embick, D. & R. Noyer. 2007. Distributed morphology and the syntax-morphology interface. In G. Ramchand & C. Reiss (eds.), *The Oxford handbook of linguistic interfaces*. Oxford: Oxford University Press, 289 - 324.

Fagan, S. 1988. The English middle. *Linguistic Inquiry*, 19: 181 - 203.

Fagan, S. 1992. The syntax and semantics of middle constructions: A study with special reference to German. *Journal of Linguistics*, 31(2): 472 - 474.

Fellbaum, C. 1986. *On the middle construction in English* (Vol. 330). Bloomington: Indiana University Linguistics Club.

Feng, S. 1999. *Prosodically determined distinctions between word and phrase in Chinese*. Ms., University of Kansas.

Fillmore, C. J. 1968. *The case for case*/《格辩》. 胡明扬 译.2002.北京：商务印书馆.

Fox, B. A. 1987. The noun phrase accessibility hierarchy reinterpreted: Subject primacy or the absolutive hypothesis? *Language*, 63(4): 856 - 870.

Frei, H. 1957. The ergative construction in Chinese: Theory of Pekinese pa3. *Gengo kenkyū* (《语言研究》),32: 83 - 115.

Froud, K. 2006. Unaccusativity as lexical argument reduction: Evidence from aphasia. *Lingua*, 116: 1631 - 1650.

Fukui, N. 1995. The principles-and-parameters approach: A comparative syntax of English and Japanese. In M. Y. Shibatani & T. Bynon (eds.), *Approaches to language typology*. Oxford: Oxford University Press, 327 - 372.

Garrett, M. F. 1990. Sentence processing. In D. N. Osherson & H. Lasnik (eds.), *Language: An invitation to cognitive science* (Vol. 1). Cambridge, MA: MIT Press, 133 - 175.

Gildea, S. & F. Alves. 2010. Nominative-absolutive: Counter-universal split ergativity in Jê and Cariban. In S. Gildea & F. Queixalós (eds.), *Ergativity in Amazonia*. Amsterdam: John Benjamins, 159 - 199.

Godfrey, J., E. Holliman & J. McDanial. 1992. SWITCHBOARD: Telephone speech corpus for research and development. *Proceedings of the 1992 IEEE international conference on acoustics, speech and signal processing - ICASSP*, Volume 1: 517 - 520.

Goldberg, A. E. 1995. *Constructions: A construction grammar approach to argument structure*. Chicago: University of Chicago Press.

Gordon, P. C. & R. Hendrick. 2005. Relativization, ergativity and corpus frequency. *Linguistic Inquiry*, 36 (3): 456 - 463.

Grimshaw, J. 1979. Complement selection and the lexicon. *Linguistic Inquiry*, 10: 279 - 326.

Grimshaw, J. 1981. Form, function and the language acquisition device. In C. L. Baker & J. J. McCarthy (eds.), *The logical problem of language acquisition*. Cambridge, MA: MIT Press, 165 - 182.

Grimshaw, J. 1990. *Argument structure*. Cambridge, MA: MIT Press.

Grimshaw, J. 1993. *Semantic structure and semantic content in lexical representation*. Ms., Rutgers University.

Gruber, J. 1965. *Studies in lexical relations*. Doctoral Dissertation, MIT.

Gu, Y. 1992. On the locative existential construction in Chinese. In D. Bates (ed.), *The tenth west coast conference on formal linguistics*. Stanford: The Stanford Linguistics Association, 183 - 195.

Hale, K. & S. J. Keyser. 1986. *Some transitivity alternations in English* (Lexicon project working paper 7). Cambridge: Center for Cognitive Science.

Hale, K. & S. J. Keyser. 1987. *A view from the middle* (Lexicon project working paper 10). Cambridge: Center for Cognitive Science.

Hale, K. & S. J. Keyser. 1991. *On the syntax of argument structure*. Cambridge: Center for Cognitive Science.

Hale, K. & S. J. Keyser. 1992. The syntactic character of thematic structure. In I.M. Roca (ed), *Thematic structure: Its role in grammar*. Berlin & Boston: De Gruyter Mouton, 107 - 143.

Hale, K. & S. J. Keyser. 1997. On the complex nature of simple predicators. In A. Alisina et al. (eds.), *Complex predicates*. Stanford, CA: CSLI Publications, 29 - 65.

Hale, K. & S.J. Keyser. 1998. The basic elements of argument structure. In H. Harley (ed.), *MIT working papers in linguistics* 32, Cambridge, MA: MITWPL, 73 – 118.

Hale, K. & S. J. Keyser. 1999. Adjectives, other stative predicates, and the roots of stativity. MIT.

Hale, K. & S. J. Keyser (eds.). 1993. *The view from building 20*. Cambridge, MA: MIT Press.

Halle, M. & A. Marantz.1993. Distributed morphology and the pieces of inflection. In K. L. Hale & S. J. Keyser (eds.), *The view from building 20: Essays in linguistics in honor of Sylvain Bromberger*. Cambridge, MA: MIT Press, 111 – 176.

Halliday, M. A. K. 1967. Notes on transitivity and theme in English, Part 1. *Journal of Linguistics*, 3: 37 – 81.

Harley, H. 1995. *Subjects, events, and licensing*. Doctoral Dissertation, MIT.

Harley, H. & R. Noyer, 2003[1999]. Distributed morphology. In L. Cheng & R. Sybesma (eds.), *The second GLOT international state-of-the-article book*. Berlin: De Gruyter Mouton, 463 – 496.

Her, O-S. 1991. Topic as a grammatical function in Chinese. *Lingua*, 84: 1 – 23.

Hoekstra, T. 1988. Small clause results. *Lingua*, 74: 101 – 139.

Hoekstra, T. 1999. Auxiliary selection in Dutch. *Natural Language & Linguistic Theory*, 17(1): 67 – 84.

Hoekstra, T. 2004. *Arguments and structure: Studies on the architecture of the sentence*. Berlin: De Gruyter Mouton.

Hu, J. & H. Pan. 2007. Focus and the basic function of the existential *You*-sentences. In I. Comorovsky & K. von Heusinger (eds.), *Existence: Semantics and syntax. Studies in linguistics and philosophy* (Vol.84). Dordrecht: Springer, 133 – 145.

Hu, J. & H. Pan. 2008. A semantic-pragmatic interface account of (dangling) topics in Mandarin Chinese. *Journal of Pragmatics*, 40: 1966 – 1981.

Huang, C.-T. James. 1984. On the distribution and reference of empty pronouns. *Linguistic Inquiry*, 15: 531 – 574.

Huang, C.-T. James. 1987. Existential sentences in Chinese and (in) definiteness. In E. J. Reuland & A. G. B. Meulen (eds.), *The representation of (in) definiteness*. Cambridge, MA: MIT Press, 64 – 85.

Huang, C.-T. James. 1992. Complex predicates in control. In R. K. Larson, S. latridou, U. Lahiri & J. Higginbotham (eds.), *Control and grammar*. Dordrecht: Springer, 109 – 147.

Huang, C.-T. James. 1997. On lexical structure and syntactic projection. *Chinese Language and Linguistics*, 3: 45 – 89.

Huang, C.-T. James. 2001. Chinese passives in comparative perspective. *Tsing Hua Journal of Chinese Studies*, 29 (1): 423 – 509.

Huang, C.-T. James. 2006. Resultatives and unaccusatives: A parametric view. *Bulletin of the Chinese Linguistic Society of Japan*, 253: 1 – 43.

Huang, C-T. James, Y.-H. Li & Y.F. Li. 2009. *Syntax of Chinese*. Cambridge: Cambridge University Press.

Huang, S. 1982. *Papers in Chinese syntax*. Taipei: Crane.

Iwata, S. 1999. On the status of an implicit arguments in middles. *Journal of linguistics*, 35(3): 527 - 553.

Jackendoff, R. 1983. *Semantics and cognition*. Cambridge, MA: MIT Press.

Jackendoff, R. 1987. The status of thematic relations in linguistic theory. *Linguistic Inquiry*, 18: 369 - 411.

Jackendoff, R. 1990. *Semantics structures*. Cambridge, MA: MIT Press.

Keenan, E. L. & B. Comrie. 1977. Noun phrase accessibility and universal grammar. *Linguistic Inquiry*, 8(1): 63 - 99.

Kegl, J. 1995. Levels of representation and units of access relevant to agrammatism. *Brain and Language*, 50 (2): 151 - 200.

Keyser, S. J. & T. Roeper. 1984. On the middle and ergative constructions in English. *Linguistic Inquiry*, 15(3): 381 - 416.

Kiss, K. E. 1995. *Discourse configurational languages*. Oxford: Oxford University Press.

Koopman, H. & D. Sportiche. 1991. The position of subjects. *Lingua*, 85: 211 - 258.

Kratzer, A. 1994. *The event argument and the semantics of voice*. Ms., University of Massachusetts at Amherst.

Kratzer, A. 1996. Serving the external argument from its verb. In J. Rooryck & L. Zaring (eds.), *Phrase structure and lexicon*. Dordrecht, the Netherlands: Kluwer Academic Publishers, 109 - 137.

Kučera, H. & W. N. Francis. 1967. *Computational analysis of present-day American English*. Providence: Brown University Press.

Lakoff, G. 1970. Pronominalization, negation and the analysis of adverbs. In R. Jacobs & P. Rosenbaum (eds.), *Readings in English transformational grammar*. Waltham, MA: Ginn & Company, 145 - 165.

Landau, I. 2007. EPP extensions. *Linguistic Inquiry*, 38(3): 485 - 483.

Langacker, R. W. 1991 [1987]. *Foundations of cognitive grammar: Theoretical prerequisites* (Vol. 1). Stanford; CA: Stanford University Press.

Larson, R. 1988. On the double object construction. *Linguistic Inquiry*, 19: 335 - 391.

Lasnik, H. 2003. On the extended projection principle. *Studies in Modern Grammar*, 31 (31): 1 - 23.

Lee, M. & C. K. Thompson. 2004. Agrammatic aphasic production and comprehension of unaccusative verbs in sentence contexts. *Journal of Neurolinguistics*, 17 (4): 315 - 330.

Lemmens, M. 1998. *Lexical perspectives on transitivity and ergativity: Causative constructions in English* (Vol. 166). Amsterdam: John Benjamins Publishing.

Levin, B. & M. Rappaport Hovav. 1988. Nonevent -er nominals: A probe into argument structure. *Linguistics*, 26: 1067 - 1083.

Levin, B. & M. Rappaport Hovav. 1989. An approach to unaccusative mismatches. *North East Linguistic Society*, 19: 314 - 329.

Levin, B. & M. Rappaport Hovav. 1995. *Unaccusativity: At the syntax-lexical semantics interface*. Cambridge, MA: MIT Press.

Levin, B. & M. Rappaport Hovav. 2005. *Argument realization*. Cambridge, MA: Cambridge University Press.

Li, C. & S. Thompson. 1976. Subject and topic: A new typology of language. In C. Li (ed.), *Subject and topic*. New York: Academic Press, 459 - 489.

Li, C. & S. Thompson. 1981. *Mandarin Chinese: A functional reference grammar*. Berkeley: University of California Press.

Li, Y. C. & M. Yip. 1979. The Bǎ-construction and ergativity in Chinese. In F. Plank (ed.), *Ergativity: Towards a theory of grammatical relations*. London: Academic Press, 103 - 114.

Li, Y. F. 1990. On V-V compounds in Chinese. *Natural Language and Linguistic Theory*, 8: 177 - 207.

Li, Y. F. 1993. Structural head and aspectuality. *Language*, 69: 480 - 504.

Li, Y-H. A. 1990. *Order and constituency in Mandarin Chinese*. Dordrecht: Kluwer Academic Publishers.

Lieber, R. 2004. *Morphology and lexical semantics*. Cambridge: Cambridge University Press.

Lieber, R. 2006. The category of roots and the roots of categories: What we learn from selection in derivation. *Morphology* 16(2): 247 - 272.

Lin, J. 2004. *Event structure and the encoding of arguments: The syntax of the Mandarin and English verbal phrase*. Doctoral Dissertation, MIT.

Lin, J. W. & N. N. Zhang. 2006. The syntax of the non-referential TA 'it' in Mandarin Chinese. *Language and Linguistics*, 7(4): 991 - 1016.

Lin, T.-H. J. 2001. *Light verb syntax and the theory of phrase structure*, Doctoral Dissertation, University of California, Irvine.

Lin, T.-H. J. 2008. Locative subject in Mandarin Chinese. *Nanzan Linguistics*, 4: 69 - 88.

Lozano, C. 2006. The development of syntax-discourse interface. In V. Terrons & L. Escobar (eds.), *The acquisition of syntax in romance languages*. Amsterdam/Philadelphia: John Benjamins Publishing Company, 371 - 399.

Lyons, J. 1968. *Introduction to theoretical linguistics*. Cambridge: Cambridge University Press.

MacWhinney, B. 2000. *The CHILDES project: The database* (Vol. 2). Mahwah, New Jersey: Psychology Press.

Mahajan, A. 1994. The ergativity parameter: Have-be alternation, word order and split ergativity. *Proceedings of NELS*, 24: 317 - 331.

Mahajan, A. 1997. Universal grammar and the typology of ergative languages. In A. Alexiadou & T. A. Hall (eds.), *Studies on universal grammar and typological variation*. Amsterdam: John Benjamins, 35 - 57.

Mahajan, A. 2012. Ergatives, antipassives and the overt light v in Hindi. *Lingua*, 122 (3): 204 - 214.

Manning, C. D. 1994. *Ergativity: Argument structure and grammatical relations*. Doctoral Dissertation, Stanford University.

Marantz, A. 1984. *On the nature of grammatical relations*: Vol. 10 of *linguistic inquiry* monographs. Cambridge, MA: MIT Press.

Marantz, A. 1988. Clitics, morphological merger, and the mapping to phonological structure. In M. Hammond & M. Noonan (eds.), *Theoretical morphology*. New York: Academic Press, 253 - 270.

Marantz, A. 1993. Implications of asymmetries in double object constructions. In S. Mchombo (ed.), *Theoretical aspects of Bantu grammar*. Stanford, CA: CSLI, 113－150.

Marantz, A. 1997. No escape from syntax: Don't try morphological analysis in the privacy of your own lexicon. In A. Dimitriadis, & L. Siegel (eds.), *Proceedings of the 21st annual Penn linguistics colloquium*, *University of Pennsylvania working papers in linguistics*. Philadelphia: University of Pennsylvania, 201－225.

Marantz, A. 2000[1991]. Case and licensing. In E. Reuland (ed.), *Arguments and case: Explaining Burzio's generalization*. Amsterdam: John Benjamins, 11－30.

Massam, D. 1992. Null objects and non-thematic subjects. *Journal of Linguistics*, 28(1): 115－137.

Massam, D. 1995. Review on the syntax and semantics of middle constructions: A study with special reference to German by Sarah M.B. Fagan 1992. *Lingua*, 96: 267－286.

Mateu, J. 1999. Universals of semantic construal for lexical syntactic relations. Paper presented at the 1999 GLOW Workshop: Sources of Universals. University of Potsdam, Potsdam. *GLOW Newsletter*, 42: 77.

Mateu, J. 2000 Syntactically-based lexical decomposition: The case of climb revisited. Paper presented at the Berkeley Linguistics Society, University of California, Berkeley, CA. Proceedings of BLS 26.

Mateu, J. 2002. *Argument structure: Relational construal at the syntax-semantics interface*. Doctoral Dissertation, Universitat Autònoma de Barcelona.

Mateu, J. 2005. Arguing our way to the direct object restriction on English resultatives. *Journal of Comparative Germanic Linguistics*, 8(1－2): 55－82.

McCawley, J. 1968. The role of semantics in a grammar. In E. Bach & R. Harms (eds.), *Universals in linguistic theory*. New York: Holt, Rinehart, and Winston, 125－170.

McNally, L. 2016. Modification. In M. Aloni & P. Dekker (eds.), *Cambridge handbook of formal semantics*. Cambridge: Cambridge University Press, 442－466.

Mei, K. 2002. How languages express time differently. *IIAS Newsletter*, 28: 46.

Mendikoetxea, A. 2006. Unergatives that become unaccusatives in English locative inversion structures: A lexical-syntactic approach. In C. Copy & L. Gournay (eds.), *Points de vue sur l'inversion*. Paris: Ophrys, 133－155.

Momma, S., L. Slevc & C. Phillips. 2018. Unaccusativity in sentence production. *Linguistic Inquiry*, 49 (1): 181－194.

Montrul, S. 2005. Second language acquisition and first language loss in adult early bilinguals: Exploring some differences and similarities. *Second Language Research*, 21: 199－249.

Müller, G. 2009. Ergativity, accusativity, and the order of Merge and Agree. In K. K. Grohmann (ed.), *Explorations of phase theory: Features and arguments*. Berlin: Mouton de Gruyter, 269－308.

Ndayiragije, J. 2006. The ergativity parameter: A view from antipassive. In A. Johns, D. Massam & J. Ndayiragige (eds.), *Ergativity-emerging issues*. Dordrecht: Springer, 271－292.

Nishiyama, K. 1998. VV compounds as serialization. *Journal of East Asian Linguistics*, 7 (3): 175－217.

Odijk, J. 1997. C-selection and s-selection. *Linguistic Inquiry*, 28: 365 – 371.

Oshita, H. 2001. The unaccusative trap in second language acquisition. *SSLA*, 23 (2): 279 – 304.

Pan, H. 1996. Imperfective aspect *zhe*, agent deletion, and locative inversion in Mandarin Chinese. *Natural Language and Linguistic Theory*, 14: 409 – 432.

Pan, H. 1998. Lexical operations on argument structure and Chinese sentence structures. Paper presented at the 1998 International Conference on Chinese Grammar Studies, Beijing University, Beijing, Aug. 26 – 28.

Pan, H. & J. Hu. 2002. On licensing Chinese topics, Paper presented at the 12th Symposium on Modern Chinese Grammar, Hunan Normal University, Changsha, Hunan, China, 19 – 23 April, 2002.

Pan, H. & J. Hu. 2008. A semantic-pragmatic interface account of (dangling) topics in Mandarin Chinese. *Journal of Pragmatics*, 40: 1966 – 1981.

Pan, H. & P. Lee. 2004. The role of pragmatics in interpreting the Chinese perfective markers "guo" and "le". *Journal of Pragmatics*, 36: 441 – 466.

Park, K. & U. Lakshmanan. 2007. The unaccusative-unergative distinction in resultatives: Evidence from Korean l2 learners of English. In A. Belikova et al. (eds.), *Generative approaches to language acquisition North America* (GALANA). Somerville, MA: Cascadilla Proceedings Project, 328 – 338.

Perlmutter, D. 1978. Impersonal passives and the unaccusative hypothesis. *Proceedings of the Fourth Annual Meeting of the Berkeley Linguistic Society*, 4: 157 – 189.

Pesetsky, D. 1982. *Paths and categories.* Ph. D. Dissertation, MIT.

Pesetsky, D. 1992. *Zero syntax*, *vol. 2.* Ms. MIT.

Pesetsky, D. 1996. *Zero syntax: Experiencers and casecades.* Cambridge, MA: MIT Press.

Picallo, M. C. 1998. On the extended projection principle and null expletive subjects. *Probus*, 10(2): 219 – 242.

Plank, F. 1979. *Ergativity: Towards a theory of grammatical relations.* London: Academic Press.

Polinsky, M. & E. Potsdam. 2001. Long-distance agreement and topic in Tsez. *Natural Language & Linguistic Theory*, 19(3): 583 – 646.

Pollard, C. & I. A. Sag. 1987. *Information-based syntax and semantics. Volume 1: Fundamentals.* Stanford, CA: Center for the Study of Language and Information.

Pollock, J.Y. 1983. Sur quelques propriétés des phrases copulatives en français. *Langue Française*, 58: 89 – 126.

Pollock, J. Y. 1989. Verb movement, universal grammar, and the structure of IP. *Linguistic Inquiry*, 20(3): 365 – 424.

Pylkkänen, L. 2002. *Introducing arguments.* Ph. D. Dissertation, MIT.

Pylkkänen, L. 2008. *Introducing arguments.* Cambridge, MA: MIT press.

Qiu, W. 2014. Aristotle's definition of language. *International Journal of English Literature and Culture*, 2(8): 194 – 202.

Radford, A. 1997. *Syntactic theory and the structure of English.* Cambridge: Cambridge University Press.

Radford, A. 2004. *Minimalist syntax: Exploring the structure of English*. Cambridge: Cambridge University Press.

Radford, A. 2009. *An introduction to English sentence structure*. Cambridge: Cambridge University Press.

Ramchand, G. C. 2008. *Verb meaning and lexicon: A first phase syntax*. Cambridge: Cambridge University Press.

Randall, J., A. van Hout, J. Weissenborn & H. Baayen. 2004. Acquiring unaccusativity: A cross-linguistic look. In A. Alexiadou, E. Anagnostopoulou & M. Evraert (eds.), *The unaccusativity puzzle: The explorations of syntax-lexicon interface*. Oxford: Oxford University Press, 332 - 352.

Rappaport Hovav, M. 2016. External arguments in transitivity alternations: A layering approach by Artemis Alexiadou, Elena Anagnostopoulou, and Florian Schäfer. *Language*, 92(2): 471 - 474.

Rappaport Hovav, M. & B. Levin. 1986. *What to do with theta-roles*. Cambridge, MA: Massachusetts Institute of Technology, Center for Cognitive Science.

Rappaport Hovav, M. & B. Levin. 1998. Building verb meanings. In M. Butt & W. Geuder (eds.), *The projection of arguments: Lexical and compositional factors*. Stanford, CA: CSLI Publications, 97 - 134.

Rappaport Hovav, M. & B. Levin. 2001. An event structure account of English resultatives. *Language*, 77: 766 - 797.

Reinhart, T. & T. Siloni. 2003. *Thematic arity operations and parametric variations*. Ms., UiL-OTS and Tel-Aviv University.

Roberts, I. 1986. *The representation of implicit and dethematized subjects*. Dordrecht: Foris.

Rosenbaum, P. S. 1967. *The grammar of English predicate complement constructions*. Cambridge, MA: MIT Press.

Rosen, C. G. 1984. The interface between semantic roles and initial grammatical relations. *Studies in Relational Grammar*, 2: 38 - 77.

Ross, J. R. 1967. *Constraints on variables in syntax*. Ph. D. Dissertation, MIT.

Safir, K. J. 1985. *Syntactic chains*. Cambridge: Cambridge University Press.

Selkirk, E. 1996. The prosodic structure of function words. In J. L. Morgan & K. Demuth (eds.), *Signal to syntax: Bootstrapping from speech to grammar in early acquisition*. Mahwah, NJ: Erlbaum, 214 - 267.

Shi, D. 1990. Is there object-to-subject raising in Chinese? In K. Hall (ed.), *Proceedings of the sixteenth annual meeting of the Berkeley Linguistics Society*. Berkeley, CA: Berkeley Linguistics Society, 305 - 314.

Shi, D. 1997. Issues on Chinese passives. *Journal of Chinese Linguistics*, 25: 41 - 70.

Shi, D. 2000. Topic and topic-comment constructions in Mandarin Chinese. *Language*, 76 (2): 383 - 408.

Shin, K. 1999. *Syntactic description and argument structure: Unaccusativity, passivization and binding*. Doctoral Dissertation, University of Wisconsin-Madison.

Simpson, J. 1983. Resultatives. In B. Levin, M. Rappaport Hovav & A. Zaenen (eds.), *Papers in lexical-functional grammar*. Bloomington, IN: Indiana University Club,

143 - 157.

Sinclair, J. 1987. *Collins COBUILD English language dictionary*. London and Glasgow: Collins.

Sportiche, D. 1995. French predicate clitics and clause structure. In A. Cardinaletti & M. T. Guasti (eds.), *Small clauses*. San Diego: Academic Press, 287 - 324.

Stowell, T. 1989. Subjects, specifiers, and X-bar theory, In M. Baltin & A. Kroch (eds.), *Alternative conceptions of phrase structure*. Chicago, Illinois: University of Chicago Press, 232 - 262.

Stroik, T. 1992. Middles and movement. *Linguistic Inquiry*, 23: 127 - 137.

Sullivan, N., M. Walenski, S. MacKenzie, T. Love & L. Shapiro. 2017. The curious case of processing unaccusative verbs in aphasia. *Aphasiology*, 31(10): 1205 - 1225.

Sybesma, R. 1992. *Causatives and accomplishments: The case of Chinese Ba*. Doctoral Dissertation, University of Leiden.

Sybesma, R. 1999. *The mandarin VP*. Dordrecht: Kluwer.

Tan, F. 1991. *Notion of subject in Chinese*. Doctoral Dissertation, Stanford University.

Tang, C. C. J. 1990. *Chinese phrase structure and the extended X'theory*. Doctoral Dissertation, Cornell University.

Tang, S. W. 1997. The parametric approach to the resultative construction in Chinese and English. In L. C.-S. Liu & K. Takeda (eds.), *UCI working papers in linguistics*. Irvine, CA: Irvine Linguistics Students Association, 203 - 226.

Tang, S. W. 2001. A complementation approach to Chinese passives and its consequences. *Linguistics*, 39(2): 257 - 296.

Tenny, C. 1992. The aspectual interface hypothesis. In I. Sag & A. Szabolcsi (eds.), *Lexical matters*. Standford, CA: CSLI Publications, 1 - 27.

Tenny, C. 1994. *Aspectual roles and the syntax-semantics interface*. Dordrecht: Kluwer.

Ting, J. 2006. The middle construction in Mandarin Chinese and the pre-syntactic approach. *Concentric: Studies in Linguistics*, 32(1): 89 - 117.

Trask, R. 1979. On the origins of ergativity. In F. Plank (ed.), *Ergativity: Towards a theory of grammatical relations*. London: Academic Press, 385 - 404.

Trask, R. 1995. *A dictionary of grammatical terms in linguistics*. London: Routeledge.

Travis, L. 1984. *Parameters and effects of word order variation*. Ph.D. Dissertation, MIT.

Travis, L. 1994. Event phrase and a theory of functional categories. In P. Koskinen (ed.), *Proceedings of the 1994 annual conference of the Canadian Linguistic Society*. Toronto: Toronto Working Papers for Linguistics, 559 - 570.

Tsai, W-T. Dylen. 1995. Visibility, complement selection and the case requirement of CP. *Journal of East Asian Linguistics*, 4 (4): 281 - 312.

Tsai, W-T. Dylen. 2015. A case of V2 in Chinese. *Studies in Chinese Linguistics*, 36(2): 81 - 108.

Vallduví, E. 1990. *The informational component*. Doctorial Dissertation. University of Pennsylvania.

van Hout, A. 2004. Unaccusativity as telicity checking. In A. Alexiadou, E. Anagnostopoulou & M. Everaert (eds.), *The unaccusativity puzzle: Explorations of the syntax- lexicon interface*. Oxford: Oxford University Press, 60 - 83.

van Valin, R. D. Jr. 1990. Semantic parameters of split intransitivity. *Language*, 66: 221-260.

Vendler, Z. 1967. *Linguistics in philosophy*. Ithaca: Cornell University Press.

Vernice, M. & M. Guasti. 2015. The acquisition of SV order in unaccusatives: Manipulating the definiteness of the NP argument. *Journal of Child Language*, 42(1): 210-237.

Vikner, S. 1995. *Verb movement and expletive subjects in germanic languages*. Oxford: Oxford University Press.

Washio, R. 1997. Resultatives, compositionality and language variation. *Journal of East Asian Linguistics*, 6(1): 1-49.

Washio, R. 2005. Judoohyoogen-no ruikei-to kigen-nitsuite [The types and origins of passive expression]. *Nihongobunpoo* [*Japanese Grammar*], 5: 3-20.

Watanabe, A. 2001. Wh-in-situ languages. In M. Baltin & C. Collins (eds), *The handbook of contemporary syntactic theory*. Oxford: Blackwell Publishing, 203-225.

Webelhuth, G. 1992. *Principles and parameters of syntactic saturation*. Oxford: Oxford University Press.

Williams, E. S. 1981. Argument structure and morphology. *The Linguistic Review*, 1: 81-114.

Wiltschko, M. 2014. *The universal structure of categories: Towards a formal typology*. Cambridge: Cambridge University Press.

Woolford, E. 2006. Lexical case, inherent case, and argument structure. *Linguistic Inquiry*, 37(1): 111-130.

Woolford, E. 2015. Ergativity and transitivity. *Linguistic Inquiry*, 46(3): 489-531.

Xiong, J. 2018. *Chinese middle constructions: Lexical middle formation*. Beijing: Peking University/ Singapore: Springer.

Xu, L. & D. T. Langedanon. 1985. Topic structures in Chinese. *Language*, 61(1): 1-27.

Xue, N. 2001. *Defining and automatically identifying words in Chinese*. Doctoral Dissertation, University of Delaware.

Yip, P. 2000. *The Chinese lexicon: A comprehensive survey*. London: Routledge.

Zhang, N. 2007. Root merger in Chinese compounds. *Studia Linguistica*, 61 (2): 170-184.

Zhang, N. 2012. Projecting semantic features. *Studia Linguistica*, 66(1): 58-74.

Zhang, N. 2016. Understanging s-section. *Studies in Chinese Linguistics*, 37(1): 56-72.

Zhao, Y. 2006. Causativity in L2 Chinese grammar. Beijing: Peking University Press.

Zhou, X. P. 1990. *Aspects of Chinese syntax: Ergativity and phrase structure*. Doctoral Dissertation, University of Illinois at Urbana-Champaign.

Zhu, L. 2007. *Ergative constructions in Mandarin*. Ph. D. dissertation, The Hongkong University of Science and Technology.

Zubizarreta, M. L. 1982. *On the relationship of the lexicon to syntax*. Ph. D. dissertation, MIT.

Zubizarreta, M. L. 1987. *Levels of representation in the lexicon and in the syntax*. Dordrecht: Foris.

Zubizarreta, M. L. 1998. *Prosody, focus, and word order*. Cambridge, MA: MIT Press.

Zubizarreta, M. L. 1999. Word order in Spanish and the nature of nominative case. In K. Johnson & I. Roberts (eds.), *Beyond principles and parameters*. Dordrecht: Springer, 223 – 250.
岑麒祥. 1955. 讨论主语宾语问题的几个原则.《语文学习》(10 月期): 19 – 20.
岑麒祥. 1964.《语言学史概要》. 北京: 科学出版社.
车载喜. 1981. 试论名词的形谓化用法.《汉语学习》(2): 19 – 25.
陈承泽. 1957.《国文法草创》. 北京: 商务印书馆.
程　工. 1999. 名物化与向心结构理论新探.《现代外语》(2): 128 – 144.
程　工、李　海. 2016. 分布式形态学的最新进展.《当代语言学》(1): 97 – 119.
程　杰. 2008. 对汉语两类非核心论元的 APPL 结构分析——兼论英汉 APPL 结构之差异. 广东外语外贸大学博士论文.
戴曼纯. 2001. 中动结构的句法特征.《外语学刊》(4): 31 – 36.
邓思颖. 2003.《汉语方言语法的参数理论》. 北京: 北京大学出版社.
邓思颖. 2004. 作格化和汉语被动句.《中国语文》(4): 291 – 301.
邓云华、石毓智. 2007. 论构式语法理论的进步与局限.《外语教学与研究》(5): 323 – 330.
丁声树、吕叔湘等. 1961.《现代汉语语法讲话》. 北京: 商务印书馆.
范方莲. 1963. 存在句.《中国语文》(3): 386 – 395.
范继淹. 1985. 无定 NP 主语句.《中国语文》(5): 321 – 328.
范　晓. 1994. "N 受+V"句说略.《语文研究》(2): 7 – 12.
范　晓. 2005. 关于汉语词类的研究——纪念汉语词类问题大讨论 50 周年.《汉语学习》(6): 3 – 12.
范　晓. 2007. 关于汉语存在句的界定和分类问题.《语言研究集刊》(1): 84 – 103.
冯胜利. 1996. 论汉语的韵律词.《中国社会科学》(1): 161 – 176.
冯胜利. 2000a.《汉语韵律句法学》. 上海: 上海教育出版社.
冯胜利. 2000b. "写毛笔"与韵律促发的动词并入,语言教学与研究(1): 25 – 31.
龚千炎. 1980. 现代汉语里的受事主语句.《中国语文》(5): 335 – 344.
顾　阳. 1994. 论元结构理论介绍.《国外语言学》(1): 1 – 11.
顾　阳. 1996. 生成语法及词库中动词的一些特性.《国外语言学》(3): 1 – 16.
顾　阳. 1997. 关于存现结构的理论探讨.《现代外语》(3): 14 – 25.
顾　阳、沈　阳. 2001. 汉语合成复合词的构造过程.《中国语文》(2): 122 – 133.
郭继懋. 1990. 领主属宾句.《中国语文》(1): 24 – 29.
郭　锐. 1995. 述结式的配价结构与成分的整合.《现代汉语配价语法研究》. 北京: 北京大学出版社.
郭　锐. 2002.《现代汉语词类研究》. 北京: 商务印书馆.
郭　锐. 2003. 把字句的语义构造和论元结构.《语言学论丛(第 28 辑)》. 北京: 商务印书馆.
郭　锐. 2011. 同形删略和不完整词、离合词. 第三届两岸三地现代汉语句法语义研讨会. 中国社会科学院语言研究所.
韩景泉. 2000. 领有名词提升移位与格理论.《现代外语》(3): 261 – 272.
韩景泉. 2001. 汉英语存现句的生成语法研究.《现代外语》(2): 143 – 158.
韩景泉. 2016. 英语致使性动词的非宾格化.《外语教学与研究》(2): 163 – 175.
韩景泉. 2019. 汉语非宾格动词的论元结构及其句法推导.《外语教学与研究》(1):

31 - 43.
何元建. 2004. 论使役句的类型学特征.《语言科学》(1): 29 - 42.
何元建、王玲玲. 2002. 论汉语使役句.《汉语学习》(4): 1 - 9.
胡建华. 2007. 题元、论元和语法功能项—格标效应与语言差异.《外语教学与研究》(6): 163 - 168.
胡建华. 2010. 论元的分布与选择—语法中的显著性和局部性.《中国语文》(1): 3 - 20.
黄正德. 1990. 中文的两种及物动词和两种非及物动词.《第二届世界华语文教学研讨会论文集》. 台北: 世界华文出版社.
黄正德. 2007. 汉语动词的题元结构与其句法表.《语言科学》(4): 3 - 21.
黄正德. 2008. 从"他的老师当得好"谈起.《语言科学》(3): 225 - 241.
霍凯特. 1986.《现代语言学教程》,索振羽,叶蜚声译. 北京: 北京大学出版社.
江　荻. 2007. 藏语动词的及物性、自主性与施格语言类型. 孙茂松、陈群秀(编),《第九届全国计算语言学学术会议论文集》. 北京: 清华大学出版社.
金立鑫、王红卫. 2014. 动词分类和作格、通格及施语、通语.《外语教学与研究》(1): 45 - 57.
黎锦熙. 2000.《新著国语文法》. 北京: 商务印书馆.
黎锦熙. 2007.《新著国文文法》. 长沙: 湖南教育出版社。
李金满. 2006. 话题跟主语和题语.《现代外语》(3): 239 - 247.
李临定. 1984. 双宾句类型分析.《语法研究和探索(第二辑)》. 北京: 北京大学出版社.
李临定. 1986.《现代汉语句型》. 北京: 商务印书馆.
李临定. 1990.《现代汉语动词》. 北京: 中国社会科学出版社.
李临定. 1992. 从简单到复杂的分析方法——结果补语句构造分析.《世界汉语教学》(3): 161 - 165.
李素枝. 2010. 二语非宾格性中的被动泛化及其诱发机制.《当代语言学》(1): 45 - 52.
李钻娘. 1987. 出现式与消失式动词的存在句(罗慎仪译).《语文研究》(3): 19 - 25.
林巧莉、韩景泉. 2011. 从"分布形态理论"看汉语词类.《外国语》(2): 47 - 55.
刘丹青. 2008. 话题理论与汉语句法研究. 沈阳、冯胜利(主编),《当代语言学理论和汉语研究》. 北京: 商务印书馆.
刘　蓉. 2009.《现代汉语作格交替现象研究》. 长春: 吉林大学出版社.
刘探宙. 2009. 一元非作格动词带宾语现象.《中国语文》(2): 110 - 119.
刘晓林. 2006. 补语、特殊句式和作格化.《现代外语》(3): 248 - 256.
刘晓林. 2007. 也谈"王冕死了父亲"的生成方式.《中国语文》(5): 440 - 443.
刘晓林、王文斌. 2009. 论汉语动词量化系统的句法和语言类型效应——以英语动词系统为对比.《现代外语》(4): 42 - 51.
刘晓林、王文斌. 2010. 动性弱化、语义自足、作格化与语序类型特征效应.《现代外语》(2): 133 - 141.
卢英顺. 2005.《形态和汉语语法研究》. 上海: 学林出版社.
陆丙甫. 2009. 从某些语言学术语的翻译谈起.《外国语》(2): 2 - 7.
陆俭明. 1986. 周遍性主语及其他.《中国语文》(3): 161 - 167.
陆俭明. 2003.《现代汉语语法研究教程》. 北京: 北京大学出版社.
陆俭明. 2004.《现代汉语语法研究教程》. 北京: 北京大学出版社.
陆俭明、沈　阳. 2003.《汉语和汉语研究十五讲》. 北京: 北京大学出版社.
陆　烁、潘海华. 2014. 汉语领属话题结构的允准条件.《当代语言学》(1): 15 - 30.

陆志韦. 1957.《汉语的构词法》. 北京：科学出版社.
吕冀平. 2000[1983].《汉语语法基础》. 哈尔滨：黑龙江人民出版社.
吕叔湘. 1979.《汉语语法分析问题》. 北京：商务印书馆.
吕叔湘. 1982[1942].《中国文法要略》. 北京：商务印书馆.
吕叔湘. 1987. 说"胜"和"败".《中国语文》(1)：1-5.
吕叔湘. 1999[1980].《现代汉语八百词》,北京：商务印书馆.
吕叔湘. 2000.《汉语语法基础》. 北京：商务印书馆.
吕叔湘. 2002.《吕叔湘全集》(1-2卷). 沈阳：辽宁教育出版社.
吕叔湘、王海棻. 1986.《马氏文通读本》. 上海：上海教育出版社.
吕云生. 2005. 有关"施事后置"及"非宾格假说"的几个问题.《语言科学》(5)：50-70.
罗天华. 2011. 施格性语言的形态-句法关联. 华东师范大学博士学位论文.
马建忠. 1983[1898].《马氏文通》. 北京：商务印书馆.
马志刚. 2010a. 功能语类的移位性特征与话题/主语优先的类型学差异—以英语 there-be 存现句和汉语领主属宾句的推导生成为例.《天津外国语大学学报》(3)：15-27.
马志刚. 2010b. 移位性特征、主题/主语与两类汉语非宾格结构的推导生成.《语言与翻译》(4)：32-39.
马志刚. 2012. 基于引元(Appl)结构分析汉语"V了"存现句和领主句的句法语义属性.《语言与翻译》(1)：19-26.
马志刚、章宜华. 2010. 局域非对称成分统制、词汇特征与保留宾语句式的跨语言差异.《现代外语》(1)：1-11.
梅德明、韩巍峰. 2010. 显性非宾格结构的主题化分析.《外语教学与研究》(5)：329-337.
聂仁发、宋静静. 2008. "关于"式话题句考察.《语言研究》(3)：37-43.
聂文龙. 1989. 存在和存在句的分类.《中国语文》(2)：95-104.
潘海华. 1997. 词汇映射理论在汉语句法研究中的应用.《现代外语》(3)：1-13.
潘海华. 2018. 论元结构上的词汇操作规则与汉语的句子结构. 上海财经大学现代语言研究中心主旨报告(11月25日).
潘海华、安丰存. 2012. 英汉名词短语核心句法层级结构比较研究.《外语教学与研究》(5)：658-70.
潘海华、韩景泉. 2005. 显性非宾格动词结构的句法研究.《语言研究》(3)：1-13.
潘海华、韩景泉. 2008. 汉语保留宾语结构的句法生成机制.《中国语文》(6)：511-522.
潘海华、梁昊. 2002. 优选论与汉语主语的确认.《中国语文》(1)：3-13.
潘海华、叶狂. 2015. 离合词和同源宾语结构.《当代语言学》(3)：304-319.
潘文国. 2002.《字本位与汉语研究》. 上海：华东师范大学出版社.
邱　贤、刘正光. 2009. 现代汉语受事主语句研究中的几个根本问题.《外语学刊》(6)：38-43.
荣　晶. 2006. 汉语口语体受事前置句.《北京大学学报》(社会科学版)(4)：14-20.
沈家煊. 1997. 形容词句法功能的标记模式.《中国语文》(4)：242-250.
沈家煊. 1999.《不对称和标记论》. 南昌：江西教育出版社.
沈家煊. 2004. 动结式"追累"的语法和语义.《语言科学》(6)：3-15.

沈家煊. 2006. "王冕死了父亲"的生成方式兼说汉语糅合造句.《中国语文》(4): 291-300.
沈家煊. 2011.《语法六讲》. 北京: 商务印书馆.
沈家煊. 2020. 呼唤汉语语法的理论更新. 第5届智能语言教育大会. 四川外国语大学. 10月18日大会主题发言.
沈　阳. 1997. 名词短语的多重移位形式及把字句的句法构造和语义解释.《中国语文》(6): 402-414.
沈　阳. 2001. 名词短语分裂移位与非直接论元句首成分.《语言研究》(3): 12-22.
沈　阳、Sybesma. 2010. 句法结构标记"给"与动词结构的衍生关系.《中国语文》(3): 222-237.
沈　阳、Sybesma. 2012. 作格动词的性质和作格结构的构造.《世界汉语教学》(3): 308-321.
沈　阳、魏　航. 2010. 动结式中动作V1和结果V2隐现的句法和语义条件. Vol. 2. In L. E. Clemens & C. M. L. Liu. (eds.), *Proceedings of the 22nd N. American conference on Chinese linguistics* (*NACCL-22*) *and the 18th international conference on Chinese linguistics* (*ICCL-18*). Cambridge, MA: Harvard University, 357-371.
施春宏. 2004. 动结式形成过程中配位方式的演变.《中国语文》(6): 521-535.
石定栩. 1999. 主题句研究. 徐烈炯(主编),《共性与个性: 汉语语言学中的争议》. 北京: 北京语言文化大学出版社.
石定栩、胡建华. 2005. "被"的句法地位.《当代语言学》(3): 213-224.
石毓智. 2000.《语法的认知语义基础》. 南昌: 江西教育出版社.
石毓智. 2001. 汉语的主语与话题之辨.《语言研究》(2): 82-91.
石毓智. 2003.《现代汉语语法系统的建立: 动补结构的产生及其影响》. 北京: 北京语言大学出版社.
石毓智. 2007. 语言学假设中的证据问题——论"王冕死了父亲"之类句子产生的历史条件.《语言科学》(4): 39-51.
石毓智、李　讷. 2001. 汉语语法化的历程——形态句法发展的动因和机制. 北京: 北京大学出版社.
斯托克. 1981[1972].《语言与语言学词典》,黄长著、林书武、卫志强、周绍珩译. 上海: 上海辞书出版社.
宋国明. 1997.《句法理论概要》. 北京: 中国社会科学出版社.
宋玉柱. 1981. 评"名词的形谓化用法"说法.《汉语学习》(4): 13-18.
宋玉柱. 1982a. 动态存在句.《汉语学习》(6): 62-67.
宋玉柱. 1982b. 定心谓语存在句.《语言教学与研究》(3): 27-34.
肃　父. 1956. 不要把句义解释代替句法分析.《语文知识》(12): 11-13.
隋　娜、王广成. 2009. 汉语存现句中动词的非宾格性.《现代外语》(3): 221-230.
孙天琦、潘海华. 2012. 也谈汉语不及物动词带"宾语"现象——兼论信息结构对汉语语序的影响.《当代语言学》(4): 331-342.
Sybesma, R. 、沈 阳. 2006. 结果补语小句分析和小句的内部结构.《华中科技大学学报》(社会科学版)(4): 40-46.
汤廷池. 1997. 汉语语法的"并入现象". 曹逢甫、西稹光(主编),《台湾学者汉语研究文　集·语法篇》. 天津: 天津人民出版社.
汤廷池、张淑敏. 1996. 论旨网格、原参语法与机器翻译.《中国语文》(4): 260-272.

唐玉柱. 2001. 存现句中的 there.《现代外语》(1)：23－33.
王海棻. 1991.《马氏文通与汉语语法学》. 合肥：安徽教育出版社.
王海峰. 2011.《现代汉语离合词离析形式功能研究》. 北京：北京大学出版社.
王红旗. 1995. 动结式述补结构配价研究.《现代汉语配价语法研究》. 北京：北京大学出版社.
王家年. 2008. 受事主语句的生成理据.《语言教学与研究》(3)：45－49.
王　力. 1944.《中国语法理论》. 上海：中华书局.
王　力. 1985.《中国现代语法》. 北京：商务印书馆.
王玲玲、何元建. 2002.《汉语动结结构》. 杭州：浙江教育出版社.
王　奇. 2006. "领主属宾句" 的语义特点与句法结构. 上海交通大学博士论文.
王　奇. 2008. 分布形态学.《当代语言学》(1)：20－25.
王　奇. 2010.《动词短语结构研究》. 上海：上海交通大学出版社.
王文斌、罗思明、刘晓林、于善志. 2009. 英汉作格动词语义-句法及其界面比较.《外语教学与研究》(3)：193－201.
王鑫、封世文、杨亦鸣. 2020. 国外非宾格假说研究的理论和实证视角.《现代外语》(3)：413－423.
夏晓蓉. 2001. 英汉 V－R 结构与非宾格现象.《外语教学与研究》(3)：172－177.
谢应光. 1998. 英语中的通格动词.《山东外语教学》(1)：20－25.
邢福义. 2002.《汉语语法三百问》. 北京：商务印书馆.
邢公畹. 1955. 论汉语造句法上的主语和宾语.《语文学习》(9)：25－41.
熊仲儒. 2003. 汉语被动句句法结构分析.《当代语言学》(3)：206－221.
熊仲儒. 2004. 动结式的致事选择. 北京语言大学博士论文.
熊仲儒. 2005. 论元的句法实现.《外国语》(2)：53－61.
熊仲儒. 2006，动结式的论元实现，《现代外语》(2)：120－127.
熊仲儒、刘丽萍. 2006. 动结式的论元实现.《现代外语》(2)：120－130.
徐　杰. 1999. 两种保留宾语句式及相关句法理论问题.《当代语言学》(1)：16－29.
徐　杰. 2001. "及物性"特征与相关的四类动词.《语言研究》(3)：1－11.
徐　杰. 2004. 语义上的同指关系与句法上的双宾语句式——兼复刘乃仲先生.《中国语文》(4)：304－309.
徐烈炯. 1995.《语义学》. 北京：语文出版社.
徐烈炯. 2002. 汉语是话语概念结构化语言吗？《中国语文》(5)：400－409.
徐烈炯、刘丹青. 1998.《话题的结构和功能》. 上海：上海教育出版社.
徐烈炯、刘丹青. 2003.《话题与焦点新论》. 上海：上海教育出版社.
徐烈炯、沈阳. 1998. 题元理论与汉语配价问题.《当代语言学》(3)：1－21.
徐盛桓. 1981. 英语不及物动词的被动句初探.《华南师范大学学报(社会科学版)》(3)：125－130
徐盛桓. 2002. 语义数量特征与英语中动结构.《外语教学与研究》(6)：436－443.
徐通锵. 1994. "字"和汉语的句法结构.《世界汉语教学》(2)：1－9.
徐通锵. 2005. "字本位"和语言研究.《语言教学与研究》(6)：1－11.
徐通锵. 2007.《汉语字本位语法导论》. 济南：山东教育出版社.
徐重人. 1956. 王冕死了父亲.《语文知识》(9)：12－14.
杨素英. 1999. 从非宾格动词现象看语义与句法结构之间的关系.《当代语言学》(1)：30－43.

杨自俭. 2008.《字本位理论与应用研究》. 济南：山东教育出版社.
叶　狂、潘海华. 2012. “把”字句的跨语言研究.《语言科学》(6)：604 - 620.
叶　狂、潘海华. 2017. 从分裂作格现象看汉语句法的混合性.《外语教学与研究》(4)：526 - 538.
殷树林. 2006. “NP+(状)+V -起来+AP”格式与英语中动句的比较.《语言教学与研究》(1)：59 - 65.
影山太郎. 2001.《动词语义学》，于康，张勤，王占华译. 北京：中央广播电视大学出版社.
袁毓林. 1994. 一价名词的认知研究.《中国语文》(4)：241 - 253.
袁毓林. 1996. 话题化及相关的语法化过程.《中国语文》(4)：241 - 254.
袁毓林. 1998.《语言的认知研究与计算分析》. 北京：北京大学出版社.
袁毓林. 2001. 述结式配价的控制——还原分析.《中国语文》(5)：399 - 410.
袁毓林. 2002. 论元角色的层级关系和语义特征.《世界汉语教学》(3)：10 - 22.
曾立英. 2007. 作格研究述评.《现代外语》(4)：424 - 432.
曾立英、杨小卫. 2005. 从“作格”角度谈主语系统的选择.《汉语学报》(4)：22 - 30.
张伯江. 2001. 被字句和把字句的对称与不对称.《中国语文》(6)：519 - 524.
张伯江. 2007. 施受语义在汉语句式中的实现. 复旦大学博士论文.
张达球. 2009.《英汉非宾格结构对比研究》. 上海：上海交通大学出版社.
张达球、郭鸿杰. 2021. 非宾格假设的跨语言类型研究——四十年发展与新动向.《外语教学与研究》(4)：606 - 617.
张达球、乔晓妹. 2013. 中国英语学习者非宾格结构在线加工研究.《外语界》(3)：13 - 22.
张　旭. 2008.《汉语形态问题论稿》. 北京：中国社会科学出版社.
张云秋. 2004.《现代汉语受事宾语句研究》. 上海：学林出版社.
张智义、程　工. 2018. 基于分布形态的英汉非宾、非施结构研究.《外语学刊》(4)：18 - 23.
赵元任. 1968.《中国话的文法》，丁邦新译. 香港：香港中文大学出版社.
周光亚. 1988. 英语唯动性的表现形式.《外国语》(5)：55 - 58.
周国光. 1995. 现代汉语形容词的配价研究评述.《汉语学习》(2)：13 - 21.
周上之. 2006.《汉语离合词研究-汉语语素、词短语的特殊性》. 上海：上海外语教育出版社.
朱德熙. 1980.《现代汉语语法研究》. 北京：商务印书馆.
朱德熙. 1982.《语法讲义》. 北京：商务印书馆.
朱晓农. 2003. 从群母论浊声和摩擦——实验音韵学在汉语音韵学中的实验.《语言研究》(2)：5 - 18.
朱行帆. 2005. 轻动词和汉语不及物动词带宾语现象.《现代外语》(3)：221 - 231.

后记

在国家社科基金支持下，本著历时近五年得以完成。在这五年中的其中三年，我在欧洲工作，参与爱沙尼亚塔林大学孔子学院的建设，使得研究的推进也受到些许影响。这是一段非常难忘的海外大学的工作经历。其时我作为塔林大学孔子学院的中方院长，肩负着传播中华语言文化的国家使命，同时也亲身体验国际汉语教学管理和文化活动策划，诸多往事依然历历在目。

在这段时间里，最大的一次国际交流活动莫过于组织策划了上海市近30所高校参与的海外教育展，接待了由上海市教委李瑞阳先生率领的60多人的教育代表团。随着孔子学院“带领中华文化走出去”战略的推进，上海高校也走在了全国前列，在海外不同国家举办国际教育展，以期吸引更多的外国留学生来华学习交流，为促进中外文化交流和人类文明互鉴做出了表率。就在此次教育展上，我有幸见到上海外语教育出版社学术出版中心的孙静主任，谈及回国后希望申请著作的出版事宜。虽然当时为时尚早，但孙主任的欣然应允给我莫大的鼓励，使得我在繁忙的孔院工作之余尽量挤出时间加紧推进研究。2019年课题结项后，我联系了孙主任，谈及了我的项目进展情况，并再次表达了申请著作出版的愿望。孙主任也接受我的申请，并很快进入了正式申报出版的审核程序，才使得本著最终能付梓出版。为此，对上海外语教育出版社及学术出版中心的孙静主任提携学人、博采学术的敬业精神表示由衷的敬意。在本著的编辑过程中，匿名审稿专家和外教社编校人员也付出了辛勤的劳动，在此一并表示感谢！

在欧洲工作期间，除了力所能及地搭建中外文化交流的桥梁之外，也借用孔子学院这个平台多次开展青年教师学术培训和学术交流。2016—2017年间所参与的多次学术交流活动让我记忆犹新，包括在爱沙尼亚塔尔图大学、英国剑桥大学、英国玛丽女王大学和匈牙利佩奇大学的语言和汉语语言教学研讨会。与会交流的同行对纳入本著的部分内容提出了有益的参考建议。其中要特别感谢爱沙尼亚塔尔图大学语言研究所的高晶一博士、剑桥大学语言系的 Theresa Biberauer 博士、英国玛丽女王大学的邹平教授、匈牙利佩奇大学的毛红教授对参与这些学术交流会的邀请。

三年的海外工作是忙碌而充实愉快的，但是当我2018年初提前结束孔子学院的任期回国时，也并未能完全如愿集中精力地推进研究，因为彼时恰逢学院新的学位点开始人才培养体系的建设，就又给我增加了这项新的教学管理任务。为了回馈学院领导的信任，我也责无旁贷，全身心投入其中，又只能用业余时间继续推进本著的研究。

虽然因教学管理工作而非常忙碌，但是在拙著即将出版之际，我要对信任并给予我支持和无私帮助的学校、学院领导及同事表示诚挚的谢意！对国家社科基金委为本研究提供的支持深表谢忱！为中外学者对本研究提供的洞察与借鉴一并表示感谢！尤其感谢潘海华教授、胡建华教授等相关领域的专家通过学术研讨会、报告会及其他形式给予我的启发和指导，也要感谢郭鸿杰教授、王勇教授、张继东教授、谢都全副教授、王奇教授、詹宏伟教授、阚哲华教授等给予本研究的不同形式的帮助。

还要特别感谢多年来一直默默支持我从事海外工作和学术研究的妻子、女儿及家人，是她们始终如一的支持给予了我不懈的动力！最后，谨以本著缅怀已经过世的父母！父母之恩，高山仰止；父母言行，景行行止；谨言所至，行向往之。是为后记。